KB201322

영남인물고 2

안동

정약전 편수 | 신해진 역주

보고사
BOGOSA

　이 책은《영남인물고(嶺南人物考)》의 제2권을 번역한 것이다. 1751년 저술된 이중환(李重煥, 1690~1752)의《택리지(擇里志)》에 의하면, "조선의 인재 가운데 반은 영남에 있다."라는 말이 있으니, 영남인물고는 그러한 사실을 실감케 한다. 1798년 채제공(蔡濟恭) 등이 정조(正祖)의 명에 따라 영남지역 인물 860명의 간략한 생애와 주요 행적을 각종 문헌에서 초출(抄出)하고 군현별로 편차한 문헌인데, 총목(總目)과 도목(都目: 이름, 벼슬, 호 등의 간략 기록표), 권1~15를 합하여 총 17책으로 이루어진 유일 필사본이다. 현재 규장각한국학연구원에 권1~10까지 10책이 소장되어 있고, 국립고궁박물관에 총목과 도목을 포함하여 권11~15까지 7책이 소장되어 있다.

　원래 규장각에 보관해 오던《영남인물고》는 1909년 이토 히로부미가 한일관계조사 자료로 66종 938권을 일본으로 가져갈 때 7책(총목·도록, 권11~15)도 반출되어 규장각에는 10책만 남게 되었다. 그러다가 2011년 조선왕조 도서가 일본으로부터 반환되어 국립고궁박물관에 소장될 때, 영남인물고 7책도 환수되어 규장각의 10책과 짝하여 완질을 이루게 되었다. 그 초고는 1799년에 완성되었으나 간행되지 못하였고, 그 구성은 다음과 같다.

권	지역	등재인물	계	편수자
권1	安東	金濟, 金澍, 金自粹, 裵尚志, 權定, 金銖, 鄭玉良, 金孝貞, 河緯地, 柳義孫, 權希孟, 柳崇祖, 金用石, 文敬仝, 權柱, 李宗準, 李弘準, 金時佐, 權橃, 柳公綽, 權輗, 權應挺, 權應昌, 金璡, 金希參, 權碩, 洪仁祐, 柳仲郢, 柳景深, 柳贇, 金彦璣, 金八元, 金宇宏, 具鳳齡, 權好文, 裵三益, 金守一, 鄭惟一, 李珙, 金明一, 李景嶸, 柳仲淹, 金克一, 權春蘭, 柳雲龍, 金宇顒, 金沔	47	蔡弘遠
권2	安東	柳成龍, 南致利, 琴胤先, 金誠一, 鄭士誠, 柳宗介, 洪迪, 柳復起, 金得硏, 裵龍吉, 李亨男, 金涌, 鄭士信, 柳復立, 金㵢, 金允安, 權益昌, 李光後, 權杠, 權希仁, 權泰一, 李大任, 李昌後, 柳袽, 洪成海, 柳袗, 柳義男, 金是權, 金是榲, 南礏, 柳元慶, 南海準, 張興孝, 權紀, 金是榲, 金烋, 鄭伏	37	丁若銓
권3	安東	柳元之, 柳稷, 南天漢, 宋楠, 金恁, 柳千之, 南天斗, 金邦杰, 李惟樟, 李時善, 柳挺輝, 金如萬, 柳楮, 李址, 柳世鳴, 李瑄, 柳元定, 金聲久, 權斗寅, 李東標, 金世欽, 柳後章, 李琬, 李東完, 金九成, 金世鎬, 邊克泰, 權斗經, 權斗紀, 金汝鍵, 李仁溥, 權德秀, 權㮚, 李光庭, 金良炫, 柳升鉉, 李山斗, 金聖鐸, 權萬, 權業, 金景溫, 柳觀鉉, 金樑, 金命基, 金正漢, 金江漢, 柳正源, 金樂行, 權正忱, 李象靖, 李光靖, 柳道源, 李宗洙, 柳長源, 金始器, 裵相說, 金崇德	57	李儒修 韓致應
권4	尚州	黃喜, 盧嵩, 盧德基, 權徵, 尹師哲, 姜詗, 洪彦忠, 李堰, 金綠, 金舜皐, 黃孝獻, 申潛, 辛霱, 王希傑, 金彦健, 金範, 金冲, 盧守愼, 姜士尚, 成允諧, 鄭國成, 姜士弼, 宋亮, 金聃壽, 姜緖, 金弘敏, 姜紳, 金覺, 盧大河, 姜綖, 權宇, 高尚顔, 姜絪, 趙靖, 趙翊, 金弘微, 李埈, 李垓, 曺友仁, 金光斗, 康應哲, 鄭起龍, 鄭經世, 全湜, 高仁繼, 趙光璧, 權吉, 金宗武, 盧道亨, 金廷堅, 曹希仁, 趙又新, 洪鎬, 金克恒, 金秋任, 盧道凝, 盧峻命, 蔡得沂, 趙壽益, 韓克昌, 康用良, 李㮚, 曹挺恒, 鄭道應, 洪汝河	65	睦萬中 沈奎魯
권5	尚州	金楷, 廉行儉, 孫萬雄, 南垕, 柳杭, 李萬敷, 洪大龜, 權相一, 黃翼再, 盧啓元, 姜杬, 金熙普, 高裕	13	尹弼秉 李鼎運
	禮安	琴柔, 琴以詠, 李塤, 李堉, 李賢輔, 金緣, 李仲樑, 金生溟, 李瀣, 李滉, 朴士熹, 金富弼, 金富仁, 李叔樑, 金澤龍, 金富儀, 琴輔, 吳守盈, 趙穆, 尹義貞, 琴應夾, 琴蘭秀, 金富倫, 琴應壎, 李安道, 金圻, 金垓, 任屹, 李詠道, 李弘重, 金坽, 金光繼, 李溟翼, 李燦漢, 金輝世, 金東俊, 李世泰	37	
	軍威	玉沽, 權專, 卓愼, 權自新, 李軫, 李輔, 洪瑋, 張海濱, 朴漢男	9	

권	지역	등재인물	계	편수자
	英陽	趙德鄰	1	
권6	慶州	徐愈, 韓卷, 孫昭, 李蕃, 孫仲暾, 李彦迪, 李彦适, 李乙奎, 金世良, 曹漢輔, 李應春, 權德麟, 李應仁, 金浣, 金虎, 金應澤, 文緯, 權士諤, 李承金, 權士敏, 崔奉天, 權復興, 金石堅, 李希龍, 李彭壽, 李訥, 鄭克後, 金宗一, 孫宗老, 李巘, 韓汝愈, 孫德升	33	
	密陽	李行, 李伸, 孫肇瑞, 金叔滋, 安完慶, 金宗直, 邢士保, 李迨, 曹光益, 孫處訥, 孫起陽, 李光軫(총목에는 없으나 본집 목록에 있음), 孫遴, 金太虛, 盧盖邦, 朴陽春, 朴旹, 安命夏, 李泓	19	
	新寧	權應銖, 權應心, 李蘊秀	3	
권7	星州	李崇仁, 李稷, 都膺, 鄭種, 金自强, 金文起, 金孟性, 鄭崑壽, 鄭逑, 都衡, 呂希臨, 宋希奎, 洪繼玄, 金關石, 宋師頤, 李弘器, 朴而絢, 朴詮, 施文用, 李簭, 李天封, 李承, 金天澤, 崔恒慶, 金輳, 張鳳翰, 金檝, 李彦英, 李潤雨, 裵尙龍, 朴永緒, 鄭惟榮, 李紬, 李廷賢, 金貴悅	35	李承薰 洪命周
	義城	金光粹, 李世憲, 申元祿, 李光俊, 金士元, 申仡, 申之悌, 金致中, 申之孝, 李民宬, 李民寏, 申適道, 申悅道, 李弘祚, 李爾松, 金尙瑗, 申弘望, 申達道, 金履矩, 金宗德	20	
권8	晉州	河演, 鄭溫, 河崙, 河敬復, 姜叔敬, 姜文會, 河潤, 鄭碩堅, 鄭鵬, 姜顯, 兪伯溫, 朴氤, 姜應台, 曹植, 鄭師賢, 李濟臣, 吳健, 鄭斗, 崔永慶, 金大鳴, 李琰, 河沆, 河天澍, 河應圖, 柳宗智, 成汝信, 陳克敬, 河受一, 姜德龍, 崔琦弼, 河憕, 吳長, 朴敏, 河鏡輝, 朴安道, 朴絪, 韓夢參, 河弘度, 河溍, 鄭頠, 韓範錫, 朴泰茂	42	蔡弘履 權應範 沈奎魯
	咸陽	趙承肅, 盧叔仝, 表沿沫, 梁灌, 兪好仁, 鄭汝昌, 盧友明, 姜漢, 盧禛, 姜翼	10	
	慈仁	李陽昭, 崔文炳, 宋希達, 金應鳴	4	
권9	永川	李敢, 柳方善, 李孟專, 曺尙治, 尹兢, 安覯, 曹致虞, 金應生, 郭珣, 鄭世雅, 孫德沉, 安餘慶, 曺好益, 金浣, 金演, 鄭宜藩, 鄭四震, 鄭大任, 安玑, 安璹, 安翙漢, 鄭好仁, 權穆, 李衡祥, 鄭萬陽, 鄭葵陽, 鄭重器, 權得中, 鄭幹, 曹鵬九	30	李之珩 沈達漢
	大邱	楊熙止, 徐沈, 朴漢柱, 李英, 朴愼, 全慶昌, 徐思遠, 崔誠, 崔認, 鄭師哲, 崔東輔, 蔡應麟, 蔡夢硯, 蔡先見, 朴壽春, 蔡楙, 徐時立, 崔東嶫, 都慶兪, 都愼修, 都愼徵, 朴夢徵, 李益馝, 趙春慶, 崔興遠	25	
권10	榮川	鄭陟, 金爾音, 宋仁昌, 金淡, 鄭誠謹, 宋碩忠, 金楊震, 黃	38	李址永

권	지역	등재인물	계	편수자
		孝恭, 金鸞祥, 張壽禧, 朴承任, 吳澐, 金玏, 李德弘, 權斗文, 裵應褧, 金大賢, 李介立, 金盖國, 閔應祺, 金隆, 李庭憲, 成安義, 朴檜茂, 申濈, 金汝燁, 金榮祖, 裵尙益, 金應祖, 成以性, 李褈, 權昌震, 金益禧, 丁彥璛, 羅以俊, 李惟馨, 張璶, 金儆		姜浚欽
	龍宮	安俊, 鄭雍, 鄭蘭宗(총목에는 없으나 본집 목록에 있음), 李文興, 李橫, 潘沖, 姜應淸, 張漢輔, 姜汝艎, 李涉, 金喜, 鄭榮後, 鄭榮邦, 全五倫	14	
	河陽	許稠, 金是聲	2	
	眞寶	申祉, 申禮男	2	
권11	醴泉	趙庸, 尹祥, 權山海, 權五福, 文瑾, 文璀, 權五紀, 太斗南, 權檣, 辛達廷, 朴從鱗, 金慶言, 李愈, 鄭琢, 李熹, 權文海, 丁允祐, 金復一, 權旭, 李光胤, 朴簹, 朴守緖, 鄭允穆, 鄭彥宏, 朴守謹, 金銀, 金达, 金海一, 權壋, 鄭玉, 朴孫慶	31	權坪 姜浚欽
	善山	朴好問, 金就文, 金應箕, 康伯珍, 李守恭, 黃瑾, 鄭希良, 林英, 金就一, 朴雲, 康惟善, 盧守誠, 高應陟, 金葊, 吉誨, 崔晛, 金寧, 朴邃一, 金宗武, 盧景任, 鄭期遠, 金光岳, 洪浚亨, 鄭馘, 盧啓禎, 金鏡重	26	
	泗川	李楨	1	
	河東	崔濯	1	
권12	順興	安純, 李甫欽, 徐翰廷, 錦城大君, 庾瑞, 李秀亨, 權得平, 朴善長, 琴軔, 安名世, 安應一, 黃彥柱, 李汝馪, 權虎臣, 黃中玤, 安德麟, 洪以成, 南夢鼈, 洪翼漢, 洪宇定, 金綱, 朴天柱, 裵晉龜, 權胤錫, 金若海, 黃壽一, 金弘濟, 徐昌載	28	洪樂敏 睦萬中 柳遠鳴
	豐基	黃俊良, 黃暹, 郭嶍	3	
	奉化	琴徽, 琴元貞, 琴椅, 琴軸, 琴義筍, 金中淸, 琴元福, 權士溫, 琴是養, 琴聖奎, 鄭鐸	11	
	寧海	朴宗文, 申禧, 李孟賢, 申從溥, 朴毅長, 朴弘長, 申蚪年, 申時明, 南佶, 權璟, 權尙任, 朴漍, 李徽逸, 李嵩逸, 李栽, 李橝	16	
	義興	洪魯	1	
	開寧	李馥	1	
	盈德	金夏九	1	
	居昌	鄭榮振	1	
	山清	閔安富	1	
권13	陜川	李樑材, 周怡, 周世鵬, 朴紹, 申季誠, 朴而章, 文勵, 文景虎, 曹應仁, 柳世勛, 金斗南, 姜翼文, 周國楨, 姜大遂, 沈	17	李泳夏 柳遠鳴

권	지역	등재인물	계	편수자
		自光, 金八擧, 曹漢儒		
	咸昌	洪貴達, 蔡壽, 權達手, 蔡無逸, 柳宗仁, 郭守智	6	
	丹城	李迪, 李光友, 李晃, 李天慶, 金景謹, 權濤, 權克亮, 柳之遠	8	
	高靈	朴誾, 吳彦毅, 鄭師玄, 金守雍, 朴澤, 朴廷璠, 朴廷琓	7	
	知禮	李崇元, 李淑琦	2	
	昌原	崔潤德, 仇宗吉, 曹致虞, 曹孝淵, 金命胤	5	
	草溪	卞仲良, 卞季良, 李允儉, 卞璧, 李希曾, 李希閔, 卞玉希, 李希顔, 李大期, 全致遠, 李胤緒	11	
	金海	金係錦, 宋賓	2	
	蔚山	曹爾樞, 李藝, 徐仁忠	3	
	梁山	李澄玉, 白受繪	2	
	固城	諸沫, 諸弘祿	2	
권14	東萊	梁潮漢, 辛起雲	2	洪命周 金熙洛 李基慶
	聞慶	申叔彬, 鄭彦信, 沈大孚, 申厚命, 申弼貞	5	
	仁同	張安世, 朴元亨, 張潛, 張顯光, 張士珍, 張慶遇, 張應一, 申益愰	8	
	靈山	李中, 李碩慶, 盧瑋, 裵鶴, 辛礎, 李厚慶, 李道孜, 李道輔, 辛夢參, 辛景夏	10	
	比安	朴宜中, 朴瑞生, 李世仁, 朴嗣叔, 朴忠仁, 朴孝純	6	
	金山	呂應龜, 裵興立, 呂大老, 鄭鎰, 裵命純, 姜汝㞳	6	
	漆谷	鄭錘, 李遠慶, 李道長, 李元禎	4	
	淸道	李原, 金克一, 金孟, 金駿孫, 金馹孫, 金大有, 朴慶新, 朴慶因, 朴慶傳, 朴河淡, 朴慶胤, 李雲龍, 朴慶宣, 朴瑄, 朴璨, 朴瑀, 朴球	17	
	昌寧	李承彦, 李長坤, 盧克弘, 金廷哲, 尹南龍, 楊喧	6	
권15	安義	鄭矩, 全五倫, 鄭玉堅, 林薰, 林芸, 鄭惟明, 劉名盖, 鄭庸, 鄭蘊, 朴明榑, 尹應錫	11	洪樂敏 洪義浩
	宜寧	安堵, 安遇, 郭安邦, 郭承華, 郭之雲, 郭越, 郭趪, 郭起, 李魯, 安克家, 郭赹, 郭䞭, 郭㻩, 姜瑈, 郭再佑, 姜壽男, 安起宗, 郭再謙, 郭䋝, 李曼勝, 郭瀏, 許懿, 郭壽岡, 郭世楗	24	
	咸安	趙旅, 安灌, 安宅, 李郊, 朴齊仁, 趙鵬, 趙宗道, 趙俊男, 趙信道, 趙敏道, 趙埩, 趙凝道, 朴震英, 李休復, 趙益道, 趙光立, 趙繼先, 趙任道, 趙善道, 李景茂, 李景蕃	21	
	三嘉	洪載, 文益昌, 盧欽, 李屹, 朴天祐, 鄭九龍, 文繼達	7	
	玄風	金宏弼, 裵紳, 朴惺	3	
	57		860	

영남의 71개 고을 가운데 57개 고을만 수록되었는데, 수록되지 않은 고을은 경산, 청송, 흥해, 연일, 장기, 청하, 거제, 진해, 곤양, 칠원, 남해, 기장, 언양, 웅천 14개이다. 대체로 해안이나 벽지 고을이라 할 수 있다. 또 고을별로 수록 편차가 컸음을 알 수 있다. 그리고 영남의 큰 인물이지만 아직 죄적에서 풀리지 않은 까닭에 합천의 내암 정인홍(鄭仁弘), 영양의 갈암 이현일(李玄逸)은 실리지 못했다.

이 문헌의 편찬 과정 및 의의에 대해서는 김기엽의 박사학위논문(『조선후기 영남학단의 학적 전승과 교유에 대한 자료적 고찰』(고려대학교 대학원, 2022.2)과 최두헌의 글(『고전사계』 52, 한국고전번역원 소식지, 2023.12)에서 소상히 소개된 바 있다. 1798년 8월 정조가 김희락(金熙洛)을 주자소(鑄字所)로 불러 영남 선현들의 문적을 모아 편찬한 책이 있는지 물어 제대로 편찬한 책이 없음을 알고는, 김희락을 통해 상주 정종로(鄭宗魯), 경주 이정덕(李鼎德), 안동 호계서원, 예안 도산서원 등 영남 남인들 사이에서 강한 영향력을 가진 인물과 조직에 편지를 보내어 1개월 안으로 문적을 수집하여 올리도록 통보하였으며, 이에 대한 영남인들의 호응과 열망이 뜨거웠던 것이다. 채제공이 총책임자의 역할 맡아서 그와 가까운 젊은 남인 신료 25명이 1주일도 되지 않아 총 46권의 분량으로 문적을 베꼈으며, 다시 주요 내용을 뽑고 편차해 현전의 《영남인물고》의 초고가 완성된 것이다. 1년 뒤 채제공과 2년 뒤 정조가 잇달아 세상을 떠났기 때문에 간행에까지는 이르지 못한 것이다. 온전히 한 개인의 노력에 의해 만들어진 전기류(傳記類)인 이의현(李宜顯)의 《국조인물고(國朝人物考)》와 김육(金堉)의 《해동명신록(海東名臣錄)》과는 달리, 정조의 명에 의해 편찬되는 문헌에 수록된다는 것은 한 인물의 생애와 행적이 훌륭하여 타의 모범이 될 만하다고 국가가 공인한 것이 되었기에 1728년 이인좌·정희량의 무신란으로 말미암아 소외되었던 영남 남인들의 호응과 열망이 남달랐음을 말하고 있다.

이 영남인물고의 번역은 1967년 강주진 등에 의해 일본에 있었던 부분은 제외된 채 번역되어 세로 판형으로 탐구당에서 출간한 바 있으나, 그 이후로는 재번역 된 적도 없고 또한 완역되지도 않았다. 게다가 학술적 주석 작업은 전혀 이루어지지 않았으니, 특히 인물에 대한 주석 작업은 관계적(혼반, 학연, 혈연, 지연, 관력, 사회적 활동 등) 차원에서 행해질 필요가 있다. 그 기초라 할 수 있는 교감표점 작업이 2022년 한국고전번역원에 의해 이루어졌다. 그리하여 현 시점에서 보자면, 학술적 역주작업이 이루어져야 하고 또 완역되어야 할 과제가 있다.

영남인물고에는 인물의 사실이 행장·언행록·비문·제문 등 원래 문적에서 초록하여 수록되어 있다. 이는 각 인물이 일생 동안 산 실제적 삶의 총체에서 선택적 시각에 의해 1차 형상화 한 것이 원래 문적이고, 원래 문적에서 초출하여 2차 형상화 한 것이 바로 영남인물고의 행적인 것이다. 곧 원래 문적의 찬자가 지녔던 시각과 그 문적 안에서 이기는 하나 초출자의 시각이 결합된 양상이다. 그래서 원래 문적의 찬자가 대상 인물과의 관계도 고려의 대상이 되어야 할 것이다. 그 관계는 혈연관계인지, 혈연관계에서도 직계인지 방계인지, 혼인관계인지, 혼인관계에서도 조모계인지 모계인지 처계인지, 사승관계인지, 일면식도 없는 관계인지 등등 다양하다. 그렇다면 원래 문적의 실상도 함께 살펴볼 필요가 있다. 그래서 이 책에서는 보충 자료로 그 원래 문적을 대부분 번역하여 함께 수록하였다.

이는 다양한 관점에서 영남인물고를 살펴볼 수 있도록 도모한 것인데, 전병철(「〈영남인물고〉 진주편 등재인물의 시기별 특징」, 『경남학』 32, 경상대학교 경남문화연구소, 2011)의 논의 결과가 특정지역에 국한된 것이기는 하지만 그에 따르면 15세기에는 흥성한 관료형 인물들이, 16세기에는 강직한 성품과 저항이 두드러진 처사형 인물들이, 17세기부터 18세기에는 남명 조식의 재전제자(在傳弟子)로 왜란과 호란의 국난 때 의병을 일으켜 활동한 인물들이 수록된 것으로 밝혀 다양한 성격의 인물군을 살펴볼 수 있는 시야를 확보하기도 하였다. 영남 사족의 조상 현창과 정치 참여 욕구 여론을 무마하기 위한 정조의 임시변통책에 불과해 영남우대책으로 보기 어렵다고 본 논의도 있지만, 그 당시 영남 사족들의 꿈틀대었던 욕구와 열망의 덩어리가 무엇이고 그것들을 어떻게 표상하였는지 문헌계통을 통해 내밀하게 살펴야 하지 않을까 한다. 또 다양한 인물군이 지닌 특성, 곧 시기별, 문벌별, 학맥별, 행실별 등을 찾아낼 수 있도록 한다면, 영남 사족의 인적 연결망을 어떻게 구축하여 지역사회에서 중심 세력으로 자임할 수 있었는지 살필 수 있지 않을까 한다. 요컨대, 지역 집단의 유대 공고화 및 공통된 학문적 성향 등을 비롯한 인물 간의 동질성을 구축하게 한 의식적 기반을 확인하여 그것의 초연결성에 대한 분석을 통해 새로운 의미의 맥락성을 살필 수 있는 토대가 마련되리라 생각한다.

　이 번역작업을 정년퇴임 이후의 석좌교수 임용을 신청하기 위하여 2021년도부터 준비하였다. 당시 이서희 박사, 권영희 박사, 진건화 박사과정 수료생, 이지혜와 유해운 석사과정생 등이 참여하여 방대한 자료를 입력해 주었다. 그 이후 한국고전번역원에서 고전DB로 표점작업한 자료가 탑재되어 다시 한번 검토 작업을 하였다. 그리고 2024년 석좌교수 임용 신청서를 제출하였는데, 엄정한 심사를 통해 전남대학교 인문대학에서 처음으로 석좌교수에 임용되었다. 완역을 향해 열심히 정진하는 것이 보답하는 길일 것이다.

　한결같이 하는 말이지만 나름대로 최선을 다하고자 했다. 그러함에도 불구하고 여전히 부족할 터이니 대방가의 질정을 청한다. 끝으로 편집을 맡아 수고해 주신 보고사 가족들의 노고와 따뜻한 마음에 심심한 고마움을 표한다.

2025년 2월 빛고을 용봉골에서

차례

일러두기

이 책은 다음과 같은 요령으로 엮었다.

01. 번역은 직역을 원칙으로 하되, 가급적 원전의 뜻을 해치지 않는 범위 내에서 호흡을 간결하게 하고, 더러는 의역을 통해 자연스럽게 풀고자 했다.

02. 다음의 자료는 아주 유용하게 참고되었다.
    • 『嶺南人物考』, 강주진 외 역, 탐구당, 1967.
    • 『校勘 標點 韓國古典叢刊·傳記類21』, 한국고전번역원, 2022.

03. 원문은 저본을 충실히 옮기는 것을 위주로 하였으나, 활자로 옮길 수 없는 古體字는 今體字로 바꾸었다.

04. 원문표기는 띄어쓰기를 하고 句讀를 달되, 그 구두에는 쉼표, 마침표, 느낌표, 물음표, 작은따옴표, 큰따옴표, 가운뎃점 등을 사용했다.

05. 주석은 원문에 번호를 붙이고 하단에 각주함을 원칙으로 했다. 독자들이 사전을 찾지 않고도 읽을 수 있도록 비교적 상세한 註를 달았다.

06. 주석 작업을 하면서 많은 문헌과 자료들을 참고하였으나 지면관계상 일일이 밝히지 않음을 양해바라며, 관계된 기관과 여러분께 진심으로 감사드린다.

07. 이 책에 사용한 주요 부호는 다음과 같다.
    (   ) : 同音同義 한자를 표기함.
    [   ] : 異音同義, 出典, 교정 등을 표기함.
    "   " : 직접적인 대화를 나타냄.
    '   ' : 간단한 인용이나 재인용, 또는 강조나 간접화법을 나타냄.
    〈   〉 : 편명, 작품명, 누락 부분의 보충 등을 나타냄.
    「   」 : 시, 제문, 서간, 관문, 논문명 등을 나타냄.
    《   》 : 문집, 작품집 등을 나타냄.
    『   』 : 단행본, 논문집 등을 나타냄.

08. 이 책과 관련된 논문은 다음과 같다.(시기별)
    • 신승운, 「조선조 정조 命撰 〈인물고〉에 대한 서지적 연구」, 성균관대학교 석사학위논문, 1987.
    • 전병철, 「〈영남인물고〉 진주편 등재인물의 시기별 특징」, 『경남학』 32, 경상대학교 경남문화연구소, 2011.
    • 이재두, 「1798년 편찬한 〈영남인물고〉와 그 위상」, 『규장각』 58, 서울대학교 규장각한국학연구원, 2021.
    • 김기엽, 「조선후기 영남 학단의 학적 전승과 교유에 대한 자료적 고찰」, 고려대학교 박사학위논문, 2022.

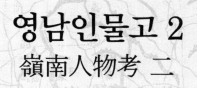

영남인물고 2
嶺南人物考 二

안동

01. 류성룡 문충공

류성룡의 자는 이현, 호는 서애, 본관은 풍산이다. 관찰사 류중영(柳仲郢)의 아들이다. 중종 임인년(1542)에 태어났다. 명종 갑자년(1564) 사마생원 양시에 합격하고, 병인년(1566) 문과에 급제하였다. 한림(翰林)·삼사(三司)·호당(湖堂)·이랑(吏郞)·사인(舍人)·직제학(直提學)·이조참의(吏曹參議)·부제학(副提學)·대사성(大司成)·대사헌(大司憲)·감사(監司)·이조판서(吏曹判書)·대제학(大提學)을 역임하였다. 선조 경인년(1590) 우의정에 올라서 광국공신(光國功臣)에 녹훈되고 풍원부원군에 봉해졌다. 이조판서를 겸하였고 대제학을 겸하였으며 병조판서를 겸하였다. 임진년(1592) 영의정에 올랐고, 삼도의 도체찰사가 되었으며, 호성공신(扈聖功臣)에 녹훈되었다. 청렴하고 조심성이 많은 벼슬아치였다. 정미년(1607)에 죽었다. 안동의 병산서원(屛山書院)에 향사하였다.

공(公)이 관(冠)을 쓸 나이가 되어서는 관악산에 있는 승려 없이 버려진 암자로 들어가서 깨끗하게 청소한 뒤에 열심히 공부하였다. 하루는 어떤 중이 밤을 틈타 불쑥 앞에 와서 말하기를, "혼자 사람이 살지 않는 깊은 산속에서 지내니 도둑이 겁나지 않는가?"라고 하니, 공이 천천히 말하기를, "사람은 본디 헤아릴 수 없으니, 그대가 도적이 아닌 줄 어찌 알겠소?"라고 하고는 글을 읽기를 평소 같이하자, 승려는 절을 하고서 말하기를, "빈도(貧道)는 공의 지기(志氣)가 굳다는 소문을 들은 까닭에 찾아와서 시험한 것이오. 훗날에 반드시 큰 인물이 될 것이외다."라고 하였다.

퇴계(退溪) 선생을 도산(陶山)으로 찾아가서 뵈었는데, 선생이 한번 보고는 뛰어나다고 여겨서 말하기를, "이 아이는 하늘이 낸 아이로 다."라고 하였다.

　선조 기사년(1569) 서장관으로 경사(京師: 북경)에 갔는데, 서반(序 班)이 승도(僧徒)와 도사(道士) 두 무리를 이끌어다 앞열에 세우자, 공 이 말하기를, "도가(道家)와 석가(釋家)가 비록 관직이 있을지라도 관 대(冠帶)를 쓴 무리 앞에 서는 것은 옳지 못하다."라고 하니, 홍려시(鴻 臚寺)의 관리가 즉시 그들을 물리쳐 뒷열에 세웠다. 이때 태학생(太學 生) 수백 명이 모여서 구경하였는데, 공이 본조(本朝: 중국)의 명유(名 儒)에 대해 묻자, 태학생들이 서로 돌아보면서 말하기를, "왕양명(王陽 明)과 진백사(陳白沙) 두 사람입니다."라고 하였다. 이에, 공이 말하기 를, "진백사는 도(道)를 본 것이 밝지 못하였고 왕양명은 선학(禪學)을 주장하였으니, 설문청(薛文淸: 薛瑄)의 정학(正學)만 못하다."라고 하자, 어떤 한 사람이 앞으로 나와 말하기를, "선비들이 추향(趨向)을 잃은 지 오래였습니다. 공께서 능히 그것을 바로잡았으니, 오도(吾道)의 다 행입니다."라고 하였다. 돌아오자 이 선생(李先生: 이황)이 편지를 보내 어 축하하였다.

　상공 이준경(李浚慶)이 죽음을 앞두고 상소를 올려 말하기를, "조정 에서 붕당(朋黨)을 짓는 일은 훗날에 구제하기 어려운 병통이 될 것입 니다."라고 하자, 응교(應敎) 이이(李珥)가 상소하여 말하기를, "현인을 시기하고 질투하는 것입니다."라고 하니, 주상이 바야흐로 이이를 신 임하여 중용하였다. 당시의 여론이 이이를 추종하는 자가 많아서 이 준경의 관작을 삭탈하려고 논의하였는데, 공이 불가하다며 말하기를, "대신이 죽음을 앞두고 진언한 것이 옳지 않다면 그 말을 분별하면 그만이지 죄주기를 청한다는 것은 조정이 대신을 대우하는 체통을 해치는 것입니다."라고 하자, 논의가 마침내 중지되었다.

정축년(1577) 인성대비(仁聖大妃)가 승하하였다. 공이 응교로서 동료들과 장계를 올려 말하기를, "명종(明宗)은 인종(仁宗)을 이어 대통을 계승하였으니, 통서(統緒)상 부자의 도리가 있습니다. 그러니 주상께서는 마땅히 '아버지가 죽었을 경우 할머니를 위해 적손(嫡孫)이 승중복(承重服)을 입는 예'를 따라야 합니다."라고 극력 논하니, 마침내 그의 의견을 따랐다.

임오년(1582) 조사(詔使)가 오게 되자, 특별히 공을 도승지로 제수하였다. 조사가 공이 주상 앞에서 예의범절이 매우 엄중한 것을 보고서 칭송하고 찬탄하였다. 주상이 금포(錦袍)를 하사하였다.

갑신년(1584) 예조판서로 승진시켜 제수하였으나 공이 극력 사직하자, 주상이 손수 쓴 서찰을 내려 말하기를, "옛사람은 그 신하에 대하여 신하로 여긴 이도 있고, 벗으로 여긴 이도 있으며, 스승으로 여긴 이도 있었으니, 나는 벗으로 경(卿)을 대한다."라고 하였다. 이에, 효제(孝悌: 효도와 우애)와 예양(禮讓: 예에 따른 겸손한 자세)을 밝혀서 전국 팔방에 향약(鄕約)을 반포하였다.

주상이 부마(駙馬)를 간택하도록 명하면서 이씨(李氏) 성을 피하지 말라고 하니, 공이 유총(劉聰: 前趙 烈宗)과 당소종(唐昭宗: 李曄)의 일을 인용하여서 어명이 예에 어긋남을 말하자, 일이 마침내 중지되었다.

서익(徐益)이 상소를 올려 말하기를, "정여립(鄭汝立)이 이이(李珥)에게 보낸 편지에 이르기를, '세 사람을 비록 쫓아냈다고 하나 거간(巨奸)이 아직 그대로 있다.'라고 하였으니, 거간은 대개 류성룡(柳成龍)을 가리키는 것입니다."라고 하였다. 주상이 어찰(御札)을 내려 말하기를, "그 사람을 만나 보고 그와 더불어 말을 나누노라면 자신도 모르는 사이에 마음속으로 복종하게 된다. 어떤 간이 큰 자가 감히 이 따위 말을 한단 말이냐?"라고 하였다.

애초에 정여립이 진신(搢紳)들 사이에서 명성을 훔쳤으므로 사류(士
類)들이 대부분 그와 교유하였는데, 공은 그의 말이나 하는 짓이 들뜨
고 허황된 것을 미워하여 문앞에 찾아와도 만나지 않았다. 기축년
(1589) 겨울에 정여립이 역모를 꾀하는 일이 발각되었는데, 옥사(獄事)
가 계속해서 얽히고 뻗어가 공의 성명도 정여립에게 보낸 백유양(白惟
讓)의 편지 속에 들어 있었다. 공이 상소를 올려 스스로 탄핵하였으나,
주상의 비답(批答) 글에 이르기를, "경(卿)의 심사는 저 밝은 해에게
질정할 수가 있다."라고 하였다.

신묘년(1591) 좌의정이 되었다. 이때 황윤길(黃允吉) 등이 일본에서
돌아왔는데, 왜추(倭酋: 풍신수길)가 보낸 편지에 "한 번 뛰어서 곧장
대명국(大明國)으로 쳐들어가겠다."라는 말이 있었다. 공이 말하기를,
"사유를 갖추어 대명국에 아뢰는 것이 마땅하다."라고 하자, 영의정
이산해(李山海)가 그것을 숨기려고 하니, 공이 말하기를, "지금 아뢰지
않는다는 것은 왜놈들이 만약 실제로 명나라를 침범하려는 모의를
하고 있었는데도 다른 나라를 통해 그것을 들으면 우리를 의심하는
것이 반드시 깊어질 것이고 또한 의리에 있어서도 불가합니다."라고
하였다. 때마침 복건성(福建省) 사람이 포로로 잡혀 왜국에 있던 자가
이미 왜국의 정세를 보고하였고, 유구국(流球國) 또한 사신을 파견하
여 왜국의 소식을 알렸는데, 우리나라 사신만 이르지 않자 중국이
아닌 게 아니라 우리나라가 왜놈들에게 두 마음을 갖고 있는 것으로
의심하다가 우리나라 사신이 도착하니, 황제가 크게 기뻐하여 상을
매우 후하게 내렸다.

당시에 주상이 비국(備局: 비변사)에 명하여 각기 장수가 될 만한
인재를 천거하도록 하였는데, 공이 권율(權慄)·이순신(李舜臣)을 천거
하였다. 두 사람은 모두 지위가 낮은 관료들이어서 이름이 널리 알려

지지 않았다. 이순신은 정읍현감(井邑縣監)으로서 전라좌수사(全羅左水使)로 발탁되어 제수되었다.

임진년(1592) 4월 왜적이 대거 쳐들어오자, 공이 병조판서를 겸임하게 되었는데. 이일(李鎰)을 순변사(巡邊使)로 삼고 성응길(成應吉)과 조경(趙儆)을 좌우방어사(左右防禦使)로 삼아 세 방면으로 나누어 보내어서 왜적을 막도록 하였고, 또 신립(申砬)을 순변사로 삼아 이일(李鎰)을 후원하도록 하였으며, 공이 체찰사가 되어 장수들을 감독하였다.

이일과 신립이 패하였다는 보고가 이르자, 대가(大駕)가 서쪽으로 피난가면서 공에게 경성(京城)을 지키게 하였다. 도승지 이항복(李恒福)이 아뢰기를, "서쪽으로 변방 끝까지 거둥하면 대국(大國: 명나라)의 국경입니다. 류성룡은 명민하고 숙달되어서 사령(辭令: 남을 응대하기 위해 꾸미는 말)을 잘 지으니, 말을 주고받으며 임기응변하는 일에 이 사람이 아니면 안 됩니다. 청컨대 행차를 따르도록 명하소서."라고 하니, 주상이 따랐다. 주상이 임진(臨津)에 이르러 대신들을 불러 함께 배를 타고 건넜는데, 공에게 미리 이르기를, "다행히 국가가 중흥된다면 마땅히 경(卿)의 덕분일 것이다."라고 하였다.

동파역(東坡驛)에 머물렀는데, 대신들을 불러 보고서 주상이 가슴을 치며 말하기를, "일이 이미 이 지경에 이르렀으니 내가 장차 어디로 간단 말이냐?"라고 하자, 이항복이 말하기를, "또 의주(義州)로 갔다가 형세가 기울고 힘이 다하면 황제에게 달려가 호소해야 합니다."라고 하니, 공이 불가하다며 아뢰기를, "거가(車駕)가 우리나라에서 한 발자국이라도 떠난다면 조선은 우리의 소유가 안 될 것입니다."라고 하였다. 이항복이 오히려 힘껏 변론하자, 공이 격한 음성으로 아뢰기를, "지금 동북 지방의 병마가 아직 온전하고 호남의 의병들이 일어나고 있는데 어찌 이런 중대사를 갑자기 논의할 수 있단 말입니까?"라고 하니, 이항복이 비로소 깨닫고 침묵하였다. 공이 물러 나와 이성중(李誠中)에게 말하기를, "나를 위해 이 승지(李承旨: 이항복)에게 '어찌 말을 그리 말을 쉽게 한단 말인가? 바지를 찢어 발을 싸매고 비록 길에서 죽는다 하더라도 단지 아녀자나 내시(內寺: 환관)의 충성일 뿐이고, 인심은 한번 흩어지면 다시 모이기 어렵다.'라고 말해 주시오."라고 하였다.

개성(開城)에 이르러 이산해(李山海)가 재상에서 파직되고, 공이 영의정이 되었지만 얼마 되지 않아 또 파직되었다. 평양(平壤)에 이르자, 이산해를 논죄하여 귀양보내고, 공도 죄가 같다는 이유로 장차 나란히 논죄하려고 하였다. 이항복(李恒福)이 홍인상(洪麟祥: 洪履祥)에게 말하기를, "이 일은 백대에 길이 전해질 희망이 달린 것이외다. 공이 진실로 이 일에 진력하지 않는 경우에는, 나는 이제부터 공과 절교할 것이외다."라고 하자, 홍인상이 말하기를, "또한 나의 뜻이기도 하오."라고 하고서 마침내 당당하게 말하였다. 그 논의는 그제야 중지되었고, 공은 다시 부원군(府院君)으로 서용(敍用)되었다.

이때 적이 이미 평양(平壤)을 육박해 오자, 신하들이 모두 이곳을 떠나 피난할 것을 청하였다. 공이 말하기를, "앞에는 큰 강이 가로막고 있는데다 인심이 흩어지지 않았으니 굳건하게 지키는 것이 차라리 나을 것입니다."라고 하자, 좌의정 윤두수(尹斗壽) 또한 쟁론하였지만 성안은 이미 동요되어 소란스러워 종묘와 사직의 신주(神主)를 받들고 먼저 성을 빠져나가니, 성안에 있던 사람들이 모두 분통을 터뜨리면서 욕하며 말하기를, "재상들은 후한 녹(祿)만 훔쳐 먹고서 나라를 그르치고 일을 망쳤으며, 또 우리 백성을 어육으로 만들었다."라고 하며 몽둥이와 칼날을 다투어 잡아들고 마구 닥치는 대로 쳤다. 조정의 신하들이 모두 실색하였지만, 공은 부로(父老: 나이 든 남정네)들을 타이르며 말하기를, "너희들이 죽음을 무릅쓰고서 지키고 떠나지 않은 것은 참으로 충성스러운 것이다. 그렇더라도 궁문(宮門)에서 소동을 일으켜 놀라게 해서는 안 되느니, 중지하지 않는 자는 그 죄를 마땅히 용서하지 않을 것이다."라고 하였다. 난동을 피운 자들이 즉시 병기를 버리고 머리를 조아려 사죄하였다. 이오성(李鰲城: 이항복)이 감탄하여 말하기를, "동파역(東坡驛)에서 일을 아뢰었을 때 류 상국(柳相國: 류성룡)이 나를 꾸짖었는데, 나는 당시 깨닫지 못했으나 이 지경에 이르고 나서야 선견지명(先見之明)을 알겠다."라고 하였다.

거가(車駕)가 떠나려 하자, 의논하는 자들이 대부분 북쪽으로 가는 것이 편하다고 말했는데, 공이 완강하게 간쟁하여 아뢰기를, "주상이 서쪽으로 거둥한 것은 본래 대국(大國: 명나라)에 의지하여 나라의 회복을 도모하고자 한 것입니다. 지금 이미 구원을 청해 놓고 북관(北關)으로 깊이 들어나는 것은 의리상 참으로 불가합니다. 게다가 북쪽으로 간 뒤에 적에게 저지당하여 형세가 궁하고 더 이상 갈 곳도 없게 되면 장차 북쪽에 있는 오랑캐 땅으로 달아날 것입니까?"라고 하니, 주상이 마침내 영변(寧邊)으로 거둥하였다.

이때 중국은 우리나라가 왜놈과 공모한 것으로 의심하였으니, 요동(遼東)에서 보내온 자문(咨文: 외교문서)에 우리나라를 힐책하는 말이 있었다. 이에 공이 상소하여 말하기를, "우리나라도 일곱 가지 실책이 있어서 그들의 의심을 자초한 것이니, 청컨대 해당 관사로 하여금 명백하게 스스로 진술하게 하소서."라고 하였다.

7월 부총병(副摠兵) 조승훈(祖承訓)이 병사 5천 명을 이끌고 구원하러 오자, 공은 병을 무릅쓰고 자청하여 밖으로 나가 군량에 관한 일을 다스렸는데, 3개 고을의 곡식 수천 석을 징발한 데다 또 남방에서 조운(漕運)해 온 곡식이 도착하니 열흘도 채 못 되어 관곡(館穀: 명나라 군사에게 지급할 곡식)과 여러 가지 그릇 등이 모두 갖추어졌다. 이때 공이 소곶역(所串驛: 의주 남쪽 30리)에 이르니, 촌락이 하나같이 텅 비어 있자 수색하여 몇 사람을 찾아내고는 직접 대면해 타이르며 책자 하나를 꺼내어 그들의 성명을 기록하고 말하기를, "훗날 마땅히 이 명부를 보고 논상(論賞)할 것이며, 이름이 기록되어 있지 않은 자는 처형할 것이다."라고 하였다. 머지 않아서 이름이 기록되기를 청하는 자가 줄을 이었는데, 그제야 각 고을에 으레 고공책(考功冊: 공적을 기록한 책)을 비치하도록 하였다. 이에, 백성들이 서로 더불어 달려 나왔다.

12월 제독(提督) 이여송(李如松)이 정예병 4만 명을 거느리고 안주(安州)에 도착하였다. 공이 평양의 지도로 형세를 가리켜 보이니, 제독이 대단히 기뻐하여 말하기를, "적들의 형세가 눈앞에 훤히 보인다."라고 하였다. 정월(正月: 1593년 1월) 제독이 평양에서 승리를 거두었으니, 행장(行長: 小西行長)·의지(義智: 平義智)·현소(玄蘇)가 밤중에 달아났다. 이보다 앞서 우리나라 군사 중에 적에게 포로로 잡혔던 자가 적으로부터 많은 뇌물을 받고 우리의 사정을 염탐하여 거의 빠짐없이 보고하였는데, 공이 그 우두머리를 붙잡고 무리 수십 명을 문초하여 모두 참수하였으니, 이 때문에 제독의 군대가 대대적으로 왔으나 적이 알지 못했던 것이다. 때마침 공은 해서(海西)의 장수들에게 적들이 돌아가는 길목에서 맞아 급히 뒤를 밟게 하였는데, 적들은 굶주림으로 인하여 길을 갈 수 없었지만 장수들이 모두 출군하지 않고 오직 이시언(李時言)만이 적의 뒤를 쫓았으나 또한 병사의 수가 적어 감히 가까이 다가지 못하고 적은 이미 지나가 버렸다.

제독이 진군하여 파주(坡州)에 이르렀는데, 부총병 사대수(査大受)가 왜적을 추격하여 벽제(碧蹄)에 이르렀다가 패하여 돌아왔다는 소식을 듣게 되자 제독이 즉시 개성(開城)으로 향하려 하니, 공이 간쟁하였으나 뜻을 이루지 못하고 홀로 개성(開城: 東坡驛의 오기)에 머물렀다.
얼마 지나서 제독이 평양(平壤)으로 돌아가려 하고 또 우리나라 군사
들에게 임진강(臨津江) 남쪽에 있는 자들은 모두 강을 건너서 굳게
지키도록 한다는 소문이 있자, 공이 종사관(從事官: 辛慶晉)을 보내어
제독을 만나 퇴각해서는 안 되는 이유로 다섯 가지를 말하도록 하니,
제독이 이를 듣고도 아무런 말이 없자 여러 장수와 군사들이 군량도
바닥났다면서 군대를 돌리도록 청하였다. 제독이 화를 내며 공 및
호조판서 이성중(李誠中)과 우감사(右監司) 이정형(李廷馨)을 불러서 뜰
아래에 무릎을 꿇리고 죄를 꾸짖었다. 공이 임시방편으로 사죄하였으
나 이윽고 의기가 북받쳐 눈물을 흘리니, 제독이 후회하는 기색을
띠고 그의 부하 장수들에게 노한 척하며 말하기를, "적을 섬멸하지
않고서는 돌아가지 않겠다."라고 하였다.

공이 전라도 순찰사 권율(權慄)과 순변사 이빈(李薲)에게 파주산성
(坡州山城)을 차지하여 왜적을 막도록 하였는데, 지금 방어사(防禦使)
고언백(高彦伯)·이시언(李時言), 조방장(助防將) 정희현(鄭希賢: 鄭希玄
의 오기)·박명현(朴名賢) 및 의병들에게 좌우로 나뉘어 요해처를 지키
면서 여기저기 출몰하여 왜적을 요격했다가 합세하도록 하였다.

또 유격(遊擊) 왕필적(王必迪)에게 공문서를 보내어 말하기를, "적이
지금 험준한 지역을 차지하고 있어 공격하기가 쉽지 않으나 대국의
군대가 진격하여 파주에 이르러 그들을 뒤쫓게 한 뒤, 남병(南兵: 중국
남방 출신 군대) 중에 정예롭고 용맹한 군사를 뽑아 강화(江華)를 거쳐
서 한강(漢江) 남쪽으로 나가 적이 생각지 못한 때를 틈타 충주(忠州)
이상의 주둔지들을 격파한다면 상주(尚州) 이하의 적들은 반드시 풍
문만 듣고도 도망쳐 숨을 것이며, 도성 안에 있는 적들은 돌아갈 길이
두절되어 필시 용진(龍津)으로 달아날 것이니, 그때를 이용해 대국의

군대가 기습하여 일거에 모두 섬멸할 수 있을 것입니다."라고 하자, 왕필적이 크게 기뻐하였다. 그러나 제독은 북방(北方)의 장수이어서 남병(南兵)이 공을 세우는 것을 꺼려 그 계획을 저지하고 군대를 움직이지 못하도록 하였다.

적은 자신들의 세력이 약해진 것을 알고서 강화(講和)를 청하였는데, 제독이 이를 허락하려 하자, 공이 말하기를, "의리상 강화를 허락해서는 안 되니, 진격하는 것만 못합니다."라고 하니, 제독이 응하는 척하며 "좋다."라고 하였지만 실제로는 싸울 마음이 없었고 또 유격 진홍모(陳弘謨: 周弘謨의 오기)를 적중에 들어가도록 보냈다. 공에게 기패(旗牌)에 들어와 참배하도록 하였으나 공이 듣지 않으니, 제독이 이 사실을 듣고 크게 화내며 말하기를, "기패는 천자의 명이다. 어찌하여 참배하지 않을 수 있겠는가? 마땅히 군법을 행하고 군대를 철수하겠다."라고 하였는데, 공이 원수(元帥) 김명원(金命元)과 함께 군문에 나아가 사과하며 말하기를, "기패를 공경하지 않아서가 아니라 그 옆에 또 우리가 왜적 죽이는 것을 금한다는 패문(牌文)이 있어서 마음으로 통한스러워 감히 참배할 수 없었습니다."라고 하였다. 제독이 부끄러운 기색을 띠며 말하기를, "그것은 송 시랑(宋侍郎: 宋應昌)이 한 것으로 나는 실상을 알지 못하였다."라고 하였다. 며칠 뒤에 유격(遊擊) 척금(戚金)·전세정(錢世禎: 錢世楨의 오기)을 보내와서 강화를 허락하는 것이 편하다고 말하자, 공이 불가하다고 고집하였다. 그들이 이미 떠나간 뒤에 공문서를 보내어 이르기를, "우리들을 꾀면서 강화를 구한 것이 세 번이나 됩니다만, 소방(小邦)이 위급한 지경에 처해서도 끝까지 허락하지 않은 것은 천하의 대의(大義)를 위하는 데 불과했던 것으로 차라리 죽을지언정 욕되게 할 수는 없었던 것입니다. 지금 복수할 것을 잊고 원망을 풀게 하여 적과 함께 살기보다는 차라리 적을 공격하다가 군법에 죽는 것이 더 낫다고 생각합니다."라고 하였다.

4월 적은 군대를 몰래 빼내어 밤에 달아났는데, 공이 제독을 따라 도성(都城)에 들어왔다가 급히 군사를 출동하여 적의 뒤를 추격하도록 청하자, 제독이 말하기를, "한강에는 배가 없어 건널 수 없소이다."라고 하였다. 이보다 앞서 공이 이빈(李蘋) 등에게 배들을 끌어모으도록 하였는데, 이때에 이르러 이미 배가 80척이나 기다리고 있었다. 제독은 하는 수 없어 영장(營將) 이여백(李如柏)으로 하여금 군사 1만 명을 거느리고 추격하게 하였는데, 강가에 이르러 군사를 건너도록 할 것처럼 하다가 군사가 반쯤 건넜을 때 병을 핑계대고 돌아왔다.

적이 울산(蔚山)·동래(東萊)·김해(金海)·웅천(熊川)·거제(巨濟)를 거점으로 삼아 16개의 둔(屯)을 연결하여 진을 쳤는데, 산에 의지하여 성을 쌓고 오래 머무를 계책을 세웠다. 유정(劉綎) 등이 사면을 포위하여 서로 버티었으나 얼마 되지 않아서 유정은 대군을 이끌고 돌아갔다. 공이 여러 차례 장계를 올려 말하기를, "왕사(王師: 명나라 군)는 믿을 수가 없으니, 청컨대 무기를 닦고 군사를 훈련하여 자강(自强)할 계책을 삼으소서."라고 하였으며, 또 아뢰기를, "왜적들이 믿는 바는 오직 조총(鳥銃)일 뿐입니다. 우리나라 또한 밤낮없이 훈련시켜 익히면, 왜적들의 장기(長技)를 우리 또한 가질 수 있습니다."라고 운운하였다.

또 장정(壯丁)을 뽑아서 절강참장(浙江參將) 낙상지(駱尙志)가 있는 곳으로 보내어 화포(火炮)·낭선(狼筅)·창검(槍劍) 등의 병기를 전습(傳習)하도록 하고, 자신은 영남으로 가서 군사의 일을 다스리게 하였다.

9월에 행재소로 소환되었다. 10월에 주상을 따라 경성(京城)으로 돌아왔다. 경성이 파괴되어 황폐하였으니, 모든 관사(官司)들이 담벽에만 의지한 데다 기근까지 겹쳐 도적이 많이 일어나니 인심이 몹시 두려워하였다. 공은 상에게 건의하여 훈련도감(訓鍊都監)을 설치하고 곡식 1만여 섬을 풀어 장정 수천 명을 모집하였는데, 조총(鳥銃)과 도창(刀鎗: 칼과 창)을 다루는 기술을 가르쳤으며, 파총(把摠)과 초관(哨官)을 두어 이들을 거느리도록 하였다. 번(番)을 나누어 숙위(宿衛)하고 있다가 주상이 거둥할 때는 이들로 호위하니, 인심이 그제야 안정되었다.

명나라는 우리나라가 쇠약하다고 하여 나라를 분할해야 한다는 논의를 하였는데, 급사중(給事中) 위학증(魏學曾)이 주본(奏本)을 올려 말한 것이지만 병부상서(兵部尙書) 석성(石星)은 불가함을 견지하였다. 그래서 행인(行人: 명나라 行人司 소속 관원) 사헌(司憲)이 왔는데, 칙서(勅書)를 받들어 널리 유시(諭示)하도록 하고 게다가 우리나라의 일을 관찰하도록 하였다. 그 칙서에 이르기를, "짐이 속국(屬國)을 대우하는 은혜와 의리가 이에서 그치니, 왕은 스스로 다스리도록 하라. 짐은 왕을 위해 다시 도모하지 않을 것이다."라고 하였다. 공은 이때 영의정이었는데, 주상이 공을 불러 보고서 말하기를, "오래전부터 이런 일이 있을 줄을 알고 있었거늘 일찌감치 피하지 않은 것이 한스럽구나. 내일 행인(行人)을 만나 보고 당연히 전위(傳位)하겠다는 말을 할 것이다. 경(卿)과 같은 인재가 나 때문에 어떻게 할 수 없음이 참으로 한스럽도다."라고 하니, 공이 대답하기를, "칙서는 용기를 북돋우기 위해 책려하는 것일 뿐입니다. 주상이 어떻게 갑자기 이런 말을 하는 것입니까? 신(臣)이 외람되이 삼공(三公)의 지위에 있으면서 국사(國事)를 이 지경에 이르게 하였으니, 신의 죄는 만 번 죽어 마땅합니다. 내일 하시겠다는 일은 매우 옳지 못합니다. 감히 목숨을 걸고 청합니다."라고 하였다. 그 다음날 주상이 행인(行人)을 만나서 말하기를,

"병들어 국사를 감당할 수 없으므로 세자에게 양위하려 하오."라고
하니, 행인이 말하기를, "양위하는 일은 당숙종(唐肅宗)의 고사가 있습
니다. 국왕이 이미 이러한 마음을 가졌으니, 주본(奏本)을 갖추어 황제
께 올려 청하는 것이 마땅합니다. 사헌(司憲)은 한갓 행인일 뿐인데,
어찌 감히 도맡아서 처리할 수 있겠습니까?"라고 하면서 또 말하기
를, "류성룡은 충성스러워 있는 힘을 다하는데다 어질고 의로우며 믿
음까지 독실하여 왜적을 정벌하러 조선에 온 천조(天朝)의 군관(軍官)
들이 기뻐하지 않은 자가 없으니, 국왕은 어진 재상을 얻었습니다."라
고 하였다. 때마침 유격(遊擊) 척금(戚金)이 경성(京城)에 있었는데, 밤
낮으로 행인의 곁에 있어서 아주 친밀한 사이였다. 이날 밤에 공을
만나자고 하고서는 좌우를 물리치고 글씨로 예닐곱 가지의 일을 써서
물었는데, 그 가운데 한 가지가 '국왕이 전위(傳位: 양위)하는 것은 빨
리하는 것이 마땅하다.'는 것이었다. 공이 깜짝 놀라 벌떡 일어나 그
자리서 글씨를 써 말하기를, "공은 천하의 책을 읽어 고금의 일에
대해 널리 알 것입니다. 소방(小邦)의 위급함이 이와 같은 데다 또한
군신간과 부자간에 그 도리까지 잘 처리하지 못하면 나라가 망하도록
화(禍)를 재촉하는 것입니다."라고 하니, 유격이 말하기를, "맞습니다,
옳습니다."라고 하고는 즉시 그 종이를 촛불에 태워 없애 버렸다. 다
음날 아침에 공이 백관(百官)을 거느리고 행인에게 정문(呈文: 공문)을
올려 '주상은 덕망을 잃은 일이 없음'을 극력 진달하였는데, 그날 밤
중에 유격이 또 공에게 말하기를, "행인의 뜻이 크게 돌아섰습니다."
라고 하였다. 행인이 주상을 만나게 되자 예를 갖춘 얼굴이 더욱 공손
하였으며, 돌아가게 되자 또 자문(咨文: 외교문서)을 보내 면려하고 신
칙하는 것이 아주 각별하였다. 또한 차부(箚付: 공문서)로 공에게 보냈
는데, 그 가운데 "나라를 다시 세웠다.(再造山河)"라는 말이 있었다.

애초에 경략(經略) 송응창(宋應昌)이 차부를 접반사(接伴使) 윤근수(尹根壽)에게 주며 말하기를, "돌아가면 국상(國相)에게 주시오."라고 하였는데, 공이 거절하며 말하기를, "경략이 공적으로 국사(國事)에 대해서 말한 것이라면 주상에게 자문을 보내는 것이 마땅하다. 지금 자문은 보내지 않으면서 차부만 보내왔으니, 그가 말한 바는 국상이 마땅히 처리할 바가 아닐 것이다."라고 하였다.

12월 호서(湖西)의 역적 송유진(宋儒眞)이 격문을 돌리고는 약탈하면서 북쪽으로 올라오자, 인심이 흉흉하였다. 주상이 공에게 궁중으로 들어와 숙직하도록 명하였는데, 공이 사양하며 말하기를, "이와 같이 하면 인심을 더욱 놀라게 할 것입니다."라고 하니, 주상이 말하기를, "경(卿)은 무원형(武元衡: 자객에 의해 살해당함)의 일을 생각하지 않는단 말인가?"라고 하였다. 하루는 날씨가 몹시 추운 밤에 주상이 내수(內豎: 동자 내시)에게 공을 엿보도록 하니, 깊은 밤중에 등불을 밝히고서 글을 읽고 있다며 돌아와 보고하자, 주상이 따뜻한 술을 하사하도록 명하였다. 역적을 이미 사로잡힌 뒤, 공이 옥사(獄事)를 공평하게 다스렸다. 여러 대를 거쳐 내려오면서 형장(刑杖)이 점차 커졌는데, 공이 주상에게 아뢰어 하나같이 《대명률(大明律)》에서 정해 놓은 척촌(尺寸)에 따르니, 사람들이 과도한 형벌로 죽은 사람이 없었다.

갑오년(1594) 차자(箚子)를 올려서 근본을 견고하게 할 것[固本], 재용(財用)의 쓰임새를 절약할 것[節用], 양곡을 저축할 것[積儲], 군사를 훈련할 것[鍊兵]에 대해 수천 마디의 말을 아뢰었다. 또한 전결(田結)을 계산하여 수입을 헤아리고, 모든 공물(貢物)과 방물(方物)은 모두 물건을 계산하여 값을 정해서 유사(有司)로 하여금 사들여서 지급하게 하며, 그 나머지로 군량에 보충할 것을 청하였다. 혹 별도로 조도(調度: 경비로 쓰는 경우)하는 일이 있을 때 공물·방물을 적절히 헤아려서 줄이면 이쪽에서 취하여 저쪽을 보충하는 격이니 모두 편리하다고 여겼으나, 부박한 의론에 의해 저지되어서 실행하지 못하였다.

중국 조정에서는 "왜적이 오랫동안 퇴각하지 않고 있어서 천하의 병력을 궁하게 해서는 안 된다고 하여, 왜적이 강화를 요청한 것을 계기로 그것을 허락하여 병력을 해산하도록 하는 것이 편리하다."라고 여겼으니, 송응창이 탄핵을 받아 떠나갔고 고양겸(顧養謙)이 그 대신으로 왔다. 고양겸이 요동(遼東)에 이르러서는 참장(參將) 호택(胡澤)을 보내어 차부(箚付)로 우리나라를 꾸짖고 타일렀으니 일시적으로 자신을 낮추었다가 스스로 강해져야 한다는 것이었고, 또 우리나라로 하여금 왜적들을 위하여 중국에 봉작을 청하라는 것이었다. 조정의 의론이 서로 고집하여 결정하지 못하고 있자, 호택이 매우 다급하게 보고하기를 독촉하였다. 이때 공은 폐가 쪼그라드는 병을 앓아 한 달이 넘도록 정사를 돌보지 못하고 있었으니, 겨우 차자(箚子)를 올려 말하기를, "왜적을 대신하여 봉작을 요청하는 일은 절대로 따라서는 안 되며, 또한 적의 상황을 갖추어 진달하여 대국의 처분을 따르는 것은 마땅합니다."라고 하였다. 호택이 주본(奏本)의 초고를 구하여 보고서는 반드시 봉작을 청하는 일을 말하고자 하였지만, 공이 그것을 거절하였으나 끝내 거절할 수 없게 되어 초고에 말하기를, "위엄으로써 왜적을 떨게 하여 그 완악함을 억누르고, 기미로써 계책을 써서 그 화를 늦추는 것은 옛날의 제왕들이 오랑캐들을 제어하는 대권(大權)으로 오직 성조(聖朝)에서 택하여 하는 바에 달려 있을 뿐입니다.(震之以威, 以創其頑, 縻之以計, 以弭其禍, 莫非帝王御夷之大權, 惟聖朝所擇耳.)"라고 하였다. 호택은 관자(款字)를 계자(計字)로 바꾸어서 떠나갔다.

겨울에 군국(軍國)의 기무(機務) 10조의 일을 올렸으니, 첫째 척후(斥候), 둘째 장단(長短), 셋째 속오(束伍), 넷째 약속(約束), 다섯째 중호

(重壕), 여섯째 설책(設柵), 일곱째 수탄(守灘), 여덟째 수성(守城), 아홉째 질사(迭射), 열째 통론형세(統論形勢)였다.

을미년(1595) 유생(儒生) 나덕윤(羅德潤) 등이 상소를 올려 기축년(1589)의 억울한 옥사에 대해 말했는데, 공이 죄인 명부에 올라 있는 자들까지 대폭적인 석방을 청하면서 정개청(鄭介淸) · 류몽정(柳夢井) · 이황종(李黃鍾)과 같은 자는 지금 신원(伸冤)하는 것이 마땅하다고 하니, 주상이 따랐다.

병신년(1596) 황제가 이종성(李宗誠: 李宗城의 오기) · 양방형(楊方亨)을 보내 수길(秀吉: 풍신수길)을 봉하여 일본 국왕으로 삼으려 하였다. 그리고 심유경(沈惟敬)은 평소 왜국을 왕래하며 임시변통이나마 일을 주선하였는데 이때에 이르러 또한 책봉책을 따르며 우리나라로 하여금 중신(重臣)을 보내 함께 가도록 하니, 조정에서 대처할 바를 알지 못하였다. 공이 말하기를, "적은 이랬다저랬다 변덕이 많은 데다 유격(遊擊: 심유경)도 스스로 그 일이 끝나지 않을 줄 알고 자신의 죄를 면하려고 우리나라에 허물을 돌릴지도 알 수가 없습니다. 우리 스스로 결정해서는 안 되니, 먼저 문서로 책망하여 그 회답을 듣고서 처리함이 편할 것입니다."라고 하니, 주상이 따랐다. 심유경이 독촉하기를 그치지 않아 그 접반사로 황신(黃愼)을 책봉사행(冊封使行)에 파견하였다. 급기야 이종성이 왜국에서 도망쳐 돌아오자, 도성이 흉흉하여 진정되지 않아서 며칠 사이에 도성을 떠나간 자가 반도 넘었는데, 조정의 신하들 또한 몰래 가솔들을 성밖으로 내보낸 자가 있으니, 공이 방문(榜文)을 내걸어 깨우치고 타일러서 진정시켰다.

어느 날 주상이 여러 신하들에게 명하여 정사(政事)를 동궁에게 보고하라고 하였으니, 대개 참언(讒言)이 있었기 때문이다. 공이 백관(百官)을 거느리고 간쟁하느라 한 달이 넘도록 합문(閤門)에 엎드리니,

주상이 그제야 허락하였다.

양방형(楊方亨)·심유경(沈惟敬)이 왜국에서 돌아왔지만, 수길(秀吉)은 봉작을 받고도 사례하지 않았고, 행장(行長: 소서행장)·청정(淸正: 가등청정)은 이전과 같이 병력을 다시 주둔시켰으며, 심유경은 복명(復命)하고 나서 죄를 얻었다. 그리하여 중국 조정에서 다시 대대적으로 출병하여 왜적을 토벌하였다. 통제사(統制使) 이순신(李舜臣)이 연달아 왜적을 격파하니, 적이 근심하였다. 그래서 간첩을 써서 우리를 유인하여 말하기를, "청정(淸正)이 막 바다를 건너려고 하니, 수군으로 맞아 치면 사로잡을 수 있을 것이다."라고 하였으나, 이순신은 그 말이 거짓임을 알고 듣지 않았다. 충청병사(忠淸兵使) 원균(元均)이 이순신의 공을 시기하여 이를 두려워서 나아가지 않는 것으로 여기니, 이순신이 어쩔 수 없이 출병하였으나 청정은 이미 바다에 나아간 뒤였다. 이순신은 공이 발탁한 사람이었는데, 공을 비난하는 자들이 더욱 이순신을 구실로 삼아 말하니, 주상이 노하여 군법을 집행하고 원균으로 하여금 이순신을 대신하게 하였다. 공이 원균은 반드시 패할 것이라고 극력 간쟁하였는데, 과연 대패하였고 원균은 달아나다가 죽었다.

공이 벼슬에 부임한 이래로 주상은 마음을 기울여 그를 등용하였으나, 공을 시기하고 질투하는 자들이 밤낮으로 공의 결점을 들추어 헐뜯어서 주상으로 하여금 공에게 불쾌한 마음을 갖도록 하였다. 주상이 공에게 경기와 호서의 경계로 출병하여 왜적을 막도록 명하니, 공은 명을 받자마자 곧바로 떠나갔는데, 어떤 자가 모함하기를, "지금 적의 진격이 급하니 도성이 온통 술렁이나, 아무개는 출병하면서 먼저 가솔을 따르게 하여 인심이 크게 무너졌습니다."라고 하였다. 주상이 몹시 노하였는데, 대사헌(大司憲) 이헌국(李憲國)이 공 및 여러 대관(大官)들의 가솔이 있는 곳을 일일이 들어 아뢴 연후에 주상의 마음이 그제야 풀렸다. 이때 적의 형세가 몹시도 급박하자, 공을 불러 경기(京畿)·황해(黃海)·평안(平安)·함경(咸鏡) 사도(四道)의 군사를 거느리고 도성으로 들어와 호위하게 하였는데, 들어온 자가 수만명이었다. 주상이 강가에 나가 군대의 위용이 매우 엄숙한 것을 보고 크게 기뻐하였다.

애초에 경리(經理) 양호(楊鎬)가 대군을 거느리고 남쪽으로 내려갈 때, 공은 먼저 영남으로 나가 군량을 조달하고 있었다. 경리가 도착하고 나서 공이 만나기를 청하였지만, 경리가 이미 참소하는 말을 믿고서 만나 보려 하지 않았고 기뻐하지 않는 기색이 있었다. 공은 대사(大事)를 이루지 못할까 염려하여 경리의 행동과 서로 화합하지 못함을 갖추어 주상에게 아뢰고, 교체시켜 주기를 청하였으나 주상이 허락하지 않았다. 머지않아 돌아오도록 불렀고, 그 후에 경리가 경성(京城)으로 돌아왔다. 공이 이항복(李恒福)과 일을 의논하고 있는데, 역관이 와서 자신이 중개하여 여러 장수들과 교유할 수 있도록 하겠다고 청하자, 공이 정색하며 말하기를, "공적인 일이 아니라면 사사롭게 사귀지 않을 것이다."라고 하였다. 이항복이 물러나와 사람들에게 말하기를, "선비는 이해(利害)를 당하여 의당 이와 같이 해야 한다."라고 하였다.

무술년(1598) 주사(主事) 정응태(丁應泰)가 경리(經理: 양호)의 20가지 죄에 대해 주본(奏本)을 올려 탄핵하니, 경리가 면직되어 돌아갔다. 주상이 직산(稷山)의 전투를 돌이켜 생각하고 대신을 보내어 경리를 위해 변무(卞誣)하려고 하였으니, 주상의 뜻은 대개 공에게 있었으나 안팎의 많은 일들을 지켜야 했기 때문에 끝내 좌의정 이원익(李元翼)을 보냈다. 이원익이 도착하자, 정응태는 또 우리나라가 왜국과 내통하여 요동(遼東)을 침범하도록 요구하다가 도리어 침략을 받은 것이라고 날조하여 말하였다. 이로 말미암아 주상이 몹시 분개하고 불쾌하게 여겨 왕위에서 물러나겠다는 말을 한 뒤에 며칠 동안 조정에 나오지 않으니, 공이 백관(百官)을 거느리고 간쟁하였다. 지평 이이첨(李爾瞻)이 가장 먼저 '변무(辨誣)하는 일을 당하여 연경(燕京)으로 가겠다고 청하지 않았다.'면서 공을 탄핵하여 주상의 마음을 노하게 하였고, 권력을 잡은 자가 또 은밀히 자신의 문객(門客) 몇 명에게 상소를 올려 배척하도록 하여서 사론(士論)인 양으로 삼았다. 정인홍(鄭仁弘)이 평소 공에게 깊은 분노를 품고 있었는데, 그의 문객 문홍도(文弘道)가 정언(正言)이 되어 갖은 방법으로 꾸미고 헐뜯으면서도 오로지 '강화를 주장하였다[主和]'는 것으로 구실을 삼았다. 공이 연달아 차자(箚子)를 올려 허물을 끌어대서 스스로를 탄핵하니, 이미 정승에서 파직되고 머지 않아 다시 삭탈관작(削奪官爵)되었다. 우의정 이항복(李恒福)이 차자를 올려 말하기를, "이전에 신(臣)이 사명(使命)을 받들어 남방으로 갔을 때 보니, 적은 기세가 강성하였으나 우리는 재물이 바닥나고 민심이 흩어져서 한 가지도 믿을 것이 없었습니다. 나라를 지키고 적을 방어하는 것은 싸울 것이냐, 지킬 것이냐, 강화할 것이냐, 이 세 가지뿐이었습니다. 지금 이미 싸울 수도 없고 또 지킬 수도 없으니, 이보다 하책(下策)으로는 그들이 요구하는 강화를 들어주는 것뿐이었습니다. 신(臣)이 일찍이 상신(相臣) 아무개와 이 일에 대해 말한 적이 있으니, 이 일로 류성룡을 처벌한다면 차례차례 베어 버려 마땅히 신의 몸에까지도 미칠 것입니다."라고 하고는 이어 병을 핑계 삼아 사퇴하였다. 좌의정 이원익(李元翼)이 경사(京師: 연경)에서 돌아와 상소를 올려 말하기를, "류성룡은 정도를 지키며 동요하지 않았고 나라를 걱정하여 사적으로 집을 돌보지 않았으니, 그 마음이 참으로 슬픕니다. 이러한 사람을 배척하고서 그와 친밀한 사람이라 하여 배척하고, 다른 논의를 했다 하여 배척한다면 사류(士類)는 남김없이 배척당할 것이니, 국가의 복이 아닐 것입니다." 하고, 마침내 병을 핑계 대었다. 기해년(1599) 6월 직첩(職牒)을 돌려주라는 명이 내려지자, 삼사(三司)에서 다시 논핵하니, 주상이 말하기를, "주화(主和)라는 두 글자를 집언(執言: 말꼬리를 잡음)으로 삼고서 심지어는 류성룡을 진회(秦檜)에 비유하기까지 하였으니, 이런 말로 인심을 복종시킬 수 있겠느냐? 대개 그의 마음은 종묘사직이 장차 망할까 걱정하던 차, 중국 조정에서 이미 화의를 허락하였기 때문에 임기응변책으로 그 일을 따랐던 것이다. 그 당시 누구인들 그러하지 않았겠느냐? 그런데 지금에 와서는 서로 다투어 자신만 빠져나가기 위하여 이것은 모두 우상(右相: 이항복)의 죄인이다고 한다. 게다가 뭇사람들의 의론을 배격하고 한밤중에 사신을 보냈다는 말은 더욱더 말할 것이 못 된다. 그 당시 널리 조정의 의론을 수렴하여 결정한 일이니, 일기가 정원(政院)에 남아 있어서 상고(詳考)할 수 있다."라고 하였다.

임인년(1602) 영의정 이항복(李恒福)이 공의 이름을 염근리(廉謹吏) 명단의 맨 앞자리에 기록하고 말하기를, "이 노인을 한 가지 선행으로는 명명할 수 없으나, 단지 미오(郿塢)로 무고한 것을 씻어 줄 뿐이다."라고 하였다.

정미년(1607) 병이 위중하자, 유소(遺疏)를 초하였고 '군도팔사(君道八事)'를 유언하였다. 밤에 《홍범(洪範)》을 외웠는데, 다음날 북쪽을 향하여 바르게 앉은 다음에 죽었다. 사대부들은 서로 이끌고 와서 곡위(哭位)를 만들어 놓고 곡하였으며, 시민들은 달려와 모여서 곡하고 앞다투어 부의(賻儀)를 하며 말하기를, "공이 아니었다면 우리들은 이미 살아남지 못하였을 것이다."라고 하였다. 장례에 모여든 자가 400여 명이었다.

공은 몸소 장수와 재상의 재능을 겸비하여 나라가 위태로울 때에 명을 받아 충성을 다하고 힘을 다하여 끝내 왕업을 다시 안정시켰으니, 백성의 부자와 형제가 서로 보전하여 지금까지 편안히 살고 즐겁게 생업에 종사하게 된 것은 그 누구의 힘이겠는가?【협주: 허목이 찬한 유사에 실려 있다.】

일찍이 말하기를, "성현의 학문은 생각하는 것이 근본이니, 생각하지 아니하면 입으로 외고 귀로 듣기만 할 뿐이다."라고 하였으며, 또 말하기를, "옛 사람이 이른바 안다고 한 것은 참으로 안 것이다. 까닭에 말하기를, '아침에 도를 들으면 저녁에 죽어도 좋다.'라고 했던 것이다. 이전 시대의 사람들이 성(性)을 논하고 이(理)를 논한 것을 주워 모아서 스스로 안다고 하면서도 몸과 마음에 조금도 영향을 받지 않는 자는 모두 덕을 버리는 것이다."라고 하였다.

공은 책을 읽지 않은 바가 없었으며, 책을 읽으면 또한 몇 차례 읽지 않고서도 종신토록 잊지 않았다. 배우는 자들이 질문하면 번번이 그 책을 숙독하여 외운 듯이 대답하였다. 문장은 단지 사리만 통하는 것을 취하였고, 붓이 가는 대로 써 내려가도 명백하고 전아하였다. 특히 사명(辭命)을 짓는 것에 뛰어났는데, 어지러운 시절을 만나서도 노심초사 근심하면서 상소와 차자를 올리는 사이에 아주 간절하게 말하여 부흥시키기를 도모한 것은 흥원(興元) 연간의 육지(陸贄)에 비할 만하다고 하였다. 공이 살고 있던 곳은 경치가 아주 좋았으며, 집의 서쪽에는 푸른 절벽이 강가에 우뚝 솟아 있었으므로 자호(自號)하기를 서애(西厓)라고 하였다. 평생 벼슬길에 뜻을 빼앗긴 것을 한스럽게 여겨 그 당의 이름을 원지당(遠志堂)이라 하였다.

경술년(1610) 여름에 대신(大臣)이 공을 선조(宣祖)의 묘정(廟庭)에 배향(配享)하자고 의론하니, 혼조(昏朝)에서 계우(契遇)가 끝까지 가지 못했다는 이유로 허락하지 않았다.

시문은 병화에 불타 버리고 없어져 지금은 문집 20권과 《신종록(愼終錄)》·《상례고증(喪禮考證)》·《영모록(永慕錄)》·《징비록(懲毖錄)》·《운암잡기(雲巖雜記)》가 집에 보관되어 있다.【협주: 정경세가 찬한 시장에 실려 있다.】

계사년(1593) 정월에 천병(天兵: 명나라 군)이 평양(平壤)을 공략하여 빼앗고 장차 진격해 경성(京城)으로 육박하려 할 때, 제독이 임진강(臨津江)에 부교(浮橋)를 만들라고 독촉하였다. 때마침 날씨가 따뜻하여 가운데가 내려앉은 얼음 위로 물이 흘렀기 때문에 강 너비가 매우 넓었다. 그래서 칡으로 새끼를 꼬아 동아줄을 만들어 그 길이가 대략 강 너비를 지나갈 만한 것 15개를 마련하였고, 또 강의 남쪽과 북쪽 두 언덕에 땅을 파서 서로 마주 보도록 양쪽에 기둥을 세우고 나무 하나를 눕혀서 기둥 안쪽에 놓고는 동아줄로 팽팽하게 늘여 강을 건너가서 양쪽 끝을 기둥 안에다 가로지른 나무에 매어 날줄을 만들었다. 강 너비가 너무 넓어서 동아줄 중간이 반쯤 물에 잠겼으니, 천여 명에게 각기 3,4척 되는 짧은 통나무를 가지고 와서 한쪽 끝을 줄에다 구멍을 가로 뚫어 꽂아 몇 번 돌려 저쪽 끝과 이쪽 끝을 팽팽하게 조여지도록 하였다. 이에, 물에 잠겼던 동아줄이 비로소 팽팽해지고 통나무가 서로 잇단 것이 빗살과 같아서 강을 걸터앉은 활 모양 비슷하게 둥근 것이 다리 하나가 튼튼하게 만들어졌다. 그렇게 한 뒤에 그 위에다 버드나무, 싸리, 갈대를 섞어서 펴고 흙을 덮었다. 군사들이 이를 보고서 매우 기뻐하였는데, 먼저 화포와 군기를 모두 이 다리를 이용하여 운반하였다. 뒷날 《치평요람(治平要覽)》을 보니, 주(周)나라 사람들이 제(齊)나라 군사를 가로막았을 때 강 위에다 큰 동아줄을 가로 당겨 놓고 갈대를 엮어 다리를 만들었으니, 바로 이 법이었다.【협주: 본집에 실려 있다.】

• 柳成龍 文忠公

柳成龍, 字而見, 號西厓, 豐山人。監司仲郢[1]子。中宗壬寅生。明宗
甲子司馬兩試, 丙寅文科。歷翰林·三司·湖堂·吏郎·舍人·直提學·
吏曹參議·副提學·大司成·大司憲·監司·吏曹判書·大提學。宣祖
庚寅, 右議政, 錄光國勳, 封豐原府院君。兼吏曹判書·兼大提學·兼
兵曹判書。壬辰, 陞領議政, 爲三都體察使, 錄扈聖勳。廉謹吏。丁
未卒。享安東屛山書院[2]。

公勝冠[3], 入冠岳山廢庵中, 淨掃攻苦[4]。一日, 有僧乘夜遽前曰:"獨
棲空山, 不畏盜乎?"公徐曰:"人固不可測, 安知汝之非盜耶?"讀書自
若, 僧拜曰:"貧道[5]聞公志確, 故來相試耳。他日必爲大人矣。"
謁退溪先生于陶山, 先生一見異之, 曰:"此子天所生也。"
宣祖己巳, 以書狀官赴京師[6], 序班[7]引僧道二流, 立之前列, 公曰:"道
釋縱有官, 不可立於冠帶之前。"鴻臚[8]官卽却之後列。時太學生聚觀者

1 仲郢(중영): 柳仲郢(1515~1573). 호는 立巖. 증조부는 柳沼이며, 조부는 柳子溫이다. 아버지는 간성군수 柳公綽이며, 어머니 延安李氏는 李亨禮의 딸이다. 부인 安東金氏는 金光粹의 딸이다. 아들은 柳雲龍과 柳成龍이다. 1540년 식년문과에 급제하였고, 지성균교수가 되었다. 이어 황주와 상주, 양주, 안동의 訓導를 역임하면서 지방 교육에 힘을 쏟았다. 1546년 양현고직장을 겸하였으며, 이듬해 박사가 되었으나 파직되었다. 1549년 성균관전적·사헌부감찰·공조좌랑을 거쳐, 1553년 사헌부장령·사복시정·사간원사간·장악원정이 되었다. 1554년 의주목사로 나가 국경 지방의 밀수 행위를 막는 데 힘썼다. 1564년 황해도관찰사로 나아가 민폐를 제거하고 교육을 진흥하였다. 1572년 승지를 거쳐 예조참의와 경연관 등을 역임하였다.
2 屛山書院(병산서원): 경상북도 안동군 풍천면 병산리에 있는 서원. 1613년 건립하였고 1863년 사액하여다. 조선의 柳成龍·柳袗을 봉향하는 서원으로, 본래 안동군 풍산읍 풍악산 밑에 세워서 豊岳서원이라 부르던 것을 뒤에 이곳으로 옮기고 병산서원으로 고쳤다.
3 勝冠(승관): 나이가 관례에 이른 자.
4 攻苦(공고): 기술, 학문을 열심히 연구함.
5 貧道(빈도): 덕이 적다는 뜻으로, 승려나 도사가 자기를 낮추어 이르는 일인칭 대명사.
6 京師(경사): 나라의 도읍이 있는 곳.
7 序班(서반): 중국 명나라와 청나라 때에 두었던 鴻臚寺의 한 벼슬아치.
8 鴻臚(홍려): 鴻臚寺. 명나라의 외교를 담당하는 관청.

數百人, 公問本朝名儒, 相顧言:"王陽明[9]·陳白沙[10]二人." 公曰:"白沙
見道不明, 陽明主禪學, 不如薛文淸[11]之正學." 有一人前曰:"士失趨
向[12], 久矣。公能正之, 吾道之幸矣。" 及還, 李先生以書賀之。

李相公浚慶[13]臨卒, 上疏言:"朝廷朋黨事, 爲他日難救之患." 應敎李
珥[14]上疏以爲:"娼嫉[15]." 上方柄用珥。時議多趨之者, 議追奪官爵, 公
不可曰:"大臣臨死進言, 不可則辯之而已, 請罪則傷朝廷待大臣之體."
議遂止。

丁丑, 仁聖大妃[16]登遐。公以應敎, 與同僚啓, 曰:"明宗於仁宗繼統

---

9 王陽明(왕양명, 1472~1528): 중국 명나라 유학자. 양명학의 주창자이다. 知行合一說과
   心卽理說 및 致良知說을 주장하였다.

10 陳白沙(진백사, 1428~1500): 중국 명나라 유학자. 독서에 의해 '이치'를 아는 방법에 실망
   하여, 오로지 정좌에 의해 마음을 가라앉히고 우주의 이치를 몸으로 인식해야 한다고
   설명했다. 명대의 심리적 경향의 선구자였고, 보다 주관적으로 마음의 문제를 추구했던
   王陽明과 함께 명대를 대표한다.

11 文淸(문청): 薛瑄(1389~1464)의 시호. 명나라 사상가이자 理學家. 河東學派의 창시자로
   일찍이 朱熹의 白鹿洞書院에서 학생들을 가르쳤는데, 당시 사람들이 그를 존경하여 薛夫
   子라고 불렀다.

12 趨向(추향): 대세나 판국이 되어가는 형편.

13 李相公浚慶(이상공준경): 相公 李浚慶(1499~1572). 본관은 廣州, 자는 原吉, 호는 東皐·
   南堂·紅蓮居士·蓮坊老人. 증조부는 李克堪이며, 조부는 판중추부사 李世佐이다. 아버지
   는 홍문관수찬 李守貞이며, 어머니 平山申氏는 尙瑞院判官 申承演의 딸이다. 부인 豊山金
   氏는 金楊震의 딸이다. 1522년 생원시에 합격하고, 1531년 식년문과에 급제하였다. 1533년
   홍문관부수찬으로 경연에 나아가 기묘사화에서 화를 입은 사류의 무죄를 역설하다 權臣
   金安老 일파의 모함으로 파직되었다. 사림정치를 정착시키고 영의정에 올랐다.

14 李珥(이이, 1536~1584): 본관은 德水, 자는 叔獻, 호는 栗谷·石潭·愚齋. 증조부는 李宜碩
   이며, 조부는 李蕆이다. 아버지는 李元秀이며, 어머니는 현모양처의 사표로 추앙받는 師任
   堂申氏로 申命和의 딸이다. 부인 谷山盧氏는 목사 盧慶麟의 딸이다. 아명을 見龍이라
   했는데, 어머니 사임당이 그를 낳던 날 흑룡이 바다에서 집으로 날아 들어와 서리는 꿈을
   꾸었다 하여 붙인 이름이다. 19세 때 금강산에 들어가 불교를 공부하기도 했으나 20세에
   하산해 유학에 전념했다. 이후 총 9번의 과거에 모두 장원급제하여 구도장원공이라 불렸
   다. 1568년 천추사의 서장관으로 명에 다녀왔고, 1583년 병조판서가 되어 선조에게 시무
   육조와 십만양병설 등 개혁안을 올렸다. 학문 연구와 후진 양성에도 힘썼으며 주자학의
   핵심을 간추린 《성학집요》 등 많은 저술을 남겼다.

15 娼嫉(모질): 시기하고 질투함.

16 仁聖大妃(인성대비): 仁聖王后(1514~1577). 조선 제12대 왕 仁宗의 妃이다. 본관은 羅州,
   錦城府院君 朴墉과 문소부부인 김씨의 딸이다. 소생은 없다. 11세에 세자빈이 되고 31세

之, 序有父子之道焉。上當從嫡孫父歿爲祖母持重服[17]之禮也." 力論
之, 卒從其議。

　壬午, 詔使至, 特拜公都承旨。詔使見公在上前禮儀甚嚴, 爲之稱
歡。上賜錦袍。

　甲申, 陞拜禮曹判書, 公力辭, 上賜手札曰: "古人於其臣, 有臣之者,
有友之者, 有師之者, 予以朋友待卿." 於是, 申孝悌禮讓, 頒鄕約於八
方。

　上命擇駙馬, 無避李姓, 公引劉聰[18]·唐昭宗[19]事, 言其非禮, 事遂寢。

　徐益[20]上疏言: "鄭汝立[21], 與李珥書, 曰: '三人雖竄, 巨奸尙在.' 巨奸

───────────

에 왕비가 되었으나 인종이 승하하자 왕대비가 되었고 64세까지 살았다. 능호는 孝陵이다.

17 重服(중복): 承重服. 조부상을 당한 지 3년 이내에 父喪을 당하면 조부에 대해 입는 상복.
아버지를 대신하여 보부모의 상에 입는 복이다.

18 劉聰(유총): 前趙 烈宗(310~318). 호연황후가 죽자 王育, 任凱, 朱紀, 馬景 등 중진의
딸 6명을 후궁으로 삼고, 태보 劉殷의 딸까지 후궁으로 삼으려고 하자 劉乂가 같은 성이라
며 굳게 간하였으나, 유은이 周왕실계인 康公의 후손이라 가계가 다르다면서 후궁을 삼은
사실을 일컫는다.

19 唐昭宗(당소종): 당나라 제19대 황제 李曄. 환관의 손아귀에서 벗어난 당소종은 다시
번진의 손아귀에 들어갔는데, 903년 朱全忠을 경솔하게 믿고 그의 반강제적인 권유를
받아들여 자신의 사랑하는 딸 平原公主를 李茂貞의 아들에게 시집보낸 사실을 일컫는다.

20 徐益(서익, 1542~1587): 본관은 扶餘, 자는 君受, 호는 萬竹·萬竹軒. 증조부는 장사랑
徐季孫이며, 조부는 진사 徐寬이다. 아버지는 진사 徐震男이며, 어머니 廣州李氏는 직제학
李若海의 딸이다. 부인 長水黃氏는 黃廷秀의 딸이다. 1564년 생원시에 합격하고, 1569년
별시문과에 급제하였다. 1585년 의주목사로 있을 때에는 鄭汝立으로부터 탄핵을 받은
이이와 정철을 변호하는 소를 올렸다가 파직되기도 하였다. 의주에서는 이이의 영향을
받아 六條方略으로써 북방을 宣撫하였으며, 돌아와서는 12策을 올리기도 하였다.

21 鄭汝立(정여립, 1546~1589): 본관은 東萊, 자는 仁伯·大輔. 증조부는 진사 鄭克良이며,
조부는 鄭世玩이다. 아버지는 청도군수를 지낸 鄭希曾이며, 어머니 密陽朴氏는 朴纘의
딸이다. 1567년 진사시에 합격하고, 1570년 식년문과에 급제하였다. 이어 성균관학유을
거쳐 李珥와 成渾 등을 따르며 1583년 예조좌랑이 되었고 1584년 홍문관수찬에 올랐다.
홍문관수찬이 된 뒤 이이, 성혼, 박순 등 서인의 주요 인물을 비판하고 동인으로 돌아섰다.
1584년 율곡 이이를 배반했다는 탁핵을 받고 선조의 진노를 사서 좌천되었다. 즉시 관직을
버리고 낙향한 뒤 정여립은 진안 죽도에 書室을 짓고 호를 죽도라고 하였다. 그곳에서
대동계를 조직해 매달 활쏘기 모임을 열면서 세력을 확장하였다. 1589년에는 왜선들이
전라도 損竹島에 침입하자 전주부윤 南彦經의 부탁으로 왜적을 물리쳤다. 1589년 10월
기축옥사에 연루되어 관군의 포위가 좁혀들자 자살했다.

盖指柳成龍也."上下御札曰:"觀其人, 與之語, 不覺心服. 何物膽大者, 敢爲此言也?"

初, 汝立盜名搢紳間, 士類多與之交遊, 公惡其浮誕[22], 踵門而不見. 己丑冬, 汝立謀逆事發, 獄事蔓延, 公姓名入於白惟讓[23]與汝立書中. 公上疏自劾, 批旨曰:"卿之心事, 可質白日."

辛卯, 爲左議政. 時黃允吉[24]等回自日本, 倭酋書有曰:"一超直入大明國."公曰:"當卽具奏大明."領議政李山海[25]欲匿之, 公曰:"今不以聞, 倭若實有犯順[26]之謀, 而由他國聞之, 疑我必深, 且於義不可."時福建人, 有被虜在倭中者, 已報倭情, 琉球亦遣使上聞, 而我使未至, 中國果疑我貳於倭, 及我使至, 帝大悅, 賜賚甚厚.

時上命備局各薦將帥才, 公薦權慄[27]·李舜臣[28]. 二人皆在下僚, 不甚

---

22 浮誕(부탄): 부박하고 황탄함. 곧 말이나 하는 짓이 들뜨고 허황됨.

23 白惟讓(백유양, 1530~1589): 본관은 水原, 자는 仲謙. 증조부는 參校 白思粹이며, 조부는 白益堅이다. 아버지는 府使 白仁豪이며, 어머니 晉陽鄭氏는 鄭孝純의 딸이다. 白仁傑의 조카이다. 1572년 친시문과에 급제하였다. 1589년 鄭汝立의 모반사건이 일어났을 때 아들 白壽民이 정여립의 형 鄭汝興의 딸을 아내로 삼았던 탓으로 연좌되어 사형당하자 사직하였다. 이후 정여립과 절친한 黨與로 지목되어 탄핵을 받아 유배되었으며, 宣弘福의 招辭에 연루되어 杖刑을 받은 뒤 감옥 안에서 사망하였다.

24 黃允吉(황윤길, 1536~?): 본관은 長水, 자는 吉哉, 호는 友松堂. 증조부는 호조판서 黃致身이며, 조부는 黃事敬이다. 아버지는 현령 黃懲이며, 어머니 淸州韓氏는 韓慶瑞의 딸이다. 부인 安東金氏는 金鑵의 딸이다. 1558년 사마시에 합격하고, 1561년 식년문과에 급제하였다. 여러 벼슬을 거쳐 1583년 황주목사를 지내고, 이어 병조참판을 지냈다. 1590년 通信正使로 선임되어 부사 金誠一, 書狀官 許筬과 함께 수행원 등 200여명을 거느리고 대마도를 거쳐 오사카로 가서 일본의 關伯 豊臣秀吉 등을 만나보고 이듬해 봄에 환국하여, 국정을 자세히 보고하였다. 서인에 속한 그가 일본의 내침을 예측하고 대비책을 강구하였으나, 동인에 속한 김성일이 도요토미의 인물됨이 보잘것없고 군사준비가 있음을 보지 못하였다고 엇갈린 주장을 하여 일본 방비책에 통일을 가져오지 못하였다.

25 李山海(이산해, 1539~1609): 본관은 韓山, 자는 汝受, 호는 鵝溪·終南睡翁. 증조부는 李長潤이며, 조부는 李穉이다. 아버지는 內資寺正 李之蕃이며, 어머니 宜寧南氏는 南脩의 딸이다. 부인은 楊州趙氏이다. 土亭 李之菡이 숙부이며, 漢陰 李德馨이 둘째 사위이다. 1588년 우의정이 되고, 1590년 종계변무의 공으로 광국공신에 책록되었다. 동인이 남인·북인으로 갈릴 때 북인의 영수로 활약했다. 1590년 정철이 세자책봉 문제를 일으키자 탄핵하여 유배보냈고, 서인의 영수급 대신들까지 파직·귀양보냄으로써 동인의 집권을 확고히했다. 북인이 다시 분당할 때 강경파인 대북파 영수가 되었다.

26 犯順(범순): 순리에 저버림. 곧 침략을 일컫는다.

知名。舜臣以井邑縣監, 擢拜全羅左水使。

壬辰四月, 倭大擧入寇, 公兼兵曹判書, 以李鎰[29]爲巡邊使, 成應吉[30]·

---

27 權慄(권율, 1537~1599): 본관은 安東, 자는 彦愼, 호는 晩翠堂·暮嶽. 증조부는 양근군수 權僑이며, 조부는 강화부사 權勘이다. 아버지는 영의정 權轍이며, 어머니는 迪順副尉 曺承晛의 딸이다. 첫째부인 昌寧曺氏는 曺承晛의 딸이며, 둘째부인 竹山朴氏는 朴世炯의 딸이다. 李恒福의 장인이다.1582년 식년문과에 급제했다. 592년 임진왜란이 일어나자 광주목사에 제수된 후, 함락된 수도 탈환을 위한 북진에 참여하여 금산군 이치 전투와 수원 독성산성 전투에서 승리했다. 이치 전투의 공으로 전라감사에 제수되었다. 수도 탈환을 위해 행주산성에 수천의 군대로 진지를 구축한 후, 끈질기게 공격해온 3만의 왜군을 물리치고 승리하였으니, 바로 행주대첩이다. 1599년에 노환으로 관직을 사임하고 고향으로 돌아가 7월에 사망했다.

28 李舜臣(이순신, 1545~1598): 본관은 德水, 자는 汝諧. 증조부는 병조참의 李琚이며, 조부는 李百祿이다. 아버지는 李貞이며, 어머니 草溪卞氏는 卞守琳의 딸이다. 부인 尙州方氏는 보성군수 方震의 딸이다. 1576년 식년무과에 급제했다. 1589년 柳成龍의 천거로 高沙里僉使로 승진되었고, 절충장군으로 滿浦僉使 등을 거쳐 1591년 전라좌도 水軍節度使가 되어 여수로 부임했다. 이순신은 왜침을 예상하고 미리부터 군비 확충에 힘썼다. 특히, 전라좌수영 본영 선소로 추정되는 곳에서 거북선을 건조하여 여수 종포에서 點考와 포사격 시험까지 마치고 돌산과 沼浦 사이 수중에 鐵鎖를 설치하는 등 전쟁을 대비하고 있었다. 임진왜란이 일어나자 가장 먼저 전라좌수영 본영 및 관하 5관(순천·낙안·보성·광양·흥양) 5포(방답·사도·여도·본포·녹도)의 수령 장졸 및 전선을 여수 전라좌수영에 집결시켜 전라좌수영 함대를 편성했다. 이 대선단을 이끌고 玉浦에서 적선 30여 척을 격파하고 이어 泗川에서 적선 13척을 분쇄한 것을 비롯하여 唐浦에서 20척, 唐項浦에서 100여 척을 각각 격파했다. 7월 閑山島에서 적선 70척을 무찔러 閑山島大捷이라는 큰 무공을 세웠고, 9월 적군의 근거지 부산에 쳐들어가 100여 척을 부수었다. 이 공으로 이순신은 정헌대부에 올랐다. 1593년 다시 부산과 熊川의 일본 수군을 소탕하고 한산도로 진을 옮겨 本營으로 삼고 남해안 일대의 해상권을 장악, 최초로 삼도수군통제사가 되었다. 1596년 원균 일파의 상소로 인하여 서울로 압송되어 囹圄의 생활을 하던 중, 우의정 鄭琢의 도움을 받아 목숨을 건진 뒤 도원수 權慄의 막하로 들어가 백의종군하였다. 1597년 정유재란 때 원균이 참패하자 다시 삼도수군통제사에 임명되었다. 12척의 함선과 빈약한 병력을 거느리고 鳴梁에서 133척의 적군과 대결, 31척을 부수어서 명량대첩을 이끌었다. 1598년 명나라 陳璘 제독을 설득하여 함께 여수 묘도와 남해 露梁 앞바다에서 순천 왜교성으로부터 후퇴하던 적선 500여척을 기습하여 싸우다 적탄에 맞아 전사했다.

29 李鎰(이일, 1538~1601): 본관은 龍仁, 자는 重卿. 증조부는 장사랑 李承孝이며, 조부는 부사직 李環이다. 아버지는 함경도병마우후 李敏德이며, 어머니 延安李氏는 생원 李繼壽의 딸이다. 첫째부인 全州李氏는 大興令 李大春의 딸이며, 둘째부인 全州李氏는 李巨孝의 딸이다. 1558년 무과에 급제하였다. 경성판관을 거쳐 1583년 전라좌수사, 경원부사, 1587년 함경도북병사를 지냈다. 1592년 임진왜란이 일어나자 경상도순변사가 되어 왜적을 상주에서 맞아 싸우다가 크게 패배하였고, 충주에서 도순변사 申砬의 진영에 들어가 재차 왜적과 싸웠으나 패하였으며, 사잇길로 도망해 황해도와 평안도로 피하였다. 1601년 부하를 죽였다는 살인죄의 혐의를 받고 붙잡혀 호송되다가 정평에서 죽었다.

趙儆³¹爲左右防禦使, 分三路以禦倭, 又以申砬³²爲巡邊使, 爲李鎰繼
援, 公爲體察使, 檢督諸將。

及鎰·砬敗報至, 大駕西幸, 命公守京城。都承旨李恒福³³曰: "西幸
盡塞, 則大國之境。柳成龍, 明敏鍊達³⁴, 善於辭令, 酬酢應變, 非此人

---

30 成應吉(성응길, 1533~1592): 본관은 昌寧, 자는 德一. 증조부는 개성유수 成世貞이며,
조부는 成偉이다. 아버지는 成鎭이다. 재당숙 成渾이다. 무과에 급제한 뒤 여러 관직을
거쳐 1563년 사복시판관이 되었는데 私奴를 馬賊으로 잘못 알고 살해하여 파직당하였다.
그 뒤 복직되어 1587년에 順川府使, 1589년에 전라병사를 역임하였다. 1592년에 임진왜
란이 일어나자 左防禦使로 임명되어 경상도로 가던 중 조방장 朴宗男과 함께 義興에서
왜적을 만나 죽령을 거쳐 의주 行在所로 향하였다. 전란중 방어사 沈喜壽의 종사관으로
활약하고 遼東에 들어가 원병을 요청하는 한편 명나라 장수 접대 등에 공로가 많다 하여
扈聖功臣에 거론되었으나 책록되지 못하였다.

31 趙儆(조경, 1541~1609): 본관은 豐壤, 자는 士惕. 증조부는 趙之緯이며 조부는 趙賢範이
다. 아버지는 병마절도사 趙安國이며, 어머니 安東權氏는 생원 權世任의 딸이다. 부인은
寧越嚴氏이다. 무과에 급제하여, 선전관·제주목사를 거쳐, 1591년 강계부사로 있을 때
그곳에 유배되어 온 鄭澈을 우대하였다는 이유로 파직되었다. 1592년 임진왜란이 일어나
자 경상우도방어사가 되어 金山에서 왜적을 물리치다 부상을 입었다. 이해 겨울 수원부사
로 적에게 포위된 禿山城의 權慄을 응원, 이듬해 도원수 권율과 함께 행주산성에서 대첩을
거두었다. 행주산성에서의 승리로 한양을 탈환할 수 있었고, 都城西都捕盜大將으로 임명
되었다. 1593년《紀效新書》의 新陣法을 명나라 장수 駱尙志의 소청으로 받아들임으로써
새로 편성된 훈련도감당상을 겸하고, 이듬해 훈련대장이 되었다. 그 뒤 동지중추부사·
함경북도병사·훈련원도정·한성부판윤을 거쳐 1599년 충청병사·회령부사를 지냈다.

32 申砬(신립, 1546~1592): 본관은 平山, 자는 立之. 증조부는 申末平이며, 조부는 이조판서
申鏛이다. 아버지는 생원 申華國이며, 어머니 坡平尹氏는 첨정 尹懷貞의 딸이다. 첫째부인
全州李氏는 李聃命의 딸이며, 둘째부인 全州崔氏는 崔弼臣의 딸이다. 1567년 무과에 급제
하여 관직에 진출했다. 선전관을 거쳐 도총부도사를 지내고 진주판관이 되었다. 1583년
온성부사로 있으면서 尼湯介 등 북방의 야인들을 소탕하여 육진을 지키고 용맹을 떨쳤다.
1590년 2월 평안도병마절도사로 나갔다가 1591년 한성부판윤이 되었다. 1592년 임진왜
란이 발발하자 삼도순변사로 임명되어 충주로 내려갔다. 조령을 요충지로 삼아 잠복 전투
를 하자는 건의를 무시하고 기병 활용을 통한 정면돌파를 주장하여, 탄금대에서 배수진을
치고 왜적과 맞섰으나 중과부적으로 포위되어 참패를 당하자 남한강에 투신, 순절했다.

33 李恒福(이항복, 1556~1618): 본관은 慶州, 자는 子常, 호는 弼雲·白沙·東岡. 증조부는
李成茂이며, 조부는 李禮臣이다. 아버지는 참찬 李夢亮이며, 어머니 全州崔氏는 결성현감
崔崙의 딸이다. 부인 安東權氏는 權慄의 딸이다. 1575년 초시에 합격하고, 1580년 알성문
과에 급제하였다. 李珥의 추천으로 홍문관과 예문관의 청요직을 두루 거쳤다. 1589년
鄭汝立 모반사건을 처리한 공로로 평난공신 3등에 녹훈되었다. 1592년 임진왜란이 일어
나자 선조와 왕비를 호종했고, 세자의 분조를 보필하여 군무를 맡았으며, 능란한 외교
솜씨로 명의 원군 파병과 양국 사이의 여러 문제를 조정했다. 仁穆大妃 폐위를 반대하다
北靑으로 유배되어 그곳에서 세상을 떠났다.

不可。請命從行."上從之。上至臨津[35], 召諸大臣同舟, 預謂公曰:"辛
而國家中興, 當賴卿耳."

次東坡驛[36], 召見大臣, 上拊心曰:"事已至此, 予將何往?"李恒福曰:
"且至義州, 勢窮力屈, 可赴愬於帝."公不可曰:"車駕離東土一步, 朝鮮非
我有也."恒福猶力辨之, 公勵聲曰:"東北兵馬尙全, 湖南義兵當起, 何遽
論此事?"恒福始悟默然。公退而語李誠中[37], 曰:"爲我語李承旨: '何言
之易也? 裂裳裹足, 縱死道路, 特婦寺之忠[38], 人心一散, 難可復合.'"

至開城[39], 李山海罷相, 公爲領議政, 尋又罷。至平壤[40], 論竄山海, 以
公罪均, 將並論之。李恒福語洪麟祥[41], 曰:"此百代之望也。公苟不盡

---

34 鍊達(연달): 익숙하게 단련되어 막힘없이 환히 통함.
35 臨津(임진): 경기도 파주시 군내면 지역에 있는 고을.
36 東坡驛(동파역): 조선시대 경기도 지역의 역도 중 하나인 迎曙道에 속한 역.
37 李誠中(이성중, 1539~1593): 본관은 全州, 자는 公著, 호는 坡谷. 세종의 아들 桂陽君
   李瑠의 현손이다. 증조부는 江陽君 李瀟이며, 조부는 李輯이다. 아버지는 錦川副守 李珹이
   며, 어머니 江陵金氏는 감찰 金允章의 딸이다. 첫째부인 昌原黃氏는 黃河衍의 딸이며,
   둘째부인 晉州柳氏는 柳之淀의 딸이다. 李仲虎·李滉의 문인이다. 1558년 진사시에 합격
   하고, 1570년 식년문과에 급제하였다. 1575년 동서분당이 되자 동인으로 지목되어 한산군
   수로 전임되었으며, 1589년 대신들의 추천으로 이조참판이 되고 이듬해 玉堂(홍문관)·
   대사헌·동지돈녕부사가 되었다. 1591년 옥당 장관으로 시폐 12조와 세자 책봉을 거론하
   였다. 다시 상소하려다가 충청감사로 전임되고, 같은 해 8월 당쟁의 소용돌이 속에 파직되
   었다. 1592년 4월 임진왜란이 일어나자 수어사가 되어 임금을 호종해 평양에 이르러
   호조판서가 되고, 선조의 遼東 피난을 반대하였다. 7월에는 중국 九連城에 파견되어 명나
   라의 원병을 청했고, 원병이 오자 李如松 군대의 식량 조달을 위해 진력하다가 1593년
   7월 함창에서 과로로 병사하였다.
38 婦寺之忠(부시지충):《論語》〈憲問篇〉에서 蘇氏가 말하기를, "충성하면서 가르치지 않은
   것은 아녀자나 환관들의 충성이다.(忠而勿誨, 婦寺之忠也.)"라고 한데서 나오는 말.
39 開城(개성): 경기도 북서부에 있는 고을.
40 平壤(평양): 평안남도 서남쪽에 있는 고을.
41 洪麟祥(홍인상, 1549~1615): 본관은 豊山, 자는 元禮, 개명은 履祥, 호는 慕堂·西湖. 증조
   부는 洪繼宗이고 생증조부는 洪哲孫이며, 조부는 洪禹傳이고 생조부는 洪世敬이다. 아버
   지는 洪脩이며, 어머니 聞慶白氏는 白承秀의 딸이다. 부인 安東金氏는 金顧言의 딸이다.
   1573년 생원시에 합격하고, 1579년 식년문과에 급제하였다. 1591년 직제학을 거쳐 동부
   승지가 된 뒤, 다시 이조참의가 되었다. 1592년 임진왜란 때는 예조참의로 옮겨 왕을
   扈駕해 西行하였다. 그리고 곧 부제학이 되었다가 성천에 도착해 병조참의에 전임하였다.
   1593년 정주에서 대사간에 임명되었고, 이듬해 성절사가 되어 명나라에 다녀왔다. 그
   뒤 좌승지가 되었다가 곧 경상도관찰사로 나갔다. 비변사와 긴밀하게 연락해 일본군 장수

力於此者, 吾自此絶矣." 麟祥曰: "亦吾意也." 遂大言之, 其議乃止, 叙復府院君。

時賊已薄平壤, 羣臣皆請出避。公曰: "前阻大江, 人心不散, 莫如堅守." 左相尹斗壽[42]亦爭之, 城中已擾亂, 奉廟社主先出, 城中人皆發憤罵曰: "宰相竊厚祿, 誤國敗事, 又魚肉我百姓." 爭執梃刃縱擊之。朝臣皆失色, 公諭父老曰: "汝等死守不去, 固忠矣。不可驚動宮門, 不戢者, 罪當無赦." 亂者卽棄兵叩謝。李鼇城, 歎曰: "東坡奏事時, 柳相國責我, 我當時不覺, 至此然後, 乃知先見."

車駕將出, 議者多言北行便, 公固爭曰: "西行本欲賴大國, 以圖恢復。今旣請救, 而深入北關, 於義固不可。且北行之後, 爲賊所阻, 勢窮地盡, 將北走胡乎?" 上遂辛寧邊[43]。

時中國疑我與倭連謀[44], 遼東移咨, 有詰責語。公上疏言: "我有七失[45], 以招人疑, 請令該司明白自陳."

小西行長과 加藤清正 사이의 이간을 계획, 추진하기도 하였다. 1596년 형조참관을 거쳐 대사성이 되었다. 그러나 영남 유생 文景虎 등이 成渾을 배척하는 상소를 올리자, 성혼을 두둔하다가 안동부사로 좌천되었다.

42　尹斗壽(윤두수, 1533~1601): 본관은 海平, 자는 子仰, 호는 梧陰. 증조부는 尹繼丁이며, 조부는 尹希琳이다. 아버지는 군자감정 尹忭이며, 어머니 延州玄氏는 副司直 玄允明의 딸이다. 부인 昌原黃氏는 黃大用의 딸이다. 尹根壽의 형이다. 李仲虎·李滉의 문인이다. 1555년 생원시에 장원합격하고, 1558년 식년문과에 급제하였다. 1577년 사은사로 명나라에 다녀왔고 연안부사, 전라도관찰사 등 지방관을 지냈으며 직언을 아끼지 않아 파직을 당하기도 했다. 1590년 명나라의 중요 문헌에 이성계의 가계가 이인임의 후손으로 잘못 기록된 것을 바로잡는 종계변무의 문제가 완전히 해결되자 光國功臣 2등에 봉해졌다. 임진왜란 때는 좌의정으로서 이원익, 도원수 김명원 등과 함께 평양성을 지켰고, 정유재란 때는 영의정 유성룡과 함께 난국을 수습했다.

43　寧邊(영변): 평안북도 영변군과 안주군 일부 지역에 있었던 고을.

44　連謀(연모): 어떤 일을 두 사람 이상이 함께 꾀함.

45　七失(칠실): 일곱 가지 실책. 난을 당했을 때 변란을 급히 보고하지 않은 것이 첫째 실책, 일찍 구원병을 청하지 않은 것이 둘째 실책, 우리나라를 탐색하러 온 중국 군사를 곤핍하여 돌아가게 한 것이 셋째 실책, 구원병을 청해 놓고 군량을 대지 않은 것이 넷째 실책, 중국 사람이 우리에게 嚮導兵을 요구하였는데 한 명의 병사도 그 앞에 세우지 않은 것이 다섯째 실책, 어가가 머무르는 곳에 호위의 방비도 없이 평상시처럼 안일한 것이 여섯째 실책, 나라의 형세는 위급한데 기상이 처져 있어 일이 대부분 뒤늦게 처리되는 것이 일곱째 실책이다.

七月, 副摠兵祖承訓[46], 以五千兵來援, 公力疾自請出治兵食, 發三縣粟數千, 又南方漕粟至, 不旬日, 館穀·供具悉辨。時公至所串驛, 村落一空, 搜得數人面論之, 出一冊錄其姓名曰: "後當以此論賞, 不錄者有誅." 俄而, 請錄者相續, 乃令各邑例置考功冊。於是, 民勸趨之.

十二月, 提督李如松[47], 以精兵四萬, 至安州[48]。公以平壤地圖指示形勢, 提督大悅曰: "賊在吾目中矣." 正月, 提督兵克平壤, 行長[49]·義智[50]·

---

46 祖承訓(조승훈): 임진왜란 때 명에서 파견된 장군 가운데 한 명. 파병 당시 직위는 摠兵. 1592년 7월에 기마병 3천을 거느리고 평양을 공격하게 하였으나 이기지 못한 채 퇴각하여 요동으로 되돌아갔다. 그 뒤 12월에 다시 부총병 직위로 이여송 군대와 함께 다시 와서 평양성을 수복한다.

47 李如松(이여송, 1549~1598): 명나라 장수. 朝鮮 출신인 李英의 후손이며, 遼東摠兵으로 遼東 방위에 큰 공을 세운 李成梁(1526~1615)의 長子이다. 임진왜란 때 防海禦倭摠兵官으로서 명나라 구원군 4만 3천 명을 이끌고 동생 李如柏과 왔다. 43,000여의 明軍을 이끌고 압록강을 건넌 그는 休靜(1520~1604), 金應瑞(1564~1624) 등이 이끄는 조선의 僧軍, 官軍과 연합하여 1593년 1월 고니시 유키나가[小西行長]의 왜군을 기습해 평양성을 함락시켰다. 그리고 퇴각하는 왜군을 추격하며 평안도와 황해도, 개성 일대를 탈환했지만, 한성 부근의 碧蹄館에서 고바야카와 다카카게[小早川隆景], 다치바나 무네시게[立花宗茂] 등이 이끄는 왜군에 패하여 開城으로 퇴각하였다. 그리고 함경도에 있는 가토 기요마사[加藤清正]의 왜군이 평양성을 공격한다는 말이 떠돌자 평양성으로 물러났다. 그 뒤에는 전투에 적극적으로 나서지 않고 화의 교섭에만 주력하다가 그해 말에 劉綖(1558~1619)의 부대만 남기고 명나라로 철군하였다.

48 安州(안주): 평안북도 兵營의 소재지. 평안남도와 평안북도의 경계에 있는 고을이다.

49 行長(행장): 小西行長. 고니시 유키나가. 고니시 유키나가는 오다 노부나가가 사망한 혼노지의 변란 이후로 히데요시를 섬기면서 아버지 류사와 함께 세토나이 해의 군수물자를 운반하는 총책임이 되었다. 1588년 히데요시의 신임을 얻어 히고노쿠니 우토 성의 영주가 되었으며 1592년 임진왜란 때는 그의 사위인 대마도주 소 요시토시와 함께 1만 8,000명의 병력을 이끌고 제1진으로 부산진성을 공격하였다. 조선의 정발 장군이 지키는 부산포성을 함락하고 동래성을 함락시켰다. 이후 일본군의 선봉장이 되어 대동강까지 진격하였고 6월 15일에 평양성을 함락하였다. 그러나 1593년 명나라 장수 이여송이 이끄는 원군에게 패하여 평양성을 불 지르고 서울로 퇴각하였다. 전쟁이 점차 장기화 되고 명나라를 정복할 가능성이 희박해지자 조선의 이덕형과 명나라 심유경 등과 강화를 교섭하였으나 실패하였다. 1596년 강화교섭이 최종 실패로 끝나자 1597년 정유재란 때 다시 조선으로 쳐들어왔으며 남원성 전투에서 조선과 명나라 연합군을 격퇴하고 전주까지 무혈 입성하였으며 순천에 왜성을 쌓고 전라도 일대에 주둔하였다. 1598년 도요토미 히데요시가 사망하고 철군 명령이 내려지자 노량해전이 벌어지는 틈을 이용해서 일본으로 돌아갔다.

50 義智(의지): 平義智. 소 요시토시. 일본 쓰시마 섬(對馬島) 島主. 1579년 형 소 요시즌(宗義純)으로부터 도주 자리를 물려받았다. 그는 5,000명을 동원하여 고니시 유키나가(小西行長)의 1번대에 배속되었다. 전투뿐만 아니라 유키나가와 함께 일본측의 외교를 맡아서

玄蘇⁵¹夜遁去。先是, 我國被虜者, 受賊厚賄, 探報我事殆無遺, 公得首
謀者, 按問其黨數十輩, 皆斬之, 以故提督兵大至, 而賊不知也。時公
令海西諸將邀賊歸路, 急躡其後, 賊衆飢困不能行, 諸將皆不出, 惟李
時言⁵²躡其後, 亦兵少不敢逼, 賊已過矣。

提督進兵至坡州⁵³, 聞副摠兵查大受⁵⁴追賊, 至碧蹄⁵⁵敗還, 提督卽還
開城, 公爭之不能得, 獨留開城⁵⁶。尋聞提督將還平壤, 且令我兵在臨

강화를 모색하기도 하였다.

51 玄蘇(현소, 1537~1611): 景轍玄蘇. 게이테츠 겐소. 1592년 임진왜란 당시 고니시 유키나
가(小西行長) 밑에서 종군했던 玄蘇로 잘 알려져 있다. 임진왜란이 일어나자 소 요시토시
와 함께 고니시 유키나가의 휘하에서 참모로 종군했다. 고니시가 평양성 앞까지 진격한
후 상황이 안 좋아져 진군을 멈추자 6월 9일에 조선에 강화를 요청했고, 이에 조선 조정에
서 李德馨을 파견해 겐소는 다이라 히라노부와 함께 회담을 했지만 조선측이 명나라를
침범할 수 있도록 한다는 제안을 거절하자 협상은 결렬되었다. 1593년에 이여송이 이끄는
명나라군이 平壤城을 탈환하자 밤 중에 고니시 유키나가, 소 요시토시, 다이라 히라노부와
함께 얼음을 타고 대동강을 건너 철수했으며 이후에도 고니시 밑에서 명나라와의 강화
협상에 대해 논의하거나 통역하는 역할을 했다. 1595년에는 아예 명나라에 건너가 교섭을
했으며 1596년에 만력제에게서 本光國師라는 호를 받았다. 임진왜란이 끝나고 에도 막부
가 들어선 이래 일본에선 지속적으로 조선과 화해를 시도했고, 1609년에 겐소가 조선에
사신으로 파견되어 조선과 교역할 수 있도록 하는 己酉約條를 받아냈다.

52 李時言(이시언, 1557~1624): 본관은 全州, 자는 季仲. 아버지는 李義卿이다. 1579년 무과
에 급제하였다. 1589년 李山海의 천거로 五衛 司勇에 등용되었으며, 그 뒤 사과에 오르고
1592년에는 상호군에 승진되었다. 임진왜란 중 황해도좌방어사로 있다가 충청도병마절
도사로 전임, 경주탈환전에서 큰 공을 세웠다. 경주탈환전 때에 鄭起龍·權應洙 등의 의병
장과 합세하고 명나라의 원군과 연합하여 수훈을 세웠다. 1594년 전라도병마절도사로
나아갔으며, 1601년에는 충청도 일원에서 일어난 李夢鶴의 난을 진압하는 데 기여하였고,
1605년 함경도순변사로 변방을 맡았다. 광해군 때에는 평안병사·훈련대장이 되었고,
특히 광해군 때 북방의 對後金邊政에 크게 기여하였다. 인조 초에는 巡邊副元帥가 되었으
나 1624년 李适이 반란을 일으키자, 내응을 염려하여 奇自獻을 비롯한 35명이 처형될
때 함께 사형되었다.

53 坡州(파주): 경기도 북서부에 있는 고을.

54 查大受(사대수): 명나라 장수. 1592년 임진왜란 당시 李如松을 따라 先鋒副總兵으로 임명
되어 조선에 파견되었다. 平壤城 전투에 참여했고, 선봉대를 지휘하면서 정탐 관련 임무를
수행하는 등의 많은 전공을 세웠다. 명군의 장수 중에서 駱尙志·李芳春과 함께 뛰어난
무예와 용맹으로 유명했다. 이들은 모두 遼東지역 출신으로 원래 李成樑의 家人이었다.
따라서 이여송의 측근으로 활동했다.

55 碧蹄(벽제): 경기도 고양시 덕양구 고양동에 있었던 고을 이름.

56 開城(개성): 東坡의 오기. 東坡驛.

津南者皆渡江拒守, 公遣從事, 見提督, 言不可退者五[57], 提督默然, 諸將
士言食盡, 請旋師。提督怒, 召公及戶曹判書李誠中·右監司李廷馨[58],
跪之庭下而數之。公權謝而已, 因慷慨泣下, 提督有悔色, 陽怒其諸將
曰:"不滅賊不還."

　　公令全羅道巡察使權慄·巡邊使李薲[59], 據坡州山城以遏賊, 今防禦
使高彦伯[60]·李時言·助防將鄭希賢[61]·朴名賢[62]及諸義兵, 分左右守要害,

57　不可退者五(불가퇴자오): 퇴각해서는 안 되는 이유로 다섯 가지. 첫째는 先王의 분묘가
　　모두 畿甸에 있는데 함락되어 적군의 수중에 있으니 의리상 버릴 수 없다는 것이고, 둘째는
　　피난 가거나 남아 있는 백성이 날마다 王師가 적을 토벌해 주기를 바라고 있는데 이제
　　군대가 퇴각했다는 소문을 들으면 다시는 뜻을 굳게 하지 못하고 서로 이끌고 적에게
　　귀의한다는 것이고, 셋째는 장수와 병사들이 지금 한창 왕사를 중하게 의지하여 나라의
　　수복을 도모하고 있는데 대군이 한번 퇴각하면 인심이 원망하고 분하여 모두 흩어져
　　떠날 것만 생각한다는 것이고, 넷째는 우리나라의 영토는 한 치의 땅도 버릴 수 없다는
　　것이고, 다섯째는 군대가 퇴각한 뒤에 적이 그 뒤를 틈타 공격하면 임진 이북 역시 보전할
　　수 없다는 것이었다.

58　李廷馨(이정형, 1549~1607): 본관은 慶州, 자는 德薰, 호는 知退堂·東閣. 증조부는 헌납
　　李筍이며, 조부는 진사 李達尊이다. 아버지는 사직서령 李宕이며, 어머니 義城金氏는
　　첨지중추부사 金應辰의 딸이다. 첫째부인 恩津宋氏는 宋應慶의 딸이며, 둘째부인 坡平尹
　　氏는 尹鉉의 딸이다. 李廷馣의 아우이다. 丁允禧의 문인이다. 1567년 사마시에 합격하고,
　　이듬해 별시 문과에 급제해 平市署直長이 되었다. 1578년 賀至使 書狀官으로서 명나라에
　　다녀와 사헌부장령·승정원 좌부승지·대사성을 거쳐 1589년 형조참의가 되었다. 1592년
　　임진왜란이 일어나자 우승지로 왕을 호종하였다. 개성 유수가 되었으나 임진강 방어선이
　　무너지자 의병을 모아 聖居山을 거점으로 왜적과 항전했으며, 장단·삭녕 등지에서도
　　의병을 모집해 왜적을 물리쳐 그 공으로 경기도 관찰사 겸 병마수군절도사가 되었다.
　　1593년 장례원 판결사가 되고 이듬해 告急使로 遼東에 다녀온 이후로 여러 관직을 역임하
　　고, 1595년 대사헌에 이어 四道 都體察副使가 되었다. 1600년 강원도 관찰사가 되었고,
　　1602년 예조참판이 되어 聖節使로 다시 명나라에 다녀왔다.

59　李薲(이빈, 1537~1603): 본관은 全州, 자는 聞遠. 증조부는 李孝昌이며, 조부는 李守盛이
　　다. 아버지는 瑞興副守 李春億이며, 어머니 商山金氏는 첨정 金國良의 딸이다. 부인 淸州
　　郭氏는 郭元忠의 딸이다. 1592년 임진왜란이 일어나자, 경상좌도 병마절도사로 충주에서
　　申砬의 휘하에 들어가 싸웠으나 패하였다. 그 뒤 金命元의 휘하에 들어가 임진강을 방어하
　　다가 다시 패하고, 평안도 병마절도사로 평양을 방어하였으나 성이 함락되자 李元翼을
　　따라 順安에서 싸웠다. 1593년 1월에 명나라 장수 李如松이 평양을 탈환하자 군사를
　　이끌고 명나라 군대에 종사하였으며, 李鎰을 대신하여 巡邊使에 임명되었다. 같은 해
　　2월 權慄이 幸州山城에서 왜군을 크게 격파하고 坡州 山城으로 옮기자, 권율과 함께
　　파주 산성을 수비하였다. 같은 해 왜군이 진주와 구례 지방을 침략할 때 남원을 지켰다.
　　그러나 당시 진주성을 방어하지 못하였다는 사헌부와 사간원의 탄핵을 받고 戴罪從軍하
　　가 1594년 경상도 순변사에 복직되었다.

出沒擊賊, 合勢。

又移書[63]遊擊王必迪[64], 曰: "賊方據險, 未易攻, 大兵進至坡州, 躡其後, 選南兵精勇, 從江華出漢南, 乘賊不意, 擊破忠州以上諸屯, 則尙州以下之賊, 必望風逃遁, 城中賊, 歸路阻絶, 必走龍津[65], 因以大兵襲之, 可一擧而殲矣." 必迪大悅。提督北將, 忌南兵有功, 沮其謀, 使不得動。

賊自知勢弱請和, 提督將許之, 公言: "義不可許, 不如擊之." 提督佯應曰: "善." 實無鬪心, 遣遊擊陳弘謨[66]入賊中。令公入參旗牌, 公不

---

60 高彦伯(고언백, ?~1609): 본관은 濟州, 자는 國弼. 1592년 임진왜란이 일어나자 寧遠郡守로서 대동강 등지에서 적을 방어하다가 패하였으나, 그해 7월 양주목사에 제수되었다. 그리하여 9월 왜병을 산간으로 유인하여 62명의 목을 베는 승리를 거두었고, 이어 1593년 양주에서 왜병 42명을 참살하였다. 利川에서 적군을 격파하고 京畿道防禦使가 되어 내원한 명나라 군사를 도와 서울 탈환에 공을 세웠고, 이어 경상좌도 병마절도사로 승진하여 양주·울산 등지에서 전공을 세웠다. 1597년 정유재란 때 다시 경기도방어사가 되어 참전하였다. 1609년 광해군이 임해군을 제거할 때 함께 살해되었다.

61 鄭希賢(정희현, 1555~)의 오기. 본관은 河東, 자는 德容. 1583년 별시무과에 급제하였다. 1592년 평산부사, 1593년 당시 함경도순찰사 洪世恭은 鄭希玄이 왜적과 싸우지 않고 관망만 하고 있다는 보고를 하였다. 그 결과 여러 대신이 그에게 중벌을 내리도록 수차례 상소를 올려서, 품계가 강등되었다. 그러나 朴晉의 휘하에서 여러 전쟁터에 참전하여 공적을 세웠으므로, 곧 관직이 복원되었다. 1594년 전쟁터에서의 활약을 인정받아서, 포상을 받기도 하였다. 1596년 北道虞候로 재직 중이었으나, 사간원에서 그의 성품이 비루하므로 장수로는 적합하지 않다는 상소를 올려서, 관직에서 물러났다. 1607년 加里浦僉使를 담당하고 있었는데, 군졸들에게 잔혹하게 대하며 장사치들과 거래를 하는 등의 부정이 적발되어 파직을 당하였다.

62 朴名賢(박명현, 1561~1608): 본관은 竹山, 자는 君聘. 朴命賢으로 알려지기도 하였다. 아버지는 천문습독관 朴近이며, 형은 朴英賢·朴濟賢 등이다. 1589년 증광시무과에 급제하였다. 1593년 명나라 군대와 함께 평양 공격에 참여하였으며, 6월에는 평안도좌방어사로서 의병장 曺好益 등과 함께 경상도 청도에 있던 일본군을 공격하였다. 1593년 8월에는 독포사 朴晉, 별장 朴宗男 등과 함께 명나라 군대와 연합하여 草溪를 수비하였고, 12월에는 撫軍司에 참여하여 세자를 호위하였다. 1594년 8월 경기도 이천과 죽산 등지에서 土賊이 일어나자 토적을 진압하기 위한 討捕使에 임명되었다. 1596년 李夢鶴이 주도하여 부여에서 난을 일으키고 홍주로 진격하자 박명현은 병사들을 거느리고 홍주성으로 들어가 홍주목사 洪可臣과 협력하였다. 이몽학 등이 전세가 불리하여 청양으로 쫓겨 달아나자 박명현은 무장 林得義와 함께 추격하여 난을 평정하였다.

63 移書(이서): 같은 등급의 관아 사이에 주고받던 공문서.

64 王必迪(왕필적): 명나라 神宗 때의 무신. 임진왜란 때 副總兵으로 李如松을 따라 참전하여 활약하였다.

65 龍津(용진): 북한강의 흐름이 끝나가는 지점의 양주와 양근 간을 통하는 나루.

聽。提督聞之大怒曰:"旗牌, 天子之命也, 何以不參? 當行法撤兵." 公
與元帥金命元[67], 往謝曰:"非不敬旗牌, 其側又有牌文, 禁我殺倭, 心痛
恨之, 不敢參拜." 提督有慙色曰:"此宋侍郎[68]爲之, 我實不知."云。數
日, 遣遊擊戚金[69]·錢世禎[70]來, 言許和便, 公執不可。旣去, 移書曰:"賊
誘我求和者三[71], 小邦危急而終不許者, 不過爲天下大義, 寧死不辱
耳。今使忘讎釋怨, 與賊俱生, 無寧擊賊而死於軍法."

　四月, 賊潛師夜遁, 公隨提督入都城, 請急發兵躡之, 提督曰:"漢江
無船不可渡." 先是, 公令李蘋等悉收船, 至是, 已艤八十船待之矣。提
督不得已遣營將李如柏[72]率兵萬餘追之, 至江上, 若渡兵者, 兵半渡, 稱

66　陳弘謨(진홍모): 周弘謨의 오기. 임진년 12월에 欽差統領宣府營兵游擊將軍으로 마병 1천
　　을 이끌고 나왔다가, 계사년 7월에 돌아갔다. 갑오년에 적들을 宣諭하기 위해 재차 와서
　　경성에 머물렀는데, 얼마 되지 않아 말에서 떨어져 병으로 죽었다.

67　金命元(김명원, 1534~1602): 본관은 慶州, 자는 應順, 호는 酒隱. 조부는 직제학 金千齡
　　이다. 아버지는 사헌부 대사헌 金萬鈞이며, 어머니 順興安氏는 현감 安尊義의 딸이다.
　　부인 淸州韓氏는 호조정랑 韓縮의 딸이다. 1568년 종성부사가 되었고, 그 뒤 동래부사·
　　판결사·형조참의·나주목사·정주목사를 지냈다. 1579년 의주목사가 되고 이어 평안병
　　사·호조참판·전라감사·한성부좌윤·경기감사·병조참판을 거쳐, 1584년 함경감사·형
　　조판서·도총관을 지냈다. 1587년 우참찬으로 승진했고, 이어 형조판서·경기감사를 거쳐
　　좌참찬으로 지의금부사를 겸했다. 1589년 鄭汝立의 난을 수습하는 데 공을 세워 平難功臣
　　3등에 책록되고 慶林君에 봉해졌다. 1592년 임진왜란이 일어나자, 순검사에 이어 팔도도
　　원수가 되어 한강 및 임진강을 방어했으나, 중과부적으로 적을 막지 못하고 적의 침공만을
　　지연시켰다. 평양이 함락된 뒤 순안에 주둔해 行在所 경비에 힘썼다. 이듬해 명나라 원병이
　　오자 명나라 장수들의 자문에 응했고, 그 뒤 호조·예조·공조의 판서를 지냈다. 1597년
　　정유재란 때는 병조판서로 留都大將을 겸임했다.

68　宋侍郎(송시랑): 侍郎 宋應昌(1536~1606)을 가리킴. 명나라 장수. 임진왜란 당시 1592년
　　12월 명군의 지휘부, 경략군문 병부시랑으로 부하인 제독 李如松과 함께 43,000명의
　　명나라 2차 원군의 총사령관으로 참전하였다. 그리고 조선의 金景瑞와 함께 제4차 평양
　　전투에서 평양성을 탈환한다. 그러나 이여송이 벽제관 전투에서 대패하자 명나라 요동으
　　로 이동, 형식상으로 지휘를 하였다. 이후 육군과 수군에게 전쟁 물자를 지원해 주었고
　　전쟁 후 병이 들어 70세의 나이로 병사하였다.

69　戚金(척금): 명나라 장수. 1593년 조선에 입국하여 평양성 전투에 참가하였다. 용감한
　　장수로 알려졌을 뿐만 아니라 겸손함으로도 알려져 있었다. 1594년 1월 명나라로 돌아갔다.

70　錢世禎(전세정): 錢世楨(1561~1642)의 오기. 명나라 장수. 임진왜란 때 기마병 1천 명을
　　이끌고 조선으로 들어와 전공을 세웠다.

71　賊誘我求和者三(적유아구화자삼): 왜적이 꾀하여 강화를 구한 편지는, 동래에서의 편지가
　　첫째이고 상주에서의 편지가 둘째이고 평양에서의 편지가 셋째임.

疾還。

賊據蔚山·東萊·金海·熊川·巨濟, 連陣十六屯, 皆依山築城, 爲久留計。劉綎[73]等, 環四面相距, 未幾劉綎以大兵歸。公屢啓言：“王師不可恃也, 請治兵敎鍊, 以爲自强之計。”且：“賊之所恃, 惟鳥銃耳。我國亦日夜訓習, 則賊之長技, 我亦有之。”云云。且選丁壯, 遣浙江參將駱尙志[74]所, 令傳習火炮·狼筅·鎗釖諸技, 身至嶺南, 治兵事。

九月, 召至行在。十月, 從上還京。京城殘破, 百司依於墻壁, 加之以飢饉, 盜賊多起, 人心危懼。公白上, 置訓鍊都監, 發萬餘粟, 募健兒數千, 敎鳥銃·刀鎗之技, 置把摠·哨官以領之。分番宿衛, 行幸以此扈衛, 人心乃定。

大明以我衰弱, 有分割議, 給事中魏學曾[75], 上本言之, 兵部尙書石星[76]持不可。行人[77]司憲[78], 奉勅宣諭, 且令觀我國事。其勅書曰：“朕待屬國, 恩義止此, 王其自治之。朕不爲王再謀也。”公時爲首相, 上召見

72　李如柏(이여백, 1553~1620): 임진왜란 당시 명나라 군의 副摠兵. 李成梁의 아들이자 이여송의 동생이다. 벽제관 전투에서 크게 활약하였으나, 1619년 사르후 전투에서 누르하치가 이끄는 후금에 대패하여 자결하였다.

73　劉綎(유정, 1558~1619): 1592년 임진왜란이 일어나자 이듬해 원병 5천을 이끌고 참전하였다. 1597년 정유재란 때 남원에서 졌다는 소식이 전해지자, 배편으로 강화도를 거쳐 입국하였다. 전세를 확인한 뒤 돌아갔다가, 이듬해 提督漢土官兵禦倭總兵官이 되어 대군을 이끌고 와서 도와주었다. 曳橋에서 왜군에게 패전, 왜군이 철병한 뒤 귀국하였다.

74　駱尙志(낙상지): 1592년 12월 左參將으로 보병 3천 명을 이끌고 참전한 명나라 장수. 힘이 월등하여 1천 근의 무게를 들었으므로 駱千斤으로 불렸다. 평양 전투에서 앞장서 성벽에 올라 승리에 큰 기여를 하였다.

75　魏學曾(위학증, 1525~1596): 명나라 정치인. 1553년 진사시에 합격하였다. 벼슬은 상부상서와 삼변총독에 이르렀다.

76　石星(석성, 1538~1599): 명나라 神宗 때 文臣. 隆慶 초에 글을 올려 內臣들이 방자하고 원칙이 없는 것을 지적했다가 廷杖을 맞고 쫓겨나 평민이 되었다. 萬曆 초에 재기하여 兵部尙書까지 올랐다. 1592년 임진왜란 때 조선을 구원했다. 妄人 沈惟敬의 말을 믿어 貢議에 봉하자고 강력하게 주장하고, 豊臣秀吉을 일본국왕에 봉하는 것이 좋겠다고 말했다. 그러나 일이 실패한 뒤 관직을 삭탈당하고 하옥되었다가 죽었다.

77　行人(행인): 중국 외교사절 파견을 담당하는 기구인 行人司 소속의 관원.

78　司憲(사헌): 호는 晉基. 河南府 雎州 사람이다. 1586년 진사에 합격하였다. 1594년 칙서를 가지고 나왔다. 성격이 난폭하여 아랫사람들을 매우 잔혹하게 다그치니 모두가 원망했다.

曰:“久知有此, 恨不早避也。明日見行人, 當言傳位事。卿之才, 以予之故, 不得有爲, 良恨.”公對曰:“勑書令勉勵之耳。上何爲遽出此言? 臣冒居三公位, 使國事至此, 臣罪萬死。明日事大不可, 敢以死請.”明日, 上見行人, 言:“病不任國事, 欲傳位世子.”行人曰:“傳位事, 自有唐肅宗故事[79]。王旣有是心, 當具本上請。憲一行人也, 何敢主張?”又曰:“柳成龍忠硬, 仁義篤信, 東征將吏[80], 無不悅者, 王得賢相.”云。時戚遊擊在京, 日夕在行人, 所甚親密。是夜, 要見公, 屛左右, 書六七事問之, 其一云‘國王傳位當早’。公愕然起, 立書之曰:“公讀天下書, 知古今事博矣。小邦危急至此, 而又於君臣父子之間, 不能善其道者, 促亡國之禍也.”遊擊曰:“是是!”卽以其紙焚燭火。明朝, 公率百官, 呈文行人, 力陳‘上無失德事’, 夜遊擊又語公, 曰:“行人意大回矣.”及行人見上, 禮貌益恭, 及歸, 又移咨勉飾殊甚。又以箚付[81]付公, 有曰:“再造山河.”云。初, 經略宋應昌, 以箚付授接伴使尹根壽[82], 曰:“歸與國相.”公拒之曰:“經略公言國事, 當移咨於上。今無咨而有箚付, 其所言, 非國相所宜處者也.”

十二月, 湖西賊宋儒眞[83], 傳檄劫略而北, 人情洶洶。上命公入宿禁

79　唐肅宗故事(당숙종고사): 당나라 玄宗이 安祿山의 반란으로 인하여 蜀으로 피난을 가던 도중 馬嵬에 이르렀을 때 父老들이 길을 가로막고는 당시에 太子로 있던 숙종을 머물게 하여 적을 치도록 해 주기를 청하였는데, 숙종이 곧바로 靈武로 돌아와서 황제 자리에 오른 뒤 현종을 높여 上皇天帝로 삼고 郭子儀에게 명하여 兩京을 수복하고 安史의 난을 평정시킨 고사.

80　將吏(장리): 문무관을 말함.

81　箚付(차부): 관아의 長이 사람을 보내어 일을 처리할 때, 같이 보내는 공문서.

82　尹根壽(윤근수, 1537~1616): 본관은 海平, 자는 子固, 호는 月汀. 증조부는 掌苑 尹繼丁이며, 조부는 司勇 尹希林이다. 아버지는 군자감정 尹卞이며, 어머니 延州玄氏는 부사직 玄允明의 딸이다. 부인 豊壤趙氏는 趙安國의 딸이다. 李滉과 曺植의 문인이다. 1558년 별시 문과에 급제해 여러 관직을 거쳐 1572년 동부승지를 거쳐 대사성에 승진하였다. 그 뒤 경상도감사·부제학·개경 유수·공조참판 등을 거쳐 1589년 聖節使로 명나라에 파견되었으며, 1591년 우찬성으로 鄭澈이 建儲(세자 책봉) 문제로 화를 입자, 윤근수가 정철에게 당부했다는 대간의 탄핵으로 형 윤두수와 함께 삭탈관직 되었다. 1592년 임진왜란이 일어나자 예조판서로 다시 기용되었으며, 問安使·遠接使·奏請使 등으로 여러 차례 명나라에 파견되었고, 국난 극복에 노력하였다.

中, 公辭曰: "如此, 令人心益驚." 上曰: "卿不念武元衡事[84]乎?" 一夕甚寒,
上令內豎[85]覘公, 深夜明燈閱書還報, 上命煖酒以賜之. 賊旣見擒, 公治
獄平. 累代以來, 訊杖漸大, 公白上, 一從大明律尺寸, 人無濫死[86]者.

甲午, 上箚言固本·節用·積儲·鍊兵累千言. 且請計田量入, 凡貢物·
方物, 皆計物定價, 令有司貿供, 以其餘補軍食. 或別有調度, 貢物·方
物, 量宜裁減, 取此補彼, 皆以爲便, 而爲浮議[87]所沮, 不果行.

中朝以爲: "賊久不退, 天下兵力不可窮, 因賊請款許之, 令解兵便."
宋應昌被劾去, 顧養謙[88]來代. 至遼東, 遣參將胡澤[89], 以箚付責諭我,
以屈己自强, 且令我爲倭請封. 廷議持不決, 澤督報甚急. 時公病肺
痿, 不視事逾月, 乃上箚曰: "替倭請封, 固不可從, 亦當具陳賊狀, 以聽
大國處分." 澤求見奏草, 必欲言請封事, 公拒之不得, 草曰: "震之以威,

---

83 宋儒眞(송유진, ?~1594): 본관은 鴻山. 1592년 임진왜란 중의 혼란과 1593년의 대기근
으로 굶주리는 백성 및 병졸을 모아 천안·직산 등지를 근거지로 하여 지리산·계룡산
일대에까지 세력을 폈으며 무리는 2,000여 명에 달하였다. 당시 서울의 수비가 허술함
을 보고 이를 습격할 계획을 세우고 스스로 의병대장이라 칭하며, 吳元宗·洪瑾 등과
함께 아산·평택의 병기를 약탈하여 1594년 정월 보름날 한성에 진군할 것을 약속하였
으나, 이해 정월 직산에서 충청병사 邊良俊에 의하여 체포되어 왕의 親鞫을 받고 사형
당하였다.

84 武元衡事(무원형사): 자객에 의해 살해당한 고사. 무원형은 당나라 말기 憲宗 때의 어진
재상인데, 平章事로서 兵馬의 권한을 맡고 있었다. 이때 彰義節度使 吳少誠의 손자 吳元諸
가 군사를 일으켜 반란을 도모하였으므로 조정에서 대병을 출동하여 토벌하려 하였다.
그러자 平虜節度使로 있던 李師道가 오원제를 용서해 주기를 청하였는데, 들어주지 않자
자객을 보내어 무원형을 살해하였다.

85 內豎(내수): 궁중에서 뛰어다니며 잔심부름을 하던 童子.

86 濫死(남사): 죄인을 심문할 때 자백을 받기 위하여 과도하게 몸에 형벌을 가하여 사람을
죽게 한 경우를 말함.

87 浮議(부의): 근거가 없어 믿기 어려운 의논.

88 顧養謙(고양겸): 임진왜란 당시 송응창의 후임으로 1594년 초~5월까지 經略의 임무를
수행했던 인물.

89 胡澤(호택): 임진왜란 당시 명군의 책사로 조선에 파견되었던 인물. 遊擊 沈惟敬과 함께
일본과의 강화를 위해 노력했기 때문에 조선의 군신과는 수많은 외교적 갈등을 초래했다.
또한 侍郎 顧養謙의 지시에 따라 많은 활동을 했다. 호택이 했던 가장 대표적인 일은
조선 조정에 奏本, 즉 중국 황제에게 보내는 글을 올려 일본에 대한 책봉을 요청하도록
강요한 것이었다.

以創其頑, 糜之以計, 以弭其禍, 莫非帝王御夷之大權, 惟聖朝所擇
耳."澤以款字易計字而去。

冬, 進軍國機務十事, 一斥堠, 二長短, 三束伍, 四約束, 五重壕, 六
設柵, 七守灘, 八守城, 九迭射, 十統論形勢也。

乙未, 儒生羅德潤[90]等, 上疏言己丑冤獄事, 公請大釋囚籍, 如鄭介
淸[91]·柳夢井[92]·李黃鍾[93]者, 今宜伸雪, 上從之。

丙申, 帝遣李宗誠[94]·楊方亨[95], 封秀吉[96]爲王。而沈惟敬[97], 素與倭往

---

90 羅德潤(나덕윤, 1557~1612): 본관은 羅州, 자는 有之·誠之. 증조부는 羅逸孫이며, 조부는
羅匡이다. 아버지는 尼山縣監 羅士忱이며, 어머니 坡平尹氏는 尹彦商의 딸이다. 부인은
漢城李氏이다. 鄭介淸의 문인이다. 1588년 사마시에 합격하고, 1589년 정개청이 화를
입게 되어 회령에 유배되었을 때 함께 회령으로 5년간 유배되었다. 광해군 즉위 후 현릉참
봉, 의금부 경력, 사헌부감찰 등을 지냈다.

91 鄭介淸(정개청, 1529~1590): 본관은 羅州, 자는 義伯, 호는 困齋. 아버지는 봉산훈도 鄭世
雄이며, 어머니는 羅州羅氏이다. 부인은 密陽朴氏이다. 서경덕의 문인이다. 1574년 천거
로 전생주부가 되었다. 1587년 곡성현감을 지냈으며, 1589년 정여립의 모반 사건에 관련
되어 慶源으로 귀양 가던 도중에 죽었다.

92 柳夢井(류몽정, 1529~?): 본관은 文化, 자는 景瑞, 호는 淸溪. 증조부는 柳順行이며, 조부
는 柳希渚이다. 아버지는 사헌부감찰 柳用恭이며, 어머니 河東鄭氏는 鄭孝孫의 딸이다.
부인 羅州羅氏는 羅世纘의 딸이다. 나세찬의 문인이기도 하다. 1567년 진사시에 합격하였
다. 遺逸로 집의를 지냈다. 남원부사로 있다가 1589년 기축옥사에 연루되어 1590년에
죽었다.

93 李黃鍾(이황종, 1534~1590): 본관은 全州, 자는 仲初, 호는 晩翠堂. 조부는 李世元이며,
아버지는 생원 李鶴이다. 부인 羅州羅氏는 羅世纘의 딸이다. 1564년 생원진사 양시에
합격하였다.

94 李宗誠(이종성): 李宗城의 오기. 조선에서 임진왜란이 일어나자 천거를 통해 도독첨사에
임명된 인물. 고니시 유키나가, 심유경의 공작으로 거짓 강화 협상이 진행되는 와중에
도요토미 히데요시를 일본 국왕에 책봉하기 위한 정사가 되어 일본에 사신으로 파견되었
다. 1595년 4월에 한양으로 들어왔고 일본군에게 사람을 보내 바다를 건너 돌아가라고
재촉했으며, 9월에 부산에 도착해 고니시를 만나려고 했지만 고니시는 만나러 오지 않고
일본으로 귀국했다가 관백(히데요시)에게 보고해 결정이 내려진 후에 사신을 맞이하겠다
고 했다. 어느 사람이 일본에서는 봉작을 받을 의사가 없는 데다 자신들을 유인해 가두어
욕을 보이려고 한다고 하자, 이종성은 이를 두려워해 밤중에 평복 차림으로 변장해 일본군
의 진영을 탈출해 함께 온 사람과 짐을 모두 버린 채로 도망갔다. 이종성이 달아나자
그 뒤를 이어서 사신으로 파견되었던 부사 양방형이 정사에 임명되었다.

95 楊方亨(양방형): 1595년 임진왜란 당시 명나라가 일본과 강화를 위해 파견한 사신. 강화를
통해 일본과의 전쟁을 끝내기로 결정한 명나라는 豊臣秀吉을 일본 국왕으로 책봉하는
사신 파견을 결정하였다. 이때 일본으로 향하는 사신의 부사로 차출된 인물이 양방형이다.

來彌縫, 至是亦從之, 令我遣重臣偕往, 朝廷不知所處。公曰 : "賊反復
多變, 遊擊自知其事不了, 欲自免而歸咎於我, 未可知也。不可自我決
定, 先以書責之, 得其報便。" 上從之。惟敬督之不已, 令其接伴使黃
愼[98]遣行。及李宗誠自倭逃歸, 都下洶洶不定, 數日間去者太半, 朝臣

1596년 4월 4일 정사 李宗城이 부산에 있던 일본군 진영을 탈출하는 사건이 발생하자
명나라 조정은 양방형을 정사에 임명하였다. 양방형은 일본으로 건너가 풍신수길과 강화
를 위한 회담을 가졌지만, 명나라와 일본이 원하는 것에 차이가 있어 강화는 이루어지지
않았다. 이 일로 결국 그는 탄핵을 당하였다.

96 秀吉(수길) : 豐臣秀吉(도요토미 히데요시, 1536~1598). 일본 전국시대 최후의 최고 권력
자. 밑바닥에서 시작해서 오다 노부나가에게 중용되어 그의 사후 전국시대의 일본을 통일
시키고 關白과 天下人의 지위에 올랐다. 전국시대를 평정한 그는 조선을 침공해 임진왜란
을 일으켰으나 실패하였다.

97 沈惟敬(심유경) : 임진왜란이 발생했을 때 조선·일본·명 3국 사이에 강화회담을 맡아
진행하면서 농간을 부림으로써 결국 정유재란을 초래한 인물. 1592년 임진왜란이 발생했
을 때 명나라의 병부상서 石星에 의해 遊擊將軍으로 발탁되어 遼陽副摠兵 祖承訓이 이끄
는 援軍 부대와 함께 조선에 왔다. 1592년 8월 명나라군이 평양에서 일본군에게 패하자,
일본장수 고니시 유키나가[小西行長]와 강화 회담을 교섭한 뒤 쌍방이 논의한 강화조항을
가지고 명나라로 갔다가 돌아오기로 약속했다. 그러던 중 1593년 1월 명나라 장수 李如松
이 평양에서 일본군을 물리치자 화약은 파기되었다. 하지만 곧 이어 명군이 벽제관전투에
서 일본군에게 패하게 되면서 명나라가 다시 강화 회담을 시도함에 따라 심유경은 일본진
영에 파견되었다. 이후 그는 명과 일본 간의 강화 회담을 5년간이나 진행하게 되었다.
그는 고니시와 의견 절충 끝에 나고야[名護屋]에서 도요토미 히데요시[豐臣秀吉]를 만났
는데, 도요토미는 명나라에 대해 명나라의 황녀를 일본의 후비로 보낼 것, 명이 일본과의
무역을 재개할 것, 조선 8도 중 4도를 할양할 것, 조선왕자 및 대신 12명을 인질로 삼게
할 것 등을 요구했다. 이에 심유경은 이러한 요구가 명나라에서 받아들여지지 않을 것으로
생각하고, 일본의 요구 조건을 거짓으로 보고했다. 즉 도요토미를 일본의 왕으로 책봉해
줄 것과, 명에 대한 朝貢을 허락해 줄 것을 일본이 요구했다고 본국에 보고했다. 명나라는
이를 허락한다는 칙서를 보냈으나 두 나라의 요구 조건이 상반되자 강화 회담은 결렬되었
고, 결국 일본의 재침입으로 1597년 정유재란이 발생했다. 그의 거짓 보고는 정유재란으로
사실이 탄로되었으나 石星의 도움으로 화를 입지 않고 다시 조선에 들어와 화의를 교섭하
다가 실패하였다. 이에 심유경은 일본에 항복할 목적으로 경상도 宜寧까지 갔으나 명나라
장수 楊元에게 체포되어 사형당하였다.

98 黃愼(황신, 1560~1617) : 본관은 昌原, 자는 思叔, 호는 秋浦. 증조부는 공조판서 黃衡이며,
조부는 별제 黃瑗이다. 아버지는 정랑 黃大受이며, 어머니 淸州郭氏는 시정 郭懷英의
딸이다. 부인은 李氏이다. 1588년 문과에 장원 급제하였다. 사헌부 감찰, 음죽 현감, 호조
좌랑, 병조 좌랑, 사간원 정언을 역임하였고, 1589년 鄭汝立의 옥사에 대해 논박했다가
고산 현감으로 좌천당했다. 1591년 왕세자 책봉을 건의하였다가 벼슬을 강등당한 鄭澈의
일파로 몰려 파직되었다. 1592년 다시 기용되어 세자시강원 사서, 병조 좌랑, 사간원
정언, 사헌부 지평을 역임하였다. 1594년 명나라 장수 沈惟敬의 접반사로 부산에 머물렀

亦有潛出家人者，公令張榜曉諭以鎭之。

一日，上令羣臣聽政於東宮，盖有讒言也。公率百官爭之，伏閤逾月，上乃許。

楊方亨·沈惟敬，回自倭，秀吉受封不謝，行長·淸正復屯兵如前，惟敬已復命得罪。而中朝復大出兵討倭。統制使李舜臣連破賊，　賊患之。乃縱間誘我曰：“淸正方渡海，以舟師邀之，可擒矣.”舜臣知其詐，不聽。忠淸兵使元均[99]，忌舜臣功，以爲逗撓[100]，舜臣不得已出兵，淸正

고, 강화 회담을 위해 일본에 가는 심유경·楊邦亨 일행을 따라 통신사로서 일본에 다녀왔다. 1602년 鄭仁弘의 탄핵으로 삭탈관직되었으나 1605년 임진왜란 때의 공을 인정받아 扈聖宣武原從功臣에 책록되었다. 1609년 陳奏副使로 명나라에 다녀온 이후 호조 참판, 공조 판서·호조 판서를 역임하였다. 1613년 계축옥사 때 옹진에 유배되어 1617년 세상을 떠났다.

99 元均(원균, 1540~1597): 본관은 原州, 자는 平仲. 아버지는 元俊良이며, 어머니 南原梁氏는 梁希曾의 딸이다. 부인 坡平尹氏는 尹次深의 딸이다. 무과에 급제한 뒤 造山萬戶가 되어 북방에 배치되어 여진족을 토벌하여 富寧府使가 되었다. 전라좌수사에 천거되었으나 평판이 좋지 않다는 탄핵이 있어 부임되지 못했다. 경상우도 수군절도사에 임명되어 부임한 지 3개월 뒤에 임진왜란이 일어났다. 왜군이 침입하자 경상좌수영의 수사 朴泓이 달아나버려 저항도 못해보고 궤멸하고 말았다. 원균도 중과부적으로 맞서 싸우지 못하고 있다가 퇴각했으며 전라좌도 수군절도사 이순신에게 원군을 요청하였다. 이순신은 자신의 경계영역을 함부로 넘을 수 없음을 이유로 원군요청에 즉시 응하지 않다가 5월 2일 20일 만에 조정의 출전명령을 받고 지원에 나섰다. 5월 7일 옥포 해전에서 이순신과 합세하여 적선 26척을 격침시켰다. 이후 합포·적진포·사천포·당포·당항포·율포·한산도·안골포·부산포 등의 해전에 참전하여 이순신과 함께 일본 수군을 무찔렀다. 1593년 이순신이 삼도수군통제사가 되자 그의 휘하에서 지휘를 받게 되었다. 이순신보다 경력이 높았기 때문에 서로 불편한 관계가 되었으며 두 장수 사이에 불화가 생기게 되었다. 이에 원균은 육군인 충청절도사로 자리를 옮겨 상당산성을 개축하였고 이후에는 전라좌병사로 옮겼다. 1597년 정유재란 때 加藤淸正가 쳐들어오자 수군이 앞장서 막아야 한다는 건의가 있었지만 이순신이 이를 반대하여 출병을 거부하자 수군통제사를 파직당하고 투옥되었다. 원균은 이순신의 후임으로 수군통제사가 되었다. 기문포 해전에서 승리하였으나 안골포와 가덕도의 왜군 본진을 공격하는 작전을 두고 육군이 먼저 출병해야 수군이 출병하겠다는 건의를 했다가 권율 장군에게 곤장형을 받고 출병을 하게 된다. 그해 6월 가덕도 해전에서 패하였으며, 7월 칠천량 해전에서 일본군의 교란작전에 말려 참패하고 전라우도 수군절도사 이억기 등과 함께 전사하였다. 이 해전에서 조선의 수군은 제해권을 상실했으며 전라도 해역까지 왜군에게 내어 주게 되었다. 그가 죽은 뒤 백의종군하던 이순신이 다시 수군통제사에 임명되었다. 임진왜란이 끝난 뒤 1603년 이순신·권율과 함께 선무공신에 책록되었다.

100 逗撓(두요): 두려워 피하고 나아가지 아니함.

已下海矣。舜臣，公所拔擢，譖公者，尤以舜臣爲言，上怒置法而以元
均代之。公力爭以爲均必敗，果大敗，均走死。

公自受任以來，上傾心用之，娟嫉者日夜毀短之，令上心不快於公
也。上命公出師禦倭于畿湖之境，公受命卽行，或曰：“方賊急，都城騷
動，而某出師，先以家屬自隨，人心大潰。”云。上大怒，大司憲李憲國[101]，
歷擧公及諸大官家屬所在，然後上意乃解。時賊勢甚急，召公以所領京
畿・黃海・平安・咸鏡四道兵入衛，至者數萬。上出江上，望見軍容甚肅，
大悅。

初，經理楊鎬[102]，帥大軍南下，公先出嶺南，調兵食。經理旣至，公上
謁，經理已信讒不見，有不悅狀。公念大事不濟，具啓經理所爲不相
能[103]，請代，上不許，尋召還，後經理還京。公與李公恒福議事，有譯來
請爲介，欲交懽諸將，公正色曰：“非公事，無私交。”李公退語人，曰：
“士臨利害，當如此。”

戊戌，主事丁應泰[104]，劾奏經理二十罪，經理免歸。上追思稷山[105]之

---

101 李憲國(이헌국, 1525~1602): 본관은 全州, 자는 欽哉, 호는 柳谷. 증조부는 李衡이며,
조부는 李汶이다. 아버지는 壽昌副正 李秤이며, 어머니는 南礒의 딸이다. 부인 溫陽鄭氏는
鄭礎의 딸이다. 1551년 사마시에 합격하고 그해 별시 문과에 급제, 예문관검열・사간원정
언・경기도사・사헌부장령 등을 역임했으나 권신 尹元衡의 異姓近族이라 하여 오해를
받기도 하였다. 1589년 기축옥사의 처리에 공을 세워 平難功臣등에 책록되었다. 1592년
임진왜란이 일어나자 형조 판서로서 세자 광해군을 호종, 보필하여 扈聖功臣에 책록되었
고, 정유재란 때는 좌참찬으로 역임하면서 討敵復讎軍을 모집하여 활약하였다. 1598년부
터 이듬해까지 이조판서를 제수받았으나 끝내 사양하여 취임하지 않았다.

102 楊鎬(양호, 1555~1629): 명나라 말의 인물. 1580년 진사에 합격하여 江西省 南昌知縣에
임명되었다. 1595년 임진왜란 때 조선에 經理로 파병되어 총독 邢玠, 총병 麻貴 등과
함께 참전하였다. 1598년 제1차 울산성 전투에서는 權慄과 함께 참전하여 크게 패했으나
이를 승리로 보고했다가 파면되었고, 경리직은 萬世德으로 교체되었다. 1619년 後金의
누르하치가 명나라를 침략하자 다시 등용되어 요동으로 파병되었으나 사르후 전투에서
크게 패해 그 책임을 지고 처형당했다.

103 不相能(불상능): 두 사람 사이가 서로 좋지 못함.

104 丁應泰(정응태): 명나라 말의 贊畫主事. 1598년 명나라 황제 만력제에게 조선을 무고하여
류성룡이 실각하고 북인이 집권하는 계기를 만든 사건을 일으킨 인물이다. 정응태가 양호
를 탄핵하였는데, 조선은 양호와 가까웠기 때문에 양호를 옹호하니, 조선을 무고한 것이다.
임진왜란이 끝나가고 명・일 간에 정전협상이 시작되던 무렵에 조선에 대해서 세 차례에

戰, 欲遣大臣卜誣, 上意盖在公, 而以內外多事持之, 卒遣左議政李元翼[106]。至則應泰, 又誣論我與倭通, 要犯遼東, 反受兵云。由是, 上憤憤不快, 言避位事, 不臨朝數日, 公率百官爭之。持平李爾瞻[107], 首劾公

걸쳐 참소하였다. 제1차 참소는 1597년 12월 22일부터 이듬해 1월 4일까지 있었던 도산성 전투에서 조·명연합군의 패배로 인한 입장 차이에서 비롯되었지만 양국 간 외교 사절들의 노력으로 해결되었다. 제2차 참소는 1598년 6월 정응태는 楊鎬가 성을 쌓아서 일본군을 막으려고 한 것에 대해 무고하였지만 조선의 강력한 대응으로 해결되었다. 제3차 참소는 1598년 9월 21일 조선을 대상으로 무고한 것인데 명의 조사자 파견, 선조의 강력한 대응, 월사 이정귀가 작성한 변무주문을 채택하여 중국에 파견된 사신들의 노력으로 잘 처리되었다. 이로 인해 정응태는 파직되고 쫓겨나는 것으로 마무리되었다.

105 稷山(직산): 충청남도 천안시 서북구에 고을.

106 李元翼(이원익, 1547~1634): 본관은 全州, 자는 公勵, 호는 梧里. 증조부는 秀泉君 李貞恩이며, 조부는 青杞守 李彪이다. 아버지는 咸川正 李億載이며, 어머니 東萊鄭氏는 감찰 鄭鏛의 딸이다. 부인 延日鄭氏는 鄭樞의 딸이다. 1587년 이조참판 權克禮의 추천으로 안주목사에 기용되었다. 1592년 임진왜란이 발발하자 이조판서로서 평안도도순찰사의 직무를 띠고 먼저 평안도로 향했고, 宣祖도 평양으로 파천했으나 평양마저 위태롭자 영변으로 옮겼다. 이때 평양 수비군이 겨우 3,000여 명으로서, 당시 총사령관 金命元의 군통솔이 잘 안되고 군기가 문란함을 보고, 먼저 당하에 내려 김명원을 元帥의 예로 대해 군의 질서를 확립하였다. 평양이 함락되자 정주로 가서 군졸을 모집하고, 관찰사 겸 순찰사가 되어 왜병 토벌에 전공을 세웠다. 1593년 정월 李如松과 합세해 평양을 탈환한 공로로 崇政大夫에 가자되었고, 선조가 환도한 뒤에도 평양에 남아서 군병을 관리하였다. 1595년 우의정 겸 4도체찰사로 임명되었으나, 주로 영남체찰사영에서 일하였다. 이때 명나라의 丁應泰가 經理 楊鎬를 중상모략한 사건이 발생해 조정에서 명나라에 보낼 陳奏辨誣使를 인선하자, 당시 영의정 유성룡에게 "내 비록 노쇠했으나 아직도 갈 수는 있다. 다만 학식이나 언변은 기대하지 말라." 하고 자원하였다. 그러나 정응태의 방해로 소임을 완수하지 못하고 귀국하였다.

107 李爾瞻(이이첨, 1560~1623): 본관은 廣州, 자는 得輿, 호는 觀松·雙里. 아버지는 李友善이며, 어머니 晉州柳氏는 柳惟一의 딸이다. 부인 全州李氏는 李應祿의 딸이다. 1582년 사마시에 합격하고, 1594년 별시문과에 급제하였으며, 1599년 이조정랑이 되어 1608년 문과중시에 장원급제하였다. 대북의 영수로 鄭仁弘과 함께 광해군의 옹립을 주장하면서, 당시 선조의 뜻을 받들어 永昌大君을 옹립하려는 柳永慶 등 소북을 논박하였다. 이로 인해 선조의 노여움을 사서 갑산에 유배당했다가, 같은 해 2월 선조가 갑자기 죽고 광해군이 즉위하면서 일약 예조판서에 올랐다. 이어 대제학을 겸임하고 廣昌府院君에 봉해졌다. 1612년 金直哉의 誣獄을 일으켜 선조의 손자 晉陵君 李泰慶 등을 죽였다. 이듬해 강도죄로 잡힌 朴應犀 등을 사주하여, 영창대군을 옹립하려 했다고 무고하게 하여 영창대군을 庶人으로 떨어뜨려 강화에 안치시키고 金悌男 등을 사사시켰다. 이듬해 영창대군을 살해하고, 1617년 仁穆大妃의 폐모론을 발의해 1618년 대비를 西宮에 유폐하는 등 生殺置廢를 마음대로 자행하였다. 1623년 인조반정으로 광해군이 폐위되자 가족을 이끌고 영남 지방으로 도망가던 중 광주의 利甫峴을 넘다가 관군에게 잡혀 참형되었다. 아들 李元燁·李弘

'當卜誣事, 不請燕行', 以感怒上心, 而執柄者, 又陰令其客數輩上疏斥
之, 以爲士論. 仁弘[108]素深怒於公, 其客文弘道[109]爲正言, 詆誣[110]萬狀,
專以主和爲言. 公連上箚, 引咎自劾, 旣罷相, 尋又削奪官爵. 右議政
李恒福, 上箚曰: "前臣奉使南方, 見賊勢盛强, 我財匱民散, 無一可
恃. 守國禦寇, 戰守和三者而已. 今旣不能戰, 又不能守, 下此則聽其
求和而已. 臣嘗與相臣某, 言此事, 以此罪成龍, 則次弟鋤削[111], 當及
臣身." 仍謝病. 左議政李元翼, 還自京師, 上疏曰: "柳成龍守正不撓,
憂國不私家, 其心可悲. 此人斥去, 而謂之親厚而斥之, 謂之異議而斥
之, 士類斥去無遺, 非國家之福也." 遂稱疾. 己亥六月, 命還職牒, 三
司復論之, 上曰: "以主和二字執言[112], 至比柳成龍於秦檜[113], 是說足以
服人心乎? 盖其心悶宗社之將亡, 天朝旣令許和, 故權就其事. 其時孰
不靡然? 到今爭自脫然, 此皆右相之罪人也. 且排衆論, 夜半遣使之

煒· 李大燁 삼형제도 처형되었다.

108 仁弘(인홍): 鄭仁弘(1536~1623). 본관은 瑞山, 자는 德遠. 아버지는 鄭健이며, 어머니
晉州姜氏는 姜訥의 딸이다. 부인 南原梁氏는 梁喜의 딸이다. 남명 曹植의 수제자, 임진왜
란의 의병장, 북인 정권의 영수, 광해군 정권 출범 후 왕의 남자로 불렸다. 그러나 그에게
따라 다녔던 모든 영예는 1623년 인조반정으로 한꺼번에 날아갔다. 그리고 그에게는
패륜 정권의 주범, 역적이라는 굴레가 씌워졌다. 선조에서 광해군에 이르는 시기 북인의
정치적, 학문적 수장으로서 정국에 가장 큰 영향력을 끼친 인물이다.

109 文弘道(문홍도, 1553~?): 본관은 南平, 자는 汝中. 조부는 文益亨이며, 아버지는 文勉이다.
鄭仁弘의 문인이다. 1585년 진사시에 합격하고, 1588년 식년문과에 급제하였다. 정언이
된 뒤 정인홍의 일파가 되어 北人으로 행세하였다. 이 당시 사간 金藎國, 헌납 李爾瞻,
정언 朴承業 등과 함께 啓를 올려, 송화현감 李貴와 경상우병사 朴大秀의 부정을 들어
탄핵하여 체직시켰다. 좌승지 閔夢龍, 양주목사 許昕 등도 파직시켰다. 특히, 남인의 영수
였던 영의정 柳成龍이 임진왜란 때 강화를 주창하였다고 하여 탄핵, 체직시키기도 하였다.
한편, 임진왜란 때는 정인홍 등과 함께 합천에서 의병을 일으켜 적을 토벌하기도 하였다.
류성룡이 밀려난 뒤 북인이 일시 정권을 장악함에 그 역시 득세할 수 있었으나, 곧 류성룡
탄핵 사건 때문에 크게 현달하지 못하고 광해군 때는 아들의 불륜행위 때문에 탄핵을
받기도 하였다.

110 詆誣(저무): 없는 허물을 있는 것처럼 꾸며서 헐어 말함.

111 鋤削(서삭): 베어 버림.

112 執言(집언): 말꼬리를 잡음.

113 秦檜(진회): 南宋 고종 때의 宰相. 岳飛를 誣告하여 죽이고 主戰派를 탄압하여 金나라와
굴욕적인 和約을 체결하였으므로 후세에 대표적인 姦臣으로 꼽힌다.

說, 尤不足道。其時廣收廷議以定, 日記在政院, 可考也."

壬寅, 領議政李恒福, 首錄公廉謹吏曰: "此老不可以一善名, 但欲洗郿塢[114]之誣耳."

丁未, 病革, 草遺疏, 言君道八事。夜誦《洪範》, 翌日, 北向正坐而逝。士大夫相率, 爲位而哭之, 市民奔走聚哭, 爭致賻曰: "微公, 吾屬已無類矣."及葬, 會者四百餘人。

公身都將相, 受命傾覆之際, 盡忠竭力, 終使王業再安, 生民父子兄弟相保, 至今安處樂業, 其誰之力也?【許穆撰遺事[115]】

嘗言: "聖賢之學, 以思爲本, 非思則口耳耳."又曰: "古人之所謂知者, 眞知也。故曰:'朝聞道, 夕死可矣.'掇拾前人論性論理, 自以爲知, 而略無干涉於身心者, 皆'德之棄'也."

公於書, 無所不讀, 讀亦不過數遍, 而終身不忘。學者質問, 輒應口成誦。文章只取理達, 信筆鴈出, 而明白典雅。尤長於辭命, 逮遭喪亂, 焦心竭慮, 勤懇於章箚之間, 以圖興復者, 比之興元[116]之陸贄[117]云。所居山水絶勝, 屋西有蒼壁, 臨江直立, 自號曰西厓。平生以仕宦奪志爲恨, 名其堂曰遠志。

庚戌夏, 大臣議以公配享宣祖廟庭, 昏朝以契遇[118]未終, 不許。

詩文失於兵火, 今有文集二十卷·《懲毖錄》·《喪禮考證》·《永慕錄》·《懲毖錄》·《雲巖雜記》藏於家。【鄭經世撰諡狀[119]】

癸巳正月, 天兵攻拔平壤, 將進迫京城, 提督督造浮橋於臨津。時日

---

114 郿塢(미오): 중국 陝西省 郿縣 북쪽에 있는 지명. 후한 말 董卓이 그의 封地인 郿縣에 작은 성채를 짓고 萬歲塢라고 불렀다. 온갖 보화를 저장했다고 한다. 원문의 의미를 다시 말하면 부정축재자였음을 말하는 것이다.

115 許穆의 《記言》 권38 〈東序記言·西厓遺事〉에 실려 있음.

116 興元(흥원): 중국 당나라 德宗 때의 연호(784).

117 陸贄(육지, 754~805): 당나라 정치가. 德宗에게 큰 신임을 받아 中書侍郎門下同平章事까지 올라 국정을 총람했다.

118 契遇(계우): 서로 마음이 맞아서 알뜰히 알아줌.

119 鄭經世의 《愚伏先生文集》 권20, 〈行狀〉에 실려 있음.

暖氷陷, 水在氷上, 江面甚闊。乃令絢葛爲巨索, 其長約過江面, 得十
五條, 又於南北岸鑿地, 立兩柱相對, 偃一木置柱內, 因以巨索, 平鋪
過江, 而兩端結柱內橫木爲經。江面旣闊, 索腰半沈, 令千餘人, 各持
短杠三四尺, 以一頭橫穿索內, 回轉數周, 彼此相撑起。於是, 沈於水
者始起, 而木杠相比如櫛, 跨江穹窿, 儼然成一橋矣。然後雜鋪細柳·
杻木·蘆葦於其上, 加以土。諸軍見之甚喜, 先輸火砲軍器, 悉從此
濟。後見《治平要覽》, 周人拒齊兵時, 橫索於江, 編葦爲橋, 正是此
法。【本集[120]】

---

120 柳成龍의 《西厓先生文集》 권16 〈雜著·記臨津浮橋事〉에 실려 있음.

02. 남치리

남치리의 자는 의중, 호는 분지, 본관은 영해이다. 중종 계묘년
(1543)에 태어났다. 선조 경진년(1580)에 죽었다. 안동의 노림서원
(魯林書院)에 향사하였다.

일찌감치 아버지를 여의였지만 능히 뜻을 세우고 학업에 힘써서
가르쳐 주고 독려해 주기를 기다리지 않았다. 약관의 나이를 겨우
넘겨서 개연히 퇴계(退溪) 이황(李滉) 선생의 문하생이 되어 선생으로
부터 장려와 인정을 받았는데, 선생이 세상을 떠난 뒤에도 오히려
더욱 분발하고 게으르지 않았다.

처소가 비바람을 피할 수 없어서 처자식이 추위와 굶주림에 시달리
는 것을 들은 자들이 모두 술렁거렸으나 군은 전혀 개의치 않은 채
오직 문을 닫아걸고 글읽는 소리만 낼 뿐이었다. 간혹 보기에 딱하여
위로라도 하면, 번번이 말하기를, "사람이 오직 죽음만 두려워하기
때문에 모든 일을 제대로 하지 못하고 있다. 우리네는 참으로 죽음으
로써 스스로 지키는 것이 당연하다."라고 하였다.【협주: 류성룡이 찬한
묘표에 실려 있다.】

• 南致利

南致利, 字義仲, 號賁趾, 寧海人。中宗癸卯生。宣祖庚辰卒。享安
東魯林書院[1]。

---

1   魯林書院(노림서원): 경상북도 안동시 남선면 원림리에 있었던 서원. 1653년에 건립하고
    南致利를 봉향하였다가 1868년 서원 철폐령에 의하여 훼철되었다.

早孤, 能辦志勵業, 不待敎督。甫踰冠, 慨然登退溪李先生之門, 得
先生獎許, 先生歿而猶感奮不懈。

所居無以庇風雨, 妻子苦寒餓, 間者皆動色, 而君斷不以爲意, 惟閉
門讀誦而已。或恐慰之, 輒曰："人惟畏死, 故百事不得做, 吾輩固當以
死自守耳."【柳成龍撰墓表】

보충
류성룡(柳成龍, 1542~1607)이 찬한 묘표

남처사 묘표

만력(萬曆) 경진년(1580) 3월 9일(무신)에 남의중(南義仲) 군이 죽었
다. 한 달을 지나 윤4월 22일(경신)에 벗들이 수의(襚衣)를 갈아입힌
뒤 염(殮)하고 부의(賻儀)를 하여 군(君)을 대현(大峴)의 청곡(聽谷)에
장사지냈다. 그 이듬해에 또 서로 더불어 말하기를, "이 사람이 이미
불행하여 이 지경에 이르렀거늘 또 무덤에 나타내는 것이 없다면,
옹기종기 모인 무덤들 속에서 봉분(封墳)이 뭉개져 훗날에는 흔적도
없어지지 않겠느냐?"라고 하였다. 조종도(趙宗道) 군이 이를 위해 석
공(石工)을 구하고 돌을 다듬어 3자 표석(標石)을 묘소의 남쪽에 세우
려 하였다. 그 사이에 권우(權宇)가 지은 행장을 가지고 와서 나에게
부탁하여 말하기를, "명(銘)을 지어주기를 원하네."라고 하였다. 나는
평소 남군과 함께 지낸 지 오랫동안 군의 품은 뜻과 아름다운 행실에
존경하여 감복하지 않은 적이 없었는데, 지금 군은 가고 없으니 애도
하고 애석한 심정에 대해 실로 아무런 말 없이 넘어갈 수가 없는 것이
있어서 그 부탁을 받들어 다음과 같이 서술한다.

군의 휘(諱)는 치리(致利), 의중(義仲)은 그의 자(字)이다. 그 선대는

영해(寧海) 사람이었는데, 뒤에 안동(安東)으로 옮겼다. 고조부의 휘 남정귀(南貞貴)는 창덕궁 녹사(昌德宮錄事)였고, 증조부의 휘 남경이(南敬彛)는 통례문 통찬(通禮門通贊)였으며, 조부의 휘 남식(南軾)은 훈도(訓導)였다. 아버지의 휘는 남신신(南藎臣)이며, 어머니 초계변씨(草溪卞氏)는 진사 변백원(卞百源)의 딸이다.

　군은 태어나서 8세에 아버지를 여의였지만 능히 뜻을 세우고 학업에 힘써서 가르쳐 주고 독려해 주기를 기다리지 않았으니, 이웃과 향촌에서 칭찬하였다. 퇴계(退溪) 이황(李滉) 선생이 도의(道義)로 후진을 가르쳤을 때, 군은 약관의 나이를 겨우 넘겼지만 개연히 그 문하생이 되어 선생으로부터 장려와 인정을 받았는데, 선생이 세상을 떠나자 군은 더욱 분발하고 게으르지 않았다. 일찍이 어머니를 위해 과거 공부를 하여 두 번이나 향시(鄕試)에 합격하였지만, 번번이 성시(省試)에는 실패하였어도 마음은 태평스러웠다. 나이가 들자 위기지학(爲己之學)에 더욱 전념하여 정용근절(正容謹節: 몸가짐 바르게 하고 예절을 잘 지킴)·독서궁리(讀書窮理: 글을 읽고 이치를 궁구함)의 공부를 날마다 쉬지 않고 일삼으니, 그 진보가 매우 빨라서 동료들은 모두 스스로 미치지 못한다고 하였다.

　정축년(1577) 변씨 부인(卞氏夫人: 남치리의 모친) 상을 당하여서 정리(情理)와 예문(禮文)을 모두 갖추느라 비록 매우 수척했어도 오히려 상례(喪禮)를 지키는 것이 불변하였으니, 산문(山門) 밖으로 나가지 않은 것이 3년이었다. 모친상을 미처 마치기도 전에 백형(伯兄)이 죽자, 군은 이미 쇠약해졌거늘 이때에 이르러 또 형(兄)의 상차(喪次: 거상하는 곳)에서 지내며 장례를 마치고 돌아왔는데, 병세가 마침내 위독해져 일어나지 못하였으니 향년 겨우 38세였다.

　본래 군은 가난에 찌들어 땔나무를 하고 물 긷는 수고를 바쳐서

혹 가까운 이웃에게 기대였으며, 처소가 비바람을 피할 수 없어서 처자식이 추위와 굶주림에 시달리는 것을 들은 자들이 모두 술렁거렸으나 군은 전혀 개의치 않은 채 오직 문을 닫아걸고 글읽는 소리만 낼 뿐이었다. 간혹 보기에 딱하여 위로라도 하면, 번번이 말하기를, "사람이 오직 죽음만 두려워하기 때문에 모든 일을 제대로 하지 못한다. 우리네는 참으로 죽음으로써 스스로 지키는 것이 당연하다."라고 하였다. 군이 병이 들었을 때에 딸 가운데 계례(笄禮)를 하고 시집가기를 도모하는 딸이 있었으나, 형님의 상(喪)이 아직을 기한을 마치지 않았다며 혼례를 중지하였는데, 그 친속(親屬)은 군의 목숨이 병으로 이미 위태로워지자 권도(權道: 임기응변의 방도)를 권하고 따르도록 하였지만 의연하게 허락하지 않았으니, 일을 바로잡고자 바르게 처리하는 것이 이와 같았다. 군의 부인은 의령남씨(宜寧南氏)이며, 두 아들은 남기경(南驥慶)·남호경(南虎慶)이고, 네 딸은 모두 시집가지 않았다.

아! 지금 세상의 선비는 스스로 유자(儒者)라고 하는 자들이 많았다. 그러나 어찌 능히 속학(俗學) 외에 성현(聖賢)의 학문이 있음을 알아서 그것에 뜻을 둔 자가 있었을 것이며, 뜻은 두어 능히 깊이 수양하고 독실하게 행했어도 이해득실과 행불행에 흔들리지 않았겠는가? 군의 재주와 식견으로 이미 족히 스스로 세상에 드러낼 수 있었으나 유독 공명을 이루는 데에 급급해하지 않았음은 도리어 의리라는 가장 맛있는 고기를 좋아하여 많은 사람들이 맛보지 못한 것을 맛보고서 화려한 궤변을 배척하고 부지런히 애쓰면서 노력하여 날로 발전하는 내실을 구해 나아간 것이니, 그의 뜻이야말로 참으로 귀하다 할 것이다.

저 평생토록 겪은 빈궁과 우환 같은 것은 모두 사람이 감당하기 어려운 것이었는데도 군은 또 마음 편안히 순응하여 받아들이면서 여전히 학문 닦는데 힘써 실천해야 할 처지로 여기고 스스로 힘썼다.

심지어 곤궁해서 죽으면서도 원망하거나 후회하는 빛이 없었으니, 어찌 자신이 터득한 바가 없이 힘써서 이룰 수 있었겠는가? 속이 진중한 자는 외부의 일을 가볍게 보지 않을 수가 없나니, 군은 이 점에서 틀림없이 남보다 지나친 것이 있었다.

나는 지난날 군의 사람됨을 보았으며 그의 성품이 조용하고 순박함을 아꼈다. 그러나 학문을 논하는데 이르러서는 비록 그의 절실함을 알았을 지라도 오히려 세간의 욕망에 얽매여 막히는 곳이 있을까 두려웠다. 군이 아직 죽기 며칠 전에 군의 서찰을 받아 읽었는데, 그 논한 바가 명백하고 시원하였으니 다만 이전의 견식과 같았을 뿐만이 아니었다. 나는 이에서 군의 학문이 또 날로 진보하여 장래 헤아릴 수 없을 것임을 알았었다. 하늘이 수명을 더해 주지 않아 이에 이르렀으니 운명(運命)이라 하겠다. …(이하 명문 생략)…

南處士墓表

萬曆庚辰三月戊申, 南君義仲卒。越閏四月庚申, 朋友斂襚與賻, 葬君于大峴之聽谷。其明年, 又相與言曰: "斯人也, 旣不幸至此, 又無以顯諸幽, 無乃夷于纍纍[2]者, 以沈泯[3]于後?" 於是, 趙君宗道, 爲之購工治石, 樹三尺之標于墓南。間以權生宇之狀, 屬余曰: "願爲銘。" 余平日從君遊久, 未嘗不敬服君志行之美, 今君之亡也, 悼惜之情, 實有不得無言者, 謹受而敍之, 曰: 君諱致利, 義仲其字也。其先寧海人, 後徙安東。高祖諱貞貴, 錄事昌德宮, 曾祖諱敬彝, 通贊通禮門, 祖諱軾, 訓導, 考諱藎臣, 妣草溪下氏, 進士百源之女。君生八歲而孤, 能辨志勵業, 不待敎督, 隣黨稱之。退溪李先生, 以道義訓後進, 君甫踰冠, 慨然登門, 得先生獎許, 先生歿, 而君愈感奮不懈。早以親故, 事擧子業, 再

---

2 纍纍(누누): 무덤이 옹기종기 모인 모양.

3 沈泯(침민): 湮沒. 흔적이 모두 없어짐.

與鄕選, 輒不利于省試, 恬如也。曁晚, 益專心爲己之學, 其於正容謹節·讀書窮理之功, 日有所事, 其進甚銳, 同類皆自以不及。丁丑, 遭卞夫人憂, 情文俱備, 雖甚瘠, 猶執禮不變, 足不出山門者三年。喪未闋而伯兄逝, 君固已毀, 至是又居兄喪次, 葬而歸。病遂劇不能起, 享年纔三十八。初君困於貧窶, 薪水之供, 或資隣比, 居無以庇風雨, 妻子苦寒餓, 聞者皆動色, 而君斷不以爲意, 惟閉門讀誦而已。或慰慰之。輒曰:"人惟畏死, 故百事不得做。吾輩固應以死自守耳。"君之病也, 有女子笄而圖歸者, 以兄喪未期止, 所親以君病已危, 勸且循權, 毅然不許, 制事處正如此。君配宜寧南氏, 二男驥慶·虎慶, 四女皆在室。嗟夫! 今世之士, 以儒自名者多矣。寧有能於俗學之外, 知有聖賢之學而志之者乎? 志焉而能潛修篤行, 不以得喪欣戚貳之者乎? 以君之才之識, 已足以自見於世, 而獨不汲汲於進取, 顧乃悅義理之蒭豢, 而味衆人之所不味, 斥去浮僞, 堅苦刻勵, 以求造乎日章之實, 其志已可貴矣。若夫平生所處貧窮憂撓, 皆人之所難堪者, 而君又爲安意順受, 方且以爲進學力行之地而自勵焉。至於窮死而無怨悔色, 豈無所得於己, 而可勉爲也哉? 內之重者, 外不得不輕, 君於此, 已必有過人者矣。余他日觀君之爲人, 固愛其雅靚純篤。至於論學, 雖知其切實, 尙恐有滯礙處。君之未死前數日, 得君之書札而讀之, 其所論, 又明白開爽, 不但如前日之見。余是以知君之學, 又日進, 而其來未可量也。天不假年, 而至於斯, 命矣夫。…(이하 명문 생략)…

[西厓先生文集, 권19, 碑碣]

03. 금윤선

> 금윤선의 자는 이술, 본관은 봉화이다. 중종 갑진년(1544)에 태어났다. 선조 무진년(1568) 벼슬길에 들어섰다. 계사년(1593)에 공훈으로 책록되었고, 훈련원 정에 이르렀다. 인조 병인년(1626)에 죽었다.

공은 처음으로 벼슬길에 나아가 의서습독관(醫書習讀官)이 되었는데, 벼슬이 낮다고 여기지 않고서 직무를 수행해 나갔다. 홍담(洪曇)이 전조(銓曹: 吏曹)판서로서 한 번 우승(郵丞: 찰방)에 제수하였으나 나아가지 않고 곧바로 사양하고 돌아갔으며, 권철(權轍)이 편지를 보내어 여러 차례 기용하려 하였으나 또한 응하지 않았다.

임진왜란 때 안집사(安集使) 김륵(金玏)이 의병장으로 부르니, 공은 병사를 모집하고 군량과 병기를 수합하여 공격과 방어의 도구로 삼았는데, 의병장 임흘(任屹)·김용(金涌)과 오가면서 계책을 세웠다.

계사년(1593) 도원수(都元帥) 권율(權慄)의 막하에 있으면서 동래 사람 송남생(宋男生)의 계책을 받아들여 동래(東萊)를 곧바로 습격하기로 약속하고, 별장(別將) 권응수(權應銖)·방어사(防禦使) 김응서(金應瑞)와 군사를 나누어 나아가 핍박하여 장차 적진과 가까워지자 권응수와 김응서가 일러 말하기를 "속담에 이르기를, '노루를 본자가 그물을 친다.'라고 하였으니 공이 먼저 오르는 것이 좋겠소.'라고 하자, 공이 말하기를, "이미 저들과 죽기로 약속하였으니 가히 저버릴 수가 없소. 공들은 국가의 중임을 맡아서 위태로움을 무릅쓸 수가 없으니, 내가 혼자 가기를 청하오."라고 하였다. 마침내 앞으로 진군하여 일제히 뛰어들면서 불화살을 모두 쏘아대자 적의 40여 막사(幕舍)가 불타 잿더미가 되었고, 달아나려고 다투느라 저희들끼리 짓밟아 한 명도 탈

출한 자가 없었다. 적의 대진(大陣)과 거리가 멀지 않아 꼬리를 서로
물고 있었지만, 공은 고군(孤軍) 수백 명을 이끌고 적이 미처 생각지도
못하고 있는 틈에 나타나 일진(一陣)을 공격하여 무너뜨렸으니, 적이
크게 놀라 소란스러워 감히 구원하러 출동하지 않자 사람들은 이 싸
움을 왜적의 넋을 빼앗은 전투로 생각하였다. 이러한 사실이 조정에
알려져 2등 공신으로 녹훈되었다.

을미년(1595) 훈련원 정에 제수되었다. 영의정 류성룡(柳成龍)·우의
정 정탁(鄭琢)·이조판서 이항복(李恒福)·병조판서 이덕형(李德馨)이 앞
다투어 서로 맞이해서 책략을 의논하였다. 그러나 얼마 안 되어서
사양하고 돌아오니, 제공들이 그의 떠나감을 애석하게 여겨서 해조(該
曹)로 하여금 발탁해 등용하도록 하고는 붙들어 말리려고 매우 힘썼으
나, 공은 돌아보지도 않았다. 어머니가 노쇠하였기 때문에 마침내 벼
슬할 뜻을 접고 웃는 얼굴로 20여 간 효도를 다하였다.

항상 일기를 기록하였는데, 매년 농사의 풍년과 흉년, 수재(水災)와
한재(旱災), 전염병 및 조정의 대정령(大政令: 왕의 명령), 평생 겪으며
지내온 것들까지 상세히 갖추어 싣지 않은 것이 없었으니, 60년간의
일이 눈으로 보는 것 같이 명료하였다.【협주: 이광정이 찬한 행장에 실려
있다.】

• **琴胤先**

> 琴胤先, 字而述, 奉化人。中宗甲辰生。 宣祖戊辰入仕。癸巳錄功,
> 至訓鍊院正。仁祖丙寅卒。

公始仕, 爲醫書習讀官, 不以官卑, 職事修擧。洪公曇[1]長銓曹, 授一

1　洪公曇(홍공담): 洪曇(1509~1576). 본관은 南陽, 자는 太虛. 증조부는 洪貴海이며, 조부는

郵丞, 不報辭歸, 權公轍²貽書數起之, 不應。

壬辰亂, 安集使金公功³, 辟爲義將, 公蒐軍兵, 收糧械, 爲攻守具, 與
義將任公屹⁴·金公涌⁵, 往來規畫。

洪洞이다. 아버지는 정랑 洪彦光이며, 어머니 南原梁氏는 梁潤의 딸이다. 부인 昌寧曺氏는
曺益修의 딸이다. 영의정 洪彦弼의 조카이다. 1531년 진사시에 합격하고, 1539년 별시문
과에 급제하였다. 정자, 저작, 설서, 정언을 거쳐 1546년 예조와 이조의 정랑, 1547년
응교를 지내고, 1548년 집의가 되었으며, 1549년 전한을 거쳐 1550년 동부승지, 1553년
호남관찰사, 형조참판, 1555년 사은사가 되어 명나라에 다녀왔다. 그 뒤 경기도관찰사를
거쳐 1560년 영남관찰사, 형조와 공조의 참판, 1565년 함경도관찰사, 1568년 병조판서를
역임하였다. 1569년 이조판서와 예조판서, 1574년 영중추부사, 1576년 예조판서에 중임
되었으나 병으로 사직한 뒤 우참찬에 이르렀다. 훈구파의 거두로서 金鎧와 함께 鄭澈
등의 사림파와 대립하였다.

2 權公轍(권공철): 權轍(1503~1578). 본관은 安東, 자는 景由, 호는 雙翠軒. 증조부는 權摩
이며, 조부는 군수 權僑이다. 아버지는 강화부사 權勘이며, 어머니 順興安氏는 安擢의
딸이다. 부인 昌寧曺氏는 적순부위 曺承睍의 딸이다. 權慄의 아버지이다. 1528년 진사시
에 합격하고, 1534년 식년문과에 급제하였다. 성균관을 거쳐 예문관검열이 되어 당시
영의정 金安老의 잘못을 直筆하였다가 미움을 사 좌천되었다. 1547년까지 병조좌랑·
이조좌랑·이조정랑·병조정랑·형조정랑·헌납 등을 역임하였다. 1550년동부승지, 2년
뒤에는 도승지가 되었고, 1556년 형조판서가 되었다. 1566년에는 영의정 尹元衡이 죄를
얻어 물러나자 우의정이 되었다. 1567년 좌의정, 1571년 영의정에 올랐다.

3 金公功(김공륵): 金功(1540~1616). 본관은 禮安, 자는 希玉, 호는 柏巖. 증조부는 金萬秤
이며, 조부는 金佑이다. 아버지는 진사 金士明이며, 어머니는 昌原黃氏이다. 부인 仁同張
氏는 張順禧의 딸이다. 백부인 형조원외랑 金士文에게 입양되었다. 李滉의 문인이다.
1576년 식년문과에 급제하였다. 1592년 임진왜란 때에는 형조참의를 거쳐 안동부사가
되었다가 경상도 安集使로 영남에 가서, 충성스럽고 의기있는 선비들에게 국가의 뜻을
알리고, 왜적을 토벌하도록 장려하고 백성들을 잘 다스렸다. 이듬해 경상우도관찰사가
되어서는 전라좌·우도의 곡식을 운반해 기근이 든 백성들을 구제하고자 하였다. 이어
도승지·대간·한성부우윤·대사성을 거쳐, 1594년 동지의금부사·이조참판·부제학 등
을 역임하였다. 1599년 명나라 장수를 접반하고 예조참판에서 충청도관찰사로 나갔다.
1612년 안동부사로 나가 범람하는 낙동강의 재해를 막기 위해 제방을 수축해 후세에까지
칭송을 들었다. 그러나 金直哉의 誣獄에 연루되고 또 앞서 광해군의 생모인 恭嬪金氏
別廟의 儀物을 종묘 의물과 똑같게 하는 것에 반대해 강릉으로 유배가게 되었는데, 여러
대신들의 변호로 풀려났다.

4 任公屹(임공흘): 任屹(1557~1620). 본관은 豊川, 자는 卓爾) 호는 龍潭. 증조부는 任由謙
이며, 조부는 함양군수 任楗이다. 아버지는 선무랑 任泰臣이며, 어머니 奉化琴氏는 현감
琴應鍾의 딸이다. 부인 眞城李氏는 첨정 李憑의 딸이다. 1582년 생원시에 합격했으나
벼슬길에 뜻을 버렸다. 朴承任에게 학문을 배웠고, 鄭逑의 문인이었다. 1592년 임진왜란이
일어나자 柳宗介, 尹欽信, 尹欽道, 金中淸 등과 함께 의병 활동을 전개하였으며, 金垓·
郭再祐 막하로 들어가 활동하였다. 의병 활동의 공으로 전옥서참봉에 제수되었으나, 당쟁

癸巳, 在都元帥權公慄幕下, 用東萊人宋男生計, 約以徑襲東萊, 與
別將權應銖[6]·防禦使金應瑞[7], 分軍進薄, 將近賊, 應銖·應瑞謂曰: "諺
云: '見獐者網[8].' 公可先登." 公曰: "已與人約死, 不可負也。公國之重

이 격화되자 이를 규탄하는 상소문을 올리고 사직하였다.

5   金公涌(김공용): 金涌(1557~1620). 본관은 義城, 자는 道源, 호는 雲川. 증조부는 金禮
範이며, 조부는 생원 金璡이다. 아버지는 찰방 金守一이며, 어머니 漢陽趙氏는 司果 趙
孝芬의 딸이다. 金誠一의 조카이다. 1590년 증광문과에 급제하였다. 1592년 임진왜란
이 일어나자 향리인 안동에서 의병을 일으켜 安東守城將에 추대되었고, 이듬해 예문관
의 검열·봉교, 성균관의 전적 등을 지냈다. 1597년 정유재란이 일어나자 諸道都體察使
李元翼의 종사관으로 수행해 많은 활약을 했으며, 교리에 재임 중 督運御史로 나가 군
량미 조달에 많은 공을 세웠다. 그러나 조정에서 동서분당이 생겨 김용을 후원하던 영
의정 柳成龍이 서인에 의해 축출되자, 탄핵을 받아 선산부사로 옮겨졌다. 제용감정·세
자필선·집의 등 중앙 관직에 머물다가 예천군수·상주목사·홍주목사 등의 지방 관직을
지내면서 오직 백성의 보호와 학문의 진흥에 힘썼다.1609년 병조참의를 지냈다. 그 후
1616년 60세의 나이로 여주목사로 나갔다.

6   權應銖(권응수, 1546~1608): 본관은 安東, 자는 仲平, 호는 白雲齋. 경상북도 영천 신녕
출신. 증조부는 權處貞이며, 조부는 權鸞이다. 아버지는 權德臣이며, 어머니 星州李氏는
李云謙의 딸이다. 첫째부인 順興安氏는 훈도 安道의 딸이며, 둘째부인 昌寧成氏는 참의
成德龍의 딸이며, 셋째부인 文化柳氏는 참봉 柳笭의 딸이다. 1583년 별시무과에 급제하였
다. 경상좌수사 朴泓의 막하에 있다가 1592년 임진왜란이 일어나자 고향에 돌아가 의병을
모집하여 궐기했다. 6월에 경상좌도병마절도사 朴晉의 휘하에 들어갔다가 7월에 각 고을
의 의병장을 규합해 의병대장이 되었다. 이 무렵 영천에 있던 적군을 火攻으로 대승,
영천성을 수복한 공으로 경상좌도병마절도사우후가 되었다. 좌병사 박진의 휘하에 들어
가 8월 20일 제2차 경주탈환전의 선봉으로 참가했으나 패전했다. 1593년 2월에는 순찰사
韓孝純과 함께 7군의 군사를 합세해 문경 唐橋에서 적을 대파하고, 25일에는 山塔峠前에
서 적병 100여 명의 목을 베는 등 큰 전과를 올렸다. 이어 좌도병마절도사가 되었다.
1597년 9월 정유재란 때 관찰사 李用淳, 병마절도사 金應瑞와 같이 달성까지 추격했다.
11월에는 왕명으로 명나라의 副總兵 解生을 따라 함경·강원 兩路의 병을 거느렸다. 經理
楊鎬와 麻貴)를 따라 1차, 2차 울산 전투에 참가했다.

7   金應瑞(김응서, 1564~1624): 본관은 金海, 개명은 金景瑞, 자는 聖甫. 증조부는 金夢河이
며, 조부는 현감 金繼植이다. 아버지는 사헌부감찰 金仁龍이며, 어머니 羅州鄭氏는 부장
鄭烈의 딸이다. 1592년 임진왜란 때 8월 助防將으로 평양 공략에 나섰으며, 싸움에서
여러 차례 공을 세워 평안도방어사에 승진되었다. 1593년 1월 명나라 李如松의 원군과
함께 평양성 탈환에 공을 세운 뒤, 전라도병마절도사가 되어 도원수 權慄의 지시로 남원
등지에서 날뛰는 토적을 소탕하였다. 1595년 경상우도병마절도사가 되었지만, 1597년
도원수 권율로부터 의령의 南山城을 수비하라는 명을 받았지만 불복해 강등되었다. 1609년
정주목사를 지내고, 이어滿浦鎭僉節制使와 北路防禦使를 역임하고, 1615년 길주목사,
1616년 함경북도병마절도사, 2년 뒤에 평안도병마절도사가 되었다.

8   見獐者網(견장자망): 노루를 보고서야 그물을 짊어진다는 뜻으로, 일이 아주 다급해서야

任, 不可冒危, 某請獨往." 遂前進, 一齊陷入, 火箭俱發, 燒賊四十餘
幕, 爭相蹂踐, 無一脫者. 賊大陣不遠, 首尾相接, 公提孤軍數百, 出賊
不意, 攻陷一陣, 賊大驚擾, 不敢動, 人以是戰爲奪賊之魄. 事聞, 錄功
二等.

乙未, 除訓鍊院正. 柳領相成龍·鄭右相琢[9]·史判李公恒福·兵判李
公德馨[10], 爭相邀致, 與議方略. 未幾辭歸, 諸公惜其去, 令本曹擇用,
挽止甚勤, 而公不顧. 以大夫人年老, 遂絶仕進意, 色養[11]二十餘年.

常修日記, 年事豊歉·水旱·疾疫及朝家之大政令·平生之所閱歷, 無

허둥지둥 준비를 서두름을 이른 말.

9 鄭右相琢(정우상탁): 右相 鄭琢(1526~1605). 본관은 淸州, 자는 子精, 호는 藥圃·栢谷.
   예천 출신이다. 증조부는 현감 鄭元老이며, 조부는 생원 鄭僑이다. 아버지는 鄭以忠이며,
   어머니 淸州韓氏는 韓從傑의 딸이다. 부인은 巨濟潘氏이다. 李滉과 曺植의 문인이다.
   1552년 생원시를 거쳐 1558년 식년문과에 급제하였다. 1565년 정언을 거쳐 예조정랑·
   헌납 등을 지냈다. 1572년 이조 좌랑이 되고, 이어 도승지·대사성·강원도 관찰사 등을
   역임하였다. 1581년 대사헌에 올랐으나, 장령 鄭仁弘·지평 朴光玉과 의견이 맞지 않아
   사간원의 계청으로 이조 참판에 전임되었다. 1582년 進賀使로 명나라에 갔다가 이듬해
   돌아와서 다시 대사헌에 재임되었다. 그 뒤 예조·형조·이조의 판서를 역임하고, 1589년
   謝恩使로 명나라에 다시 다녀왔다. 1592년 임진왜란이 일어나자 좌찬성으로 왕을 의주
   까지 호종하였다. 1594년에는 郭再祐·金德齡 등의 명장을 천거하여 전란 중에 공을 세
   우게 했으며, 이듬해 우의정이 되었다. 1597년 정유재란이 일어나자 3월에는 옥중의 李
   舜臣을 伸救하여 죽음을 면하게 하였으며, 水陸倂進挾攻策을 건의하였다.

10 兵判李公德馨(병판이공덕형): 兵判 李德馨(1561~1613). 본관은 廣州, 자는 明甫, 호는
   雙松·抱雍散人·漢陰. 증조부는 부사과 李守忠이며, 조부는 李振慶이다. 아버지는 지중추
   부사 李民聖이며, 어머니 文化柳氏는 縣令 柳禮善의 딸이다. 영의정 李山海의 사위이다.
   1592년 임진왜란 때 북상 중인 왜장 고니시[小西行長]가 충주에서 만날 것을 요청하자,
   이를 받아들여 單騎로 적진으로 향했으나 목적을 이루지 못하였다. 왕이 평양에 당도했을
   때 왜적이 벌써 대동강에 이르러 화의를 요청하자, 단독으로 겐소와 회담하고 대의로써
   그들의 침략을 공박했다 한다. 그 뒤 정주까지 왕을 호종했고, 請援使로 명나라에 파견되어
   파병을 성취하였다. 돌아와 대사헌이 되어 명군을 맞이했으며, 이어 한성판윤으로 명장
   李如松의 接伴官이 되어 전란 중 줄곧 같이 행동하였다. 1593년 병조판서, 이듬해 이조판
   서로 훈련도감 당상을 겸하였다. 1595년 경기·황해·평안·함경 4도체찰 부사가 되었으
   며, 1597년 정유재란이 일어나자 명나라 어사 楊鎬를 설복해 서울의 방어를 강화하였다.
   그리고 스스로 명군과 울산까지 동행, 그들을 慰撫하였다. 그해 우의정에 승진하고 이어
   좌의정에 올라 훈련도감 도제조를 겸하였다. 이어 명나라 제독 劉綎과 함께 순천에 이르러
   통제사 李舜臣과 함께 적장 고니시의 군사를 대파하였다.

11 色養(색양): 웃는 얼굴로 부모에게 효도를 다함.

不纖悉備載, 六十年事, 瞭如目見。【李光庭撰行狀[12]】

보충

이광정(李光庭, 1674~1756)이 찬한 가장

어모장군 훈련원 정 봉화 금공 가장

공의 성씨는 금씨(琴氏), 휘는 윤선(胤先), 자는 이술(而述), 본관은 봉화(奉化)이다. 고려 시대의 시중(侍中) 영렬공(英烈公) 휘 금의(琴儀)는 그 시조이다. 대대로 높은 벼슬을 한 사람이 있어서 영남의 이름난 집안이 되었다. 고조부 휘 금휘(琴徽: 琴淮의 3남)는 동래 현령을 지냈고 광묘(光廟: 세조)조에서 이름을 떨쳤으나 미처 현달하지 못한 채 죽었다. 증조부 휘 금원한(琴元漢: 금휘의 장남)은 진사를 지냈으며, 조부 휘 금주(琴輳: 금원한의 2남)는 건원릉(健元陵) 참봉을 지냈다. 금씨들은 대대로 봉화에 살았었는데, 참봉공에 이르러 비로소 안동부의 내성현(乃城縣)으로 터를 잡아서 자손들은 안동 사람이 되었다. 아버지 휘 금극인(琴克仁)이 일찍 죽었으나 훗날 공이 원종공신(原從功臣)이 되어서 군기시 정(軍器寺正)에 증직되었다. 어머니 영천이씨(永川李氏)는 찰방 휘 이현준(李賢俊)의 딸로 용암선생(聾巖先生: 李賢輔)의 질녀이다. 성품이 온화하고 어질면서 아름다운 덕을 지녀 그 집안의 규범으로 칭해졌다. 가정(嘉靖) 갑진년(1544) 9월 23일에 공을 낳았다.

공은 기개가 우뚝하였고 골격도 보통 아이와 달랐다. 겨우 세 살이었을 때 아버지를 여의어 참봉공(參奉公: 조부 금주)에게 길러졌다. 차츰 자라면서 능히 철이 들고 총명하여 집에서 힘써야 할 일을 잘 보살

---

12 李光庭의 《訥隱先生文集》 권19 〈行狀〉에 실려 있음.

폈으니, 처신이나 일 처리가 마치 성인과 같았다. 을축년(1565) 참봉공이 죽자, 공이 상사(喪事)를 대신 주관하여 길일을 택해 장사를 지냈고 여묘살이를 하면서 슬퍼하는 것이 지나쳐 상례(喪禮)를 벗어났다. 지금 공이 여묘살이 했던 곳을 빈소동(殯所洞)이라 부르는 것은 대개 공의 사실로 이름지었다고 한다.

무진년(1568) 처음으로 벼슬길에 나아가 의서습독관(醫書習讀官)이 되었는데, 공은 벼슬이 낮다고 여기지 않고서 직무를 수행해 나갔다. 당시의 명공(名公)들이 대부분 공의 재주와 기량을 기특하게 여겨 보잘것없는 낮은 벼슬아치로서 보지 않았으니, 홍담(洪曇)이 전조(銓曹: 吏曹)판서로서 한 번 우승(郵丞: 찰방)에 추천하여 제수하려 하였으나 나아가지 않고 곧바로 사양하여 돌아갔으며, 권철(權轍)이 편지를 보내어 여러 차례 기용하려 하였으나 또한 응하지 않았다. 이때가 나이 30여 세쯤 되었다.

임진왜란 때 공은 모친을 모시고 골짜기의 별장으로 피란하였다. 이때 안집사(安集使) 김륵(金玏)이 공을 의병장으로 부르자, 공은 개연히 안집사의 부름에 응해 병사를 모집하면서 군량과 병기를 수합하고 보관하여 공격과 방어의 도구로 삼았다. 6월에 부장(部將) 권득열(權得說)에게 병사를 거느리고 전쟁터로 가도록 하였는데, 권득열이 공의 명령을 어기자 즉시 권득열의 목을 베도록 청하였다. 의병장 임흘(任屹)·김용(金涌)과 오가면서 계책을 세웠다. 진중(陣中)에 있을 때에는 제공(諸公)과 함께 날마다 활쏘기를 연습하고 군사업무를 익혔다.

계사년(1593) 겨울에 도원수(都元帥) 권율(權慄)이 영남으로 내려갈 때 같이 가서 계책을 세우는데 도왔으며, 이윽고 총병(摠兵) 유정(劉綎) 및 송대윤(宋大贇)·오유충(吳惟忠)·왕필적(王必迪)·낙상지(駱尙志) 네 유격(遊擊)의 진영(陣營)을 왕래하였다. 12월에 판관(判官) 권황(權滉)

과 더불어 매복했다가 언양(彦陽)으로 가려고 했는데, 송남생(宋男生)
이란 자가 스스로 동래(東萊) 사람이라고 말하며 공이 도원수와 사이
가 좋다는 것을 들었다면서 함께 일하기를 청하였다. 공이 적정(賊情)
의 강점과 약점을 묻자, 송남생이 말하기를, "왜적의 대진(大陣)이 동
래에 있고 그 한 부대의 적이 온정(溫井: 동래구 온천동)에 주둔해 있는
데, 그 수는 수천 명이 못 되어서 제장(諸將)들이 다투어 진격하고자
하였으나 적이 요해처에 매복을 설치하고 있어서 제장들이 감히 거사
하지 못했지만, 지금 요행히도 적이 이미 매복을 철수했으니 빈틈을
타서 습격하면 반드시 적을 격파할 수 있을 것입니다."라고 하였다.
공은 그 책략을 받아들이면서도 오히려 그 첩보를 의심하고서 잘못된
첩보인지 살핀 뒤에 곧 허락하며 약속하고 그를 보냈다. 말을 타고
동도(東都: 경주)로 달려가서 부윤(府尹)을 만나 거사를 일으켜야 하는
상황을 말하니, 부윤이 어렵게 말하기를, "공은 늙었거늘 어찌 자신을
아끼지 않는 것이오?"라고 하였다. 별장(別將) 권응수(權應銖)와 방어
사(防禦使) 김응서(金應瑞)에게 말하니, 모두 허락하였다. 마침내 군사
를 분담하고 약속을 정하고는 진격하여 동래(東萊)에 육박했는데, 적
진과 가까워지자 김응서와 권응수가 공에게 일러 말하기를, "속담에
이르기를, '노루를 본 자가 그물을 짊어진다.'라고 하였으니 공이 먼
저 오르는 것이 좋겠소."라고 하자, 공이 말하기를, "이미 저들과 죽기
로 약속하였으니 가히 저버릴 수가 없소. 공들은 국가의 중임을 맡아
서 위태로움을 무릅쓸 수가 없으니, 내가 혼자 가기를 청하오."라고
하니, 이를 허락하였다. 오직 권황(權滉)만 함께하여 마침내 앞으로
진군하자, 송남생이 이미 와서 기다렸다가 선봉이 되어 인도하였는
데, 길을 나누어 진군하니 때는 밤 사경(四更: 새벽 2시 전후)이었다.
아군이 일제히 뛰어들면서 불화살을 모두 쏘아대고 창칼로 번갈아

내리치며 지르는 함성이 천지를 진동하였는데, 때마침 구름과 안개가 사방을 꽉 뒤덮은데다 바람까지 서북쪽에 일어나니 적의 40여 막사(幕舍)가 한순간에 전부 불타 잿더미가 되었다. 적은 바야흐로 자고 있다가 황망하여 어찌할 줄 몰라서 불구덩이 속으로 다투어 뛰어들었고 저희들끼리 짓밟혀 죽었으니 온 적진(賊陣)에서 한 명도 탈출한 자가 없었다. 애초에 적이 비록 매복을 철수했을지라도 적의 대진(大陣)과는 거리가 멀지 않아 꼬리를 서로 물고 있어서 감히 침입하는 자가 없었는데, 공은 본디 전술을 익히지 않았는데도 고군(孤軍) 수백 명을 이끌고서 적이 미처 생각지도 못하고 있는 틈에 습격하여 적의 일진(一陣)을 무너뜨리는 것이 마치 썩은 나뭇가지 꺾듯 하였다. 적의 대진 또한 크게 놀라 절로 소란스러웠고, 포를 쏘아서 마치 구원하러 오는 듯했으나 끝내 감히 출동하지 않았다. 마침내 적의 한 팔을 자른 셈이니, 사람들은 이 싸움을 왜적의 넋을 **빼앗은** 전투로 생각하였다. 이러한 사실이 조정에 알려져 2등 공신으로 녹훈되었다.

갑오년(1594) 2월에 공은 호군(護軍)으로 승진되었고, 을미년(1595) 가을 훈련원 정(訓鍊院正)에 제수되었다. 당시의 제공(諸公)들 이를 테면 영의정 류성룡(柳成龍)·우의정 정탁(鄭琢)·이조판서 이항복(李恒福)·병조판서 이덕형(李德馨) 같은 이들이 서로 앞다투어 맞이해서 책략을 논의하였다. 그러나 얼마 안 되어서 사양하고 돌아오니, 제공들이 그의 떠나감을 애석하게 여겨서 해조(該曹)로 하여금 발탁해 등용하도록 하고는 붙들어 말리려고 매우 힘썼으나, 공은 돌아보지도 않았다.

아마도 공은 일찌감치 아버지를 여의었는데, 이때에 이르러 어머니가 이미 노쇠하여서 멀리 가는 것을 즐기지 않아 마침내 벼슬할 뜻을 접고 20여 간 웃는 얼굴로 효도를 다하였다. … (이하 생략) …

禦侮將軍訓鍊院正奉化琴公家狀

公琴姓, 諱胤先, 字而述, 奉化人。高麗侍中英烈公諱儀, 其鼻祖也。世有珪組, 爲嶺外名族。高祖諱徽, 東萊縣令, 有名光廟朝, 未及顯用以卒。曾祖諱元漢, 進士, 祖諱輳, 健元陵參奉。琴氏世居奉化。至參奉公, 始卜居于安東府之乃城縣, 子孫爲安東人。考諱克仁, 早卒, 後以公原從功, 贈軍器寺正。妣永川李氏, 察訪諱賢俊之女, 於聾巖先生爲姪女。溫仁令德, 稱其家範。以嘉靖甲辰九月二十三日生公。公氣宇軒昂, 骨格異凡兒。甫三歲而孤, 見養於參奉公。稍長, 能嶷嶷然, 整齊家務, 處身行事, 如成人然。乙丑, 參奉公歿, 公代執喪, 卜吉以葬, 廬於墓, 哀毀踰制。至今號公所居廬爲殯所洞, 蓋以公名云。戊辰, 始筮仕, 爲醫書習讀官, 公不以官卑, 職事修擧。一時名公, 多奇公才器, 不以微官視之, 洪公曇, 長銓曹, 擬授一郵丞, 不報卽辭歸, 權公轍, 貽書數起之。亦不應。時年三十餘矣。壬辰之亂, 公奉母夫人, 避兵峽庄。安集使金公功, 辟公爲義將, 公慨然應募, 招蒐軍兵, 收峙糧械, 爲攻守具。六月。使部將權得說, 領軍詣戰所, 得說違公令, 卽請斬得說。與義將任公屹·金公涌, 往來規畫。居陣中, 與諸公, 日習射, 閑戎務。癸巳冬, 都元帥權公慄下嶺南, 往贊謀畫, 因往來劉揚兵及宋·吳·王·駱四游擊諸陣。十二月, 與判官權滉, 謀設伏, 將向彦陽, 有宋男生者, 自言東萊人, 聞公與元帥善, 請與共事。公引問賊情虛實, 男生曰: "賊大陣在東萊, 一枝賊屯溫井, 其數不滿數千, 諸將爭欲進擊, 賊於要害設伏, 諸將不敢擧事, 今賊幸已撤伏, 乘虛襲擊, 破賊必矣。"公納其策, 而猶疑其牒, 審之非牒者, 酒許諾, 約而遣之。馳造東都, 見尹言所以擧事狀, 尹難之曰: "公老矣, 乃不自愛耶?"與別將權應銖·防禦使金應瑞語, 皆許諾。遂分軍定約束, 進薄東萊, 將近賊, 應瑞·應銖謂公, 曰: "諺云:'見獐者負網。'公可先登。"公曰: "已與人約死, 不可負也。公國之重任。不可以冒危。某請獨往."許之。惟權滉俱, 遂前進, 男生已來待, 遂引爲先鋒, 分道而進, 時夜四更。我軍一齊陷入, 火箭俱發, 槍劍交下, 呼聲動天地, 適會雲霧四塞。風從西北而起, 賊四十餘幕, 一時俱燼。賊方宿, 惶

遽不知所爲, 爭自投火, 相蹂踐死, 一陣無一脫者。初賊雖撤伏, 去大陣
不遠, 首尾相接, 無敢犯者。公素不閑戎馬, 提孤軍數百卒, 起賊不意,
陷一陣如拉朽。賊大陣亦大驚自擾,　鳴砲若將來救而終不敢動。遂斷
賊一臂, 人以是戰爲奪賊之魄。事聞, 錄功二等。甲午二月, 陞公護軍,
乙未秋, 除訓鍊院正。一時諸公, 如柳領相成龍·鄭右相琢·吏判李公恒
福·兵判李公德馨, 相爭邀致, 與議方略。未幾辭歸, 諸公惜其去, 令本
曹擢用, 挽止甚勤, 而公不顧。蓋公早孤, 及是時, 大夫人已老, 不樂遠
遊, 遂絶意仕進, 色養二十餘年。…(이하 생략)…

[訥隱先生文集, 권19, 行狀]

04. 김성일 문충공

김성일의 자는 사순, 호는 학봉, 본관은 의성이다. 중종 을사년
(1545: 무술년의 오기, 1538)에 태어났다. 명종 갑자년(1564) 사마시에
합격하고 선조 무진년(1568) 문과에 급제하였다. 한림(翰林)·삼사
(三司)·이랑(吏郞)·사인(舍人)·대사성(大司成)·부제학(副提學)을 역
임하였다. 계사년(1593) 경상 우감사로 진주(晉州)에서 죽었다. 여
러 차례 증직되어 이조판서에 이르렀다. 숙종 기미년(1679)에 시호
가 내려졌다. 안동의 임천서원(臨川書院)에 향사하였다.

공은 맏형 김극일(金克一)의 홍원(洪原) 임소(任所)에 따라갔다. 하루
는 성 안에 불이 나자, 사람들은 모두 관아를 구하러 달려갔으나 공만
이 홀로 등에는 책 상자를 짊어지고 손에는 전패(殿牌)를 받들고서
불을 피해 다른 곳으로 가 있었다.

공은 약관의 나이에 동생 김복일(金復一)과 함께 걸어가서 퇴계(退
溪) 선생을 찾아 뵙고 인심(人心)과 도심(道心)의 구분, 선기옥형(璿璣玉
衡)의 제도에 대해 묻고는 물러나와서 동생과 반복하여 연구하며 직
접 그림을 그렸다. 선생이 밤을 틈타 걸어나가서 엿보며 그들의 성실
하고 진지한 모습에 기뻐하였다.

공은 과거 공부를 그만두려고 선생에게 여쭈었는데, 선생이 말하기
를, "부형(父兄)이 계시니 어찌 감히 문득 자신의 뜻대로만 해서야 되
겠는가? 다만 내외(內外)와 경중(輕重)의 구분을 분명하게 하지 않아서
는 안 된다. 모름지기 '그 가운데도 저대로 초연한 곳 있나니, 어찌
아이들과 똑같이 분망한 것을 배울쏘냐.(箇中自有超然處, 肯學兒曺一倒
忙)'라는 구절을 기억하여 마음가짐의 으뜸으로 삼아야 할 것이다."라

고 하였다.

임술년(1562) 문정왕후(文定王后)가 요승(妖僧) 보우(普雨)의 말을 따라서 희릉(禧陵: 중종의 계비 章敬王后의 능)을 천장(遷葬)하고 정릉(靖陵: 중종의 능)의 묏자리를 새로 잡으려 했는데, 윤원형(尹元衡: 문정왕후의 동생)이 국정을 맡아 주재하였으니 온 조정이 바람에 쏠리듯 그의 뜻만 따랐다. 공은 이를 개탄하여 상소를 갖추어서 말하기를, "크게 불가한 점이 다섯 가지 있습니다. 신도(神道: 귀신)는 고요함을 숭상하는데 아무런 이유 없이 묏자리를 옮기려는 것이 첫째입니다. 자전(慈殿: 문정왕후)이 훗날에 같은 묘혈(墓穴)에 묻히려는 계책으로 아주 오래전에 배장(配葬: 곁에 묻음)한 원비(元妃: 중종의 원비 愼氏)를 마침내 외로운 넋이 되게 하는 것이 둘째입니다. 새로운 능의 풍토가 뻗치는 모양이 바로 지맥(地脈)을 끊는 금기를 범하여 지금의 묏자리보다 전연 못한 것이 셋째입니다. 텅 비고 이지러진 곳을 흙으로 채워 메우느라 토목 공사를 크게 일으켜서 백성들이 고초를 견디지 못하니 백성을 사랑했던 선왕의 마음을 상하게 하는 것이 넷째입니다. 사왕(嗣王: 왕위를 이은 임금)이 어리고 정사가 궁위(宮闈: 內殿)에서 나오는 데다 일개 요승(妖僧)의 사특한 말로 인하여 경솔하게 국가의 대사를 그르치는 것이 다섯째입니다."라고 하였으니, 글의 기운이 꼿꼿하고 곧아서 조금도 회피하는 바가 없었으나, 부형(父兄)들이 극력하게 저지하여 끝내 올리지 못하였다.

임신년(1572) 공은 봉교(奉敎)로서 상소를 올렸으니, 노릉(魯陵: 魯山君의 능)의 봉분을 북돋우고 나무를 심을 것과 사육신(死六臣)의 관작(官爵)을 회복할 것을 청하면서 아울러 임금의 덕과 당시의 폐단까지 언급하여 글이 수천 자나 되었다.

공이 정언(正言)에 제수되었을 때 김규(金戣)가 사간(司諫)이 되자,

일찍이 경연 석상에서 마음속으로 그의 사람됨을 비루하게 여겼다가
이때에 이르러 홀로 아뢰어 곧바로 그를 배척하였다. 김응남(金應南)
이 편지를 보내어 이르기를, "곧은 절개가 천 길이나 되는 절벽처럼
우뚝 섰으니 30년 내에 있지 않았던 일입니다."라고 하였다.

공은 정언으로서 경연에 나아갔는데, 주상이 조용히 묻기를, "나는
이전 시대의 어느 임금에게 비할 만한가?"라고 하니, 어떤 사람이 대
답하기를, "요순(堯舜) 같은 임금입니다."라고 하자, 공이 말하기를,
"요순도 될 수 있고, 걸주(桀紂)도 될 수 있습니다."라고 하였다. 주상
이 말하기를, "요순과 걸주가 그처럼 비등하단 말인가?"라고 하자,
공이 대답하기를, "전하는 천부적인 자품(資品)이 고명하니 요순처럼
되기가 어렵지 않을 것입니다. 다만 스스로를 거룩하다고 여겨 간하
는 말을 거부하는 병통이 있으니, 간언을 거부하는 것은 걸주가 망한
까닭이 아니겠습니까?"라고 하니, 주상이 안색을 바꾸며 자세를 고쳐
앉았고 경연 석상에 있던 사람들이 벌벌 떨었다. 이에 류성룡(柳成龍)
이 앞에 나아가 말하기를, "두 사람의 말이 다 옳습니다. 요순에 비한
대답은 임금을 인도하는 말이고, 걸주에 들어서 한 비유는 경계하는
말입니다."라고 하자, 주상이 성난 얼굴빛을 걷우고 술을 하사하도록
한 뒤에 파하였다.

정축년(1577) 공이 서장관(書狀官)으로 북경(北京)에 갔을 때, 종계
(宗系: 종가의 혈통)와 임금(고려 공민왕·우왕·창왕·공양왕)을 죽였다는
악명(惡名) 두 건을 변무(辨誣)해서 천조(天朝: 명나라 조정)가 고쳐 찬하
겠다고 허락했음에도《회전(會典: 대명회전)》은 아직 예전의 오류를 답
습하고 있었다. 공은 일행과 함께 다방면으로 하소연하자, 예부상서
(禮部尙書) 마공(馬公: 馬自强)이 낭중(郎中) 심현화(沈玄華)에게 고쳐서
편찬하게 하였다. 훗날 반포한《회전》은 이때에 고친 것이었으나 광

국공신(光國功臣)의 녹훈에 공만이 누락되었다.

하원군(河原君) 이정(李珽: 李鋥의 오기, 宣祖의 형)이 왕실의 의친(懿親: 肉親)으로서 주색에 빠져 방자하게 굴었는데, 공이 장령(掌令)이 되어서 그 집의 종을 잡아다가 묶어놓고는 무거운 형벌로 엄히 국문하였으니, 이 사실을 들은 자들은 다리가 덜덜 떨렸다.

주상이 연신(筵臣: 임금에게 경전을 강하던 벼슬아치)에게 묻기를, "근래에 염치가 날로 없어지고 있으니, 어찌 그렇게 된 것인가?"라고 하니, 공이 대답하기를, "대신으로 있는 자도 또한 남이 주는 뇌물을 받으니, 염치가 없어지는 것은 당연합니다."라고 하였다. 이때 노수신(盧守愼)이 같이 경연에 입시하였다가 자리에서 물러나 엎드리고 말하기를, "김성일의 말이 옳습니다. 신(臣)의 집안사람이 북방의 변장(邊將)이 되어서는 초피(貂皮) 갖옷을 부쳐왔는데, 신이 받아서 어미에게 주었습니다."라고 하니, 주상이 말하기를, "대간은 직언을 하고 대신은 과실을 인정하니, 둘 다 제대로 된 것이다 할 만하다."라고 하였다.

공이 순무사(巡撫使)로서 함경도(咸境道)에 갔는데, 도내의 탐욕스러운 수령들은 공이 온다는 소문만 듣고도 간혹 인끈을 풀어놓고 훌쩍 떠나는 자도 있었다.

나주목사(羅州牧使)가 되었을 때 사직단(社稷壇)에 나아갔다가 위패(位牌)를 함부로 간수하고 있는 것을 보고는 제단을 쌓고 사당을 세웠으니, 아전과 백성들이 비로소 사직단이 중한 곳임을 알았다. 부임한 지 4년이었을 때 사직단에 불이 나서 사당이 불타 잿더미가 되니, 공은 사유를 갖추어 조정에 아뢰어 파직당하였다. 이 일은 간사한 자의 송사(訟事)에서 나온 것이었는데, 사람들은 모두 분하게 여겼으나 공은 끝내 불문에 붙였다.

기축년(1589) 조정에서 통신사를 일본에 보내는 것을 의논하였는

데, 공이 부사(副使)로 충원되었다. 경인년(1590) 봄에 상사(上使) 황윤
길(黃允吉)·서장관(書狀官) 허잠(許箴: 許箴의 오기)과 함께 대궐에 나아
가 하직 인사를 하였다. 이미 큰 바다까지 나갔을 때 태풍이 불어
닥치자, 배 안에 있던 사람들이 울부짖었고 뱃사공 또한 발을 동동
굴렀으나, 공은 홀로 단정히 앉아서 시를 읊었다.

　일기도(一岐島: 一岐島의 오기)에 도착하니, 평의지(平義智)가 교자(轎
子: 가마)를 탄 채로 계단을 올라오자, 공은 그의 무례함이 미워 그들과
예모를 차리고 싶지 않았으나 상사가 듣지 않았다. 공이 즉시 일어나
나오니, 평의지가 괴이하게 여겨 그 까닭을 물으니, 역관(譯官) 진세운
(陳世雲)이 공은 병이 나서 나간 것이라고 고하였다. 공이 왜사(倭使)가
보는 자리에서 진세운을 곧장 치자, 평의지가 부끄러워하면서 뉘우치
고는 가마를 메고 갔던 자의 목을 베고 와서 사죄하더니, 구종(騶從:
하인)들을 물리치고 걸어서 문으로 들어왔는데 모습이 공손하였다.

　7월 인접사(引接寺)에 도착하자 왜인이 예물을 가져왔는데, 그가 보
낸 글 가운데 '사신이 조공(朝貢)을 바치러 왔다.'라는 말이 있었다.
깨닫고 나서 예물들을 어떻게 했는지 물으니, 이미 종자(從者)들에게
나누어 주었다고 하였다. 공은 즉시 그 수효를 헤아려 저자에서 사다
가 돌려주도록 하니, 왜인이 자기의 미혹됨을 사죄한 뒤에 글을 고쳐
가지고 와서 머무르기를 청하였다.

　왜국의 지경에 들어오면서부터 상사와 서장관은 왜인들의 가마 타
기를 좋아하였으나, 공은 반드시 관대(冠帶)를 갖추어 입고 다녔다.
왜도(倭都)에 이르자 도성의 남녀들이 다 쏟아져 나와 보았는데, 모두
공의 말 앞에서는 무릎을 꿇고 두 손을 마주 잡아 공경의 뜻을 나타냈
다. 평의지가 우리의 음악을 들려주기를 청하자, 공은 아직 왕명을
전하지 못했다면서 청을 물리쳤다.

서장관과 함께 관백(關白)을 만나는 예절에 관해 논의하였는데, 서
장관은 뜰 아래서 절해야 한다고 하였지만, 공은 말하기를, "관백은
위황(僞皇: 정통을 이어받지 못한 황제)의 대신(大臣)일 뿐이니, 뜰에서
상견(相見)하는 것은 불가하오."라고 하면서 현소(玄蘇)로 하여금 관백
에게 고하도록 하여 기둥 밖에서 절하는 것으로 정했다.

평의지가 사람을 보내 말하기를, "내일 관백이 천궁(天宮)에 갈 것
이니 사신들은 와서 관광해도 좋습니다."라고 하자, 공은 왕명을 아직
전하지 못했다는 말로 사절(謝絶)하였다. 왜승(倭僧)이 와서 말하기를,
"관광하라고 청한 것은 실로 관백의 뜻에서 나왔는데, 그 뜻은 자기를
과시하려는데 있습니다. 만약 순종하지 않으며 귀국할 날이 언제가
될지 알 수 없습니다."라고 하니, 일행이 걱정하고 두려워하였다. 서
장관이 일행을 재촉하여 도성에 들어가다가 관백이 행차를 정지하였
다는 말을 듣고 물러 나왔는데, 세 번이나 가서야 만나볼 수 있었으니,
공이 이서(移書: 공문서)를 보내어 꾸짖었다.

이때는 관백이 국도(國都)로 돌아온 지 이미 오래되었으나 아직도
왕명을 받지 아니하고 유언비어가 퍼졌다. 어떤 왜인이 와서 말하기
를, "어찌하여 관백의 좌우에 있는 사람들과 교유하여서 일을 도모하
지 않습니까? 지금 민부경(民部卿) 법인(法印)과 산구전(山口殿) 현량(玄
亮)은 바로 관백의 좌우에서 세력이 있는 자들인데, 마침 또 그들이
사신의 접대를 맡았습니다. 만일 그들에게 예를 행하면 사신의 일을
쉽게 마칠 수 있을 것입니다."라고 하니, 상사와 서장관은 매우 옳게
여겼다. 공은 불가하다며 말하기를, "손님과 주인 사이에는 비록 예물
로 바치는 폐백이 있을지라도, 행하는 것은 때가 있는 것이어서 구차
하게 해서는 안 되는 것입니다. 어찌 아첨하여서 체신을 잃고 왕명을
욕되게 할 수 있단 말입니까?"라고 하였다.

　평수길이 왕명을 받은 지 4일이 지나서야 사람을 보내어 말하기를, "서계(書契)는 장차 만들어 보낼 것이니, 사신은 계빈(界濱)에 가서 기다리는 것이 좋겠소."라고 하자, 일행은 모두 몸이 벗어날 수 있게 된 것을 다행으로 알아서 그 말을 듣자마자 출발하였다. 공이 힘껏 열심히 저지하려고 쟁론하였으나, 일행은 이미 멀리 떠나가서 하는 수 없이 뒤따라 나왔다.

　계빈(界濱)에 머문 지 반 달만에 서계가 비로소 도착하였는데, 그 글이 매우 패악하고 오만하였다. 공이 현소(玄蘇)에게 이서(移書: 공문서)를 보내어 책망하니, 현소가 '각하(閣下)·방물(方物)·영납(領納)' 여섯 글자는 고치는 것을 허락하면서도 그 나머지 패악한 글은 고치는 것을 허락하지 않았다. 공이 다시 이서(移書)를 보냈으니, 대략 이르기를, "글을 지은 사람의 뜻을 비록 쉽사리 알 수는 없으나, 그 말을 만들고 일을 단정한 것으로 그 자체가 일단의 기축(機軸: 중심축)을 이룬 것이야 어찌 속일 수가 있겠습니까? 앞에서는 말하기를, '한 번 뛰어 바로 대명국에 들어가서 400여 주(州)를 우리나라 풍속으로 바꾸고는 억만년토록 제도(帝都)에 정치와 교화를 시행하겠다.'라고 하였으니, 이는 귀국이 대명(大明)을 빼앗아 일본의 정치와 교화를 베풀겠다고 이른 것입니다. 그 다음에 말하기를, '귀국이 먼저 달려 들어와서 조공(朝貢)하니 먼 생각이 있어 가까운 근심을 없게 하려는 것이다.'라고 운운하였으니, 이는 귀국이 우리 조정에서 오늘날 사신을 보낸 것에 대해 원대한 생각이 있다고 한 것입니다. 또 말하기를, '먼 지방에서 뒤늦게 오는 무리들은 허용할 수 없다.'라고 하였으니, 이는 귀국이 먼조 입조(入朝)한 자는 허용하고 나중에 오는 자는 벌주겠다고 이른 것입니다. 또 말하기를, '내가 대명(大明)으로 들어가는 날에 사졸(士卒)을 거느리고 군영(軍營)을 바라보면서 이웃 나라와의 맹약을 더욱 닦을 것이다.'라고 하였으니, 이는 귀국이 제국(諸國)의 모든 군대로 하여금 정벌하는데 따라오게 하겠다는 말입니다. 위로는 대국을 엿보고 옆으로는 이웃 나라를 위협하여 업신여기고 공갈하는 말이 마치 적진에 임해서 적을 꾸짖는 격문(檄文)과 같으니, 어찌 옥백(玉帛: 예물)을 가지고 서로 수교하려는 글이라 하겠습니까? 존사(尊師)는 관백에게 잘 전달하여 서계를 고쳐 지어서 사신에게 보내주기 바랍니다."라고 하였다. 현소가 답서를 보내어 공의 말이 옳다고 하였으나, '입조(入朝)·범대명(犯大明)' 등의 말은 처음부터 끝까지 굳게 숨기면서 말을 꾸며 대답하였다. 공은 재차 편지를 써서 답하여 기필코 고치려고 했으나, 상사와 서장관이 변고를 일으켜 무슨 일이 생길까 두려워 말하기를, "현소의 회답이 이와 같으니 굳이 다툴 필요가 없소이다."라고 하였다. 공은 상사(上使)와 옳고 그름을 두고 논박한 것이 거의 수천 자의 글이었다. 또 평행장에게 이서(移書)를 보내어 우리나라가 대국(大國: 명나라)을 섬기는 의리를 극구 개진하려 하였으나, 일행이 저지하고 막아서 전달하지 못하게 하였다.

왜승(倭僧) 종진(宗陳)이《대명일통지(大明一統志)》를 보여주었는데, 그 책에 기재된 우리나라의 연혁이 대부분 근거없는 것이 많았으니, 공은 이에 우리나라에서 행해지는 예절과 풍속을 들어서 각각 그 아래에 주석을 달아《조선국풍속고이(朝鮮國風俗考異)》1책을 만들어서 그에게 주었다.

신묘년(1591) 2월에 부산(釜山)으로 돌아왔는데, 행낭이 초라하여 다만 석창포(石菖蒲)·종려목(椶櫚木) 두어 분(盆)이 있을 뿐이었다.

공이 부제학(副提學)이었을 때, 주상을 뵙고 응대하면서 처사(處士) 최영경(崔永慶)이 억울하게 무함(誣陷)된 상황을 일일이 개진하였는데, 이튿날 최영경의 직첩을 다시 돌려주라고 명하자, 당시의 여론이 시원하게 여겼다.

주상의 총애가 더욱 깊어지고 조정과 민간에서 우러러 기대하였는데, 공도 아는 것은 말하지 않은 것이 없었으니 누차에 걸쳐 차자(箚子)를 올려 백성들의 원망과 고충 및 임금의 외척과 육친이 저지른 횡포와 방자함을 꺼리거나 숨기지 않고 극언하였다. 동료들은 간혹 물러나 피하였고, 권귀(權貴: 지위가 높고 권세가 있는 사람)들은 몹시 미워하여 말하기를, "김 아무개가 조정에 있으면 우리들은 어디로 귀의(歸依)하겠는가?"라고 하였다.

임진년(1592) 특별히 공을 경상 우병사(慶尙右兵使)로 제수하였다. 공은 왕명을 받들어 곧바로 길을 떠났는데, 한강(漢江)에 도착하여 시를 지었으니, "부월을 들고 남쪽 향해 길을 떠나니, 외로운 신하 한번 죽음 가벼이 여기네(仗鉞登南路, 孤臣一死輕)."라고 하였다. 단월역(丹月驛)에 이르러서 왜적들의 배가 바다를 뒤덮고 건너온다는 소식을 듣고는 밤낮을 가리지 않고서 빨리 달려갔는데, 의령(宜寧)에 이르러 적들이 낙동강 오른쪽 지역을 유린하고 있다는 소식이 들렸다. 휘하의 장수와 군사들이 적을 만날까 두려워 길을 돌아서 나아가려고 앞 나루에 배가 없다며 거짓으로 말하였고, 또 공의 둘째 아들 김역(金淢)에게 부탁하여 같은 말을 하도록 하였다. 공이 친히 살펴보고 그들의 말이 거짓임을 알고서 김역 및 군관을 모두 참하도록 명하자, 이윽고 제장(諸將)들이 번갈아 간하여서 그만두었다.

전 병사(前兵使) 조대곤(曹大坤)이 30리를 후퇴하여 주둔하고 있다가 군사들이 흩어져 장차 도망치려다 공을 보고서 병사(兵使)의 인끈을 내어주고는 곧바로 인사하고 떠나려 하자, 공이 신하된 도리로서 꾸짖었다. 그의 비장(裨將)이 병영(兵營)으로부터 와서 말하기를, "병영이 이미 함락되었습니다."라고 하니, 공이 그가 거짓말하는 것을 알아차리고 즉시 참수하여 조리를 돌렸다.

이튿날 새벽에 정탐하여 적의 선봉이 이미 5리 내에 다가왔다고 보고하였다. 잠시 뒤에 적을 만난 장수와 군사들은 혼이 달아났으나, 공은 군사들에게 명하여 감히 움직이지 말도록 하고서 미리 뽑아 놓은 수십 명의 군사로 하여금 돌격하게 하였는데, 모두 서로 돌아보면서 감히 먼저 나서지 않으려고 하였다. 공이 즉시 말을 타지 않는 자는 참하라고 명하자, 수십 명이 일시에 돌진하여 몇 리를 뒤쫓아가니 매복하고 있던 왜적이 사방에서 일어나 한바탕 혼전을 벌였다. 군교(軍校) 이숭인(李崇仁)이 왜적의 우두머리를 활로 쏘아 거꾸러뜨리니 왜적들이 마침내 달아났는데, 병졸이 천 명도 되지 않았으나 왜적을 만나 그들의 예봉을 꺾어서 군사들의 사기가 조금 진작되었다.

이때 경성(京城)이 크게 술렁거리자, 주상이 하교하기를, "김성일은 일찍이 왜적들이 반드시 쳐들어오지 않을 것이라고 큰소리쳐서 변방의 민심을 해이하도록 하여 이러한 왜적의 변란을 야기하였다. 내가 장차 그를 국문하겠으니 의금부로 하여금 잡아오게 하라." 하였다. 금오랑(金吾郎: 의금부의 도사)이 길이 막혀 중간에서 지체하고 있었지만, 공은 즉시 출발하여 사잇길로 해서 급히 달려가자, 군사들이 모두 새처럼 흩어졌다. 좌의정 류성룡(柳成龍) 및 대간(臺諫)들이 김성일의 본뜻을 극력히 아뢰었으나, 주상은 듣지 않다가 그 뒤에 묻기를, "김성일의 장계(狀啓)에 '한번 죽어 나라에 보답하겠다.'라는 말이 있는데, 김성일이 과연 그렇게 하겠는가?"라고 하니, 류성룡과 최황(崔滉)이 대답하기를, "김성일의 소견은 비록 혹 숨겨진 것이 있을지라도, 그의 평소 마음가짐은 단지 임금을 사랑하고 나라를 걱정하는 것뿐이니, 그가 한번 죽어서 나라에 보답할 것임은 신(臣)들 또한 알고 있습니다."라고 한데다 왕세자 또한 극력 간하자, 주상은 그제야 노여움이 풀려 선전관으로 하여금 가서 공을 용서하게 하고 또 초유사(招諭使)로 제수하였다. 공은 직산(稷山)에 도착해서야 왕명을 듣고 남쪽으로 되돌아갔다.

　5월 함양(咸陽)에 도착하였다. 전 현령(前縣令) 조종도(趙宗道)와 전 직장(前直長) 이로(李魯)는 약속도 하지 않았는데 모여서 마침내 막하에 머무르게 되었다. 그 자리에서 초유문(招諭文)을 지어 온 도(道)에 포고하였는데, 격문을 본 자들이면 눈물을 흘리지 않는 자가 없었으며, 온 도의 사람들이 바람에 쏠리듯이 감화되어 마치 가뭄 끝에 단비를 얻은 것 같았다. 또 조종도와 이로에게 각 고을에 두루 알리도록 하고, 도중(道中)의 명망있는 사람들을 나누어 각 고을의 소모사(召募使)로 삼았다. 이때 김면(金沔)이 거창(居昌)에서 의병을 일으켰고, 정인홍(鄭仁弘)이 합천(陜川)에서 의병을 일으켰으며, 그 나머지 향병(鄕兵)을 끌어모은 곳 또한 많았으나, 관군과 의병들은 서로 견제하여 기강이 없었다. 공은 김면과 정인홍을 의병대장으로 삼아서 의병들을 통솔하게 하고 또 수령이 없는 고을이나 주장(主將)이 없는 진(鎭)에는 적정한 사람을 뽑아 가수(假守: 임시 수령)와 가장(假將: 임시 주장)으로 삼았다. 이에, 관아에는 수령이 있고 군대에는 주장이 있게 되니, 원근에서 서로 호응하고 공사(公私)간에 서로 도와주었다.

　이때 관찰사 김수(金睟)가 곽재우(郭再祐)를 체포하도록 명하자, 곽재우가 의병을 버리고 두류산(頭流山)으로 들어갔다. 공이 김수를 만나 곽재우가 다른 뜻을 지니지 않았음을 보증하였고, 또 곽재우에게도 글을 보내어 장려하고 칭찬하였다. 곽재우가 공의 글을 깃대에 매달아 향리(鄕里) 사람들에게 두루 보이자, 사람들이 비로소 곽재우가 의거했다는 것을 믿었고, 감사나 수령들도 감히 저지하지 않으니 의병들의 기세가 다시 떨쳐졌다.

이때 여러 관장(官長: 수령)들이 왜적에게 화를 당하는 것을 피하려고 모두 의관을 하지 않은 채 미천한 무리들 속에 섞여 있었다. 공은 여러 차례 적들이 있는 소굴로 들어가면서 한번도 변복(變服)한 일이 없었으며, 휘하의 사람들도 모두 붉은 옷에 우립(羽笠: 새의 깃을 꽂은 갓) 차림을 하고는 북을 치고 나팔을 불면서 갔으니, 지나는 곳마다 발돋음하고 보지 않는 사람이 없었다.

공이 곽재우와 함께 진주(晉州)에 도착하였는데, 전 목사(前牧使) 오운(吳澐)을 소모관(召募官)으로 삼으니 의병 수천 명을 모아서 곽재우를 도왔다. 진주판관(晉州判官) 김시민(金時敏) 또한 몰래 달아나 숨어 있던 곳에서 공이 왔다는 소문을 듣고 나왔다. 군사를 모으게 하여 수천 명이 모이자, 부대를 나누어 편성하고 성을 지키도록 하였다. 공이 말하기를, "진주는 호남의 보장(保障: 보루)인 곳이니, 진주가 없으면 호남도 없게 될 것이고 호남이 없으면 나라에서 믿을 곳이 없게 된다."라고 하고는 죽기를 맹세하고서 성을 나가지 말도록 타이르며 경계하였다.

공은 군대를 순시하다가 수리원(愁離院)에 이르러서 개령(開寧)·김산(金山)·지례(知禮)의 왜적들이 장차 우현(牛峴)을 넘으려고 한다는 소식을 들었는데, 김면(金沔)이 마침 고개 위에 진을 치고 있었지만 왜적의 기세를 능히 제압할 수가 없었다. 공이 말하기를, "달려가지 않을 수 없다."라고 하고는 마침내 거창(居昌)에 이르자, 산음(山陰)·안음(安陰)·함양(咸陽)의 의병들이 일시에 모두 모였는데, 공이 뒤에서 싸움을 독려하니 군사들이 모두 죽기로써 싸우자 왜적들이 끝내 고개를 넘을 수가 없었다.

공이 이정(李瀞)을 함안(咸安)으로 보내어 의병을 모집하게 하였는데, 열흘 만에 천여 명의 군사를 모았다. 이때 군수 류숭인(柳崇仁)이

두 번이나 성을 버리고 도망쳐 죄를 받고서 백의종군하여 진주 성문을 지키고 있었다. 공이 명령을 내려 류숭인에게 자신의 본군(本郡: 함안군)으로 돌아가서 이정의 지휘를 받아 거창(居昌)·진해(鎭海)·칠원(漆原)의 적을 막도록 하였다. 그 뒤로 류숭인은 여러 차례 뛰어난 공을 세워 병사(兵使)로 승진하였다가 진주의 전투에서 죽었다.

이때 영남의 일대는 가운데를 중심으로 나뉘어졌는데, 낙동강 왼쪽의 군읍(郡邑)이 텅 비어서 왜적들이 아무런 거리끼는 바가 없이 제각기 감사(監司)·수재(守宰: 수령)를 칭하고 마음대로 다니며 노략질하였다. 이에, 공이 탄식하여 말하기를, "낙동강 왼쪽의 내륙은 어쩔 도리가 없지만, 강 건너편 세 고을을 어찌 버릴 수가 있단 말인가?"라고 하면서, 곧바로 영산(靈山)·창녕(昌寧)에 각각 장령(將領)을 정하여 각자의 지역에서 왜적과 싸워 지키도록 하였다. 현풍(玄風)의 사족(士族)들은 몰래 도망쳐 숨었고 아전과 백성들은 왜적을 위해 심부름하였는데, 공이 이를 애통하게 여겨 격문(檄文)을 지어서 그들을 깨우쳤다. 전 군수(前郡守) 엄홍(嚴弘)을 별장(別將)으로 삼고 곽찬(郭趲)을 소모관(召募官)으로 삼은 다음 현풍에 드나들며 효유(曉諭)하도록 타일렀으며, 또 함락된 고을들을 두루 다니며 깨우치도록 하면서 고을에 따라 격문의 호칭을 달리하였다. 그리하여 왜적에게 빌붙었던 자들이 뉘우치고 두려워하여서 앞다투어 모집에 응하였다.

공이 각 고을에 선적(善籍: 선한 일을 한 사람의 명부)과 악적(惡籍: 악한 일을 한 사람의 명부)을 비치하도록 하였는데, 왜적을 토벌한 자는 선적에 기록하고 왜적에게 빌붙은 자는 악적에 기록하게 하여서 권장하고 징계하는 뜻을 보이니, 왜적에게 빌붙었던 백성들이 앞다투어 왜적의 수급(首級)을 가지고 와 전죄를 속죄하고자 하였다.

왜적들이 진주(晉州)를 엿보아 무방비임을 알아차리고 대거 쳐들어

와 고성(固城)과 사천(泗川) 사이에 온통 가득하였다. 공은 단성(丹城)
으로 달려가서 함양(咸陽)·산음(山陰)·단성(丹城)의 군사를 모두 동원
하여 진주로 달려가서는 곤양군수(昆陽郡守) 이광악(李光岳) 및 최강
(崔堈)·이달(李達)에게 좌익과 우익으로 나뉘도록 단단히 타일러서
경계하였다. 곽재우가 먼저 이미 성에 들어가 있었으니, 왜적이 촉석
루(矗石樓) 앞까지 와서 단지 강 하나를 사이에 두고 있었다. 공이 잇
달아 이르러 싸움을 독려하자, 왜적들이 몰래 행군하여 밤을 틈타
도망치다가 죽거나 다친 자가 매우 많았다. 마침내 사천(泗川)·진해
(鎭海)·고성(固城)을 회복하였다.

공이 곽재우에게 진군하여 현풍(玄風)·창녕(昌寧)·영산(靈山)의 적
을 토벌하게 하였는데, 김면(金沔)·정인홍(鄭仁弘) 두 대장 및 초계(草
溪)의 의병장 전치원(全致遠)·이대기(李大期) 또한 각자 출병하여 각처
에 주둔해 모여 있던 왜적들을 공격하여 내쫓았으니, 무계진(茂溪津)
이하 정암진(鼎巖津)에 이르기까지 적이 함부로 들어오지 못하면서
낙동강의 좌우가 이로부터 통하였다.

애초에 김수(金睟)가 여러 고을에 관문(關文: 공문서)을 보내어 군사
를 나누고 장수를 임명하자, 의병들이 무너져 흩어지고 여러 사람들
의 마음이 불울(怫鬱)하였다. 곽재우가 여러 사람들이 노여워하는 틈
을 타서 격문을 보내어 죄를 꾸짖고 가서 참수하려 하였다. 김수는
군사들을 배치하여 스스로를 지켰고, 또 반적(叛賊)이라고 주장하는
장계를 올려서 사태가 장차 어떻게 될지 헤아릴 수 없게 되었다. 공이
이를 몹시 근심하여 다시 곽재우에게 첩문(帖文)을 보내어 신하된 도
리로써 꾸짖으면서 거역하면 화가 오고 따르면 복이 온다는 것으로
타일렀다. 곽재우가 느끼고 깨달아 사과하기를, "저 또한 역순(逆順)
의 이치에 대해 대강 들었으니 어찌 감히 저의 견해만 고집하여서

합하(閤下)의 분부를 어기겠습니까?"라고 하고는 즉시 달려가 진주를 구원하였다. 공은 또 온 힘을 다하여 김수에게 해명하여 유감을 풀도록 하였으며, 동시에 조정에서 김수의 장계만 치우치게 듣고 곽재우의 마음을 살피지 않아서 패역의 죄를 씌우지나 않을까 염려하여 곽재우의 충의로운 행적과 나라를 위한 공로의 실상 및 김수와 서로 틀어진 까닭을 상세히 갖추어 장계를 급히 보내 보고하였다. 김수의 장계가 겨우 도착하여 조정에서 바야흐로 그 처리에 대해 논의하려는 즈음, 공의 장계를 보고서 많은 사람들의 의심이 깨끗이 풀려 마침내 아무런 일도 일어나지 않았다.

영천의 진사 정세아(鄭世雅) 등 60여 명이 쓴 글에서 진달하기를, "좌계(左界: 좌도)의 의병들이 명령을 받을 곳이 없으니, 지휘를 받고자 합니다."라고 하였다. 공이 온화한 말로 위로하며 깨우치면서 권응수(權應銖)를 의병대장으로 삼고 근방의 의병장들에게 모두 권응수의 지휘를 받도록 하였다. 권응수는 감격하여 더욱 분발하였으니, 하양(河陽) 의병장 신해(申海) 등과 함께 네 고을의 의병을 거느리고 영천의 왜적들을 엄습하여 남김없이 섬멸하였다.

행조(行朝: 행재소, 宣祖의 조정)에서 공을 경상좌도 관찰사(慶尙左道觀察使)로 제수하였는데, 공이 좌도관찰사에 제수하는 명을 받고서는 눈앞에 닥친 경상우도(慶尙右道)의 정세에 대한 대책을 조목조목 진달한 장계를 올리고는 낙동강의 좌편으로 향하려 하였다. 우도의 사람들이 마치 물고기가 물을 잃은 것 같아서 글을 올려 머물러 있기를 청하였으나 이룰 수 없자, 합천(陜川) 등 6개 고을과 거창(居昌) 등 4개 고을의 선비들이 발을 싸매고 서쪽으로 행재소(行在所)까지 먼 길을 달려가 제각기 상소를 올려서 공이 머물러 있기를 바라는 뜻을 아뢰니, 주상이 즉시 경상우도 관찰사로 바꾸도록 명하였다.

9월 공이 좌계(左界)에 도착하자, 백성들은 모두 기뻐하였지만 수령들 중에서 도망쳐 숨었던 자들은 서로 말하기를, "우리들은 장차 목숨을 보전하지 못할 것이다."라고 하더니, 어떤 자는 모습을 바꾸어 중이 되려고 하였다.

다시 경상우도 관찰사로 제수되었단 소식을 듣고서는 빨리 달려 강을 건너서 군사를 산음(山陰)에 주둔시키자, 의병들 중에서 산속으로 들어갔던 자들이 이전에 지켰던 곳으로 돌아와 지켰다. 수령이 충원되지 못한 자리를 재주에 맞게 채워 넣는데 있어 사람을 뽑아 배치한 것이 여러 사람들의 기대에 부합하였다.

공은 창원(昌原)의 왜적이 부산(釜山)·김해(金海)의 왜적과 합세하였고 게다가 무리가 수만 명이라는 소식을 듣고 반드시 진주(晉州)로 향할 것임을 알아차리고서 목사(牧使) 김시민(金時敏)에게 첩문(帖文)을 보내어 나라의 은혜에 보답하도록 권면하면서 의병장 및 수령들에게도 제각기 요해처를 지키도록 분부하였다. 적들이 7일 밤낮이나 진주성을 에워싸고 공격하였으나 사상자가 서로 베고 누웠을 정도로 패하자 달아났다. 공은 진주에서의 승전보를 받고 김시민의 공적을 칭찬하면서 그날 즉시 치계(馳啓)하여 병사(兵使)로 승진되도록 하였다.

애초에 공은 곽재우에게 군사를 거느리고서 의령(宜寧)과 함안(咸安)의 지경에 진을 치고 머물도록 하였으나, 곽재우가 듣지 않았다. 공이 그를 붙잡아 뜰에 끌어오도록 하고서 장차 군율로 다스리려 하자, 막빈(幕賓: 裨將)들이 간하여 그만두었다. 어떤 사람이 곽재우에게 말하기를, "어찌하여 지난날처럼 고집스레 드세게 굴지 않았는가?"라고 하자, 곽재우가 웃으며 말하기를, "이 사람이 아니면 어찌 내 목숨을 제어하겠으며, 나 또한 어찌 기꺼이 그의 제어를 받으려 하겠는가?"라고 하였다.

　이정(李瀞)이 전사한 이의 유골이 무더기로 쌓인 것을 보고 거두어 묻도록 요청하였다. 이때가 한밤중이었지만 즉시 관문(關文)을 보내도록 하였으니, "착한 말은 이곳에 묵게 해서는 안 된다."라고 하였다.

　공은 명을 받들고 온 이래로부터 밤낮으로 근심하며 괴로워해서 심장의 허열이 극히 번조(煩燥)하였는데, 곧 계사년(1593) 4월부터 오장육부에 병이 들었고 여기(癘氣: 열병을 일으키는 기운)까지 겹쳐서 병든 지 10일 만에 진주의 공관(空館)에서 죽었다. 살려주기를 바라던 유민(流民)들이 서로 부축하여 엎어지고 자빠지며 와서 목놓아 슬피 울었으나 소리조차 제대로 나오지 않았는데, 사방으로 흩어져 떠나가며 말하기를, "하늘은 어찌 그리도 막막하게 우리들의 부모를 빼앗아 간단 말인가?"라고 하였다. 공이 죽은 지 2달 만에 진주성은 함락되었고 낙동강 오른쪽 지역은 도륙되었으니, 보장(保障: 보루)은 적의 소굴이 되고 말았다. 식자들이 말하기를, "하늘이 만약 공을 조금만 늦게 데려갔더라면 사태가 어찌 이 지경에 이르렀겠는가?"라고 하였다.

　왜구가 해주(海州)에 쳐들어왔을 때 부용당(芙蓉堂)에 걸려 있는 공의 제영시(題詠詩)를 보고 나머지 현판은 모조리 뜯어 없애면서도 그것만은 남겨두었으며, 분탕질하는 화가 유독 부용당에만 미치지 않았다.【협주: 정구가 찬한 행장에 실려 있다.】

　공이 처음 진양(晉陽)에 이르렀을 때, 텅 빈 성은 쓸쓸하고 인적은 끊겨 사람의 그림자도 보이지 않았다. 조종도(趙宗道)・이로(李魯)가 공의 손을 부여잡고 말하기를, "사태가 이미 이에 이르렀으니 강물에 뛰어들어 죽는 것만 못합니다."라고 하자, 공이 웃으며 말하기를, "헛되이 죽는다면 무슨 의미가 있겠는가? 만일 불행히도 장순(張巡)과 안고경(顏杲卿)처럼 따라 죽어도 늦지 않을 것이네."라고 하고는 시

1수를 지었으니, 이러하다.

> 촉석루 누각 위에 올라 있는 세 장사들
> 한잔 술로 웃으면서 장강의 물 가리키네.
> 장강 물은 도도하게 쉬지 않고 흐르나니
> 물 마르지 않듯이 우리 넋도 안 죽으리라.

세 장사는 곧 공 및 조종도와 이로 두 사람이다.【협주: 용사일기에 실려 있다.】

퇴계는 일찍이 도학의 연원을 진술하고 널리 알리면서 병명(屛銘)을 만든 다음 손수 깨끗하게 베껴 써서 공에게 주었다.

• 金誠一 文忠公

金誠一, 字士純, 號鶴峯, 義城人。中宗乙巳¹生。明宗甲子司馬, 宣祖戊辰文科。歷翰林·三司·吏郎·舍人·大司成·副提學。癸巳, 以慶尙右監司, 卒于晉州。累贈至吏曹判書。肅宗己未賜謚。享安東臨川書院²。

公從伯兄克一洪原³任所。一日, 城中失火, 人皆奔救官衙, 公獨背負書箱, 手奉殿牌⁴, 避火別處。

---

1 乙巳(을사): 戊戌의 오기.
2 臨川書院(임천서원): 1607년 지방유림의 공의로 김성일의 학문과 덕행을 추모하기 위해 창건한 서원. 1618년 臨川이라 사액되었으나, 1620년 유림의 공론에 따라 李滉을 모시는 廬江書院으로 김성일의 위패를 옮기게 되었다.
3 洪原(홍원): 함경남도의 남부 해안 중앙에 있는 고을.
4 殿牌(전패): 임금을 상징하는 나무 패. 殿 글자를 새겨 각 지방의 客舍에 두는데, 正朝, 동지, 탄생일 등 외방에 나가 있는 중앙관리나 지방 수령이 이에 拜禮하여 임금에게 賀禮하는 정성을 나타냈다.

公弱冠, 與弟復一徒步, 謁退溪先生, 問人心道心之分·璿璣玉衡[5]之
制, 退與弟反復研究, 手自作圖。先生乘夜步出覘之, 喜其誠篤。

公欲停擧業, 稟于先生, 先生曰:"有父兄在, 何敢輒循己意? 但內外
輕重之分, 不可以不明。須記得'箇中自有超然處, 肯學兒曹一倒忙'之
句[6], 爲處心第一義, 可耳."

壬戌, 文定王后[7]用妖僧普雨[8]之說, 奉遷禧陵[9], 移卜靖陵[10], 尹元衡[11]
當國主張, 擧朝靡然。公慨然具疏以爲:"有大不可者五。神道[12]尙靜,
無端遷動, 一也爲。慈殿他日同穴之計, 而使久遠配葬[13]之元妃[14], 遂爲
孤魂, 二也。新陵風土形勢, 正犯絶地, 萬不及前, 三也。補塞空缺, 大
興土役, 民不堪苦, 傷先王愛民之心, 四也。嗣王幼沖, 政由宮闈, 以一
妖髠之邪說, 率爾[15]誤國家大事, 五也."辭氣抗直, 無所回避, 竟以父兄

---

5   璿璣玉衡(선기옥형): 천체의 운행을 관측하는 기구. 渾天儀를 가리킨다. 璿璣는 구슬로
     장식한 球形의 틀이고, 玉衡은 옥으로 만든 관인데, 이 관을 구형의 선기 속에 설치하고
     구형의 표면에는 日月五星을 그려서 이를 四脚의 틀 위에 올려놓고 회전시키면서 천체를
     관측하던 것이다.

6   朱熹가 문인 林用中에게 준 시 〈送林擇之還鄕赴選三首〉에 나오는 구절.

7   文定王后(문정왕후, 1501~1565): 中宗의 繼妃 尹氏. 1517년 왕비에 책봉되었으며, 아들
     明宗이 12세 왕위에 오르자 섭정하여 권력을 잡았으며 동생 尹元衡과 함께 을사사화를
     일으켰다. 승려 普雨를 가까이하여 불교의 부흥을 꾀하였다.

8   普雨(보우, 1515~1565): 승려의 법명. 호는 虛應·懶庵. 명종대 文定大妃에 의해 선교양종
     이 다시 세워지고 도첩과 승과가 재개되었을 때 선종판사를 역임하며 불교 중흥을 위해
     힘썼다.

9   禧陵(희릉): 조선시대 11대 中宗의 繼妃 章敬王后(尹氏, 1491~1515)의 陵號. 경기도 고양
     시 원당면 원당리에 있다.

10   靖陵(정릉): 조선시대 11대 中宗의 陵號.

11   尹元衡(윤원형, ?~1565): 본관은 坡平, 자는 彦平. 증조부는 성종 때 대사헌·형조·공조판
     서 등을 역임하고 좌리3등공신에 책봉된 尹繼謙이며, 조부는 尹頊이다. 아버지는 판돈녕
     부사 尹之任이며, 어머니는 全義李氏이다. 부인 延安金氏는 현감 金安遂의 딸이며, 金安老
     의 당질녀이다. 첩은 鄭蘭貞이다. 중종의 계비이자 명종의 어머니인 文定王后는 윤원형의
     손위 누이다. 명종의 삼촌으로 강력한 권력을 휘둘렀던 대표적인 외척이었다. 을사사화를
     통해 권력을 장악했지만, 문정왕후 사후 급격한 몰락을 겪었다.

12   神道(신도): 귀신을 높여 이르는 말.

13   配葬(배장): 陪葬. 임금의 능 곁에 묻음.

14   元妃(원비): 조선시대 11대 中宗의 元妃 端敬王后 愼氏.

力止而不果上。

壬申, 公以奉教上疏, 請封植[16]魯陵[17], 復六臣官爵, 並及君德時弊累千言。

公爲正言時, 金戣[18]爲司諫, 曾於筵中, 心鄙其爲人, 及是獨啓直斥。金公應南[19], 貽書謂曰: "直節壁立千仞, 三十年來, 所未有者."

公以正言, 入侍經筵, 上從容問曰: "予可方前代何主?" 有對曰: "堯舜之君也." 公曰: "可以爲堯舜, 可以爲桀紂[20]." 上曰: "堯舜·桀紂, 若是其班乎?" 公對曰: "殿下, 天資高明, 爲堯舜不難。但有自聖拒諫之病, 拒諫非桀紂之所以亡乎?" 上動色改坐, 筵中震慄。柳成龍進曰: "二人之言, 皆是也。堯舜之對, 引君之辭也, 桀紂之喩, 儆戒之言也." 上爲之改容, 賜酒而罷。

丁丑, 公以書狀官赴京時, 宗系·惡名兩誣, 天朝雖許改纂, 而《會典》尙襲舊謬。公與一行, 多方陳籲, 禮部尙書馬公[21], 使郎中沈玄華[22]改

---

15 率爾(솔이): 신중하지 않고 소홀히 함.

16 封植(봉식): 봉분을 높이 쌓고 나무를 심는 것.

17 魯陵(노릉): 魯山君의 능. 노산군은 端宗이 世祖에게 왕위를 빼앗기고 그 신분이 격하되었을 때에 붙여진 칭호이다.

18 金戣(김규, 1531~1580): 본관은 熙川, 자는 景巖. 증조부는 金仁門이며, 조부는 金聰이다. 아버지는 金伯醇이며, 어머니 原州邊氏는 卞夢程의 딸이다. 부인 全州李氏는 海安君 李㟓의 딸이다. 1552년 생원시에 합격하고, 1564년 별시문과에 급제하였다. 병조정랑·사간원 정언·사헌부지평·부교리와 교리·사간 등 여러 관직을 역임하고, 연안부사, 파주목사, 정주목사를 지냈다.

19 金公應南(김공응남): 金應南(1546~1598). 본관은 原州, 자는 重叔, 호는 斗巖. 증조부는 金末孫이며, 조부는 金安佑이다. 아버지는 金珩이며, 어머니 瑞興金氏는 金德裕의 딸이다. 부인 韓山李氏는 李之蕃의 딸이다. 1567년 생원시에 합격하고, 1568년 증광 문과에 급제하였다. 예문관·홍문관의 正字를 역임하고 동부승지에 이르렀다가 1583년 제주목사로 좌천되었다. 1585년 우승지로 기용되고 이어 대사헌·대사간·부제학·이조참판 등을 역임하였다. 1591년 성절사로서 명나라에 갔다. 1592년 임진왜란으로 왕이 피난길에 오르자 柳成龍의 천거로 병조판서 겸 부체찰사가 되었다. 이듬해 1593년 이조판서로서 왕을 따라 환도, 1594년 우의정, 1595년 좌의정이 되어 영의정 유성룡과 함께 임진왜란 후의 혼란한 정국을 안정시켰다.

20 桀紂(걸주): 夏나라 桀과 殷나라 紂. 천하 고금의 포악한 임금의 대표이다.

21 馬公(마공): 馬自强(1513~1578). 명나라 관료. 1575년 예부상서 겸 문연각 대학사에 이르렀다.

撰。他日所頒《會典》, 此時所正, 而光國[23]錄勳, 公獨漏焉。

公風儀峻潔, 直聲振朝, 諸譯相戒曰:"寧空手而歸, 愼毋得罪於書狀官."

河原君珵[24], 以王室懿親, 滛湎縱恣, 公爲掌令, 捕繫家奴, 重刑嚴鞫, 聞者股慄。

上問筵臣, 曰:"近來, 廉恥日喪, 何爲其然耶?"公對曰:"有爲大臣而亦受人賄贈, 廉恥之喪, 固也."時盧相守愼[25]同對, 避席伏曰:"誠一言是也。臣之族人, 爲北方邊將, 寄以貂裘, 臣受而遺母矣."上曰:"臺諫直言, 大臣引過, 兩得之矣."

公以巡撫使, 往咸鏡道, 道內貪倅, 聞公之來, 或有解綬徑去者。

牧羅州, 見社稷位牌慢藏, 乃築壇建祠, 吏民始知社稷之重。在官四年, 火起燒燼, 公具報而見罷。盖事出奸訟, 人皆憤惋, 而竟置不問。

己丑, 朝廷議遣使日本, 公充副使。庚寅春, 與上使黃允吉[26]・書狀官

---

22 沈玄華(심현화, 1536~?): 중국 明나라의 문신. 郎中・大理少卿 등을 역임하였으며, 金誠一이 중국에 사신으로 갔을 때 문서 고치는 일을 도와주었다.

23 光國(광국): 光國功臣. 선조 때 명나라 역사에 이씨 왕조의 先代 世系가 잘못 적힌 것을 고친 공으로, 尹根壽 외 19명에게 내린 훈명.

24 珵(정): 鋥의 오기. 李鋥(1545~1597). 본관은 全州, 아버지는 德興大院君이며, 어머니 河東鄭氏는 중추원부사 鄭世虎의 딸이다. 宣祖의 형이다. 왕실 至親의 신분으로 河原君에 봉하여졌다.

25 盧相守愼(노상수신): 盧守愼(1515~1590). 본관은 光州, 자는 寡悔, 호는 穌齋・伊齋・暗室・茹峰老人. 증조부는 盧敬長이며, 조부는 盧玥이다. 아버지는 活人署別提 盧鴻이며, 어머니 星州李氏는 李自華의 딸이다. 부인 廣州李氏는 李延慶의 딸이다. 李延慶・李彦迪의 문인이다. 1543년 식년문과에 급제하였다. 인종 즉위 초에 정언이 되어 大尹의 편에 서서 李芑를 탄핵하여 파직시켰으나, 1545년 명종이 즉위하고, 小尹 尹元衡이 을사사화를 일으키자 이조좌랑의 직위에서 파직되어 1547년 순천으로 유배되었다. 그 후 양재역 벽서사건에 연루되어 죄가 가중됨으로써 진도로 이배되어 19년간 귀양살이를 하였다. 유배기간 동안 李滉・金麟厚 등과 서신으로 학문을 토론했다. 1573년 우의정, 1578년 좌의정을 거쳐 1585년에는 영의정에 이르렀다. 1588년 영의정을 사임하고 領中樞府事가 되었으나, 이듬해 10월 鄭汝立의 모반사건으로 기축옥사가 일어나자 과거에 정여립을 천거했다는 이유로 臺諫의 탄핵을 받고 파직되었다.

26 黃允吉(황윤길, 1536~1592): 본관은 長水, 자는 吉哉, 호는 友松堂. 증조부는 호조판서 黃致身이며, 조부는 黃事敬이다. 아버지는 영평현령 黃懲이며, 어머니 淸州韓氏는 韓慶瑞의 딸이다. 부인 安東金氏는 군수 金鐸의 딸이다. 1558년 사마시에 합격하여 진사가 되고,

許筬[27]辭朝。旣及大洋，颶風[28]大作，舟中人號哭，篙工亦頓足，公獨端坐吟詩。

至一岐島[29]，平義智乘轎，歷階而陞，公惡其無禮，不欲與之爲禮，上使不聽。公卽起出，義智怪問，譯官陳世雲，以疾作告之。公對倭使，杖世雲，義智慙悔，斬昇轎者而來謝，屛騶從，步入門，形容傴傴[30]。

七月，到引接寺[31]，有倭致禮饋，而書中有'使臣來朝'之語。旣覺而問之，則已分饋從者矣。公卽令照數，市貿以還之，倭謝其迷罔，改書請留。

自入倭境，上使・書狀，喜乘倭轎，公必具冠帶以行。及入都，士女傾城來觀，皆跪膝叉手於公之馬前。義智請陳伶樂，公以未及傳命，却之。

與書狀，論見關白之禮，書狀欲拜於庭下，公曰："關白，僞皇之大臣也。不可庭見。"使玄蘇告于關白，定爲楹外之拜。

1561년 식년문과에 급제하였다. 1563년 정언을 거쳐 1567년 지평이 되었다. 그 뒤 여러 벼슬을 거쳐 1583년 황주목사를 지내고, 이어 병조참판에 이르렀다. 1590년 通信正使로 선임되어 副使 金誠一, 書狀官 許筬과 함께 수행원 등 200여명을 거느리고 對馬島를 거쳐 오사카로 가서 일본의 關白 豊臣秀吉 등을 만나보고 이듬해 봄에 환국하였다. 서인에 속한 그가 일본의 來侵을 예측하고 대비책을 강구해야 한다고 하였으나, 동인에 속한 김성일이 도요토미 히데요시의 인물됨이 보잘것없고 군사준비가 있음을 보지 못하였다고 엇갈린 주장을 하였다. 조정은 동인 세력이 강성하였으므로 서인인 황윤길의 의견을 묵살하였다. 결국 일본 침략의 적절한 대비책을 마련하지 못하고 말았다. 1592년 임진왜란이 일어나자 왕이 당시 그의 말을 좇지 않은 것을 크게 후회했다고 한다.

27 許筬(허잠): 許筬(1548~1612)의 오기. 본관은 陽川, 자는 功彦, 호는 岳麓・山前. 증조부는 許聸이며, 조부는 군자감봉사 許澣이다. 아버지는 許曄이며, 어머니 淸州韓氏는 韓叔昌의 딸이다. 첫째부인 全州李氏는 좌의정 李憲國의 딸이며, 둘째부인 宜寧南氏는 兵使 南彦純의 딸이다. 許筠・許筬의 형이고, 許蘭雪軒의 오빠이다. 1583년 별시문과에 급제하였다. 1590년 典籍으로서 通信使의 從事官이 되어 일본에 다녀왔다. 이어 정언・이조좌랑・집의를 거쳐, 1594년 이조참의로 승진되었으며, 이듬해 대사성・대사간・부제학을 역임하였다. 이어 이조참판을 지내고 전라도안찰사로 나갔다가 예조와 병조의 판서에 제수되었으며, 그 뒤 이조판서에까지 이르렀다. 1607년 宣祖의 遺敎를 받게 되어 세인들이 顧命七臣이라 칭하게 되었다.

28 颶風(구풍): 강렬한 바람. 초속 29m 이상의 가장 센 바람으로 나무가 쓰러지고 기와나 돌이 날며 집이 파괴될 정도이다.

29 一岐島(일기도): 壹岐島. 이키노시마. 對馬島 남쪽에 있는 섬으로, 나가사키현(長岐縣.)에 속해 있음.

30 傴傴(누루): 삼가는 모양.

31 引接寺(인접사): 오사카 바닷가 항구 堺濱에 있던 사원.

義智使人來, 曰:"明日, 關白詣天宮, 使臣可來觀也." 公以王命未傳辭, 謝之. 倭僧來言:"觀光之請, 實出關白, 意在誇耀[32]. 若不順從, 歸期未可知." 一行憂懼. 書狀促駕入都, 因關白停行而退, 三往而後得見, 公移書責之.

時關白返國已久, 尚不受命, 訛言胥動. 有倭來言曰:"何不交懽關白之左右, 以圖之耶? 今民部卿[33]法印[34]·山口殿玄亮, 乃左右用事者[35]也, 適又爲主客. 若行禮於彼, 使事可易完." 上使·書狀深然之. 公不可曰:"賓主之間, 雖有禮幣, 行之有時, 不可苟也. 何可媚寵失身而辱命乎?"

秀吉, 受命四日, 使人言曰:"書契, 行將修送[36], 使臣可往待界濱." 一行皆以脫身爲幸, 聞言卽發. 公爭論方勤, 而行邁已遠, 不得已隨出.

留界濱半月, 而書契始至, 辭甚悖慢. 公移書玄蘇以責之, 玄蘇許改'閣下·方物·領納'六字, 其餘悖辭不許改. 公復移書略曰:"撰書者之意, 雖未易窺, 然其措辭斷事, 自成一段機軸, 何可誣也? 先則曰:'一超直入大明國, 易吾朝風俗於四百餘州, 施帝都政化於億萬斯年.' 是貴國欲取大明, 而施日本政化之謂也. 後則曰:'貴國先驅而入朝, 有遠慮無近虞.'云云, 是貴國以我朝今日之遣使, 爲有遠慮之謂也. 又曰:'遠方後進輩者, 不可作許容也.' 是貴國先朝者許容後至者有戮之謂也. 又曰:'予入大明之日, 將士卒望軍營, 則彌可修隣盟也.' 是貴國欲令諸國悉索敝賦[37]從征之謂也. 上窺大國, 旁脅隣邦, 陵侮恐動之言, 政如臨

32　誇耀(과요): 과시함.

33　民部卿(민부경): 民部省의 최고 관리자. 조정의 조세 및 재정을 담당하였다.

34　法印(법인): 松浦鎭信(1549~1614)을 가리킴. 마쓰우라 시게노부. 마쓰우라 가문의 26대 당주로, 平戶島의 초대 번주다. 임진왜란 당시 그는 가쓰우라 앞바다에 있는 전략상 요충지 壹岐島에 가쓰모투조(勝本城)를 쌓고 조선 침공의 嚮導 역할을 했다. 동생, 아들과 함께 고니시 유키나가(小西行長)의 제1부대로 참여해 전쟁의 서막을 올린 이후 7년 동안 울산성, 순천성 전투 등을 포함해 24번의 전투에서 모두 승리했다고 한다. 法印은 승려로서 將倭가 된 자의 官等이다.

35　用事者(용사자): 권세를 부리는 사람.

36　修送(수송): 책이나 문서 따위를 만들어 보냄.

陣數敵之檄文, 豈曰玉帛相交之書乎? 願尊師善達于關白, 改撰書契,
以附使臣." 玄蘇答書, 以公言爲是, 而‘入朝·犯大明’等語, 終始固諱,
詭辭以對。公再爲書以答之, 期於必改而後已, 上使·書狀, 恐激變生
事, 以爲:"玄蘇之答如是, 不必强辨." 公與上使, 往復辨難, 殆數千
言。又移書平行長, 盛陳我國事大之義, 而一行沮抑, 使不得傳致。

有僧宗陳, 示《大明一統志》, 其所載本國沿革, 多無稽, 公乃擧國中
禮俗, 各註其下, 爲《朝鮮國風俗考異》一冊, 以與之。

辛卯二月, 還到釜山, 行橐蕭然, 只有石菖蒲·椶櫚木, 數盆而已。

公爲副提學時, 入對歷陳崔處士永慶[38]橫被誣罔之狀, 明日命復授永
慶職牒, 輿情快之。

上眷益重, 朝野想望, 公知無不言, 屢上箚子, 極言生民怨苦·戚里
嬖親之橫恣, 不避忌諱。同僚或退避, 權貴深嫉之曰:"金某在朝, 吾輩
安歸?"

壬辰, 特除公爲慶尚右兵使。公承命直行, 到漢江, 題詩曰:"仗鉞[39]
登南路, 孤臣一死輕." 至丹月驛[40], 聞賊艘蔽海, 兼程[41]疾行, 至宜寧,
聞賊闌到[42]江右。麾下壯士, 恐遇賊, 欲迤路而進, 詭言前津無船, 又囑
公仲子㴒[43], 令其同辭。公親驗, 知其誣, 命㴒及軍官並斬之, 因諸將之

---

37 悉索敝賦(실색폐부):《論語》〈公冶長篇〉의 註에 나오는 말. 사신이 자기 나라의 모든 군대
　　를 상대방 나라에 겸사로 말한 것이다.

38 崔處士永慶(최처사영경): 崔永慶(1529~1590). 본관은 和順, 자는 孝元, 호는 守愚堂. 서울
　　출생. 증조부는 전라도관찰사 崔重洪이며, 조부는 교하현감 崔壎이다. 아버지는 병조좌랑
　　崔世俊이며, 어머니 平海孫氏는 현감 孫濬의 딸이다. 부인 全州李氏는 花巖副守 李億歲의
　　딸이다. 曺植의 문인이다. 1575년에는 선대의 농토가 있는 진주에 내려와 도동에 은거,
　　학문에 진력하며 鄭逑·金宇顒·吳健·河沆·朴齊仁·趙宗道 등과 교유하였다. 1581년에
　　는 사헌부지평에 제수되자 사직소를 올리고 붕당의 폐해를 논하였다. 당시 정적 鄭澈과
　　대립하다가 1589년에 일어난 기축옥사에 연루되어 이듬해 옥사하였다.

39 仗鉞(장월): 황색의 큰 도끼를 손에 쥐고서 위력을 나타낸다는 뜻. 병권을 장악하거나,
　　한 지역에 군대를 주재시켜 요새를 지키는 일을 비유할 때 쓰인다.

40 丹月驛(단월역): 충청북도 충주시에 속하는 동네. 連原道察訪에 딸린 단월역이 있었다.

41 兼程(겸정): 하루에 이틀 길을 감.

42 到(도): 搗의 오기. 闌搗는 유린함.

交諫而止。

前兵使曹大坤[44]，退遁三十里，兵散將遁，見公交印，便欲辭去，公責以分義。其褊裨，自兵營來曰：“兵營已陷。”公知其瞞語，卽斬以徇。

翌曉，探報賊鋒已至五里內。俄而，遇賊將士失魄，公令諸軍，毋敢動，使所選數十人突擊之，皆相顧不敢先。公命斬不卽上馬者，數十人一時突進，趕逐數里，賊伏四起，溷戰一場。軍校李崇仁，射倒渠魁，諸賊遂奔，卒不滿千，而遇賊挫銳，軍心稍振。

時京城大震，上下敎曰：“金誠一嘗大言倭必不來，使邊情解弛，致此賊變。予將鞫之，令禁府拿來。”金吾郞路塞中滯，公卽發，從間道急趨，軍皆鳥散。左議政柳成龍及臺諫，力陳公之本意，上不聽，後問曰：“金誠一狀啓有‘一死報國’之語，誠一果能乎？”柳成龍·崔滉[45]，對曰：“誠一所見，雖或有蔽，其平生方寸，只是愛君憂國，其一死報國，臣等亦知之

43　湛(역): 金湛(1567~1593). 본관은 義城, 자는 浩源. 1592년 임진왜란 때 아버지 김성일 모시고 진주성을 지키다가 나이 27세에 전몰하였다.

44　曹大坤(조대곤, 생몰년 미상): 본관은 昌寧, 자는 光遠. 증조부는 曹九敍이며, 조부는 우찬성 曹繼商이다. 아버지는 우찬성 曹光遠이며, 어머니 寧越辛氏는 첨정 辛汝傑의 딸이다. 부인 全州李氏는 석양부수 李季鸞의 딸이다. 형은 曹大乾으로 사계 김장생의 장인이다. 1588년 滿浦鎭僉使에 제수되었는데, 나이가 너무 많아 평안도 지역을 책임지기에 부족하다는 병조판서 鄭彦信의 상소로 말미암아 체직되었다. 경상우도 병마절도사 재임 중이던 1592년에 임진왜란이 일어났는데, 善山郡守 丁景達과 함께 龜尾의 金烏山 부근에서 왜군을 대파하였다. 또 星州에서 많은 적을 생포하였고, 高靈에서 수 명의 적장을 베는 등의 공적을 세웠다. 그러나 많은 군사를 거느린 병마절도사로서 적의 침입 소문에 겁을 먹어 도망을 가고, 金海 일대에서는 어려움에 처한 아군을 원조하지 않았다가 병사들이 전멸하고 城이 함락되게 만들어 왜군이 서울까지 침범하게 하는 원인을 제공했다는 내용으로 탄핵되어 파직된 뒤 백의종군하였다. 1594년 副摠管에 제수되자 敗戰 장수를 급히 현직에 기용할 수 없다는 상소가 올라와 체차되었다.

45　崔滉(최황, 1529~1603): 본관은 海州, 자는 彦明, 호는 月潭. 한양 출신. 증조부는 감찰 崔文孫이며, 조부는 훈련원도정 崔瓊이다. 아버지는 군수 崔汝舟이며, 어머니 淸州韓氏는 韓世倫의 딸이다. 첫째부인 豐川任氏는 任楗의 딸이며, 둘째부인 陽川許氏는 許礎의 딸이다. 李仲虎의 문인이다. 1566년 별시문과에 급제하였다. 1576년 수안군수, 1577년 함경도 암행어사, 그 뒤로 예조참판·대사간·이조참판·한성판윤·대사헌 등을 거쳐 1590년 이조판서가 되었다. 1592년 임진왜란 때에는 평양까지 선조를 호종하였으며, 왕비와 세자빈을 陪從, 희천에 피난하였고, 이듬해 檢察使가 되어 왕과 함께 환도하여 좌찬성·世子貳師로 지경연사를 겸하였다.

矣."王世子亦極諫, 上乃霽怒, 命宣傳官往宥之, 且授招諭使。公到稷
山[46], 聞命南還。

五月, 到咸陽[47]。前縣令趙宗道[48]·前直長李魯[49], 不期而會, 遂留幕
下。立草招諭文, 布告一道, 見者無不泣下, 一道風動[50], 如旱得雨。又
令趙李, 通諭列邑, 以道中名望之人, 分爲各邑召募使。時金沔[51]起兵
於居昌[52], 鄭仁弘起兵於陜川[53], 其他團結鄕兵者亦多, 而官軍·義兵,

---

46 稷山(직산): 충청남도 천안시 서북구에 있는 고을.

47 咸陽(함양): 경상남도 서쪽에 있는 고을.

48 趙宗道(조종도, 1537~1597): 본관은 咸安, 자는 伯由, 호는 大笑軒. 조부는 안음현감 趙應
卿이다. 아버지는 참봉 趙堰이며, 어머니 晉州姜氏는 부사 姜姬臣의 딸이다. 부인 全義李
氏는 참찬 李俊民의 딸이다. 어려서 鄭斗의 문하에서 수학하였으며, 曺植의 문하생이다.
1558년 생원시에 합격하였다. 양지현감, 금구현령을 지낸 뒤에 1589년 鄭汝立의 모반사건
에 연루되어 투옥되었다가 무고함이 밝혀져 석방되었다. 1592년 임진왜란이 일어나자
영남으로 돌아와 招諭使 金誠一과 함께 창의하여 의병모집에 진력하였고, 그해 가을 단성
현감을 지냈다. 1596년에는 함양군수가 되었는데, 다음해 정유재란이 일어나자 명을 받고
안음현감 郭䞭과 함께 의병을 규합, 黃石山城을 수축하고 가족까지 이끌고 들어가 성을
지키면서 加藤淸正이 인솔한 적군과 싸우다가 전사하였다.

49 李魯(이로, 1544~1598): 본관은 固城, 자는 汝唯, 호는 松巖. 의령 출신. 증조부는 부호군
李文昌이며, 조부는 李翰이다. 아버지는 通禮院引儀 李孝範이며, 어머니 南平文氏는 판관
文垠의 딸이다. 부인은 鄭渭의 딸이다. 曺植의 문하에서 수학하였다. 1564년 진사시에
합격하고, 1590년 증광문과에 급제하였다. 1591년에는 상소하여 倭事를 논하였으며, 이
듬해 임진왜란이 일어나자 趙宗道와 함께 倡義할 것을 약속하고, 귀향하여 삼가·단성으로
나가 동생 李旨와 함께 의병을 일으켰다. 경상우도초유사 金誠一의 從事官·召募官·私儲
官으로도 활약하였다. 1593년에는 명나라 제독 李如松에게 書啓를 보내어 화의의 잘못을
지적하였다.

50 風動(풍동): 바람이 무엇을 움직인다는 뜻으로, 백성들이 스스로 좇아서 감화됨을 비유적
으로 이르는 말.

51 金沔(김면, 1541~1593): 본관은 高靈, 자는 志海, 호는 松庵. 경상북도 고령 출신. 증조부는
감찰 金莊生이며, 조부는 도승지 金鐸이다. 아버지는 경원부사 金世文이며, 어머니 金海金
氏는 판관 金仲孫의 딸이다. 첫째부인 全州李氏는 李煌의 딸이며, 둘째부인 全州李氏는
缶林副守 李建의 딸이다. 曺植과 李滉의 문인이다. 1592년 임진왜란이 일어나자 5월에
趙宗道·郭䞭·文緯 등과 함께 거창과 고령에서 의병을 일으켰다. 1593년 1월 경상우도병
마절도사가 되어 충청도·전라도 의병과 함께 금산에 주둔하며 善山의 적을 격퇴시킬
준비를 갖추던 도중, 갑자기 병에 걸리자 자신의 죽음을 알리지 말라는 유언을 남기고
죽었다.

52 居昌(거창): 경상남도 서북부에 있는 고을.

53 陜川(합천): 경상남도 북서부에 있는 고을.

掣肘[54]無紀。公定金鄭爲義兵大將, 使之統率, 又於空縣空鎭, 擇人爲假守 · 假將。於是, 官有守, 郡[55]有主, 遠近相應, 公私相濟。

時監司金睟[56], 令捕郭再祐[57], 再祐將棄軍入頭流山。公見金睟, 保其無他, 且移書再祐, 獎勵推許。再祐以公書掛之旗竿, 通示鄕里, 人始信再祐之義, 監司 · 守令, 不敢沮撓, 軍勢復振。

時諸官長, 要避賊禍, 皆廢衣冠, 滾於賤流。公屢入賊藪, 一無變服, 麾下皆紅衣羽笠, 鼓吹而行, 所過無不聳觀。

公與郭再祐, 同至晉州, 以前牧使吳澐[58], 爲召募官, 得兵數千, 以助再祐。晉州判官金時敏[59], 亦自竄伏中, 聞公至而出。聚軍得數千, 分隊

---

54 掣肘(철주): 팔굽을 당긴다는 뜻으로, 간섭하여 마음대로 하지 못하게 함을 비유적으로 이르는 말.

55 郡(군): 軍의 오기.

56 金睟(김수, 1547~1615): 본관은 安東, 자는 子昻, 호는 夢村. 증조부는 대사헌 金希壽이며, 조부는 첨지중추부사 金魯이다. 아버지는 司宰監正 金弘度이며, 어머니 韓山李氏는 李繼伯의 딸이다. 부인 昌寧成氏는 成好閔의 딸이다. 李滉의 문인이다. 1573년 알성문과에 급제하여 평안도관찰사 · 경상도관찰사를 거쳐 대사헌, 병조 · 형조의 판서를 두루 지냈다. 1592년 임진왜란이 일어났을 때 경상우감사로 진주에 있다가 동래가 함락되자 밀양과 가야를 거쳐 거창으로 도망갔다. 전라감사 李洸, 충청감사 尹國馨 등이 勤王兵을 일으키자 함께 용인전투에 참가했으나 패배한 책임을 지고 한때 관직에서 물러났다. 당시 의령에서 의병을 일으켰던 곽재우와 불화가 심했는데 이를 金誠一이 중재하여 무마하기도 했으며, 경상감사로 있을 때 왜군과 맞서 계책을 세워 싸우지 않고 도망한 일로 사람들의 비난을 받았다.

57 郭再祐(곽재우, 1552~1617): 본관은 玄風, 자는 季綏, 호는 忘憂堂. 증조부는 郭瑋이며, 조부는 府使 郭之藩이다. 아버지는 황해도관찰사 郭越이며, 어머니는 晉州姜氏이다. 부인 尙州金氏는 金行의 딸이다. 曺植의 외손서이며, 金宇顒과는 동서 사이이다. 1585년 정시문과에 급제했지만 왕의 뜻에 거슬린 구절 때문에 罷榜되었다. 1592년 임진왜란 때 의병을 일으켜 天降紅衣將軍이라 불리며 거듭 왜적을 무찔렀다. 정유재란 때 慶尙左道防禦使로 火旺山城을 지켰다.

58 吳澐(오운, 1540~1617): 본관은 高敞, 자는 太源, 호는 竹牖 · 竹溪. 함안 출생. 증조부는 의령현감 吳碩福이며, 조부는 전의현감 吳彦毅이다. 아버지는 吳守貞이며, 어머니 順興安氏는 부호군 安瓚의 딸이다. 부인 金海許氏는 생원 許士廉의 딸이다. 李滉 · 曺植의 문하에서 수학하였다. 1561년 생원시에 합격하고, 1566년 별시문과에 급제하였다. 1589년 光州牧使로 나갔다가 해직되었다. 1593년 상주목사가 되고, 이듬해 합천군수를 지냈다. 1599년 첨지중추부사를 거쳐 장례원판결사에 승진했으나 병으로 사직하였다. 1608년 다시 기용되어 경주부윤이 되었으며, 1616년 공조참의에 올랐으나 병으로 사직하였다.

59 金時敏(김시민, 1554~1592): 본관은 安東, 자는 勉吾. 木川 출신. 증조부는 종사랑 金彦默

守城。公曰：“晉州，湖南之保障，無晉則無湖，無湖則國無可恃。”飭令
誓死不出。

　公巡軍，至愁離院，聞開寧[60]·金山[61]·知禮[62]之賊，將踰牛峴[63]，金沔
方留陣嶺上，勢不能獨制。公曰：“不可以不赴。”遂至居昌，則山陰[64]·
安陰[65]·咸陽兵，一時皆會，公在後督戰，軍皆殊死，賊竟不得踰嶺。

　公遣李瀞[66]往咸安聚兵，旬月得千餘人。時郡守柳崇仁[67]，再棄城坐

<hr />

이며, 조부는 진사 金錫이다. 아버지는 지평 金忠甲이며, 어머니 昌平李氏는 李成春의
딸이다. 부인 扶餘徐氏는 徐彭壽의 딸이다. 1578년 무과에 급제해 군기시에 입사했다.
임진왜란 당시 진주판관이던 김시민은 인근 지역의 군사와 의병과 연합하여 여러 차례
적을 크게 무찔렀다. 이 공으로 진주목사로 승진하고 다시 경상우도병마절도사에 임명되
었다. 왜적이 2만여 명의 대군을 편성하여 요충지 진주성을 포위하고 본격적으로 공격해오
자 3800여 명에 불과한 병력으로 7일간의 공방전을 벌여 물리쳤으나, 이 전투에서 탄환에
맞아 사망했다.

60 開寧(개령): 경상북도 金泉市 북동부에 있는 고을.

61 金山(김산): 金泉. 경상북도 남서부에 있는 고을. 동쪽은 칠곡군·성주군, 서쪽은 충청북도
영동군·전라북도 무주군, 남쪽은 경상남도 거창군, 북쪽은 상주시·구미시와 접한다.

62 知禮(지례): 경상북도 북서부의 金泉市에 있는 고을. 동쪽은 조마면·성주군 금수면, 서쪽
은 부항면·대덕면, 남쪽은 증산면, 북쪽은 구성면과 접한다.

63 牛峴(우현): 居昌縣 牛脊峴. 경상남도 거창군과 경상북도 김천시 경계에 있는 고개. 1592년
임진왜란 때 일본군이 전라도로 진격하는 중요한 길 중 하나였다. 임진왜란 초기 고바야카
와 다카카게[小早川隆景]의 일본군 제6진이 우현을 통해 전라도로 진격하였는데, 1592년
6월 중순경 李亨이 이끄는 의병군이 이들을 우현에서 싸워 물리쳤다.

64 山陰(산음): 경상남도 산청 지역의 옛 지명.

65 安陰(안음): 경상남도 함양군과 거창군의 일부 지역에 있던 고을.

66 李瀞(이정, 1541~1613): 본관은 載寧, 자는 汝涵, 호는 茅村. 증조부는 부제학 李仲賢이며,
조부는 영남서도 수군우후 李球이다. 아버지는 비안현감 李景成이며, 어머니 驪州李氏는
李鶴의 딸이다. 첫째부인 咸安趙氏는 趙元宗의 딸이며, 둘째부인 晉州柳氏는 柳應參의
딸이다. 曺植의 문하이다. 1592년 임진왜란 때 함안군수 柳崇仁의 휘하에서 召募官으로
의병을 모집하고 진해, 창원 등지에서 왜군을 격파하는데 전공을 세웠다. 1594년 단성현감
을 거쳐 1597년 정유재란 때에는 의령현감으로서 경상우도병마절도사 金應瑞와 함께
의령에 침입한 나베시마 휘하의 왜군을 격파하였으며, 1602년 상주목사 뒤에 지중추부사
에 이르렀다.

67 柳崇仁(류숭인, 1565~1592): 본관은 文化. 증조부는 첨정 柳璋이며, 조부는 柳元禧이다.
아버지는 柳濱이다. 1586년 홍원현감, 이듬해 사복시주부가 되고, 1592년 함안군수로
재직 중 임진왜란을 당하였다. 성이 왜적에게 포위당하자 軍民을 규합하여 고수하고,
郭再祐의 의병에게 진로를 차단당한 왜적을 추격하여 적 47급을 참획하였다. 진해에 이르
러 당항포싸움에서 패하고, 밀려오는 왜적을 맞아 李舜臣과 협공하여 이를 무찔렀다.

律[68], 以白衣守晉州城門。公發令使崇仁還郡, 聽澐指揮, 以拒居昌·鎭
海[69]·漆原[70]之賊。其後, 崇仁屢立奇功, 陞爲兵使, 死於晉州之戰。

　時嶺路中分, 江左郡邑空虛, 賊無所忌, 各稱監司·守宰, 任行摽掠。
公歎曰：“左界內地已矣[71], 隔江三邑, 其可棄乎？”乃於靈山[72]·昌寧[73],
各定將領, 使各戰守。玄風[74]則士族竄伏, 吏民爲賊服役, 公痛之, 草檄
文以諭之。使前郡守嚴弘爲別將, 郭䞭爲召募官, 飭令出沒曉諭, 又使
遍諭被陷之邑, 隨邑異號。於是, 附賊者悔懼, 爭先應募。

　公使各邑各置善惡籍, 討賊者錄于善籍, 附賊者錄于惡籍, 以示勸
戒, 附賊之民, 爭持賊級, 願贖前罪。

　賊覘知晉洲無備, 大擧來寇, 彌漫於固城[75]·泗川[76]之間。公馳至丹
城[77], 悉發咸陽·山陰·丹城兵以赴之, 勅昆陽郡守李光岳[78]及崔堈[79]·李

이어서 금강을 따라 침입하는 적과 대항하여 직산현감 朴誼와 함께 격퇴하였다. 여러
차례의 전공으로 경상우도병마절도사에 특진되었다. 그 해 10월 진주성이 왜적에게 포위
당하자 이를 구출하기 위하여 창원으로부터 급히 출동하였는데, 성밖에 이르러 사천현감
鄭得說, 加背梁權管 朱大淸과 합세하여 왜적과 싸우던 중 전사하였다.

68　坐律(좌율)：죄가 법률 조항에 해당함.

69　鎭海(진해)：경상남도 창원시 진해구 일대.

70　漆原(칠원)：경상남도 함안지역의 옛 지명.

71　已矣(이의)：어쩔 도리가 없구나!

72　靈山(영산)：경상남도 창녕군 남부지역에 있던 고을.

73　昌寧(창녕)：경상남도 북부에 있는 고을.

74　玄風(현풍)：경상북도 달성군에 있던 고을.

75　固城(고성)：경상남도 남부 연안의 중앙부 최남단에 있는 고을.

76　泗川(사천)：경상남도 서남부에 있는 고을.

77　丹城(단성)：경상남도 산청 지역의 옛 지명.

78　李光岳(이광악, 1557~1608)：본관은 廣州, 자는 鎭之. 조부는 교리 李延慶이다. 아버지는
군수 李好約이며, 어머니는 慶州金氏이다. 부인 驪興閔氏는 閔健의 딸이다. 1584년 무과
에 급제하여 선전관을 거쳐 1592년 昆陽郡守가 되었는데, 때마침 임진왜란으로 왜병이
영남일대에 쳐들어오자 선봉으로 장병을 격려하여 대비하였다. 그리고 招諭使 金誠一의
명령으로 좌익장이 되어 성안에 들어가 김시민과 합세하여 성을 사수하였다. 1594년
의병대장 郭再祐의 부장으로 함께 동래에 갔으나 적이 나오지 않으므로 돌아왔다. 1598년
전라도병마절도사로서 명나라 군대와 합세하여 금산·함양 등지에서 왜군을 무찌르고
포로가 된 본국인 100여명과 우마 60여필을 탈환하였다. 그 뒤 훈련원정을 거쳐 1604년
경기방어사, 1607년 함경남도병마절도사를 지냈다.

達[80], 分爲左右翼。郭再祐先已入城, 賊至矗石樓[81]前, 只隔一水。公繼
至督戰, 賊潛師[82]夜遁, 死傷甚衆。遂復泗州·鎭海·固城。

公令郭再祐, 進討玄風·昌寧·靈山之賊, 金鄭兩將及草溪[83]義兵將全
致遠[84]·李大期[85], 亦各出兵, 擊逐各處屯聚之賊, 茂溪[86]以下至于鼎
巖[87], 賊不得闌入, 江左右自是得通。

初, 金睟移關列邑, 分軍命將, 義兵潰裂, 群情愈拂。郭再祐乘衆怒,

---

79 崔堈(최강, 1559~1614): 본관은 全州, 자는 汝堅, 호는 蘇溪. 아버지는 崔云哲이다. 1585년
무과에 급제한 뒤 1592년 임진왜란이 일어나자, 형 崔均과 함께 고성에서 의병을 일으켜
金時敏과 합세하여 진주성싸움에서 공을 세웠고, 1593년 김해로부터 웅천에 침입하려는
적을 격퇴하였으며, 1594년 金德齡의 별장으로 고성에서 왜군과 싸우는 등 의병장으로
활약하였다. 그 뒤 1605년 加里浦僉使로 승진하였고, 1606년 경상좌수사가 되었다. 광해
군 때 충청도수군절도사에 임명되었다가 1613년 金悌男의 옥사에 연루되었다는 혐의를
받고 문초를 받은 뒤 방송되었으나, 사직하고 은퇴하였다.
80 李達(이달, 1561~1618): 본관은 咸安, 자는 明叔, 호는 雲圃. 증조부는 생원 李詡이며,
조부는 참봉 李千齡이다. 아버지는 李世廉이며, 어머니 全州崔氏는 崔云傑의 딸이다.
李滉에게 배웠으나 무예도 뛰어났다. 1592년 임진왜란이 일어나자 고성에서 의병을 일으
켜, 의병장 郭再祐·崔堈 등과 포위된 진주성 방어전에 참가하여 전공을 세워 훈련원정에
특임되었다.
81 矗石樓(촉석루): 경상남도 진주시 본성동에 있는 누각.
82 潛師(잠사): 비밀리에 행군함.
83 草溪(초계): 경상남도 합천군 초계면 일대.
84 全致遠(전치원, 1527~1596): 본관은 完山, 자는 士毅, 호는 濯溪. 경상남도 草溪에서 태어
났다. 조부는 재령군수 全永綏이며, 아버지는 全綑이다. 1542년 李希顔의 문하로 들어가
학문을 배웠으며, 1546년 향시에 합격하였다. 이후 曺植의 문하에서 학문을 계속하며
金宇顒·鄭逑·盧欽·金沔 등과 도의로써 교유하였다. 1592년 임진왜란이 일어나자 66세
의 나이로 스승 이희안의 손자인 李大期와 함께 의병을 일으켰다. 이어 낙동강을 건너려는
왜군을 저지하였으며, 이듬해에는 郭再祐와 연합하여 현풍·창녕·영산 등지의 적을 공격
하였고, 金沔·鄭仁弘 의병과 함께 茂溪津·鼎巖津 등에서 왜적을 격파하였다.
85 李大期(이대기, 1551~1628): 본관은 全義, 자는 任重, 호는 雪壑. 증조부는 李昌胤이며,
조부는 李公輔이다. 아버지는 李得蕡이며, 어머니 陝川李氏는 黃江 李希顔의 딸이다.
부인 晉陽姜氏는 姜深의 딸이다. 崔永慶과 曺植에게 학문을 배웠다. 1592년 임진왜란
때에 의병을 모집하여 고령, 성주의 낙동강 유역에서 왜적과 싸워 혁혁한 공을 세웠다.
전란 이후에는 의흥 현감·형조 정랑·영덕 현령 등을 거쳐 광해군 때 청풍 군수·사도시
정 등을 거쳐 함양 군수가 되었다.
86 茂溪(무계): 茂溪津. 경상북도 성주목 남쪽 49리에 있던 나루.
87 鼎巖(정암): 鼎巖津. 경상남도 함안군의 군북면 월촌리 정암에 있던 나루. 함안과 의령을
연결하는 교차점에 있었다.

欲移檄數罪而往斬之。睟陳兵自衛, 又以叛賊論啓, 事將叵測。公憂
甚, 復移帖再祐, 戒以分義, 論以禍福。再祐感悟謝曰:"吾亦粗聞逆順
之理, 何敢執一己之見, 而違閤下之敎乎?"卽馳救晉州。公又力解於
睟, 使之釋憾, 又恐朝廷偏聽金睟之啓, 不察再祐之心, 加以悖逆之罪,
備陳再佑忠義之跡·勳勞之實及與睟相失之故, 馳狀以聞。睟啓纔徹,
朝廷方議處置, 及見公啓, 群疑頓釋, 遂以無事。

永川[88]進士鄭世雅[89]等六十餘人書陳:"左界義兵, 無所稟命[90], 願奉節
制。"公溫辭慰諭, 令權應銖爲義兵大將, 旁近義將皆受指揮。應銖感激,
益自奮勵, 與河陽義將申海[91]等, 領四邑兵, 掩擊永川之賊, 盡殲之。

行朝拜公爲左道觀察使, 公旣拜命, 條陳右道目下機宜而啓聞, 將向
江左。右道之人, 如魚失水, 上書請留而不得, 則陜川等六邑·居昌等
四邑之士, 裹足西奔達于行在, 各疏陳願留之意, 上卽命換右方伯。

九月, 公到左界, 民皆歡欣, 守令之逃竄者, 相謂曰:"吾等將不保首
領[92]。"或欲變形爲僧。

及聞還授右伯, 疾行渡江, 駐軍山陰, 義兵之入山者, 還守舊所。守

---

88 永川(영천): 경상북도 남동부에 있는 고을.

89 鄭世雅(정세아, 1535~1612): 본관은 迎日, 자는 和叔, 호는 湖叟. 永川에서 세거하였다.
증조부는 찰방 鄭以揮이며, 조부는 鄭次謹이다. 아버지는 창릉참봉 鄭允良이며, 어머니
永川崔氏는 奉事 崔德嶔의 딸이다. 부인 一直孫氏는 현감 孫致雲의 딸이다. 1592년 임진
왜란이 일어나자 士族으로 향촌의 자제들을 동원하여 편대를 정하고 격문을 작성하여
의병을 규합, 900여명을 모집하여 의병대장이 되었다. 그 때 郭再祐는 의령에서, 權應銖는
신령에서 각각 기병하여 서로 성원하였다. 그 해 8월 권응수의 지휘 아래 영천 의병장
鄭大任·鄭天賚·曺誠·申海 등과 함께 영천 朴淵에서 왜적과 싸워 큰 전과를 거두고 영천
성을 수복하였으나, 전공포상은 받지 못하였다. 영천성을 수복한 데 이어 다시 경주의
왜적을 격퇴하였다. 이로 인하여 낙동강 왼쪽이 온전하였다. 이듬해 평양과 서울이 차례로
수복되자 군사를 曺希益에게 맡기고 紫陽으로 돌아갔다.

90 稟命(품명): 명령을 받음.

91 申海(신해, 1549~?): 본관은 積城, 자는 景容. 아버지는 幼學 申杉이다. 1580년 별시무과에
급제하였다. 1592년 임진왜란이 일어나자 하양에서 의병을 일으켰으며, 곧 하양 의병장으
로 추대되었다. 그리고 洪天賚·鄭大任·鄭湛과 영천 의병장 權應銖를 도와 大洞과 漢川에
서 일본군을 물리쳤다.

92 首領(수령): 머리와 목. 전하여 목숨을 뜻한다.

令之未補者, 隨才塡充, 布置用捨, 大愜衆望.

　公聞昌原之賊, 連釜山·金海, 衆且數萬, 知必向晉州, 移帖於牧使金時敏, 勉以報國, 分付義將及守令, 各守要害. 賊攻圍七晝夜, 死傷相枕藉, 狼狽遁逃. 公得晉州牒書, 獎時敏之功, 卽日馳啓, 陞爲兵使.

　初, 公令郭再祐, 領兵留陣于宜咸之境, 再祐不聽. 公令拿綁入庭, 將以軍律罪之, 因幕賓之諫而止. 或謂再祐, 曰: "何不若昔日之倔强耶?" 再祐笑曰: "非此人, 何能制我之命? 我亦安肯受制耶?"

　李瀞見戰骨成堆, 請令收瘞. 時夜將半, 卽令行關[93], 曰: "善言不可留宿."

　公自奉命以來, 夙宵憂勞, 心熱極煩, 乃於癸巳四月, 內傷挾癘氣, 得病十日, 卒於晉州公舘. 救活流民, 扶携顚仆, 號哭不成聲, 分散四去曰: "天胡漠漠, 奪我父母?" 公亡兩月而城陷, 江右屠峴, 保障爲賊藪. 識者言: "天若緩公一死, 事豈至此?"

　倭寇之入海州也, 見芙蓉堂有公題詩, 他額盡撤而獨留之, 焚滅之禍, 獨不及芙蓉堂.【鄭逑撰行狀[94]】

　公初到晉州, 空城寥寥, 絶無人影. 趙公宗道·李公魯, 握手謂曰: "事已至此, 不如赴水死." 公笑曰: "徒死何爲? 如其不幸, 從巡杲[95]未晩." 遂作一詩, 曰: "矗石樓中三壯士, 一盃笑指長江水. 長江之水流滔滔, 波不渴兮魂不死." 三士卽公與趙李二人也.【龍蛇日記】

　退溪嘗推述道學淵源, 作屛銘, 手自淨寫以與之.

93　行關(행관): 관아 사이에 공문을 보냄.

94　鄭逑의《寒岡先生續集》권6〈行狀〉에 실려 있음.

95　巡杲(순고): 張巡과 顔杲卿. 둘 다 당나라의 충신이다. 장순은 安祿山의 난 때 睢陽城을 지키면서 적과 싸우다가 성이 함락되자 장렬하게 節死한 인물이고, 안고경은 안록산의 난 때 常山太守로 의병을 일으켜 안록산의 군사에 용감히 대항하다가 포로로 붙잡혀 갖은 악형을 받으면서도 끝까지 굴복하지 않고서 혀가 끊어질 때까지 준열하게 꾸짖다가 죽음을 당한 인물이다.

05. 정사성

정사성의 자는 자명, 호는 지헌, 본관은 서원(西原: 청주)이다. 인종 을사년(1545)에 태어났다. 선조 무진년(1568) 진사시에 합격하였다. 정해년(1587)에 유일(遺逸)로 천거되어 침랑(寢郎: 참봉)에 제수되었고 관직은 현감에 이르렀다. 정미년(1607)에 죽었다. 안동의 학암리사(鶴巖里社)에 향사하였다.

나이가 17세였을 때 도산(陶山)으로 찾아가 이 선생(李先生: 이황)을 뵙고는 가르침을 청하였다. 선생이 말하기를, "경(敬)은 도(道)에 들어가는 문이니 반드시 성실로써 한 뒤라야만 잠시 그치거나 중도에 그만두는 데에 이르지 않느니라." 하고는, 이름과 자(字)를 지어 손수 써서 주었다.

임진년(1592) 섬오랑캐가 동래(東萊)와 부산(釜山)을 함락시키자 동도(東都: 慶州)도 머지않아 곧 위태로웠다. 공은 이때 집경전참봉(集慶殿參奉)을 맡고 있었는데, 동료 관원 홍여율(洪汝栗)이 어용(御容: 李成桂의 御眞)을 땅에 묻어 두려 하자, 공이 의연하게 말하기를, "이는 신하 된 자로서 차마 하지 못할 바이니, 어용을 받들어 경성(京城)을 향하느니만 못하다. 만약 마음대로 처리한 죄를 묻는다면, 내가 스스로 그것을 감당하겠네."라고 하였다. 마침내 험한 길을 엎어지고 자빠지며 고향집을 지나면서도 들어가지 않았다. 길을 떠나 제천(堤川)에 이르렀을 때, 대가(大駕)가 서쪽으로 파천한데다 길도 막혀 통하지 않는다는 소식을 듣자마자 호서백(湖西伯: 충청도관찰사)에게 달려가 보고하고 영남으로 되돌아오다가 퇴계 서재(退溪 書齋)에 임시로 어용을 봉안(奉安)하였다. 본도(本道: 경상도) 관찰사 한효순(韓孝純)이 와서 봉안한 곳을 살피고 행조(行朝: 행재소)에 장계로 아뢰었다. 훗날 홍여울에게 6품직으로 승진시켰다.

정유년(1597) 왜구가 재차 침입하자, 망우당(忘憂堂) 곽재우(郭再祐)가 화왕산성(火旺山城)으로 들어가 의병을 일으켜 왜적을 토벌하니, 공도 그곳으로 가서 참전했다.《응모록(應募錄: 용사응모록)》과《동고록(同苦錄: 화왕입성동고록)》이 있다.

퇴계 선생이 일찍이 공에게 잠명(箴銘)을 손수 써 주면서 이르기를, "유가(儒家)의 의미는 각별하니, 문예(文藝)를 익히는 것은 유가의 일이 아니며, 과거에 급제하는 것도 유가의 일이 아니다."라고 하였으니, 공은 이 말을 받들어 주선하면서 감히 실추함이 없었다. 학봉(鶴峯: 金誠一)과 서애(西厓: 柳成龍)는 같은 문하의 벗으로 마음을 다해 서로 허여하였다.

병이 심해지자, 자식들을 돌아보며 말하기를, "나는 이 선생님으로부터 가르침을 받은 스승의 은혜가 있으니, 내가 비록 죽더라도 선생의 기일(忌日)에는 육식을 하지 말고 잔치에도 참석하지 말아서 내가 선생을 경모(景慕)했던 성의를 저버리지 말라." 하였다. 이어서 선생이 준 잠명(箴銘)을 입으로 한 차례 외웠으니, 아마도 스승의 훈계를 가슴에 새겨 두고 일생을 마치려는 듯했다고 한다.【협주: 이상정이 찬한 행장에 실려 있다.】

• 鄭士誠

鄭士誠, 字子明, 號芝軒, 西原人。仁宗乙巳生。宣祖戊辰進士。丁亥薦遺逸除寢郎, 官至縣監。丁未卒。享安東鶴巖里社。

年十七, 謁李先生于陶山, 仍請業。先生曰:"敬是入道之門, 必以誠, 然後不至於間斷."仍命名與字, 手書以贈之。

壬辰, 島夷陷萊釜, 東都朝夕且危。公時任集慶殿參奉, 僚官洪汝栗[1], 欲埋眞御容, 公毅然曰:“此臣子所不忍爲, 不如陪向京城。若有擅動之罪, 吾請自當。”遂間關顚頓, 過鄕家不入。行到堤川[2], 聞大駕西狩, 道路不通, 卽馳報湖西伯, 還向嶺南, 權奉于陶山書齋。本道監司韓孝純[3], 來到奉審, 啓達于行朝。後與汝栗陞六品職。

丁酉, 倭寇再動, 忘憂郭公再祐, 入火旺山城[4], 倡義討賊, 公往赴。有《應募》·《同苦錄》。

退溪老先生, 嘗手書箴銘以畀之, 曰:“儒家意味自別, 工文藝非儒也, 取科第非儒也。”公奉而周旋, 罔敢失墜。與鶴峰·西厓, 爲同門友, 傾心相與。

疾革, 顧諸子曰:“吾於李先生, 有生三之恩[5], 吾雖死, 先生忌日, 不

---

1 洪汝栗(홍여율, 1563~1600): 본관은 南陽, 자는 子敬, 호는 虛舟子. 증조부는 중추부천지사 洪德演이며, 조부는 성리학자 洪仁祐이다. 아버지 이조판서 洪進이다. 홍진의 첫째부인 坡平尹氏는 尹應奎의 딸이며, 둘째부인은 蔚山朴氏이다. 홍여율은 파평윤씨의 소생이다. 부인 眞城李氏는 李安道의 딸이다. 李滉의 손서가 된다. 1585년 진사시에 합격하였다. 集慶殿參奉에 재직 시 임진왜란이 일어나자 御眞을 안전하게 移安하는 공을 세웠다. 그래서 司憲府監察로 승차하였고 泰川縣監과 禮賓寺僉正을 거쳐 順天郡守에 이르렀다.

2 堤川(제천): 충청북도 북동부에 있는 고을.

3 韓孝純(한효순, 1543~1621): 본관은 淸州, 자는 勉叔, 호는 月灘. 증조부는 韓士武이며, 조부는 韓承元이다. 아버지는 韓汝弼이며, 어머니 文化柳氏는 柳淰의 딸이다. 첫째부인 順興安氏는 安珽의 딸이며, 둘째부인 晉州姜氏는 姜孝胤의 딸이다. 1576년 식년문과 급제하였다. 검열·수찬을 거쳐 1584년 寧海府使에 임명되었다. 1592년 임진왜란이 일어나자 8월 영해에서 왜군을 격파하고 경상좌도 관찰사에 승진, 순찰사를 겸임해 동해안 지역을 방비하며 군량 조달에 공을 세웠다. 1594년 병조참판, 1596년 경상도·전라도·충청도의 體察副使가 되었다. 그 해 閑山島武科에 試官으로 참여하고, 통제사 李舜臣과 함께 수군강화에 힘썼다. 그 뒤 지중추부사가 되었다가 남해 지역의 도순찰사로 해상군비 강화에 계속 노력하였다. 1598년 전라도 관찰사로서 병마수군절도사를 겸하였다. 이듬해 전라좌수사 이순신 막하의 戰船監造軍官으로 있으면서 거북선 건조에 공이 많았던 羅大用의 건의를 받아들여 거북선 모양의 소형 무장선인 鎗船 25척을 건조하도록 하였다. 1604년 이조판서에 이르렀다. 다음해 평안도 관찰사·판중추부사 등을 거쳐, 1606년 우찬성·판돈녕부사 등을 역임하였다. 1610년 다시 이조판서를 역임한 뒤, 1616년 우의정을 거쳐 좌의정에 올랐다.

4 火旺山城(화왕산성): 경상남도 창녕군 창녕읍 화왕산에 있는 산성.

5 生三之恩(생삼지은):《論語》〈陽貨篇〉의 “자식이 태어나서 3년이 지난 뒤에야 부모의 품을 벗어난다.(子生三年, 然後免於父母之懷。)”에서 나온 말인 듯. 부모의 품에서 벗어나 스승

設簞, 不與宴樂, 以副余景慕之誠也。"仍口誦先生所與箴銘一過, 盖佩
服師訓, 以終其身。【李象靖撰行狀[6]】

보충
이상정(李象靖, 1711~1781)이 찬한 행장

지헌 정 선생 행장

공의 휘는 사성(士誠), 자는 자명(子明), 성은 정씨(鄭氏)이니 세상에
서 일컫는 서원(西原: 淸州)의 지체가 높은 집안의 성씨(姓氏)이다. 고
려시대에 신호위 상장군(神虎衛上將軍) 정의(鄭顗)가 역적을 토벌하다
국난(國難)에 목숨을 바친 절개가 있어서 사적(事蹟)이 열전(列傳)에 실
렸다. 이때부터 대대로 문장과 덕행으로 역사에 이름을 빛냈다. 세계
(世系) 중에 휘 정침(鄭琛)이 소부정윤(少府正尹)을 지냈는데, 우리 조선
이 천명을 받자 안동에 터를 잡고 다시는 벼슬에 나아가지 않아 자손
들이 마침내 안동 사람이 되었다. 증조부 휘 정윤소(鄭允韶)는 의영고
직장(義盈庫直長)을 지냈다. 조부 휘 정언보(鄭彦輔)는 성균관 생원(成
均館生員)이었다. 아버지 휘 정두(鄭枓)는 사섬시 첨정(司贍寺僉正)을 지
내고 한성부 우윤(漢城府右尹)에 추증되었다. 어머니 안동권씨(安東權
氏)는 사직(司直) 권식(權軾)의 딸이고, 지평(持平) 권징(權徵)의 증손녀
이다. 가정(嘉靖) 을사년(1545) 2월 29일에 공을 낳았다.

공은 어려서부터 총명한데다 바르고 엄하여 이미 어른 같은 모습을
지니고 있었다. 7세 때 유일재(惟一齋) 김언기(金彦璣)에게 가르침을
받았다. 이윽고 또 구백담(具柏潭: 具鳳齡)과 김지산(金芝山: 金八元)에

의 가르침을 받은 은혜라는 의미로 바뀐 듯하다.
6 李象靖의 《大山集》, 권49, 〈行狀〉에 실려 있음.

게 나아가 배웠다. 재주와 생각이 영특하고 민첩한데다 강론과 풀이가 정밀하고 상세하여 선생들에게 자주 장려도 받고 인정도 받았다. 나이가 17세였을 때 도산(陶山)으로 찾아가 이 선생(李先生: 이황)을 뵙고는 가르침을 청하였다. 선생이 말하기를, "경(敬)은 도(道)에 들어가는 문이니 반드시 성실로써 한 뒤라야만 잠시 그치거나 중도에 그만두는 데에 이르지 않느니라." 하고는 이름과 자(字)를 지어 손수 써서 주었다. 우윤공(右尹公: 정사성의 아버지)이 공을 위하여 도산에 조그만 서재(書齋)를 짓고 그곳에서 지내며 배우도록 해 주자, 선생은 그 서재에 '동몽(童蒙)'이라 이름 붙이고 공을 돌아보며 말하기를, "그대는 모름지기 고초를 무릅쓰고 몸과 마음을 다해 부지런히 공부하여, 부모의 기대를 저버리지 말도록 하라." 하였다. 선생이 일찍이 달밤에 공을 데리고 천연대(天淵臺)에 올라서는 〈무이구곡시(武夷九曲詩)〉를 외우도록 하고서 이어 절구시(絶句詩) 한 수를 지어 불러 주었다. 공이 일찍이 연대사(蓮臺寺: 청량산 소재 암자)에 머물며《역통(易通: 주돈이의 通書)》의 의문난 곳을 물었고, 선생은 조리있게 분석하여 답해 주었다. 공은 선생의 문하에서 10년을 머물렀는데, 경사자집(經史子集)에 대해 모두 구강지획(口講指畫: 입으로 설명하고 손가락으로 짚으며 가르침)의 자상하고 정성스러운 가르침을 받고서 정밀한 연마와 깊은 사고로 닦아 실력을 쌓았다. 경오년(1570) 이 선생이 후학들을 남겨두고 세상을 떠났는데, 공은 병시중도 들었으며 상(喪)을 치르고 장례에도 참여하였으니 모두 그지없이 정성을 다하였다.

나이가 24세 때 진사시에 합격하였다. 병자년(1576) 대비과(大比科: 式年試)에 응시하려고 도성에 올라왔는데, 우윤공(右尹公)의 부음을 받고서 밤을 새워 달려가 상(喪)을 치르며 일체《가례(家禮)》를 따랐다. 정해년(1587) 유일(遺逸)로 천거되어 태릉참봉(泰陵參奉)에 제수되었는데, 공은 모친의 뜻을 거역하기 어려워 관직의 자리에 나아가 부지런히 힘썼다. 신묘년(1591) 동도(東都: 慶州)로 옮겨 집경전참봉(集慶殿參奉)에 제수되었다.

이듬해(1592) 섬오랑캐가 변란을 일으켜 동래와 부산을 함락시키자, 동도(東都)는 머지않아 또 위태로웠다. 같은 직책의 홍여율(洪汝栗)이 어용(御容: 李成桂의 御眞)을 땅에 묻어 두려 하자, 공이 의연하게 말하기를, "이는 신하 된 자로서 차마 하지 못할 바이니, 어용을 받들어 경성(京城)을 향하느니만 못하다. 만약 마음대로 처리한 죄를 묻는다면, 내가 스스로 그것을 감당하겠네."라고 하였다. 마침내 험한 길을 엎어지고 자빠지며 고향집을 지나면서도 들어가지 않았다. 길을 떠나 제천군(堤川郡)에 이르렀을 때, 대가(大駕)가 서쪽으로 파천한데다 길도 막혀 통하지 않는다는 소식을 듣자마자 호서백(湖西伯: 충청도 관찰사)에게 달려가 보고하고 영남으로 되돌아오다가 퇴계 서재(退溪書齋)에 임시로 어용을 봉안(奉安)하였다. 본도(本道: 경상도) 관찰사 한효순(韓孝純)이 와서 봉안한 곳을 살피고 행조(行朝: 행재소)에 장계로 보고하였다.

갑오년(1594) 이조(吏曹)에서 아뢰기를, "정사성과 홍여율이 어용을 지킨 공은 실로 똑같았으나, 감사(監司)가 임시 봉안한 곳을 살피던 날에 정 아무개는 봉안소(奉安所: 경주)에 머물러 있었고 홍여율은 수행하여 안동으로 갔습니다. 그래서 장계를 작성하여 올릴 때에 홍여율의 관직과 성명만 적고 정 아무개의 성명을 빠트려서 다른 참봉을 임명하기에 이르렀습니다. 그 뒤에 감사가 올려 보고한 장계로 인하여 〈정 아무개〉는 겨우 종전의 관직에 임용될 수 있었으나 홍여율은 이미 6품관으로 승차(陞差)되었으니, 직책도 같았고 공로도 같았던 사람에게 포상이 서로 달라서는 안될 것입니다."라고 하니, 주상이 아뢴

대로 하라고 하고는 공을 내섬시주부(內贍寺主簿)로 승차하였다. 몇
달이 지나서 양구현감(楊口縣監)에 제수되었으나, 얼마 지나지 않아
모친이 연로하다면서 사직하고 돌아왔다. 문을 닫아걸고 책을 읽으면
서 오직 자제를 가르치는 것만 일삼았다.

정유년(1597) 왜구가 재차 침입하자, 망우당(忘憂堂) 곽재우(郭再祐)
가 화왕산성(火旺山城)으로 들어가 의병을 일으켜 왜적을 토벌하니,
공도 그곳으로 가서 참전하였다. 《응모록(應募錄: 용사응모록)》과 《동
고록(同苦錄: 화왕입성동고록)》이 있다.

무술년(1598) 정부인(貞夫人: 정사성의 모친)의 상을 당했다. 공의 나
이는 이미 불훼(不毀: 60세, 실제 나이와 어긋남)가 넘었지만, 앞서 부친
상 때와 마찬가지로 예제(禮制)를 지켰다.

정미년(1607) 2월 16일, 공이 병으로 드러누웠다가 죽으니 향년 63세
였다. 4월 기사일(己巳日: 4월에는 기사일이 없음)에 우윤공의 묘소 오른쪽,
경방(庚方)을 등진 언덕에 부장(祔葬)하였다. 부인 영양남씨(英陽南氏)는
부장(部將) 남순효(南舜孝)의 딸, 판서 남휘주(南暉珠)의 후손이다. 4남
1녀를 두었다. …(중략)…

공은 덕이 심원하고 도량이 두터웠으며 흉금이 너그럽고 넓었다.
부모를 모시는 데 있어 웃는 얼굴로 봉양하고 부모의 뜻을 따르기에
힘썼다. 어려서는 도산(陶山: 이황)의 문하에 들어가 군자의 처신하는
방도를 배웠다. 퇴계 선생이 일찍이 공에게 잠명(箴銘)을 손수 써 주면
서 이르기를, "유가(儒家)의 의미는 각별하니, 문예(文藝)를 익히는 것
은 유가의 일이 아니며, 과거에 급제하는 것도 유가의 일이 아니다."
라고 하였으니, 공은 이 말을 받들어 주선하면서 감히 실추함이 없었
다. 학봉(鶴峯: 金誠一)과 서애(西厓: 柳成龍)는 같은 문하의 벗으로 마음
을 다해 서로 허여하였다. 또 일찍이 류겸암(柳謙菴: 柳雲龍), 이간재(李

艮齋: 李德弘), 금일휴(琴日休: 琴應夾) 등 제공과 산사(山寺)에서 만나기로 약속하고 《계몽(啓蒙: 역학계몽)》과 주자서(朱子書: 주자전서)를 강론하였다. 어머니가 돌아가시자 다시는 과거를 보지 않았으며, 지산(芝山) 남쪽에 집을 짓고 스스로 지헌(芝軒)을 호로 삼았는데, 원근의 배우려는 자들이 공에게 와서 묻는 일이 많았다. 세 아우를 가르쳐 모두 성취하도록 하였으니 매창공(梅窓公) 정사신(鄭士信)은 과거에 급제하여 조정에서 크게 현달하였으나, 공은 늘 충(忠)과 효(孝) 두 글자로 매사에 노력하고 경계하였다. 필법(筆法) 또한 신묘한 경지에 이르렀으니, 명나라 장수의 막료(幕僚)로 서법(書法)을 통달한 자가 공의 사마시(司馬試) 시권(試券)을 보고는 그 반을 잘라 가져가면서, "이는 세상의 지극한 보물이다."라고 하였다.

임진년(1592) 수용(晬容: 임금의 화상)을 모셨을 때, 동료의 처사가 사람의 마음에 합당하지 않은 것이 많았고, 이로 인하여 오래도록 벼슬이 오르지 않았으나 태연히 처신하며 불평하는 기색이 없었다. 이조(吏曹)에서 계달(啓達)하고 연신(筵臣)이 임금에게 아뢰어 마침내 지위가 오르게 되었을 때도 또한 기뻐하는 기색이 없었다. 일찍이 자제(子弟)들에게 이르기를, "모든 일이 마음속으로 반성하여 부끄럽지 않다면 이해득실이야 근심할 바가 아니다."라고 하였다. 공은 비록 낮은 지위에 머물러 온축한 기량을 펼쳐 보일 수 없었으나, 난리를 당하여 일을 처리하며 조치한 것들이 모두 합당하였다. 여러 고을의 수령들에게 의병을 일으키고 서로 병력을 합쳐 조령(鳥嶺)과 죽령(竹嶺)을 지켜서 적의 진로를 차단하도록 권였으니, 공이 지략을 펼쳐 시행하는 능력 또한 대략 알 수 있을 것이다.

갖은 위험과 고생을 겪으며 여러 차례 구사일생의 고비를 넘겼으나 임금을 사랑하고 나라를 걱정하는 뜻을 잠시도 잊지 않고 왕왕 통곡하기까지 하였으니, 아마도 충의의 기개는 하늘로부터 받은 것이고 또한 학문의 힘이 높은 경지에 오른 것이리라. 공은 옛것을 믿고 또 예(禮)를 좋아하여 관혼상제(冠婚喪祭)에는 반드시 고례(古禮)를 따랐으며, 의문 나는 것이 있으면 사문(師門)에 질문하였다. 병중에 있으면서 자식들을 돌아보며 말하기를, "나는 이 선생님으로부터 가르침을 받은 스승의 은혜가 있으니, 내가 비록 죽더라도 선생의 기일(忌日)에는 육식을 하지 말고 잔치에도 참석하지 말아서 내가 선생을 경모(景慕)했던 성의를 저버리지 말라." 하였다. 병이 위독해지자 되레 선생이 준 잠명(箴銘)을 입으로 한 차례 외웠으니, 아마도 스승의 훈계를 가슴에 새겨 두고 일생을 마치려는 듯했다고 한다.

공이 남겨 놓은 글들이 있었지만, 집안의 화재와 병란에 흩어지고 말았다. 일찍이 덕을 적은 행장을 창석(蒼石) 이준(李埈)에게 부탁한 적이 있었으나 또한 화재에 불타서 잃어버렸다. 덧없이 수백 년의 세월이 흘러 아름다운 말과 훌륭한 행실이 모두 없어져 전하지 않으나, 그의 아름다운 덕만은 고을 사람들에게 전해져 오래되었어도 없어지지 않았다. 일찍이 옥계서원(玉溪書院)에 제향하였으나 국법에 철거되었으니, 어찌 후학들의 한없는 유감이 아니겠는가. 공의 증손자 정선(鄭鍹)이 유적(遺蹟)을 수습하고 가전(家傳) 1통을 지어 책 상자에 보관해 둔 지가 오래되었다. 6세손 정중묵(鄭重默)·정중섭(鄭重燮) 등이 세월이 오랠수록 더욱 징험할 방도가 없어질까 크게 걱정하여 원근을 막론하고 수습해 모아서 시문과 잡저 약간을 얻었는데, 여기에 연보(年譜), 만사(挽詞), 뇌문(誄文), 사우들의 간찰을 더하여 두 권으로 만들고는 모두 나 이상정(李象靖)에게 보내어 공의 아름다운 덕을 글로 짓도록 하였다.

스스로 생각해 보건대, 학문이 미천한 후생으로서 당시에 공을 모

시지도 못하였으니, 어찌 감히 문사(文辭)를 엮어 사건들을 늘어놓고
는 옳지 못한 일을 한 죄를 스스로 짓겠는가. 다만 그들의 청이 더욱
간절하여 감히 끝내 사양하지는 못하였는지라, 삼가 가첩(家牒)에 의
거하여 위와 같이 적고서 간혹 마음에 느낀 바를 덧붙여 입언(立言)하
는 군자가 상고할 수 있도록 한다.

芝軒 鄭先生行狀

公諱士誠, 字子明, 姓鄭氏, 世所稱西原大姓者也. 高麗時, 有神虎
衛上將軍顗, 有討賊死難之節, 事在列傳. 自是代有文章德行, 焜耀國
乘. 中世有諱踩, 少府正尹, 我朝受命, 卜居于安東, 不復仕, 子孫遂爲
安東人. 曾祖諱允韶, 義盈庫直長. 祖諱彦輔, 成均生員. 考諱枓, 司
瞻寺僉正, 贈漢城右尹. 妣安東權氏, 司直軾之女, 持平徵之曾孫. 以
嘉靖乙巳二月二十九日生公. 自幼少穎悟方嚴, 已有成人儀度. 七歲,
受業於惟一齋金公彦璣. 旣而, 又就具柏潭‧金芝山學. 才思儁敏, 講
解精詳, 諸先生亟加奬許. 年十七, 謁李先生于陶山, 仍請業. 先生曰:
“敬是入道之門, 必以誠, 然後不至於間斷.” 仍命名與字, 手書以贈之.
右尹公, 爲公構小齋於陶山, 使之居學, 先生名其齋曰童蒙, 顧謂公曰:
“爾須刻厲用工, 毋負親庭之望也.” 先生嘗月夜攜公上天淵臺, 命誦《武
夷九曲》詩, 仍占一絶以贈. 公嘗棲蓮臺, 質《易通》疑義, 先生條析以
答. 公處門下十年, 經史子集, 皆經口講指畫, 硏精深思, 以蓄其有. 庚
午, 李先生棄後學, 公侍疾‧治喪‧會葬, 皆極其誠. 年二十四, 中進
士. 丙子, 應大比入洛, 承右尹公訃, 星夜奔赴, 居喪一遵《家禮》. 丁
亥, 以遺逸薦, 除泰陵參奉, 公重違親志, 黽勉就職. 辛卯, 移授東都集
慶殿參奉. 翌年, 島夷發難, 陷萊‧釜, 東都朝夕且危. 同任洪汝栗, 欲
埋置御容, 公毅然曰: “此臣子所不忍爲, 不如陪向京城. 若有擅動之
罪, 吾請自當.” 遂間關顚頓, 過鄕家不入. 行到堤川郡, 聞大駕西狩,
道路梗不通, 卽馳報湖西伯, 還向嶺南, 權奉于退溪書齋. 本道監司韓

孝純, 來到奉審, 啓達于行朝。甲午, 吏曹啓曰：“鄭士誠與洪汝栗, 保護御容之功, 實爲一體, 而監司奉審之日, 鄭某留奉安所, 洪汝栗隨往安東。修啓時, 只書渠官衙姓名, 而脫漏鄭某姓名, 以至差出他參奉。後因監司狀稟, 僅得因任, 而汝栗已陞六品, 同任一體之人, 不可異同。”上依啓, 陞內瞻寺主簿。數月, 除楊口縣監, 未幾, 以親老辭歸。杜門觀書, 惟以訓誨子弟爲事。丁酉, 倭寇再動, 忘憂郭公再佑, 入火旺山城, 倡義討賊, 公往赴。有《應募》·《同苦錄》。戊戌, 丁貞夫人憂, 公已踰不毀, 守制如前喪。丁未二月十六日, 寢疾卒, 享年六十三。四月己巳, 祔葬于右尹公墓右負庚之原。配英陽南氏, 部將舜孝之女, 判書暉珠之后。有四男一女。…(중략)…。公德器深厚, 襟懷坦蕩。事親色養, 務順適其意。早遊陶山之門, 得聞君子行己之方。先生嘗手書箴銘以畀之, 又謂曰：“儒家意味自別, 工文藝非儒也, 取科第非儒也。”公奉而周旋, 罔敢失墜。與鶴峯·西厓, 爲同門友, 傾心相與。又嘗與柳謙庵·李艮齋·琴日休諸公, 期會山寺, 講《啓蒙》·朱子書。親沒, 不復應擧, 築室芝山之陽, 因自號芝軒, 遠近學者, 多就質焉。教誨三弟, 皆得成就, 梅窓公士信擢第, 光顯于朝, 公嘗以‘忠孝’二字勉戒。筆法亦臻妙, 天將幕下, 有解書法者, 見公司馬試券, 截其半以去, 曰：“此天下至寶也。”壬辰之奉晬容也, 同僚處事, 多不叶人意, 坐是沈滯, 而處之晏如, 無慍色。及吏曹啓達, 筵臣稟白, 遂得遷陞, 而亦無喜色。嘗謂子弟, 曰：“凡事內省不愧, 則得喪非所恤也。”公雖棲遲下位, 不得展布所蘊, 然臨亂處事措置, 皆得其宜。勸列邑守宰, 倡義合兵, 塞鳥·竹二嶺, 以遏賊路, 則其規橅施設, 亦略可見矣。艱難顚躓, 屢瀕九死, 而愛君憂國之意, 跬步不忘, 往往至於痛哭, 蓋忠義之氣, 得於天性, 而亦其學力所到耳。公信古好禮, 冠昏喪祭, 必遵古禮, 有疑則稟質于師門。病中, 顧謂諸子曰：“吾於李先生, 有生三之恩, 吾雖死, 先生忌日, 不設葷, 不與宴樂, 以副余景慕之誠也。”及疾革, 猶口誦先生所與箴銘一過, 蓋佩服師訓, 以終其身云。公有遺文, 散佚於家火兵亂。嘗以紀德之狀, 託於蒼石李公埈, 而亦失於火。荏苒數百年, 嘉言美行, 率湮沒而無傳,

惟其懿德之在鄕人者, 久而未泯。蓋嘗設俎豆於玉溪而見撤於邦制, 豈
非後學不盡之憾哉? 公曾孫鎧掇拾遺蹟, 爲家傳一通, 藏之巾衍久矣。
六世孫重默·重燮等, 大懼愈久而益無徵, 旁搜遠裒, 得詩文雜著若干
篇, 附以年譜挽誄師友簡札爲二卷, 並以授象靖, 俾撰次其德媺。自惟
後生蔑學, 未及供灑掃於當日, 何敢屬辭比事, 以自納於不韙之罪? 第
其請益勤, 有不敢終辭, 謹因家牒, 第錄如右, 間附以所感於心者, 以備
立言君子之攷信云。

[大山集, 권49, 行狀]

06. 류종개

류종개의 자는 계유, 본관은 풍산이다. 선조 을유년(1585) 문과에 급제하여 벼슬은 정자(正字)에 이르렀다. 임진왜란 때 전사하였다. 참의에 증직되었다. 정려가 내려졌다. 봉화(奉化)의 문계사(文溪祠)에 향사하였다.

공이 상중(喪中)에 있을 때 임진란을 만났는데, 정언 김중청(金中淸)과 의병을 일으켜 무리에게 약법(約法)을 고한 뒤, 왜적들을 죽이고 기치(旗幟)를 빼앗으며 추격하다가 적의 복병을 만나 혈전을 벌이다 죽었다. 벼슬이 증직되고 정려가 내려졌으며, 고을사람들에게 향사(鄕祀)에 제사를 지내도록 하였다. 봉화 땅에 장사를 지냈는데, 후사가 없어서 봉분이 무너져 평평해졌다. 고을수령 박태적(朴泰迪)이 개탄하면서 공의 의기를 사모하여 녹봉을 내놓고 묘갈(墓碣)을 세웠다.【협주: 권두경이 찬한 묘지에 실려 있다.】

• 柳宗介

柳宗介[1], 字季裕, 豊山人。宣祖乙酉文科, 官正字。壬辰戰歿。贈參議。旌閭。享奉化文溪祠[2]。

---

1 柳宗介(류종개, 1558~1592): 본관은 豊山, 자는 季裕. 지금의 안동시 예안면에서 태어났다. 조부는 승훈랑 柳公智이다. 아버지는 柳贇(1520~1591)이며, 어머니 牙山蔣氏는 蔣世蕃의 딸이다. 부인 奉化琴氏는 琴文筍의 딸이다. 月川 趙穆의 문인이다. 1579년 진사시에 합격하고, 훈도로서 1585년 식년문과에 급제하였다. 이어 교서관정자가 된 뒤 성균관전적 관직 생활을 하다가 아버지가 세상을 떠나자 고향에 돌아와 있을 때인 1592년 임진왜란을 당하였다. 이때 士族들이 적에게 대항하지 않고 피난하자, 의병 600여 명의 대장이 되어 소천면 화장산 전피현에서 왜군 선발대를 섬멸하고 본진 3,000명과 싸우다가 의병이 전멸되었는데 금산의 700의총 다음 가는 큰 전쟁터였다. 그는 왜군에게 사로 잡혔다가 죽음을 맞았다.

公居憂時, 值壬辰亂, 與金正言中淸[3], 倡義兵, 誓衆約法, 賊賊奪幟,
追奔遇伏兵, 血戰死之。贈秩旌閭, 鄕人祭於社。葬于奉化地, 無後嗣,
封域崩夷。朴知縣泰迪[4], 慨然慕其義, 捐俸堅碣。【權斗經[5]撰誌[6]】

보충

권두경(權斗經, 1654~1725)이 찬한 묘갈명

증예조참의 류공 묘갈명 병서

만력 임진년(1592)에 나라는 오랑캐로부터 침략을 당했다. 정자(正

---

2 文溪祠(문계사): 文溪書院. 향현사와 1685년에 창건된 문계정사가 합하여 1784년 문계서
   원으로 승격되었다. 琴徽, 琴元貞, 琴軸, 柳宗介를 배향하였다.

3 金正言中淸(김정언중청): 正言 金中淸(1566~1629). 본관은 安東, 자는 而和, 호는 晩退
   軒·桃泉·草廬子. 증조부는 영해교수 金世殷이며, 조부는 진사 金廷憲이다. 조부는 퇴계
   이황의 문인으로 1558년에 진사가 되었다. 아버지는 첨지중추부사 金夢虎(1548~1625)이
   며, 어머니 潘南朴氏는 충의위 朴承仁의 딸인데, 그 사이에서 첫째아들로 태어났다. 종외
   조부 朴承任, 趙穆, 鄭逑의 문인이다. 1610년 식년문과에 급제하여 한성부 참군에 임명되
   었다. 1611년 사헌부감찰이 되었으나 곧 파직되었고, 1613년 성균관전적, 예조정랑 겸
   지제교로 승진하였다. 1614년에는 千秋兼謝恩使 許筠의 서장관으로 명나라에 다녀왔다.
   1615년 시강원문학이 되어《선조실록》편찬에 참여하였고, 兼弼善을 거쳐 사간원정언이
   되었다. 이때 이원익을 논죄하라는 대북파의 부탁을 들어주지 않아 파면되었다. 1616년
   신안현감을 지냈으며, 1621년 구미당(九未堂)을 지어 은거할 집을 마련하였다. 1624년
   이괄(李适)의 난 때 영남에서 의병을 일으켰다. 이후에는 한직에 머물러 조정에 나아가지
   않고 학문연구와 후진양성에 힘썼다.

4 朴知縣泰迪(박지현태적): 知縣 朴泰迪(1646~1727). 본관은 潘南, 자는 惠叔. 증조부는
   생원 朴東民이며, 조부는 단양군수 朴煥이다. 아버지는 좌부승지 朴世城이며, 어머니 礪山
   宋氏는 참판 宋時吉의 딸이다. 부인 安東權氏는 집의 權格의 딸이다. 도정을 거쳐 동지중
   추부사를 지냈다.

5 權斗經(권두경, 1654~1725): 본관은 安東, 자는 天章, 호는 蒼雪齋. 忠定公 權橃의 5세손
   으로 조부는 군자감정 權碩忠이다. 아버지는 權濡이며, 어머니는 禮安金氏이다. 부인 義城
   金氏는 金是榲의 딸이다. 李玄逸의 문인이다. 李栽 등과 교유하였다. 1679년 사마시에
   합격하였다. 1689년 문학으로 천거되고, 1694년 학행으로 천거되어 태릉참봉·사용원봉
   사·종부시주부를 거쳐, 형조좌랑을 역임하였다. 1700년 봄 정랑에 승진되었으나 곧 이어
   영산현감으로 부임하였다. 1710년 문과에 급제하였다. 1717년 영남에서 1만여 인의 유생
   들이 상소를 올릴 때 그 상소문을 기초하였다. 1721년 경종이 즉위하자 고산찰방에 임명되
   었으나 얼마 뒤 귀향하였다. 1723년 홍문관부수찬이 되었다.

6 權斗經의《蒼雪齋先生文集》권14〈墓碣銘〉에 실려 있음.

字) 류종개(柳宗介)가 흉복(凶服: 喪服)을 떨쳐 입은 채로 의병을 규합하여 무리에게 약법(約法)을 고한 뒤, 왜적들을 죽이고 기치(旗幟)를 빼앗으며 추격하다가 적의 복병을 만나 혈전을 벌이다 죽었다.

이러한 사실이 조정에 알려지자 참의(參議: 예조참의)에 증직되고 정려가 내려지며 향사(鄕社)에 제사를 받들 수 있게 되었으니 장렬한 죽음에 보답하였다.

묘는 봉화(奉化)의 마장평(馬場坪)에 있고 금부인(琴夫人: 금문순의 딸)이 합장되었는데, 아들 류숙문(柳淑門: 숙문은 柳時亨의 字, 두 딸만 있음)이 후사가 없어서 봉분이 무너져 평평해졌다. 고을 수령 박태적(朴泰迪)이 이를 개탄스럽게 여겨 녹봉을 내놓고 장인을 모아 묘갈을 세워 후세에 알리고서야 무너졌던 묘가 빛났다.

공의 자는 계유, 본관은 풍산이다. 을유년(1585) 문과에 급제하였다. 아버지는 류빈(柳贇, 1520~1591)으로 호가 권옹(倦翁)인데, 역학(易學)으로써 도산(陶山) 이황(李滉) 선생으로부터 인정을 받았다. 공이 세운 것은 근본이 있었던 것이라 하겠다. 명(銘)은 이러하다. '죽고 후사가 없어도, 이름은 썩지 않으리라.'

贈禮曹參議柳公墓碣銘 幷序

萬曆壬辰, 國劍於夷。正字柳公宗介, 奮凶服, 糾義旅, 誓衆約法, 馘賊奪幟, 追奔遇伏, 血戰死之。事聞, 贈參議, 閭旌, 社祭, 義烈酬矣。墓在奉化馬場, 琴夫人祔, 子淑門無嗣, 封夷表闕。朴知縣泰迪, 慨然捐俸, 募工竪碣詔後, 而堙坎顯矣。公字季裕, 豐山人。乙酉文科。父贇, 號倦翁, 以易學見知陶山李先生。公之樹立, 蓋有本云。銘曰: 死無後, 名不朽。

[蒼雪齋先生文集, 권14, 墓碣銘]

07. 홍적

홍적의 자는 태고, 호는 하의, 본관은 남양이다. 영의정에 증직된 치재(耻齋) 홍인우(洪仁祐)의 아들이다. 명종 기유년(1549)에 태어났다. 선조 경오년(1570) 사마시에 합격하고, 임신년(1572) 문과에 급제하였지만 미처 분관(分館)이 되지 못하였다가 권점(圈點)에 따라 옥당(玉堂: 홍문관)에 뽑혔다. 휴가를 받아 호당(湖堂)에서 독서하였다. 홍문관정자에 제수되었고 수찬과 사인을 역임하였다. 신묘년(1591)에 죽었다.

어려서부터 예법(禮法)으로 몸을 단속하고 언행거지도 세속에 휩쓸려 따르지 않았는데, 욕심없이 조용히 지내 자신을 지키느라 남과 교유하는 것을 좋아하지 않았고, 거문고와 책으로 온통 가득한 방에서 종일토록 읊조리며 티끌 한 점의 기운도 전혀 없었으니, 사람들이 그를 마치 신선의 한 사람인 것처럼 바라보았다.

어머니의 상(喪)을 당하여 백씨(伯氏) 당흥공(唐興公: 洪進)과 함께 묘지의 아래에서 여묘살이를 하며 아침저녁으로 올리는 제물을 꼭 손수 차렸고 노복(奴僕)에게 맡기지 않았다. 상복(喪服)을 벗고 나서는 억지로 과거 공부에 힘써서 과거장에 나아가 절구시 1수를 지었으니, 이러하다.

삼년간 묘 살피는 암자에서 지난 잘못을 뉘우쳐서
단지 양심 보존하고 악심 물리쳐 선현 사모했거늘,
지금까지도 온통 생각는 것 명리만 좇는 것일러니
부질없이 푸른 산 마주하고 홀로 부끄러워할 뿐일네.

경오년(1570) 여름 퇴계(退溪: 李滉)·소재(穌齋: 盧守愼) 두 선생에게 가서 배웠으니, 두 선생은 모두 치재(恥齋) 선생과 도의(道義)로 맺은 교우였다. 두 선생이 이루 말할 수 없을 정도로 칭찬하고 격려하면서 말하기를, "응길(應吉)은 죽지 않았구나!"라고 하였는데, 응길은 바로 치재 선생의 자(字)이다.

이때 진신(搢紳: 벼슬아치) 사이에 논의가 일치되지 않아 같거나 다르다는 사사로운 이해에 얽히는 것을 면한 이가 드물었으나, 공은 홀로 변함없이 한쪽으로만 치우치지 않아서 공정하게 듣고 평등하게 대하였으니 시비의 정당함을 잃지 않았다.

정여립(鄭汝立)이 사림들 사이에서 이름을 훔쳐 헛된 명예가 한창 성하였지만, 공은 일찍이 그의 사람됨이 허탄함을 미워한 적이 있어서 그와 교제를 하지 않았다. 옥사(獄事)가 일어났을 때, 온 조정의 진신(搢紳)들이 대부분 연루되어 화(禍)를 입었으나 공에게는 미치지 않았다. 홀로 행하면서도 더럽히지 않았으니 세상의 모범이 드러남을 볼 수 있다.【협주: 한준겸이 찬한 행장에 실려 있다.】

이때 혼례 풍속이 고쳐지지 않아 사위가 처갓집에 가면 3일 만에 동뢰연(同牢宴)을 행하였다. 공은 일찍이 재혼할 때 처갓집과 의논하여 전안(奠鴈)을 올리고 바로 자리에 나아가 음식을 먹는 예를 행하였다. 당시 사람들이 이를 따르니 마침내 풍속이 되었다.

공은 경술(經術)에 해박하고 특히 논사(論思: 견해나 사상에 대한 논변)에 뛰어나니 학사전재(學士全才)로 불렸다. 이때 삼사(三司)에서 이이(李珥)·박순(朴淳)이 붕당을 지어 특정한 이에게만 호의를 보였다며 논핵하였는데, 주상이 진노하여 말한 사람들이 모두 내쫓겼고, 공은 장연현감(長淵縣監)으로 나갔다.

평소 어진 이를 좋아하고 착한 일을 즐겨 하였으며, 그 학문은 어버이를 섬기고 어른을 공경하는 일에서부터 임금에게 충성하고 풍속을 아름답게 하는 일로 미루어 나갔다. 일상생활에서 지켜야 할 떳떳한 도리의 법칙에 힘썼고, 평소 말할 때도 성인(聖人)의 정미(精微)한 말을 앞세우지 않았으니, 또한 군자가 실천한 것을 볼 수 있다.

시를 지을 때 품격이 있고 아름다웠는데《하의시집(荷衣詩什)》220수가 있다. 필법(筆法)은 종요(鍾繇)와 왕희지(王羲之)를 사모하였고, 만년에는 회소(懷素: 당나라 승려)의 글씨를 좋아하였다. 양봉래(楊蓬萊: 楊士彦)가 그의 재주를 칭송하여 당대에 견줄 자가 드물다고 하였다.【협주: 허목이 찬한 묘갈에 실려 있다.】

• 洪迪

洪迪, 字太古, 號荷衣, 南陽人。贈領議政耻齋仁祐[1]子。明宗己酉生。宣祖庚午司馬, 壬申文科, 未分館[2], 準圈[3]玉堂。賜暇湖堂。除弘

---

1 仁祐(인우): 洪仁祐(1515~1554). 본관은 南陽, 자는 應吉, 호는 耻齋. 증조부는 어모상호군 洪貴孫이며, 조부는 사성 洪以平이다. 아버지는 첨지중추부사 洪德演이며, 어머니 龍仁李氏틀 李思良의 딸이다. 부인 順天金氏는 金希稷의 딸이다. 徐敬德·李滉의 문인이다. 1537년 사마시에 합격하였다.《심경》·《근사록》·《중용》·《대학》에 전심하였다. 또한, 성리학에 조예가 깊어 당시 명인들과 강마하고 논란하였다. 盧守愼과 許曄은 학문하는 중에 의심나는 것이 있으면 서신이나 구두로 물었고, 金安國도 홍인우의 학행을 칭찬하였다고 한다. 어버이의 병환으로 의서를 배워 약의 처방을 알았다.
2 未分館(미분관): 조선시대에 새로 문과에 급제한 사람으로서 승문원성균관교서관의 博士 추천을 얻지 못하여 다음 추천을 기다리던 사람. 문과의 급제자 중 甲科 급제자는 바로 임관되나, 乙科와 丙科의 급제자는 출신 가문에 따라 承文院, 成均館, 校書館으로 나누어 權知, 즉 試補로 배치하는 것을 말한다. 분관 절차는 대상자를 成均館博士 3인이 채점하도록 하여 3점 모두 맞은 사람은 승문원으로, 2점 맞은 사람은 성균관으로, 1점 맞은 사람은 교서관으로 각각 나누어서 이를 大臣에게 올려서 박사와 대신이 함께 조정을 한 후, 이조에 보내면 이조에서는 임금에게 보고하여 3관으로 각각 배정시킨다. 무점인 경우에는 다음 합격자 발표를 기다려서 後榜人과 함께 이러한 절차를 밟게 되는데 이들을 未分館人이라 한다. 채점 기준은 家門인데, 명문가의 자제는 승문원, 시골 양반의 경우에는 성균관, 서얼은 교서관으로 배정된다
3 準圈(준권): 벼슬아치를 뽑을 때, 국가의 규정에 따라 후보자의 성명 위해 권점을 찍어 뽑는 일.

| 文正字, 歷修撰·舍人。辛卯卒。

自幼少時, 以禮法律身[4], 言行擧止, 不循流俗, 恬靜自守, 不喜交遊,
一室琴書, 終日嘯詠, 都無一點塵土之氣, 人望之若神仙中人。

丁母夫人憂, 與伯氏唐興公廬于墓側, 朝夕饋奠, 必親自供具, 不委
諸奴僕。服旣闋, 强而做擧業, 臨場作一絶, 有曰：“三載墳庵[5]悔昔愆,
只將存省慕前賢。如今一念名場[6]上, 空對春山獨憮然。”

庚午夏, 往學於退溪·穌齋兩先生, 兩先生皆恥齋先生道義之交也。
兩先生, 極加稱奬, 以爲：“應吉不亡!”應吉卽恥齋先生字也。

是時, 搢紳之間, 論議攜貳, 鮮免同異之私, 而公獨介然不偏, 公聽並
觀[7], 不失是非之正。

鄭汝立, 竊名士林中, 虛譽方盛, 公嘗惡其爲人詭誕, 不與之接。逮
獄起, 滿朝搢紳, 多被連累之禍, 而於公則不及焉。盖可見獨行不汚,
爲世表著也。【韓浚謙[8]撰行狀】

時禮俗不修, 壻至婦家三日, 乃行同牢宴[9]。公嘗再娶, 議於女氏, 奠
鴈[10]乃行就食之禮。一時從之, 遂爲成俗。

公博於經術, 尤善於論思, 稱學士全才。時三司論劾李珥·朴淳[11]朋

---

4 律身(율신): 자기자신을 단속함.

5 墳庵(분암): 묘를 보살피기 위해 세운 암자.

6 名場(명장): 名利를 추구하는 곳.

7 公聽並觀(공청병관): 다른 의견들을 공정하게 들어주고 사람과 일에 있어서 평등하게
   대하는 것. 《漢書》〈鄒陽傳〉에 "공정하게 듣고 평등하게 보면 당대에 밝음을 드리울 것이
   다.(公聽並觀, 垂明當世。)"라고 하였다.

8 韓浚謙(한준겸, 1557~1627): 본관은 淸州, 자는 益之, 호는 柳川. 증조부는 정선군수 韓承
   元이며, 조부는 中樞府經歷 韓汝弼이다. 아버지는 宗簿寺主簿 韓孝胤이며, 어머니 平山申
   氏는 禮賓寺正 申健의 딸이다. 부인 昌原黃氏는 예조좌랑 黃珹의 딸이다. 1579년 생원진
   사 양시에 합격하고, 1586년 별시문과에 급제하였다. 딸이 仁烈王后로 책봉되자 領敦寧府
   事로 西平府院君에 봉해졌다.

9 同牢宴(동뢰연): 재래식 혼례에서 신랑과 신부가 교배를 마치고 나서 서로 술잔을 나누던
   잔치.

10 奠鴈(전안): 奠鴈禮. 신랑이 말에서 내리고 기러기를 올리는 예식.

黨偏私, 上怒, 諸言事者, 皆斥去, 公出長淵縣監。

平生好賢樂善, 其學自事親敬長, 推至於忠君善俗。用力於彛倫日用之則, 而不失[12]聖人之精微, 亦可見君子之實踐。

爲詩, 氣格奇麗, 有《荷衣詩什》二百二十。筆法, 慕鍾王, 晩好懷素書。楊蓬萊稱其才, 當世罕比云。【許穆撰墓碣】

보충
허목(許穆, 1596~1682)이 찬한 묘갈명

하의 홍공 묘갈명

홍씨(洪氏)는 남양(南陽)에서 대대로 살아온 문벌이 좋은 집안으로 그 선조(先祖)가 당(唐)나라에서 나온 사실이 당성(唐城: 남양의 옛 이름)의 옛 사적에 있다. 고려 때 예사(禮史) 홍복(洪復)과 첨서밀직부사(簽書密直副使) 홍유도(洪由道)가 보첩(譜牒)에 실려 있다. 우리 조선에 들어와서는 장양공(莊襄公) 홍사석(洪師錫)이 있었으니, 공에게 6대조가 된다. 3대조로 성균사성(成均司成)을 지내고 이조판서에 증직된 홍이평(洪以平)이 있다. 판서는 첨지중추를 지내고 좌찬성에 증직된 홍덕연(洪德演)을 낳았고, 찬성은 성균 생원이고 영의정에 증직된 홍인우(洪仁祐)를 낳았는데 세상사람들이 치재(恥齋) 선생이라 일컫는 분이

---

11 朴淳(박순, 1523~1589): 본관은 忠州, 자는 和叔, 호는 思菴. 증조부는 殷山郡事 朴蘇이며, 조부는 성균관사 朴智興이다. 아버지는 右尹 朴祐이며, 어머니는 棠岳金氏이다. 기묘명현 牧使 朴祥의 조카이다. 徐敬德의 문인이다. 1540년 사마시에 합격하고, 1553년 식년문과에 장원급제하였다. 1561년 홍문관응교로 林百齡의 시호 제정 문제에 관련, 尹元衡의 미움을 받고 파면되어 나주로 돌아왔다. 1565년 대사간, 1566년 부제학에 임명되고, 이어 이조판서와 예조판서를 겸하였다. 1579년에는 영의정에 임용되어 정승으로 15년간 재직하였다. 李珥가 탄핵되었을 때 옹호하다가 도리어 兩司(사헌부와 사간원)의 탄핵을 받고 스스로 관직에서 물러나 永平 白雲山에 암자를 짓고 은거하였다.

12 不失(불실): 不先의 오기.

다. 선생은 순천김씨(順天金氏)에게 장가들었는데, 지난 옛날의 재상 양경공(襄景公) 김승주(金承霔)의 후예이자 청도군수(淸道郡守) 김희직(金希稷)의 딸이다. 두 아들을 두었는데, 장남 홍진(洪進)은 제일 귀하게 되었으니 시호는 단민(端敏)이고 삼대에 걸친 봉작(封爵)하는 은전(恩典)이 있게 된 것이다.

공은 차남으로 태어났으니, 휘는 적(迪), 자는 태고(太古), 별호는 양재(養齋), 또 하의(荷衣)라고도 하였다. 태어난 지 6년 만에 선 선생(先先生, 부친 치재 선생)이 세상을 떠났다. 공은 어려서 아버지를 여의었으나 스스로 배우기에 힘쓸 줄을 알아 열여덟아홉에 이미 재주와 학식으로 소문이 났다. 동호(東湖)에서 글을 읽을 적에 호당(湖堂: 독서당의 별칭)의 학사들과 주고받은 작품들이 있었는데, 당대에 사람들이 입에서 입으로 전하며 앞다투어 외웠다.

선부인(先夫人: 모친)의 상(喪)을 당하자, 형과 함께 묘지의 아래에서 여묘살이를 하며 아침저녁으로 올리는 제물을 꼭 손수 차리면서 3년을 마쳤다. 선 선생이 거업일기(居業日記: 학업일기)를 남겼는데, 공이 이를 보고서 분발하여 더욱 스스로를 경계하고 노력하고자 부친의 벗들에게 가르침을 청하자, '몸을 움직일 때는 포악함과 오만함을 멀리하고, 안색을 바르게 할 때는 믿음직스러움에 가깝게 하고, 말을 할 때는 비루하고 어긋남을 멀리할 것이다.'라는 경계를 얻어 평생토록 잊지 않았고, 또한 날마다 행한 일을 기록하여 스스로 반성하였다.

21세 때에는 종가(宗家)에 후사가 끊어져 종숙부 평산도호부사(平山都護府使) 홍인범(洪仁範)의 후사(後嗣)가 되었다. 부사는 사성공(司成公: 홍이평)의 장남인 생원 홍덕준(洪德濬)의 아들이자, 그리 오래지 않은 때의 어진 공자(公子)인 주계군(朱溪君) 이심원(李深源)의 외손이다. 이듬해(1570) 진사가 되어 영남을 유람하다가 도산(陶山)에서 이 선생

(李先生: 이황)을 만나 뵙고 학문하는 요체를 들었다. 이 선생이 감탄하며 말하기를, "참으로 훌륭하다. 내 벗은 죽지 않았구나."라고 하였다.

융경 6년(1572) 별시문과에 병과(丙科)로 급제하여 승문 권지(承文權知)에 보임되었다가 곧이어 사국(史局)에 천거되었고, 이어 독서당(讀書堂)에 뽑혔다. 갑술년(1574) 홍문정자(弘文正字)가 되어 경연(經筵)에 입시(入侍)하였는데, 주상이 하늘이 하늘이 된 까닭과 육합(六合: 천지와 사방) 밖의 일까지 미치어 묻자, 뭇 신하들이 아무도 대답하지 못하였으나, 공이 아뢰기를, "학문을 닦는데 귀한 것은 평이하고 실질적인 것이니, 높은 것을 다하고 먼 것을 지극히 하는 것(역자 주: 老佛의 현모하고 황당한 것)은 할 수 없을 듯합니다."라고 하였다. 주상이 말하기를, "천도(天道)의 미묘함을 어찌하여 강론하지 않는 것인가?"라고 묻자, 수찬(修撰) 김우옹(金宇顒)이 말하기를, "드러난 것과 숨겨진 것은 한 이치이지만, 사람으로서 해야 할 일이 더욱 절실하여 학문이란 아래로 인간의 사리를 배우고 위로 하늘의 도리에 통하는 것에 달려 있으니, 홍적의 말이 옳습니다."라고 하였다. 이때 백씨(伯氏: 洪進)가 저작(著作)이 되자, 공이 극력 사피(辭避)하여 서반(西班: 武班)에 있었다. 1년이 지나 다시 옥당(玉堂: 홍문관)으로 들어가 저작과 박사로 전직(轉職)하였으며, 정축년(1577) 부수찬으로 승진하였고 여러 차례 자리를 옮겨 예조와 병조의 좌랑에 지제교를 겸하였다. 경진년(1580) 예조정랑으로 승진하였고, 신사년(1581) 병조정랑으로 옮겨서 암행어사가 되어 경기지방의 사정이나 형편을 살피고는 수찬이 되었다가 교리로 승진하였고, 계미년(1583) 정언을 거쳐 다시 수찬에 제수되었다. 공은 전후로 옥당에 10년이나 있었다.

공은 경학(經學)에 해박하고 특히 논사(論思: 견해나 사상에 대한 논변)에 뛰어나니 학사전재(學士全才)로 불렸다. 이때 양사(兩司: 사헌부와 사간원)에서 이이(李珥)가 권세를 제멋대로 부린다며 논핵하였다가 말한 사람들이 모두 죄를 얻자, 옥당에서 차자(箚子)를 올려 말하기를, "대간(臺諫)들이 이이가 편벽되거나 사사로움에 얽매이는 것을 언급하지 않고 그가 한 일의 실언(失言)만을 들어 논했지만 지나쳤습니다. 그러나 사실에 의거하여 죄목을 들춰내어 죽 늘어놓은 것이지 터럭만큼도 사사로움은 없었습니다. 전하가 단지 이이가 민첩하고 재주가 많다는 것만으로 그와 함께 지치(至治)를 이룩할 수 있다고 여기시지만, 참으로 사람을 아는 명철함은 요제(堯帝)도 어렵게 여긴다고 했습니다."라고 하였다. 이에, 주상이 진노하여 옥당의 관원들을 모두 내쫓았다. 공은 장연현감(長淵縣監)으로 나갔는데, 《장연성갈지(長淵城碣誌)》가 있다. 4년이 지나 병으로 사직하고 돌아왔다. 무자년(1588) 또 병조정랑에 서용(敍用)되었고, 기축년(1589) 교리로 옮겼다가 재차 독서당(讀書堂)에 뽑혔고, 도당(都堂: 의정부의 별칭)의 검상(檢詳)이 되었다가 얼마 되지 않아 사인(舍人)으로 승진하였고, 겨울에 집의를 거쳐 다시 사인이 되었다. 그해 12월에 양모(養母) 김 부인(金夫人: 光山金氏 金寧胤의 딸)이 죽었다.

신묘년(1591) 양모의 상기(喪期)를 미처 마치지 못하고 공이 7월 12일에 죽으니, 향년 43세였다. 주상이 지난날 시종신(侍從臣)이라 하여 특별히 부의(賻儀)를 하사하였으며, 당대의 선비들은 공의 단명을 탄식하고 슬퍼하지 않는 이가 없었다. 그해 9월 모일(某日)에 도봉산(道峯山) 아래 회룡동(回龍洞) 간향(艮向)의 언덕에 안장하였다.

공은 타고난 성품이 영특하였으니 집안에 전해온 선친의 가르침을 이어받아 실추시키지 않고 일찍부터 나아갈 방향을 정했으며, 또 군자의 문하에 유학하여 몸가짐이 예법에 맞았다. 조정에 들어선 지 20여 년 동안 붕당의 틈바구니 속에서 세상의 도의가 크게 무너진

때에도 공은 꿋꿋하게 우뚝 서서 세속을 따라 그릇되이 함부로 남을 따르지 않아서 선비들로부터 추앙을 받았다. 정여립(鄭汝立)이란 자는 애초에 학식이 많다 하여 발탁되었으니 당시 그를 따르는 자가 많았지만, 공이 말하기를, "이 사람은 허탄하다."라고 하면서 이윽고 그와의 유대 관계를 끊어 버렸다. 역모의 고변사건이 일어났을 때, 사화(士禍)가 크게 일어났으나 공에게는 미치지 않았다.

공은 평소 어진 이를 좋아하고 착한 일을 즐겨 하였으며, 그 학문은 어버이를 섬기고 어른을 공경하는 일에서부터 임금에게 충성하고 풍속을 아름답게 하는 일로 미루어 나갔다. 일상생활에서 일어나는 인간사의 법칙에 힘썼고, 평소 말할 때도 성인(聖人)의 정미(精微)한 말을 앞세우지 않았으니, 군자로서의 학문에 방도와 순서가 있음을 볼 수 있다.

시를 지을 때도 품격이 있었는데, 또한 아름다워서 읊조릴 만한 것으로 《하의시집(荷衣詩什)》 220수가 있다. 필법(筆法)은 종요(鍾繇)와 왕희지(王羲之)를 사모하였고, 만년에는 회소(懷素: 당나라 승려)의 글씨를 좋아하였다. 양봉래(楊蓬萊: 楊士彦)가 그의 재주를 칭송하여 당대에 견줄 자가 드물다고 하였다.

공의 첫째부인 당진한씨(唐津韓氏)는 대사헌 한숙(韓淑)의 손녀요 별좌(別坐) 한열(韓說)의 딸인데, 아들이 없었다. 둘째부인 청주한씨(淸州韓氏)는 영의정에 추증된 한효윤(韓孝胤)의 딸이다. 총명한데다 효성과 우애가 깊었으며, 경서와 사서에 통하고 예의(禮義)에 밝았으며, 일에 앞서 살피고 조심하여 조금의 실수가 없었다. 공 또한 일이 있으면 반드시 부인에게 물어서 마치 어진 친구처럼 공경하고 정중히 대하였다. 부인은 공보다 한 살 아래인데, 공이 죽던 해 10월 5일에 죽어서 공과 같은 언덕에 합장하였다. …(이하 생략)…

荷衣洪公墓碣銘

洪氏, 南陽大族, 其先出自唐, 事在唐城古事. 麗時, 有禮史復·簽書密直副使由道, 著於譜牒. 入本朝, 有莊襄公師錫, 於公爲六世祖. 三世有成均司成贈吏曹判書以平. 判書生僉知中樞贈左贊成德演, 贊成生成均生員贈領議政仁祐, 世所稱恥齋先生者也. 先生娶順天金氏, 前古相襄景公承霆之後, 而淸道郡守希稷之女也. 有子男二人, 長男進, 最貴, 諡端敏, 推恩有三世封爵. 公爲次男, 諱迪, 字太古, 別號養齋, 又曰荷衣. 生六年, 先先生歿. 公幼孤而能自知力學, 十八九, 旣以才學發聞. 嘗讀書東湖, 湖堂諸學士, 有酬唱作, 爭傳誦一時. 有先夫人喪, 與伯氏廬於墓下, 朝夕饋奠, 必躬執供具, 以終三年. 先先生有居業日記, 公慨然益自飭礪, 請敎於父友, 得'動容貌斯遠暴慢, 正顔色斯近信, 出辭氣斯遠鄙倍'之戒, 終身誦之, 亦日記行事以自省. 二十一, 宗家乏嗣, 爲後於從叔父平山都護府使仁範. 府使, 司成公長男生員德濬之子, 而中古賢公子朱溪君深源之外孫也. 明年, 成進士, 遊嶺南, 見李先生於陶山, 聞爲學之要. 李先生嘆之曰: "善乎! 吾友不亡矣." 隆慶六年, 別試丙科及第, 補承文權知, 俄薦史局, 仍選書堂. 甲戌, 爲弘文正字, 侍經筵, 上問天之所以爲天, 以及六合之外, 群臣莫對, 公曰: "學貴平實, 窮高極遠, 恐不可." 上曰: "天道之微, 何以不講?" 修撰金宇顒曰: "顯微一理, 然人事尤切, 爲學在下學上達, 某之言是也." 時伯氏方爲著作, 公力辭居西班. 一年, 復入玉堂, 轉著作·博士, 丁丑, 陞副修撰, 累遷禮曹·兵曹佐郎兼知製敎. 庚辰, 陞禮曹正郎, 辛巳, 移兵曹, 以繡衣, 廉問畿甸, 拜修撰, 陞校理, 癸未, 以正言復爲修撰. 公前後在玉堂十年. 公博於經學, 尤善於論思, 稱學士全才. 時兩司論劾李珥用事專恣, 諸言事者皆得罪, 玉堂上箚曰: "臺諫不言珥之偏私, 論其事爲之失言則過矣. 然因事論列, 無一毫私也. 殿下徒以珥敏捷多才, 謂可與興至治, 信乎知人則哲, 帝亦難之矣." 上怒玉堂盡斥去. 公出長淵縣監, 有長淵城碣誌. 四年, 以疾謝歸. 戊子, 乃敍爲兵曹正郎, 己丑, 移校理, 再選書堂, 爲都堂檢詳, 尋陞舍人, 冬以執義, 復爲舍人.

其十二月, 所後母金夫人歿。辛卯, 喪制未終, 而公歿, 七月十二日, 年
四十三。上以前日侍從, 特賜賻儀, 一時士莫不咨嗟悼其無命。其九月
某日, 葬于道峯山下回龍洞艮向之原。公天品穎悟, 旣有家庭遺敎不
墜, 早得向方, 又游君子之門, 行己有禮。立朝二十餘年, 當朋黨之際,
世道大壞, 公介然特立, 不循俗詭隨, 爲士類所推重。鄭汝立者, 初以
多學拔擢。一時多趨之者。而公曰:“此人詭誕.”因絶之。及上變事作,
士禍大起, 而公不及焉。公平生好賢樂善, 其學自事親敬長, 推至於忠
君善俗。用力於日用人事之則, 而恒言不先聖人之精微, 可見君子之
學, 有方有序。爲詩, 有氣格, 亦奇麗可誦, 有《荷衣詩什》二百二十。筆
法, 慕鍾·王, 晩好懷素書。楊蓬萊稱其才, 當世罕比云。公初娶唐津韓
氏, 大司憲淑之孫, 別坐說之女, 無子。後娶淸州韓氏, 贈領議政孝胤
之女也。聰明有孝友行, 通書史, 曉達禮義, 能先事審愼, 不失錙銖。公
亦有事則必諮之, 敬重如良友。夫人少於公一年, 公歿之年十月五日,
夫人歿。祔葬同原。…(이하 생략)…

[記言別集, 권20, 丘墓文]

08. 류복기

류복기의 자는 성서, 호는 기봉, 본관은 전주이다. 집현제학 류의손 (柳義孫)의 5대손이다. 명종 을묘년(1555)에 태어났다. 벼슬은 예빈 시 정을 지냈다. 광해군 정사년(1617)에 죽었다. 안동의 기양리사 (岐陽里社)에 향사하였다.

일찍이 외삼촌 학봉(鶴峯) 김 선생(金先生: 김성일)을 따르며 배웠는 데, 한강(寒岡) 정구(鄭逑) 선생이 매양 말하기를, "류복기는 더불어 심성을 논할 만하다."라고 하였다.

임진년(1592)의 왜란 때 김해(金垓)·배용길(裵龍吉)과 함께 의병을 일으켰다. 김해가 계림(鷄林)의 진중(陣中)에서 죽어 군사들이 마음속 으로 위태롭게 여겨 두려워하자, 부군이 더욱 분발하여 힘쓰도록 하 였다. 일을 같이 도모하는 여러 사람들과 팔공산(八公山)에서 맹세하 며 함께 죽기로 약속하니 한 방면이 믿고 두려워하지 않았다. 병란 후에 굶주리거나 굶주려 죽은 백성들이 길에 널려 있으니, 공이 길가 에 가마솥을 걸고 매일 죽을 끓여서 먹여 살린 자가 매우 많았다.【협주: 후손 류정원이 찬한 묘표에 실려 있다.】

• 柳復起

柳復起, 字聖瑞, 號岐峯, 全州人。集賢提學義孫[1]五代孫。明宗乙卯

---

1   義孫(의손): 柳義孫(1398~1450). 본관은 全州, 자는 孝叔, 호는 檜軒·聾巖. 증조부는 柳濕 이며, 조부는 柳克恕이다. 아버지는 직제학 柳濱이며, 어머니 德山尹氏는 尹邦益의 딸이 다. 첫째부인 河陰奉氏이며, 둘째부인 坡平尹氏이다. 1419년 생원시에 합격하고, 1426년 식년문과에 급제하였다. 그 뒤 검열을 거쳐, 감찰·수찬을 역임하였다. 1436년 문과 중시에 급제하고 직제학에 올랐다. 동부승지를 거쳐 도승지가 되었으나 학문에만 능할 뿐, 과단성

生。官禮賓寺正。光海丁巳卒。享安東岐陽里社[2]。

早從舅氏[3]金鶴峯先生學, 鄭寒岡先生, 每曰: "柳復起, 可與論心."
壬辰寇難, 與金公垓·裵公龍吉, 共倡義旅。及金公歿于雞林陣中,
軍情危懼, 公益自奮勵。與同事諸人, 盟于八公山, 期以共死, 一方恃
而無恐。兵荒[4]之餘, 餓殍載路, 公設釜路傍, 日作糜粥, 賑活甚多。【後
孫正源[5]撰墓表】

보충

류정원(柳正源, 1703~1761)이 찬한 묘지

6대조고 통훈대부 예빈시정 증통정대부승정원좌승지 겸 경연참찬관 부군 묘지

부군(府君)의 성씨는 류씨, 휘는 복기, 자는 성서, 호는 기봉, 선계(先系)

이 결여되어 사무처리는 좌부승지인 黃守身에게 맡겨서 처리하게 하였다. 1447년 이조참판 역임 시 東班職에 있던 우부승지 金有讓의 아들을 잘못 西班職에 옮겨놓은 죄로 파직되었다.

2 岐陽里社(기양리사): 岐陽書堂. 경상북도 안동시 임동면 수곡리에 있는 서당. 柳義孫과 柳復起의 위패를 봉안하고 제향하는 서당이다.

3 舅氏(구씨): 외숙. 柳復起의 어머니 의성김씨는 金璡의 딸이다. 김진은 김성일의 아버지이다.

4 兵荒(병황): 전쟁. 난리.

5 正源(정원): 柳正源(1703~1761). 본관은 全州, 자는 淳伯, 호는 三山. 조부는 柳相時이다. 아버지는 柳錫龜이며, 어머니 延安李氏는 李天麟의 딸이다. 첫째부인 宣城李氏는 李曦의 딸이며, 둘째부인 務安朴氏는 朴廷煥의 딸이다. 1729년 생원시를 합격하고, 1735년 증광문과에 급제하였다. 부친상을 당하여 오랫동안 관직에 나아가지 않았다. 1749년 성균관전적을 거쳐 자인현감이 되었다. 1752년 鄭羽良의 천거로 사헌부지평에 임명되었으나 나아가지 않았다. 1754년 세자시강원필선이 되었고, 이때 莊獻世子의 보도에 능력을 발휘하여 영조의 신임을 받았다. 같은 해 홍문관수찬과 사간원사간을 거쳐 교리에 임명되었다가, 통천군수로 나갔다. 1758년 춘천현감에 부임하였다. 그 뒤 사간원대사간과 호조참의에 임명되었다.

는 전주에서 나왔다. 8대조 휘 류습(柳濕)은 장령(掌令)에 추증되고 완산
백(完山伯)에 봉해졌으며, 부인 전주최씨(全州崔氏)는 삼한국대부인(三韓
國大夫人)에 봉해졌다. 7대조 휘 류극서(柳克恕: 류습의 2남)는 보문각
직제학을 지냈으며, 6대조 휘 류빈(柳濱)은 응교를 지내고 참판에 증직되
었다. 5대조 류의손(柳義孫: 류빈의 1남)은 집현전에 선발되어 들어갔고,
관직은 참판 겸 직제학에 이르렀다가 만년에 전주로 물러났으니 병으로
사직하고 벼슬길에 나아가지 않은 것이며, 호는 회헌(檜軒)이다. 고조부
휘 류계동(柳季潼)은 곧 집의를 지내고 이조참판에 증직된 휘 류말손(柳末
孫: 류빈의 3남)의 셋째아들로 도승지에 증직되었다. 증조부 휘 류식(柳軾)
은 홍문관 전한을 지내고 이조참판에 증직되었다. 조부 휘 류윤선(柳潤
善)은 인의(引儀)를 지냈다. 아버지 휘 류성(柳城)은 사복시 정에 증직되었
으며 요절하였다. 어머니 숙인(淑人) 문소김씨(聞韶金氏: 의성김씨)는 판
서에 증직된 김진(金璡)의 딸인데, 몸이 야윌 만큼 몹시 슬퍼하다가
부군(夫君)의 뒤를 이어 죽었다. 이러한 사실이 알려져 정려가 내려졌다.
부군은 가정(嘉靖) 34년 을묘년(1555) 10월 23일에 태어났다.

　어려서부터 지극한 성품이 있었으니, 여덟아홉살 때 부모를 잃고
상례를 치르는 모습이 마치 성인(成人)과 같았다. 외왕고(外王考: 외조
부) 판서공(判書公: 金璡)이 어린 고아를 가엾게 여겨서 자신의 집으로
데려다가 길렀는데, 음식과 잠자리가 모두 법도가 있었으며, 외삼촌
학봉(鶴峯: 金誠一) 선생에게 가르침을 받았다. 성장해서는 문행(文行:
학문과 덕행)과 덕량(德量: 덕스러운 도량)으로 일컬어졌다. 조모 박씨(朴
氏)를 칠순이 넘도록 부군은 힘을 다해 봉양하였고, 일찍 과부가 되어
의지할 곳이 없던 숙모 권씨(權氏)를 자신의 집에 모셔다가 마치 낳아
준 사람처럼 섬겼다.

　임진년(1592) 왜란 때 한림(翰林) 김해(金垓)·한림 배용길(裵龍吉)과

함께 의병을 일으켰다. 김해가 계림(鷄林: 경주) 진중(陣中)에서 죽어 일군(一軍)의 사기가 꺾이자, 부군이 더욱 분발하여 힘쓰도록 하였다. 병신년(1596) 도내(道內)의 여러 의사(義士)들과 팔공산(八公山)에서 모여 맹세하였다. 정유년(1597) 화왕성(火旺城)으로 가서 곽재우(郭再祐)와 함께 힘을 다해 굳게 지켜서 끝내 성을 보호하는 공을 세웠다. 병란 후에 굶주리거나 굶주려 죽은 백성들이 길에 널려 있으니, 부군이 길가에 가마솥을 걸고 매일 죽을 끓여서 먹여 살린 자가 많았다.

이때 재상 류영경(柳永慶)이 단문친(祖免親: 가까운 친척)이었는데 부군의 행의(行誼)를 사모하여 만나 보려고 하였지만, 끝내 가지 않았다. 만년에 거처하던 곳의 남쪽에 집을 짓고 이름을 기양서당(岐陽書堂)이라 하고는 매일 그곳에서 지내며 경서와 사서에 파묻혔는데, 사람들이 도저히 그 속을 엿볼 수가 없었다.

덕성이 깊고 후하였고 행실이 확실하였는데, 한강(寒岡) 정구(鄭逑) 선생은 매우 감복하여 일찍이 말하기를, "류 아무개는 더불어 심성을 논할 만하다." 하였고, 식암(息庵) 황섬(黃暹)이 천거하여 말하기를, "그의 곧음은 화살 같다." 하였고, 표은(瓢隱) 김시온(金是榲) 또한 이르기를, "행의(行誼)와 학식(學識)이 없어져 전해지지 않게 해서는 안 된다."라고 하였으니, 부군을 중히 여겼음이 이와 같았다.

만력(萬曆) 45년 정사년(1617) 2월 예빈시 정(禮賓寺正)에 제수되었다. 그러나 3월 22일에 집에서 죽었으니 향년 63세였다. 임하현(臨河縣) 임당산(林塘山) 병향(丙向) 언덕에 장사 지냈으니, 시정공(寺正公: 부친 류성)의 묘 뒤편이다. 손자 류지(柳榰)가 귀하게 됨으로써 좌승지에 증직되었다. 부인 숙부인(淑夫人) 영덕정씨(盈德鄭氏)는 참봉 정진(鄭溍)의 딸로 가정(嘉靖) 계축년(1553)에 태어나 천계(天啓) 계해년(1623)에 죽었으니 향년 71세였다. 부군의 묘 앞의 오향(午向)에 합장하였다.

… (이하 생략) …

六代祖考通訓大夫禮賓寺正贈通政大夫承政院左承旨兼經筵參贊官府君墓誌

府君姓柳氏, 諱復起, 字聖瑞, 號岐峯, 系出全州。八世祖諱濕, 掌令·完山伯。配全州崔氏, 封三韓國大夫人。七世祖諱克恕, 寶文閣直提學, 六世祖諱濱, 應教贈參判。五世祖諱義孫, 選入集賢殿, 官至參判兼提學, 晚退全州, 謝病不仕, 號檜軒。高祖諱季潼, 卽執義, 贈吏曹參判諱末孫第三子, 贈都承旨。曾祖諱軾, 弘文館典翰, 贈吏曹參判。祖諱潤善, 引儀。考諱城, 贈司僕寺正, 早卒。妣淑人聞韶金氏, 贈判書璡女, 哀毀繼歿。事聞旌閭。府君以嘉靖三十四年乙卯十月二十三日生。自幼有至性, 八九歲失怙恃, 執喪如成人。外王考判書公, 憐其幼孤, 鞠養於家, 飮食寢處, 皆有法度, 受業于仲舅鶴峯先生。旣長, 以文行德量稱。祖母朴氏年踰七耋, 府君竭力奉養, 叔母權氏, 早寡無依, 迎致于家, 如事所生。壬辰寇難, 與翰林金公垓·翰林裵公龍吉, 共倡義旅。及金公歿于雞林陣中, 一軍喪氣, 府君益自奮勵。丙申, 與道內諸義士, 會盟于八公山。丁酉, 赴火旺城, 與郭公再佑, 幷力固守, 卒成保障之功。兵荒之後, 餓殍載路, 府君設釜路傍, 日作糜粥, 賑活甚多。時相永慶, 爲祖緦親, 慕行誼, 欲要見, 終不往。晚年築室于所居之南岸, 命曰岐陽書堂, 日處其中, 酣飫書史, 人不能窺其際。蓋其德性深厚, 操履確實, 寒岡鄭先生述, 甚敬服, 嘗曰:“柳某, 可與論心。”黃息庵暹薦曰:“其直如矢。”金瓢隱是榲。亦謂:“行誼學識, 不可泯沒無傳。”其見重如此。萬曆四十五年丁巳二月, 除禮賓寺正。三月二十二日, 考終于正寢, 享年六十三。葬于臨河縣東林塘山丙向之原, 在寺正公墓後。以孫楮貴, 贈左承旨。配淑夫人盈德鄭氏, 參奉潛女, 生以嘉靖癸丑, 歿以天啓癸亥, 享年七十一。祔葬于府君墓前午向。… (이하 생략) …

[三山先生文集, 권6, 墓誌]

09. 김득연

김득연의 자는 여정, 호는 갈봉, 본관은 광주(光州: 光山)이다. 유일재 김언기(金彦璣)의 아들이다. 명종 을묘년(1555)에 태어났다. 선조 계묘년(1603: 광해 임자년의 오기, 1612)에 사마양시에 합격하였다. 인종(仁宗: 仁祖의 오기) 정축년(1637)에 죽었다.

임진란 때 공과 사우(士友)들이 의병을 일으켰는데, 공은 항상 군량을 관장하였다. 이때 경리(經理) 양호(楊鎬)가 공에게 시를 주며 말하기를, "주자와 정자의 학문이다."라고 하였으며, 그의 종사관 장무덕(張懋德: 양호의 막하)이 공에게 준 서문에 이르기를, "갈봉은 실로 뛰어난 군자이다. 그가 나와서 접견하면서 예법에 맞는 몸가짐이며 훌륭한 범절을 보건대 행동하고 그치든, 말하고 침묵하든, 크고 작든, 모두 이치에 부합하였으니, 성현(聖賢)의 문하에서 배운 자가 아니면 할 수가 없다."라고 하였다.【협주: 이광정이 찬한 행장에 실려 있다.】

• 金得研

金得研, 字汝精, 號葛峯, 光州人。惟一齋彦璣子。明宗乙卯生。宣祖癸卯[1]司馬兩試。仁宗[2]丁丑卒。

壬辰亂, 公與士友倡義, 公常管粮餉。時楊經理鎬贈公詩, 有曰: "朱程之學。"其從事張懋德贈公序曰: "葛峯實勝君子也。觀其晉接[3], 威儀大節, 作止語默, 巨細咸宜, 非遊聖之門者, 不能也。"【李光庭撰行狀[4]】

---

1 宣祖癸卯(선조계묘): 光海壬子의 오기.
2 仁宗(인종): 仁祖의 오기.
3 晉接(진접): 나아가 마주 대함.

보충

김굉(金坽, 1739~1816)이 찬한 묘갈명

갈봉 김공 묘갈명 병서

공의 휘는 득연(得硏), 자는 여정(汝精), 호는 갈봉(葛峯), 성씨는 김씨, 선계는 광주(光州: 光山)에서 나왔다. 증조부 김용석(金用石)은 진사를 지냈고 호는 담암(潭菴)이다. 조부 김주(金籌)는 진사를 지냈다. 아버지 김언기(金彦璣)는 곧 유일재(惟一齋) 선생이다. 어머니 영양남씨(英陽南氏)는 주부 남세용(南世容)의 딸이다. 가정(嘉靖) 을묘년(1555) 2월에 공을 낳았다.

공은 타고난 자질이 맑았고 몸가짐이 단정한데다 순수하였으니, 시례(詩禮)를 익히는 여가에 경서와 사서를 섭렵하였으며, 뜻을 굳게 세우고 공부를 지극하게 독실하여 미처 약관이 되기도 전에 이미 발군의 명성이 있었다. 무자년(1588) 부친상을 당하여 여묘살이를 하고 3년상을 마쳤으며, 계모를 섬기면서 사랑과 공경을 모두 다하고 두 아우와 함께 학업을 같이하여서 학문과 행실로 이름이 알려졌다.

임진왜란 때 사우(士友)들과 의병을 일으켰고, 공은 군량을 관장하였다. 천장(天將: 명나라 장수)이 마음으로 감복하여 시문과 서문을 주어 남아 있으니, 세고(世藁)에서 살필 수 있다.

58세(1612) 때 비로소 생원진사 양시에 합격하고는 마침내 명리(名利)의 길에 오를 생각을 끊었다. 선산(先山) 아래에 분암(墳庵: 齋舍)을 짓고 아침저녁으로 묘소를 살폈다. 문을 닫아걸고 조용히 지내며 경전을 읽으면서 스스로 즐거워하였다. 간혹 김계암(金溪巖: 金坽), 배금역(裴琴易: 裴龍吉), 금수정(琴守靜: 琴撥), 권옥봉(權玉峯: 權暐), 권노천

---

4 李光庭의 문집에는 실려 있지 않으나, 유일재 金彦璣와 갈봉 金得硏, 金得礛, 金光源 등이 남긴 문헌을 金範九가 모아서 편찬한 《龍山世稿》 권4에 실려 있음.

(權蘆川: 權泰一) 등 제현(諸賢)들과 도의를 절차탁마하였으며, 바람이 온화하고 날씨가 맑을 때마다 서로 붙들고 낙동강(洛東江) 상류의 수석(水石)이 뛰어난 곳을 소요하며 시를 읊조리다가 돌아왔는데,《낙계회첩(洛契會帖)》이 있다. 원근에서 배우려는 이들이 집으로 찾아와 가르침을 청하면 반드시 자상하게 일깨우고 잘 이끌어주면서 즐거워하였고 게을리하지 않았다.

정축년(1637) 9월에 병으로 자리에 누워 정사(精舍)에서 이계리(伊溪里)로 돌아와 세상을 마치니, 향년 83세였다. 용산(龍山)의 선영 아래에 합장하였다. 부인 함양박씨(咸陽朴氏)는 참봉을 지내고 첨정(僉正)에 증직된 박정정(朴正理)의 딸로 부덕(婦德)이 있었다. 공보다 10년 먼저 죽었는데, 공과 함께 장사지내려고 옮겨 합장하였다. … (중략) …

공은 안으로 어진 부형(父兄)이 있었고 밖으로 어진 붕우(朋友)들이 있었으니, 그 가르침에 물들고 훈도된 방도와 절차탁마하며 강마한 유익함은 실로 사람마다 쉽게 얻을 수 있는 것이 아니었다. 이런 까닭에 끝내 덕과 재능을 갖추어 명분과 행실을 닦았으니, 심지가 깨끗하고 시원하였으며 식견이 너르고 환하였다. 효성과 우애는 사람들의 구설수에도 차이가 없었으며, 충성과 의리는 적개심으로 분발하였다. 천장(天將: 명나라 장수)이 정자(程子)·주자(朱子)의 학문, 자로(子路)의 믿음, 이백(李白)·두보(杜甫)의 시(詩)로써 인정하기에 이르렀으니, 공이 평소 마음에 두고 있던 바를 또한 알 수 있다. 애석하게도 세상에 쓰이지 못해 온축한 바를 펼쳐 보일 수가 없어 자연에서 한평생을 다하고 세상을 떠났지만, 공에게야 또한 무슨 상관이 있겠는가?

후손 김성구(金星九) 등이 장차 공의 양대(兩代) 묘소에 비석을 세우려고 나에게 명(銘)을 청하였는데, 사양해도 되지 않아서 삼가 행장을 참고하여 위와 같이 차례로 적었다. … (이하 생략) …

葛峯金公墓碣銘 幷序

公諱得硏, 字汝精, 號葛峯, 姓金氏, 系出光州。曾祖曰用石, 進士號
潭庵。祖曰籌, 進士。考曰彦璣, 卽惟一齋先生也。妣英陽南氏, 主簿
世容女。以嘉靖乙卯二月日生公。公資稟淸明, 儀狀端粹。詩禮之暇,
博涉經史。立志堅苦, 工夫篤至, 未弱冠已有雋聲。戊子, 丁先君子憂,
廬墓終制, 事繼妣夫人, 愛敬備至, 與二弟同業, 以文行著。壬辰之亂,
與士友倡義, 公管糧餉。天將心服, 有贈遺詩若序, 在世藁中可考也。
年五十八, 始俱中生進, 遂絶意名塗。構墳庵於親山下, 朝暮省埽。杜
門靜居, 日以經籍自娛。間與同志如金溪巖·裴琴易·琴守靜·權玉峯·
權蘆川諸賢, 切劘道義, 每風和景明, 相與提攜, 徜徉於洛江上水石勝
處, 風詠而歸, 有《洛契會帖》。遠近學子, 踵門請業者, 必提撕誘掖。樂
以忘倦。丁丑九月寢疾, 自精舍還伊溪終, 享年八十三。祔葬龍山先墓
下。配咸陽朴氏, 參奉贈僉正珵之女, 有婦德。卒先公十年, 及葬公移
祔焉。…(중략)… 公內有賢父兄, 外有良朋友, 其擩染薰陶之方, 切偲講
劘之益, 實有人人之所未易得者。是以, 卒能陶成德器, 砥礪名行, 襟
懷灑落, 見識通朗。孝友無間於人言, 忠義奮發於敵愾。至天將許之以
程朱之學·子路之信·李杜之詩, 則公之所存, 亦可知也。惜其不售於
世, 不能展布其所蘊, 而沒世林泉, 然於公亦何有哉? 後孫星九等, 將顯
刻公兩世墓, 請銘於不佞, 辭不獲, 謹按狀而序次如右。…(이하 생략)…

[龜窩先生文集, 권11, 墓碣銘]

10. 배용길

배용길의 자는 명서, 호는 금역당, 본관은 흥해이다. 관찰사 배삼익 (裵三益)의 아들이다. 명종 병진년(1556)에 태어났다. 선조 을유년 (1585) 진사시에 합격하였고 세마(洗馬)에 제수되었다. 임인년(1602) 문과에 급제하였다. 한림(翰林)을 거쳐 도사(都事)에 이르렀다. 광해 군 기유년(1609)에 죽었다.

어렸을 때부터 뛰어난 재주가 있었으니, 15세에 《강목(綱目: 思政殿 訓義資治通鑑綱目)》을 한 번 죽 훑어보고서 전질(全帙)을 바로 암송하였 고, 글을 잘 지어 명성이 자자했다.

임진왜란 때 팔도(八道)가 무너지자, 공은 몹시 분개하여 의병을 앞 장서 일으키고는 김해(金垓)와 병력을 합치고 부장(副將)이 되어 〈적을 토벌하니〉 군사들의 기세가 크게 진작되었다.

한원(翰院: 한림원)에 있을 때 《효경(孝經)》의 발문(跋文)을 강론하게 되었는데, 이는 양촌(陽村) 권근(權近)이 지은 것이었다. 공이 나아가 말하기를, "권근은 임금에게 충성하는 것을 알지 못했는데 어찌 《효 경》의 도리를 알겠습니까?"라고 하니, 주상이 이 때문에 강론을 중지 하도록 하였다.

정인홍(鄭仁弘)이 《남명집(南冥集)》의 발문(跋文)에서 구암(龜巖: 李楨 의 호)을 비방하며 그 비방이 퇴계 선생에게까지 미치자, 공은 변설(辨 說)을 지어 매우 심하게 공박하였다.

일찍이 《주자어류(朱子語類)》를 살피다가 말하기를, "부음(訃音)을 듣고 상복을 입는 것에 선후가 있다면 상복을 벗는 것 또한 당연히 선후가 있어야만 한다."라고 하니, 서애(西厓) 류성룡 선생이 답장에서 이르기를, "요즘 사우(士友)들 중에 이와 같은 글이 있는 것을 보지 못하였다."라고 하였다.

성품이 효성스러웠으니, 여섯 살 때 어머니가 머리에 쓰개를 한 것을 보고는 울며 말하기를, "어머니가 늙어서 죽을까 두렵습니다." 라고 하였으며, 감사공(監司公)이 황해도 감영에서 죽어 본도(本道: 황해도)의 부의(賻儀)가 매우 많으니, 공이 말하기를, "상(喪)으로 인하여 재물을 모으면 단지 더욱 불효일 뿐이다."라고 하고는 사양하여 받지 않았다.

한강(寒岡) 정구(鄭逑) 선생이 만년에 공을 언급하며 깊이 탄식하기를, "지금의 세상에 학식이 넓고 성품이 단아하기가 공 같은 자를 얻기 어렵다."라고 하였다.【협주: 김응조가 찬한 행장에 실려 있다.】

• 裵龍吉

裵龍吉, 字明瑞, 號琴易堂, 興海人。觀察使三益[1]子。明宗丙辰生。宣祖乙酉進士, 拜洗馬。壬寅文科。歷翰林, 至都事。光海己酉卒。

與幼有逸才, 一覽《綱目》, 全帙卽成誦, 善屬文, 聲譽藉藉。
壬辰之亂, 八路分潰, 公慨然倡起義旅, 與金公垓[2]合兵, 爲副將, 士

1　三益(삼익): 裵三益(1534~1588). 본관은 興海, 자는 汝友, 호는 臨淵齋. 안동 출신. 증조부는 진사 裵以純이며, 조부는 생원 裵𤍶이다. 아버지는 裵天錫, 어머니 慶州鄭氏는 鄭世豪의 딸이다. 부인 英陽南氏는 南藎臣의 딸이다. 퇴계 李滉 문하에서 수학했다. 1558년 생원시에 합격하고, 1564년 문과에 급제하였다. 성균관학유로부터 시작하여 성균관사예 사성을 거쳐 대사성까지 지냈고, 사헌부장령, 홍문관교리, 사간원사간, 승정원부승지 등 청요직을 두루 거쳤다. 외직으로는 풍기군수와 양양부사를 거쳐 황해도관찰사를 지냈다.

2　金公垓(김공해): 金垓(1555~1592). 본관은 光山, 자는 達遠, 호는 近始齋. 안동시 와룡면 출신. 증조부는 金孝盧이며, 조부는 관찰사 金緣이다. 아버지는 참봉 金富儀, 어머니 安東權氏는 정랑 權習의 딸이다. 부인 眞城李氏는 진사 李宰의 딸이다. 1588년 사마시에 합격하고, 1589년 증광문과에 급제하였다. 승문원정자를 지내고 한림에 선발되어 예문관검열에 제수되었다. 같은 해 10월 鄭汝立의 모반사건이 일어나고, 11월 史局에서 史草를 태운

氣大振。

在翰苑, 將講《孝經》跋文, 乃權陽村近[3]所撰。公進曰: "權近不知忠
於君, 安知《孝經》之義?"上爲之停講。

鄭仁弘跋《南冥集》, 詆龜巖[4]以及於退溪先生, 公作辨說, 攻之甚力。

嘗考《朱子語類》, 以爲: "聞喪成服有先後, 則其除服亦當有先後."西
厓柳先生答書曰: "近來士友中未見有此等文字."

性至孝, 六歲時, 見母夫人着鬠頭而泣曰: "恐母老故也."監司公卒於
海西營, 本道賻贈甚多, 公以爲: "因喪致富, 只益不孝."辭不受。

寒岡鄭先生, 晚年語及於公, 深歎: "今世, 難得博雅如公者."【金應祖
撰行狀[5]】

보충

김응조(金應祖, 1587~1667)가 찬한 행장

증좌승지 행 충청도사 배공 행장

공의 성씨는 배씨(裴氏), 휘는 용길(龍吉), 자는 명서(明瑞), 본관은

사건에 연루되어 면직되었다. 임진왜란이 일어나자 향리 예안에서 의병을 일으켜 嶺南義
兵大將으로 추대되어 안동, 의성, 군위 등지에서 분전하였다.

3 權陽村近(권양촌근): 陽村 權近(1352~1409). 본관은 安東, 초명은 權晉, 자는 可遠·思叔,
   호는 陽村·小烏子. 증조부는 權溥이며, 조부는 檢校侍中 權皐이다. 아버지는 검교정승
   權僖이다. 부인 慶州李氏는 李存吾의 딸이다. 1368년 성균시에 합격하고, 이듬해 문과에
   급제하였다. 이성계의 새 왕조 창업에 중심적인 역할을 했으며, 개국 후 각종 제도정비에
   힘썼다. 河崙 등과 〈東國史略〉을 편찬했다.

4 龜巖(구암): 李楨(1512~1571)의 호. 본관은 泗川, 자는 剛而. 증조부는 李孟柱이며, 조부
   는 李以蕃이다. 아버지는 李湛이며, 어머니 晉州鄭氏는 훈도 鄭賢孫의 딸이다. 퇴계 이황
   의 문인이다. 1536년 별시문과에 급제하였다. 1537년 성절사의 서장관으로 명나라에 다녀
   왔다. 선산부사를 거쳐 1552년 사성, 1553년 청주목사를 지냈다. 1559년 우부승지·좌부승
   지를 거쳐 1560년 병조참의·대사간·호조참의·예조참의를 지내고 경주부윤으로 나갔고,
   다시 순천부사로도 나갔다.

5 배용길의 《琴易堂集》 권7〈부록〉에는 '行狀'이 아니라 '墓碣銘'으로 되어 있고, 그 대신
   柳致明의 행장이 수록되어 있음. 김응조의 《鶴沙先生文集》 권9에는 '행장'으로 실려 있다.

홍해(興海)이다. 고려 삼중대광(三重大匡) 첨의평리(僉議評理) 홍해군 (興海君) 배전(裵詮)의 후예이다. 홍해군은 사복시 정(司僕寺正) 휘 배상지(裵尙志)를 낳았는데, 고려가 망하자 절의를 지켜 은거하면서 호를 백죽당(柏竹堂)이라 하였으며, 후세 사람들이 사당을 세워 제향하였다. 고조부 휘 배이순(裵以純)은 진사를 지내고 우통례(右通禮)에 증직되었으며, 증조부 휘 배헌(裵巘)은 생원을 지내고 좌승지에 증직되었으며, 조부 휘 배천석(裵天錫)은 이조참판에 증직되었다. 아버지 휘 배삼익(裵三益)은 통정대부 황해도관찰사를 지냈고, 어머니 정부인(貞夫人) 영양남씨(英陽南氏)는 처사(處士) 남신신(南藎臣)의 딸이자 호조참판 남민생(南敏生)의 7세손이다. 가정(嘉靖) 병진년(1556) 9월에 공을 낳았다.

어렸을 때부터 뛰어난 재주가 있었으니, 15세에 《강목(綱目: 思政殿 訓義資治通鑑綱目)》을 한 번 죽 훑어보고서 전질(全帙)을 바로 암송하였고, 글을 잘 지어 명성이 자자했다. 을유년(1585) 진사시에 합격하였고, 무자년(1588) 모친상(母親喪: 부친상의 오기)을 당하였고, 갑오년(1594) 세마(洗馬)에 제수되어 지내다가 부솔(副率)로 자리를 옮겼다. 이보다 앞서 감사공(監司公: 부친 배삼익)이 뜻밖의 일에 연좌되어 삭탈 관작되었는데, 이때에 이르러 공이 상소하여 억울함을 하소연하니, 주상이 감사공의 직첩을 돌려주도록 하였다. 을미년(1595)에 체직되었다가 무술년(1598) 안기도찰방(安奇道察訪)에 제수되었고, 신축년(1601)에 체직되었다. 임인년(1602) 문과에 급제하였으며, 계묘년(1603) 선발에 뽑혀 예문관검열이 되었으나 갑진년(1604)에 체직되었다. 을사년(1605) 감찰로 승진하고 병오년(1606) 전적(典籍)에 제수되었으나 모두 부임하지 않았다. 정미년(1607) 충청도사(忠淸都事)에 제수되었는데, 모부인이 가도록 권하였고, 무신년(1608)에 체직되었다,

기유년(1609) 5월 병에 걸려 죽었으며, 9월 도목촌(桃木村) 서쪽에 있는 우모(寓慕) 골짜기 자좌오향(子坐午向)의 언덕에 장사지냈다. 경오년(1630) 선무원종공(宣武原從功)으로 통정대부 승정원좌승지에 추증되었다.

아, 공은 성품이 효성스러웠으니, 여섯 살 때 어머니가 머리에 쓰개를 한 것을 보고는 울며 말하기를, "어머니가 늙어서 죽을까 두렵습니다."라고 하였으며, 감사공(監司公)이 황해도 감영에서 죽자 본도(本道: 황해도)에서 보내는 부의(賻儀)가 매우 많으니, 공이 말하기를, "상(喪)으로 인하여 재물을 모으면 단지 더욱 불효일 뿐이다."라고 하고는 사양하여 받지 않았다.

임진왜란 때 팔도(八道)가 무너지자, 공은 몹시 분개하여 의병을 앞장서 일으키고는 근시재(近始齋) 김해(金垓)와 병력을 합치고 부장(副將)이 되어 〈적을 토벌하니〉 군사들의 기세가 조금 진작되었다.

한원(翰院: 한림원)에 있을 때《효경(孝經)》의 발문(跋文)을 강론하게 되었는데, 이는 양촌(陽村) 권근(權近)이 지은 것이었다. 공이 나아가 말하기를, "권근은 임금에게 충성하는 것을 알지 못했는데 어찌《효경》의 도리를 알겠습니까?"라고 하니, 주상이 이 때문에 강론을 중지하도록 하였다.

좌호막(佐湖幕: 충청도도사)이었을 때 감사(監司)를 대신해 상소문을 지어 천아(天鵝: 고니)를 진상하는 폐단을 진달하였고, 그 일이 마침내 그만 중지되어 백성들은 그 은혜를 입었다.

평소에는 새벽에 일어나 의관을 정제하고는 대부인에게 문안하고 사당에 배알하였다. 물러나서 조용한 방에 머물며 종일토록 책을 보았는데, 격언을 뽑아내어 써서 벽에 붙였고, 마음에 맞는 곳이 있으면 번번이 스스로 설(說)을 지어 책에다 써서 자신을 돌아보았다.

　정인홍(鄭仁弘)이 《남명집(南冥集)》의 발문(跋文)에서 구암(龜巖: 李楨의 호)을 비방하며 그 비방이 퇴계 선생에게까지 미치자, 공은 변설(辨說)을 지어 매우 심하게 공박하였다.

　일찍이 《주자어류(朱子語類)》를 살피다가 말하기를, "부음(訃音)을 듣고 상복을 입는 것에 선후가 있다면 상복을 벗는 것 또한 당연히 선후가 있어야만 한다."라고 하니, 서애(西厓) 류성룡 선생이 답장에서 이르기를, "요즘 사우(士友)들 중에 이와 같은 글이 있는 것을 보지 못하였다." 하였고, 또 "궁벽한 곳에 지내고 있어서 분별해 질정하지 못했지만, 마음은 그대 곁에 있지 않은 적이 없다."라고 하였으니, 그 장려하고 인정함이 이와 같았다.

　제천현감(堤川縣監) 금응훈(琴應壎)과 함께 오현 종사(五賢從祀)에 관한 일을 논하였는데, 공이 말하기를, "연평(延平) 이동(李侗) 선생이 주자(朱子)를 깨우쳐 주었고 한훤당(寒暄堂: 金宏弼)과 일두(一蠹: 鄭汝昌)가 정암(靜菴: 趙光祖)을 깨우쳐 주었으니, 지금 두 분 선생의 종사(從祀)를 청하면 아울러 연평도 청하는 것이 마땅합니다."라고 하자, 이를 들은 이들이 시끌시끌하였다. 그 뒤에 학봉(鶴峯) 김성일(金誠一) 선생의 《계문문답일록(溪門問答日錄)》을 보고서야 사람들의 의혹이 풀렸다.

　무릇 공은 학식이 넓고 성품이 단아하며 재주가 뛰어나서 높은 수레를 채찍질하고 먼 길을 임하여 벼슬길에 오른 시작에 갑자기 기운이 꺾여 하늘이 그의 수명을 빼앗았으니 애석하다. 한강(寒岡) 정구(鄭逑) 선생이 만년에 공을 언급하며 깊이 탄식하기를, "지금의 세상에 학식이 넓고 성품이 단아하기가 공 같은 자를 얻기 어렵다."라고 하였다.

　부인 광산김씨(光山金氏)는 충의위(忠義衛) 김호(金壕)의 딸, 병사(兵使) 김부인(金富仁)의 손녀, 고려 문하성사(門下省事) 김광존(金光存)의

후손이다. 법도 있는 집안에서 태어나고 자라서 부도(婦道)를 잘 갖추
었는데, 감사공(監司公: 부친 배삼익)이 자주 칭찬하였다. 가정(嘉靖) 경
신년(1560)에 태어나 천계(天啓) 병인년(1626)에 죽었는데, 공의 묘소
에 합장하였다. … (중략) …

공은 《역학(易學)》에 조예가 깊고 거문고를 잘 타서 금역(琴易)이라
당호(堂號)하였다. 월천(月川) 조목(趙穆) 선생의 시(詩)에 이르기를,
"나는 거문고 배운 사람이 아니고 진실로 역학을 읽은 자도 아니나,
당호로 스스로 즐기니 그대는 진실로 참되게 아는구나."라는 구절이
있다. 공이 지은 시문(詩文) 약간 권이 집에 보관되어 있다.

贈左承旨行忠淸都事裵公行狀

公姓裵, 諱龍吉, 字明瑞, 興海人。高麗三重大匡僉議評理興海君詮
之後。興海生司僕正諱尙志, 麗亡, 守義高蹈, 號柏竹堂, 後人立祠, 以
俎豆之。高祖諱以純, 進士贈右通禮, 曾祖諱巘, 生員贈左承旨, 祖諱
天錫贈兵曹參判。考諱三益。通政黃海道觀察使。妣貞夫人英陽南
氏。處士藎臣之女。戶曹參判敏生七世孫。以嘉靖丙辰九月生公。幼
有逸才, 十五歲, 一覽《綱目》, 全秩卽成誦, 善屬文, 聲譽藉藉。乙酉中
進士, 戊子遭內艱, 甲午除翊衛司洗馬, 遷副率。先是, 監司公坐无妄,
追奪官爵, 至是, 公抗疏訟冤, 上命還給職牒。乙未罷, 戊戌拜安奇道
察訪, 辛丑罷。壬寅中文科, 癸卯選爲藝文檢閱, 甲辰罷。乙巳陞監察,
丙午拜典籍, 皆不赴。丁未除忠淸道都事, 母夫人勸之行, 戊申罷。己
酉五月感疾卒, 九月葬于桃木村西寓慕洞子坐之原。庚午, 以宣武原從
功, 贈通政大夫承政院左承旨。嗚呼! 公性孝, 六歲, 見母夫人所著頭
而泣曰:"恐母老故也。"監司公卒於海西營, 本道賻贈甚多, 公以爲:"因
喪致富, 只益不孝。"辭不受。壬辰亂, 八路瓜潰, 公慨然倡起義旅。與
金近始垓合兵, 爲副將, 士氣稍振。在翰院, 將講《孝經》跋文, 乃權陽
村近所撰。公進曰: "權近不知忠於君, 安知《孝經》之義?" 上爲之停

講。其佐湖幕, 代監司草疏, 陳天鵝之弊, 事遂寢, 民蒙其惠焉。平居, 晨起正衣冠, 省大夫人, 拜祠宇。退而處靜室, 終日看書, 拈出格言, 書于壁, 其有意會, 輒自爲說, 書于冊以自省。鄭仁弘跋《南冥集》, 詆龜巖以及於退溪先生, 公作辨說, 攻之甚力。嘗考《朱子語類》, 以爲:"聞喪成服有先後, 則其除服亦當有先後." 西厓柳先生成龍, 答書曰:"近來士友中, 未見有此等文字." 又曰:"僻居鈍滯, 無從辨質, 心未嘗不在於左右." 其見獎許如此。嘗與琴堤川應壎, 論五賢從祀事, 公曰:"延平李先生, 啓發朱子, 寒暄·一蠹兩先生, 啓發靜庵, 今請兩先生從祀, 則當並以延平爲請." 聞者譁然。其後, 得鶴峯金先生誠一《溪門問答日錄》, 群疑乃釋。夫以公博雅長才, 策高駕, 臨脩途, 發軔伊始, 遽爾摧折, 而天又奪其壽, 惜哉! 寒岡鄭先生述, 晚年語及於公, 深歎:"今世, 難得博雅如公者."云。配光州金氏, 忠順衛壕之女, 兵使富仁之孫, 高麗門下省事光存之後。生長法門, 閨範甚備, 監司公嘗亟稱之。生於嘉靖庚申, 沒以天啓丙寅, 祔葬于公之塋。…(중략)… 公深於易, 喜彈琴, 以琴易名堂。月川趙先生穆, 詩曰:"我非學琴人, 非眞讀易者, 名堂以自娛, 君實知之也." 所著詩文若干卷, 藏于家。

[鶴沙先生文集, 권9, 行狀]

11. 이형남

이형남의 자는 가중, 호는 송계, 본관은 진보이다. 명종 병진년 (1556)에 태어났다. 선조 무자년(1588) 사마양시에 합격하였다. 관직은 참봉을 지냈다. 인조 정묘년(1627)에 죽었다.

임진왜란 때 팔도(八道)가 혼란하고 어수선하자, 공이 몹시 분개하며 안타깝게 여기고는 어머니에게 고하고 나라에 몸을 바치기로 결심하였다. 그래서 온 고을의 명망 있는 사람들과 임하현(臨河縣)에 모이기로 약속하였는데, 무리들에게 맹세하여 말하기를, "우리들이 죽지 않으면 어찌 저 개돼지 같은 오랑캐와 함께 한 하늘 아래에 살 수 있단 말인가?"라고 하였다. 마침내 의병의 대열을 규합하니 원근에서 메아리처럼 호응하여 세력을 크게 떨치자, 왜놈들이 소문만 듣고도 감히 접경을 침범하지 못하였다. 서애(西厓) 류성룡(柳成龍)의 차자(箚子) 중에, '단지 안동(安東)만 조금 안정되었다.'라고 한 것은 이를 가리키는 것이다.

정유년(1597) 경리(經理) 양호(楊鎬)와 도사(都司) 설호신(薛虎臣)이 한 지경을 통제하는 장수가 되어 남쪽의 왜적을 정벌하고자 안동에 병사를 거느리고 주둔하였다. 그 종사관 장무덕(張懋德)·진천룡(陳天寵)·주공유(朱孔儒) 등이 공의 행동거지가 고상한 것을 보고 더욱 깊이 공경하여 간혹 말고삐를 나란히 하여 공의 집을 찾곤 하였는데, 헤어질 때면 선물로 준 물품이 있었으나 공은 모두 그것을 사양하니, 장무덕과 진천룡 등이 더욱 기이하게 여기고는 심지어 '좋은·친구, 의기투합한 친구(良朋契友)'라고 일컬었다.

광해군(光海君)의 덕이 혼암한데다 북인(北人)이 나라를 제멋대로

하여 사람으로서 지켜야 할 떳떳한 윤리가 무너지고 정사(政事)가 어
그러져 어지럽자, 공은 마침내 문을 닫아걸고 자취를 감추어 다시는
마음을 세상일에 두지 않았다.

• 李亨男

李亨男, 宇嘉仲, 號松溪, 眞寶人。明宗丙辰生。宣祖戊子司馬兩
試。官參奉。仁祖丁卯卒。

　壬辰之亂, 八路搶攘, 公慨然痛惋, 告母夫人, 以許身殉國。乃與一
鄕之諸名勝, 約會臨河縣[1], 盟于衆, 曰: "吾儕不死, 豈可與犬羊共戴一
天?" 遂糾合隊伍, 遠近響應, 聲勢大振, 倭奴聞風, 不敢犯境。柳西厓
箚中'只有安東稍安'云者, 此也。

　丁酉, 楊經理鎬與薛都司虎臣[2], 分閫[3]南征, 駐兵安東。其從事張懋
德·陳天寵·朱孔儒等, 見公擧止都雅[4], 深加敬愛, 間與幷轡, 訪公廬,
臨別有贈遺, 公皆辭之, 張陳諸公, 尤奇之, 至謂之'良朋契友'。

　光海昏德, 北人擅國, 倫彝斁絶, 政令乖亂, 公遂杜門斂跡, 不復嬰情
於世事。

보충
이세택(李世澤, 1716~1777)이 찬한 행장

행장

공의 휘는 형남, 자는 가중, 이씨의 세계(世系)로 관향은 진보이다.

1　臨河縣(임하현): 경상북도 안동시의 남동쪽에 있는 임하면 일대.
2　薛都司虎臣(설도사호신): 都司 薛虎臣. 명나라 장수. 안동의 성내동 목성산에 있는 향교
　　맞은편에 관왕묘를 세우도록 한 인물이다.
3　分閫(분곤): 장군의 임무를 맡음.
4　都雅(도아): 우아함.

시조 휘 이석(李碩)은 사마시에 합격하고 밀직사(密直使)에 증직되었다. 그 아들 휘 이자수(李子脩)는 고려 말 과거에 급제하고 홍건적(紅巾賊)을 토벌한 공훈으로 송안군(松安君)에 봉해졌으며, 비로소 안동으로 이거(移居)하였다. 그 아들 휘 이운후(李云侯)는 군기시부정(軍器寺副正)을 지내고 사복시정(司僕寺正)에 증직되었다. 그 아들 휘 이정(李禎)은 일찍이 영변판관(寧邊判官)이 되어 약산성(藥山城)을 개척하고 현저한 치적이 있었으며 끝으로 선산부사를 지냈다. 훗날 증손자 퇴계 선생이 귀하게 되어 호조참판에 증직되었으니, 공의 5대조이다. 고조부 휘 이우양(李遇陽)은 인동현감을 지냈으며, 증조부 휘 이철손(李哲孫)은 승의부위(承義副尉)를 지냈으며, 조부 휘 이감(李堪)은 용양위부사용(龍驤衛副司勇)을 지냈다. 아버지 휘 이제(李濟)는 장사랑 훈도를 지냈으며, 첫째부인 청주정씨(淸州鄭氏)는 정이창(鄭以昌)의 딸이고, 둘째부인 영양남씨(英陽南氏)는 참봉 남욱(南頊)의 딸인데, 공은 둘째부인의 소생이다. 가정(嘉靖) 35년 병진년(1556) 9월 29일 안동부 북쪽에 있는 이계(伊溪) 동촌(東村)에서 태어났다.

어려서부터 온화하고 순수하며 단정하고 정결하였다. 효성과 우애는 타고 났는데, 일찍이 여의어 아버지를 미처 생전에 봉양하지 못하였기 때문에 종신토록 몹시 애통해하였으며, 어머니를 받들어 모시는데 지극히 효성스러웠고 조금도 게으른 적이 없었다. 공은 퇴도(退陶: 이황) 선생에게 삼종손(三從孫)이 되었으나, 태어난 것이 늦어 문하에서 배우지 못하였다. 조금 성장해서는 서책을 싸 짊어지고 인재(忍齋) 권대기(權大器)의 문하에 왕래하면서 퇴계(退溪)가 물려준 학문에 대한 가르침을 청하였는데, 인재의 강론과 질정을 가슴에 새겨서 뜻을 굳게 다지고 열심히 공부하였다. 간혹 또 제자백가(諸子百家)에도 있는 힘을 다해 문예(文藝: 六藝)와 행의(行義: 도리에 맞는 일을 행함)가 당대의 동료들 가운데 우뚝하였다. 본디 벼슬을 구하는 짧은 편지를 쓰는 것이나 과거 보기 위한 공부를 기꺼워하지 않았으나, 어머니의 명으로 인해 힘써 과거 시험에 응하여 만력(萬曆) 무자년(1588) 사마양시에 모두 합격하였다.

그해 가을 훈도공(訓導公: 부친 李濟)의 묘 곁에 있는 구로동(九老洞: 안동시 와룡면 이하리)에 집을 짓고서 어머니를 받들어 모시고 거처를 옮겼으니, 진정(甄亭: 송나라 甄君의 정자인 思亭)이 사모함을 넓히려 했던 뜻에서 나왔으리라. 이로부터 명리(名利: 세속의 영리)를 마다하고 온 마음으로 정성을 다하여 내면을 향한 공부를 독실히 하였다. 원림(園林)이 깊숙하여 아득하고 풍치(風致)가 호젓한 곳에 헌(軒)을 지었으니, 뜰에 반송(盤松)을 심고는 대취헌(對翠軒)이라 현판하였는데 청풍(淸風) 정윤목(鄭允穆)이 실제로 쓴 편액이다. 헌의 동쪽에는 울창한 솔숲을 이른바 송문(松門)이라 하는 곳이 있고, 그 아래로 시냇물이 졸졸 흘러 사랑할 만하였으니, 마침내 송계(松溪)로 자호(自號)를 삼았다. 시내 가운데에 커다란 돌이 깎아지르듯 홀로 서 있어 우뚝하게 솟은 것이 경외스러웠으니, 송소(松巢) 권우(權宇)가 일찍이 그것을 지주(砥柱)라고 일컬었다. 이것들은 모두 족히 공의 뜻을 보고 기개를 숭상하였음을 드러낸 곳이리라.

형제와 우애가 돈독하였으니 문지방 안으로 온화한 기운이 성대하였다. 어머니가 팔순인데도 강녕하였는데, 매번 좋은 날과 아름다운 계절이면 술자리를 베풀어 축수하고, 아침저녁으로 음식을 하여 반드시 맛본 후에야 올리며 좌우에서 온화한 낯빛으로 봉양하였으니, 오직 어머니의 마음을 기쁘게 해 드리는 것만 마음가짐으로 삼았다.

임진년(1592) 섬오랑캐가 난을 일으켜 난여(鑾輿: 大駕)가 도성을 떠나 피란하였는데, 팔도(八道)가 혼란하고 어수선한 즈음 영남은 특히 왜적이 쳐들어온 초입이어서 백성들과 선비들이 물고기처럼 놀라고 새처럼 흩어져 산골짜기로 도망치고 숨어 제각기 목숨을 건지려 하였다. 공이 몹시 분개하며 안타깝게 여기고는 어머니에게 고하고 나라에 몸을 바치기로 결심하였다. 그래서 온 고을의 명망 있는 사람들과 임하현(臨河縣) 동쪽에 모이기로 약속하였는데, 무리들에게 맹세하여 말하기를, "우리들이 오늘 죽지 않으면 저 개돼지 같은 오랑캐와 함께 한 하늘 아래에서 다시 어찌 낯을 들 수 있단 말인가? 승리할 것인가 패할 것인가 강한가 약한가를 따질 일 아니니, 단지 나라를 위해 한번 죽을 뿐이다. 무릇 우리 동지들은 마음을 합하고 힘을 다해 임금의 원수를 갚아야 하는데 그럴 수 있겠는가?"라고 하자, 모두 "좋다."라고 하였다. 그리하여 대오를 규합하였으니, 향병을 단련(團練)시키고 개인의 양곡을 쌓아두고서 앞장서 의병을 일으켜 이름하기를 향병(鄕兵)이라 하였다.

공은 실상 정제관(整齊官)의 임무를 맡고, 갈봉(葛峯) 김득연(金得硏)은 군량을 의창(義倉)에 비축하는 일을 맡아서 의병 및 관군에게 보냈다. 공은 서로 군사작전을 계획하여 사기를 고무시키니 원근에서 메아리처럼 호응하여 세력을 크게 떨치자, 달아나 흩어졌던 병졸들이 다투어 와서 자수하였고, 인심도 안정이 되어 성읍(城邑)이 보전될 수 있었고, 말린 양식이 족하고 군량도 떨어지지 않았다. 왜놈들이 소문만 듣고도 감히 안동 지경으로 침입하여 제멋대로 유린하지 못하였다. 서애(西厓)의 차자(箚子) 가운데 '경상도의 육진(六鎭)이 모두 피폐하였으나 단지 안동만은 조금 온전할 수 있었다.'라고 한 것은 이 때문이었다. 안동이 온전한 뒤에 영남의 7개 고을이 그로 인하여 편안해지고 미친 왜구에게 약탈 당하는 참상을 면했으니, 공 등을 비롯한 향병의 힘이었다.

　정유년(1597) 경리(經理) 양호(楊鎬)와 도사(都司) 설호신(薛虎臣)이 한 지경을 통제하는 장수가 되어 남쪽의 왜적을 정벌하고자 안동에 병사를 거느리고 주둔하였다. 그 종사관 장무덕(張懋德)·진천룡(陳天寵)·주공유(朱孔儒) 등이 군량을 조달하기 위하여 향병의 의창에 방문하였는데, 공 및 갈봉의 행동거지가 고상하고 배치가 주도면밀한 것을 보고서 더욱 깊이 공경하였다. 간혹 말고삐를 나란히 하여 공의 집을 찾곤 하였는데, 말을 대취헌(對翠軒)의 기둥에 매어 두고서 저녁 늦게까지 유람하고는 필담(筆談)을 위해 역관(譯官)을 서로 교체해 가며 서로의 생각을 전하고 대화를 나누었다. 헤어질 때면 또 선물로 준 물품이 있었으나 공은 모두 그것을 사양하니, 장무덕과 진천룡 등이 사양하고 받음에 구차하지 않은 모습을 더욱 기이하게 여겼다. 무술년(1598) 천병(天兵: 명나라 군)이 승전보를 아뢸 때 경리의 종사관 세 명이 영천(永川)과 경주(慶州) 사이에 있다가 장차 귀국하려 하면서 서(序)를 지어 갈봉(葛峯: 김득연)에게 부쳤는데, 그 덕을 찬양하고 그 의기를 칭송하면서 모두 공을 '좋은 친구, 의기투합한 친구(良朋契友)'로 생각하였고, 심지어 '덕행과 학술이 걸출하게 뛰어난 선비(傑然秀士)'로 일컬었으니, 두 사람이 아름답게 여긴 마음을 거듭 밝힌 것이리라.

　경자년(1600) 조정에서 특별히 천거하여 경릉참봉(敬陵參奉)에 제수하였으나 사양하고 명에 응하지 않았다. 그해 여름 퇴계 문인 제현(諸賢)들이 선생의 문고(文稿)를 도산서원(陶山書院)에서 간행하였는데, 공과 여러 종인(宗人)들이 족보를 만들려고 간행을 도모하여 도산서원의 공수(工手: 작업꾼)에게 부탁하도록 청하자, 월천(月川) 조목(趙穆)이 대답하기를, "선생의 도(道)는 효제(孝悌)일 뿐이네."라고 하면서 마침내 함께 간행하도록 해주었다.

　신축년(1601) 모친상을 당하여 장례를 끝마쳤는데, 상을 치르는 중에 조금도 게으르지 않았으며 부친을 모셨던 묘역에 같이 안장하였다. 새벽과 저물녁이면 반드시 상복을 갖추었으며 묘소에 들러 전(奠)을 차리고 절하였으니, 이전의 부친상에서 씻지 못한 원통함을 겸하여 상기가 지났어도 소급하여 복을 입으려는 마음이었으리라. 계묘년(1603)에 복을 마쳤다.

을사년(1605) 여강서원(廬江書院: 현 虎溪書院)이 홍수에 무너져 중건하기로 의논하였는데, 사림들이 공을 산장(山長: 원장)으로 추대하자 그 일을 부지런히 힘썼다. 이때 백암(柏巖) 김륵(金玏)은 고을 수령이었고, 서애(西厓) 류성룡(柳成龍)은 벼슬에서 물러나 집에 쉬고 있었다. 공은 편지를 주고받으며 여쭙고 결정하여 옛터의 북쪽으로 수백 보가 되는 곳을 다시 일구어 서원을 지었는데, 역사(役事)가 마쳐갈 즈음 공은 원장을 그만두려 했으나 백암이 그대로 머물러 있도록 하여 역사를 완공하였다.

무신년(1608) 선묘(宣廟: 宣祖)가 승하하고 광해군의 덕이 혼암한데다 북인(北人)이 나라를 제멋대로 하고 권세를 부려 사람으로서 지켜야 할 떳떳한 윤리가 무너지고 정사(政事)가 어그러져 어지럽자, 공은 마침내 문을 닫아걸고 자취를 감추어 다시는 마음을 세상일에 두지 않았다. 정묘년(1627) 정월 13일 정침(正寢)에서 생을 마치니, 향년 72세였다. 이해 모월 모일에 집 서쪽 사동(寺洞) 유좌(酉坐)의 언덕에 장사지냈다. 부인 안동권씨(安東權氏)는 권계안(權繼安)의 딸로 또한 부녀자로서 규범을 지녔으며, 공과 함께 합장하였다. …(중략)…

이세택(李世澤)은 같은 집안의 후손으로 견문하여 아는 것이 적고 좁아서 실상 공의 행적 전모를 상세히 알지 않았으나, 삼가 멀리서 들었지만 기쁜 마음으로 외우는 글이 있었다. 이에 공의 6세손 상사(上舍) 이인협(李寅悏)이 가장(家狀) 1통을 가지고 와서 나에게 글을 지어줄 것을 청하며 말하기를, "사람이 없어서가 아니라, 반드시 같은 집안의 사람이 지은 글이어야 하기 때문입니다."라고 하였다. 아, 내가 그 사람이 아닐지라도 그 상사의 청을 무슨 말로 사양할 수 있었으랴. 하물며 그 가장에 넘치지 않으면서 기록한 실상을 내가 손질하여 거짓으로 꾸밀 필요가 없음에랴. 마침내 대략 차례로 엮어서 돌려주었으니, 후세의 글쓰는 이들에게 채택되기를 바랄 뿐이다.

금상 48년 임진년(1772) 7월
통정대부 사간원대사간 지제교 이세택 짓다

行狀

公諱亨男, 字嘉仲, 李氏系貫眞寶. 始祖諱碩, 試司馬贈密直使. 生諱子脩, 麗末登第, 討紅巾賊勳, 封松安君, 始移安東. 生諱云侯, 軍器副正, 贈司僕寺正. 生諱禎, 嘗爲寧邊判官, 開拓藥山城, 有著績, 終于善山府使. 後以曾孫退溪先生貴, 贈戶曹叅判, 是爲公五世祖也. 高祖諱遇陽, 仁同縣監, 曾祖諱哲孫, 承義副尉, 祖諱堪, 龍驤尉副司勇. 考諱濟, 將仕郎訓導, 妣淸州鄭氏, 以昌之女, 後妣英陽南氏, 叅奉項之女, 公卽後妣出也. 嘉靖三十五年丙辰九月二十九日, 生于府北伊溪東村. 自幼溫粹端潔. 孝友出天, 嘗以早孤, 未及逮養嚴君, 爲終身至痛, 奉侍母夫人, 極誠孝, 未嘗少懈. 公於退陶先生, 爲三從孫, 而生晚, 不得摳衣於門下. 稍長, 始負笈往遊忍齋權公, 請學退溪餘緒, 講質服膺, 廣志篤工. 間又肆力諸子百氏, 文藝行義, 蔚然爲一時儕流耆. 雅不肯操尺幅爲功令業, 而因母夫人命, 勉應科場, 萬曆戊子, 俱中司馬兩試. 是年秋, 卜築訓導公墓傍九老洞, 奉母夫人徙居, 蓋出甄亭廣思之意也. 自是謝絶名利, 專心致精, 向裏實工. 園林幽窅, 風致蕭散, 庭植盤松, 顏其軒曰對翠, 鄭淸風【允穆】實書之額. 軒東, 萬松蒼蔚, 有所謂松門者, 其下溪流, 淙淙可愛, 遂以松溪自號. 溪心巨石, 截然特立, 嵬然可敬, 權松巢【宇】, 嘗名之以砥柱。此皆足以表見公志, 尙氣槩處也。與兄弟友于篤至, 門梱之內, 和氣藹然。母夫人八耋康寧。每當佳辰令節, 設酌以壽, 朝夕瀡瀡, 必嘗而後進, 左右承養, 惟以慰悅親心爲心。壬辰, 島夷之亂, 鑾輿播越, 八路搶攘, 嶺南尤爲賊路初頭, 大小民士, 魚駭鳥散, 竄匿山谷, 各自逃命。公慨然痛惋, 告母夫人, 以許身殉國。乃與一鄕諸名勝, 約會臨河縣東, 盟于衆曰: “吾儕不死今日, 與犬羊共戴一天, 更何擧顔? 成敗强弱不可計也, 但爲國一死。凡我同志, 恊心戮力, 以復君讎, 可乎?” 咸曰諾。於是, 糾合隊伍, 團鄕兵而峙私糧, 以倡義擧, 名之曰鄕兵。公實掌整齊將任, 葛峯金公管糧餉, 儲峙義倉, 以饋義兵及官軍。公相與籌畫戎謨, 鼓發士氣, 遠近響應, 聲勢大振, 遯兵散卒, 爭來投附, 人心定而城邑得保, 餱糧足而饋餉不乏。倭奴聞風, 亦不敢犯入安東界恣蹂躪。西厓箚中‘慶尙六鎭, 皆殘敗, 而只有安東稍完,’云者, 此也。安東旣全, 嶺下七邑, 賴而晏然, 免狂寇刦掠之慘, 公等鄕兵之力也。丁酉, 楊經理【鎬】與薛都司【虎臣】, 分閫南征, 駐兵安東。其從事張懋德·陳天寵·朱孔儒等, 以領糧事, 到鄕兵義倉, 見公及葛峯擧止都雅, 排置縝密, 深加敬愛。間與幷轡, 訪公廬宅, 縶馬對翠軒柱, 永夕遊償, 以筆札, 替譯舌, 導意叙晤。臨別又有贈遺, 公皆辭之, 張陳諸公, 以辭受不苟, 尤奇之。戊戌, 天兵奏捷, 經理從事三人, 在永慶間, 將歸作序, 寄葛峯, 贊其德, 稱其義, 而竝以公爲‘良朋契友’, 至謂之‘傑然秀士’, 申致兩美之意焉。庚子, 朝廷特薦, 除敬陵叅奉, 辭不膺命。是夏, 溪門諸賢, 刋先生文稿於陶山書院, 公與諸宗人, 纂修族譜, 謀鋟梓, 請倩陶院工手, 趙月川答曰: “先生之道, 孝悌而已.” 遂許幷刋焉。辛丑, 遭母夫人憂, 送終以禮, 執喪不怠, 襄奉先考同阡。晨昏, 必具絰衰, 省掃奠拜, 以其前喪未伸之痛, 兼寓稅服之意。癸卯憂吉。乙巳, 廬江院宇, 圮于水。議營重建。士林推公爲山長。敦其事。時金柏巖爲主倅, 柳西厓退休于家, 公以書往復稟定, 就舊基北數百武, 改拓搆院, 役垂訖, 公欲遞任, 柏巖貽書勉留, 竣事。戊申, 宣廟賓天, 光海昏德, 北人擅國用事, 倫彝斁絶, 政令乖亂, 公遂杜門斂跡,

不復嬰情世事。至丁卯正月十三日，考終于正寢，享年七十二。是年某月日，葬于宅西寺洞負酉之原。配安東權氏繼安之女也，亦賢有壺範，葬與公同兆。…(중략)… 世澤以宗門後生。聞識寡陋。實未詳公事行之終始而竊有所逖聆而欽誦者也。洒公六世孫上舍君寅恊，賣家狀一通，謁余文，曰："非無人也。必以宗人之文也."噫! 余縱非其人，其上舍君請，何說之辭? 況其家狀不溢而記之實則余無用檃括竄改焉。遂畧爲排纘而還之。以備後來作者之採擇云。上之四十八年壬辰孟秋 通政大夫 司諫院大司諫 知製教 李世澤撰。

[松溪文集, 권2, 附錄]

12. 김용

김용의 자는 도원, 호는 운천, 본관은 의성이다. 찰방 김수일(金守一)의 아들이다. 명종 정사년(1557)에 태어났다. 선조 경인년(1590) 문과에 급제하였다. 한림(翰林)·삼사(三司)·이랑(吏郎)을 거쳐 목사(牧使)에 이르렀다. 광해군 경신년(1620)에 죽었다. 안동의 묵계서원(默溪書院)에 향사하였다.

어려서부터 글을 읽고 행실을 닦아 재주와 학문으로 이름이 드러났다. 과거에 급제하여 한원(翰苑: 한림원)에 들어갔다. 겨울에 입직(入直)해 있다가 천연두를 앓는 것이 매우 중하여 생기가 없어지자, 주상이 중관(中官: 내시)에게 쫓아가 증상을 묻게 하고는, 또한 이르기를, "비록 병에 걸렸을지라도 선천적으로 타고난 것이 후하니 일찍 죽지는 않을 것이다."라고 하였는데, 병이 과연 나았다.

임진년(1592) 고향집에 갔다가 미처 조정으로 돌아오기도 전에 왜적이 급하게 침입하여 주상이 서쪽으로 피난을 가게 되었는데, 왜적이 계속하여 삼경(三京: 한양·개성·평양)을 함락시켜서 길이 통하지 않게 되자, 공이 향병(鄕兵)을 모집하여 왜적을 막아 지켰다. 다음해 가을이 되어서야 비로소 행재소에 득달하였고, 다시 한림(翰林)이 되니 훌륭한 사관이라 칭송되었다.

무술년(1598) 왜적이 바닷가에 머물러 있으면서 다시 침공하겠다고 으름장을 놓자, 황제가 다시 남북의 관병(官兵) 10여 만 명을 동원하여 왜적을 정벌하였다. 좌의정 이원익(李元翼)이 제도도체찰사(諸道都體察使)가 되어 공을 종사관(從事官)으로 삼았는데, 번번이 계책을 의논하면서 강직한 보좌관이라며 칭찬하였다. 바야흐로 명나라의 대군이 이르러서 군량이 매우 급하자, 공이 교리(校理)로서 독운어사(督運御史)로 또 나갔다.

서애(西厓) 류성룡(柳成龍)은 상상(上相: 영의정)으로서 명을 받들어 위급하고 혼란한 때에 죽을 각오로 맡았으며, 주상 또한 의지하고 신임하는 것이 매우 두터웠다. 소인들이 틈을 엿보려 밤낮을 가리지 않고 갖은 계책으로 중상모략하여 주상의 마음을 분노하게 만들었으니, 류공이 자리를 떠났고 조정에 있는 어진 신하들도 하나하나 쫓겨나게 되었으며 공 또한 쫓겨나 조정에 용납되지 못했다.

평소에 담소하는 일이 적었고 용모가 빼어나게 고상하였으며 남의 선악이나 조정의 잘잘못에 대하여 입으로 말하지 않았다. 책 보는 것을 즐겨하였고 재물에 연연해하지 않았다. 자제들에게 훈계할 때마다 늘 말하기를, "성현의 글을 즐겨 읽고서도 실천하지 않는 것은 아무런 도움이 되지 않는다. 나는 소년 시절에 학문에 뜻을 두었으나 도중에 그릇되어 반평생을 살았으니, 연로하여서 비록 잘못을 후회해 본들 또한 어찌할 수가 없는 일이었다. 나는 평소에 '빈궁해도 의를 잃지 않고, 영달해도 도를 떠나지 않는다.(窮不失義, 達不離道)'라는 여덟 글자를 가슴에 새겼으니, 또한 힘쓰도록 하라." 하였다.【협주: 허목이 찬한 묘갈에 실려 있다.】

계축년(1613) 편수관(編修官)으로서 《선조실록(宣廟實錄)》의 편찬에 참여하였다. 공이 제조(提調) 기자헌(奇自獻)에게 이르기를, "무릇 찬수(纂修)는 마땅히 사실대로 기록해야 하는 것은 어길 수 없는 것이오. 이를테면 서애(西厓) 재상의 덕망과 공업은 당대에 현저히 드러났는데도, 지금 사평(史評)을 보면 허물을 만들어 속여서 온전한 사람이 될 수 없도록 하고자 한 것이니, 이것이 어찌 사관의 필법을 후세에 믿음으로 취할만 한 것이겠소?"라고 하였다.【협주: 유사에 실려 있다.】

• 金涌

金涌, 字道源, 號雲川, 義城人。察訪守一[1]子。明宗丁巳生。宣祖庚寅
文科。歷翰林·三司·吏郎, 至牧使。光海庚申卒。享安東默溪書院[2]。

少讀書修行, 以才學著名。登第入翰苑。冬, 在直, 發病甚重, 無生
氣, 上令中官[3]踵問之, 且諭曰: "雖病, 厚賦者不夭." 疾果瘳。

壬辰, 歸家未返, 倭寇急, 上西幸, 賊連陷三京, 道不通, 公募鄕兵拒
守。至明年秋, 始得達行在所, 復爲翰林, 稱良史。

戊戌, 賊留屯海上, 聲言再擧, 而帝又發南北官兵十餘萬, 征倭。左
相李公元翼, 爲諸道都體察使, 使公爲從事, 每與計事, 稱强佐。方大
兵至, 而兵食甚急, 公以校理, 又出爲督運御史。

柳西厓成龍, 以上相受命, 危亂之際, 以死自任, 而上亦倚任之甚
重。小人乘瑕隙, 日夜沮毁百計, 令憾怒上心, 柳公去位, 而在朝良善,
一一斥去, 公亦被斥, 不容於朝。

平生寡言笑, 儀狀秀雅, 口不言人臧否·朝廷得失。樂觀書, 不以事
物經心。戒子弟, 常言: "說讀聖賢, 無實踐, 無益。吾少年志學, 中間枉
了半生, 年老雖欲悔過, 亦莫追。吾平生服膺'窮不失義, 達不離道'[4]八
言, 亦勉之."【許穆撰碣】

癸丑, 以編修官, 與修《宣廟實錄》。公謂提調奇自獻[5], 曰: "夫纂修,

---

1 守一(수일): 金守一(1528~1583). 본관은 義城, 자는 景純, 호는 龜峯. 증조부는 생원 金萬
謹이며, 조부는 병절교위 金禮範이다. 아버지는 생원 金璡이며, 어머니 驪興閔氏는 閔世卿
의 딸이다. 부인 漢陽趙氏는 趙孝宗의 딸이다. 1558년 향시에 합격하였으나 벼슬길에
나아가지 않고 고향집 서쪽에 白雲亭이라는 정자를 지어 학문과 후진 교육에 전념하였으
며 敬老에 정성을 다할 것, 治家는 법도에 맞게 할 것, 奉祭祀는 예에 준할 것, 집안이
화목할 것 등 4칙을 자손에게 훈계로 남겼다.

2 默溪書院(묵계서원): 默溪精舍. 경상북도 안동시 길안면 묵계리에 있는 서원. 1706년에
건립되었고, 1868년 서원 철폐령에 의해 훼철되었다가 1925년에 복원되었다.

3 中官(중관): 내시. 조선시대 내시부에 속하여 임금의 시중을 들거나 숙직 따위의 일을
맡아보던 남자.

4 窮不失義, 達不離道(궁불실의, 달불리도):《孟子》〈盡心章句 上〉에 나오는 말.

要當以實, 不可奸焉。如西厓相公, 德望勳業, 表著一世, 而今見史評, 誣以成過, 欲使不得爲完人, 此豈史筆之取信於後世者也?"【遺事】

보충
허목(許穆, 1596~1682)이 찬한 묘갈

증참판 김공 묘명

　공의 본관은 강좌(江左: 경상좌도)의 문소(聞詔: 의성), 성씨는 김씨이다. 고려 때 태자첨사(太子詹事) 김용비(金龍庇)는 신라 경순왕(敬順王)의 후손이자, 공에게는 12대조가 된다. 명나라 가정(嘉靖) 36년(1557) 11월 4일, 공은 안동부(安東府) 일직현(一直縣) 구미리(龜尾里)에서 태어났다.

　공의 휘는 용(涌), 자는 도원(道源)이다. 증조부는 승정원좌승지에 추증된 김예범(金禮范)이며, 조부는 성균관 생원을 지내고 이조판서에 추증된 김진(金璡)이다. 부친은 자여도찰방(自如道察訪) 김수일(金守一)이며, 모친 한양조씨(漢陽趙氏)는 사과(司果) 조효분(趙孝芬)의 딸이다.

　공은 어려서부터 글을 읽고 행실을 닦아 재주와 학문으로 이름이 드러났다. 27세에 부친이 세상을 떠났다. 34세 때 과거에 급제하여 승문원권지정자(承文院權知正字)에 보임되었다가, 얼마 되지 않아서 예문관 검열(藝文館檢閱)로 옮겼다. 겨울에 입직(入直)해 있다가 천연두를 앓는 것이 매우 중하여 생기가 없어지자, 주상이 중관(中官: 내시)

5　奇自獻(기자헌, 1567~1642): 본관은 幸州, 초명은 奇自靖, 자는 士靖, 호는 晩全. 증조부는 應敎 奇遵이며, 조부는 한성부윤 奇大恒이다. 아버지는 奇應世이며, 어머니 善山林氏는 우찬성 林百齡의 딸이다. 부인 全州李氏는 李稀齡의 딸이다. 1582년 성균관에 입학, 1590년 증광문과에 급제하였다. 광해군을 즉위시키는 데 공헌하였으나, 영창대군의 살해를 반대하다가 제주로 귀양을 갔다. 李适의 난 때 무고한 혐의를 받아 賜死되었다.

에게 쫓아가 증상을 묻게 하고는 또한 이르기를, "비록 병에 걸렸을지라도, 선천적으로 타고난 것이 후하니 일찍 죽지는 않을 것이다."라고 하였는데, 병이 과연 나았다.

고향집에 갔다가 미처 조정으로 돌아오기도 전에 왜적이 급하게 침입하여 주상이 서쪽으로 피난을 가게 되었으니, 이때는 소경왕(昭敬王: 宣祖) 25년(1592)이요, 공의 36세 때이다. 왜적이 계속하여 삼경(三京: 한양·개성·평양)을 함락시켜서 길이 통하지 않게 되자, 공이 향병(鄕兵)을 모집하고 의병들과 합쳐서 왜적을 막아 지켰다. 다음해 가을이 되어서야 비로소 행재소에 득달하였고, 다시 한원(翰苑)으로 들어가니 훌륭한 사관이라 칭송되었다.

이때 황제가 이미 요동군(遼東軍)을 동원하여 구원병으로 보내와서 연달아 승리하였으나 고양(高陽)에 이르러 경기병(輕騎兵)이 왜적을 만나 대패하였는데, 제독(提督)은 달아나 화를 면하자 마침내 왜적과 화친을 맺고는 군중(軍中)에 명령을 내려 교전하지 말도록 금하였다.

겨울에 주상이 도성으로 돌아왔다. 공은 봉교(奉敎)에서 성균관전적(成均館典籍)으로 승진하였다가 병조좌랑으로 자리를 옮겼다. 얼마 되지 않아 정언 겸 춘방사서(正言兼春坊司書)를 거쳐 헌납(獻納)으로 승진하였다가 부수찬 겸 경연검토관(副修撰兼經筵檢討官)으로 바꿨다. 얼마 지나지 않아 지평(持平)을 거쳐 이조좌랑에 제수되고 정랑으로 승진하였다. 이에 당시 사람들로부터 신망을 받았으니, 학사(學士) 조정립(趙正立)이 사람들에게 말하기를, "내가 벼슬살이를 시작한 이후로 성정이 청렴하고 강직한 이는 정경임(鄭景任: 鄭經世)과 김도원(金道源) 두 사람만 보았다."라고 하였다.

그리 오래지 않아서 사간(司諫)을 거쳐 사성(司成)으로 옮겼다가 집의 겸 춘방보덕(執義兼春坊輔德)에 제수되었다. 때는 소경왕(昭敬王: 宣

祖) 31년(1598)이고 공의 나이는 42세였다. 왜적이 바닷가에 머물러 있으면서 다시 침공하겠다고 으름장을 놓자, 황제가 다시 남북의 관병(官兵) 10여 만 명을 동원하여 왜적을 정벌하였다. 좌의정 이원익(李元翼)이 제도도체찰사(諸道都體察使)가 되어 공을 종사관(從事官)으로 삼았는데, 번번이 계책을 의논하면서 강직한 보좌관이라며 칭찬하였다. 바야흐로 명나라의 대군이 이르러서 군량이 매우 급하자, 공이 교리(校理)로서 독운어사(督運御史)로 나갔다.

　이때 류성룡(柳成龍)은 상상(上相: 영의정)으로서 명을 받들어 위급하고 혼란한 때에 죽을 각오로 맡았으며, 주상 또한 의지하고 신임하는 것이 매우 두터웠다. 소인들이 틈을 엿보려 밤낮을 가리지 않고 갖은 계책으로 중상모략하여 주상의 마음을 노하게 만들었으니, 류공이 자리를 떠났고 조정에 있는 어진 신하들도 하나하나 쫓겨나게 되었다. 공 또한 쫓겨나 조정에 용납되지 못하였으니, 산직(散職)에 있든지 외직(外職)으로 나가 선산(善山), 예천(醴泉), 상주(尙州), 홍주(洪州)의 수령이 되었다. 바야흐로 전쟁을 하는 때라 조정과 재야가 어지러워 나라를 다스리는 도가 무너졌는데, 공은 가는 곳마다 한결같이 백성들을 보호하며 학교를 세워 풍속을 선하도록 하는 데에 힘썼지만 또한 한 관직에 오래 있지 못하였으니, 길어야 1년이나 2년에 불과했다.

　홍주에서 수령으로 지낸 지 1년 만에 태부인(太夫人: 모친)이 연세가 높자 부모가 연로하다고 하여 사직하고 돌아왔다. 그 다음해에 태부인이 세상을 떠났는데, 공은 이미 54세였지만 장례 치르는 절차를 쇠하고 늙었다고 해서 결코 조금도 바꾸지 않았다.

　상복을 벗고 나서는 태상시정(太常寺正)에 제수되었고, 편수관(編修官)으로서 소경왕실록(昭敬王實錄)을 편찬하는 일에 참여하였다. 당시 소인배들이 정권을 잡고 있어 시비가 크게 어그러지자, 공은 정색하

고 하나하나 바로잡으니, 영의정 기자헌(奇自獻)이 탄식하며 말하기
를, "선왕(先王) 때의 일을 분명하게 아는 이로 이 사람보다 나은 자가
없다."라고 하였다.

부평(富平)에 의옥사건(疑獄事件)이 일어났으나 오래도록 처리하지
못하여 본도(本道: 경기도)에서 장계(狀啓)로 아뢰니, 조정에서 특별히
사람을 선발하여 파견하였다. 공이 명을 받고 그곳에 가서 의옥을
일으킨 당사자들의 말을 듣고 실정을 하나하나 조사하여 진위를 그
자리서 밝혀내었으니, 인심이 크게 기뻐하며 "인물이구나. 인물이구
나."라고 하지 않는 이가 없었다.

태상시 정으로서 규례에 따라 통정대부(通政大夫)의 품계에 올라 서
반(西班)에 지낸 지 1년 만에 여주목사(驪州牧使)가 되었는데 공은 이
미 60세였다. 바야흐로 세상의 도의(道義)가 크게 어지러워지자, 공은
더욱 세상일에 뜻이 없어져 관아의 일을 마치면 여강(驪江) 가의 쓸쓸
하고 적적한 곳을 거닐 따름이었다.

공은 장남이 죽자 고향으로 돌아가 장사 지낸다면서 사직하여 이윽
고 고향으로 돌아갔는데, 배를 타고 북강(北江)에 오르는데 행장이 초
라하니, 고을의 부로(父老)와 아전들이 강가에서 전송하고는 서로들
바라보며 공의 정사가 청렴했음을 한참 동안 감탄하고서야 흩어져
돌아갔다. 공이 시골로 돌아온 지 4년 만에 죽으니, 경신년(1620) 10월
19일로 향년 64세였다.

공은 평소에 담소하는 일이 적었고 용모가 빼어나게 고상하였으며
남의 선악이나 조정의 잘잘못에 대하여 입으로 말하지 않았다. 책
보는 것을 즐겨하였고 재물에 연연해하지 않았으며 친척을 친애하면
서 착한 점을 칭찬였으니, 몸가짐과 마음가짐의 바름을 알 수 있을
것이다. 자제들에게 훈계할 때마다 늘 말하기를, "성현의 글을 즐겨

읽고서도 실천하지 않고 빈말만 하는 것은 아무런 도움이 되지 않는
다. 나는 소년 시절에 학문에 뜻을 두었으나 도중에 그릇되어 반평생
을 살았으니, 연로하여서 비록 잘못을 후회해 본들 또한 어찌할 수가
없는 일이었다. 나는 평소에 '빈궁해도 의를 잃지 않고, 영달해도 도
를 떠나지 않는다.(窮不失義, 達不離道)'라는 여덟 글자를 가슴에 새겼
으니, 또한 힘쓰도록 하라." 하였다. 성품이 담박하여 달리 좋아하는
것도 없이 산수를 즐기며 살았으며, 자호(自號)를 운천(雲川)이라 하였
다. 혼란한 세상을 만나 세상과 더불어 평이하고 어질게 처신하면서
자신의 재주를 감춘 채 일생을 마쳤다.

임종할 즈음 집안 여인들을 물리치고 말하기를, "예법에 남자는
여인의 손에서 임종하지 않으며, 집안일에 대해서는 말하지 않는다
하였다."라고 하고서 조용히 죽었으니, 군자의 훌륭한 임종이라 이를
만하다. 이듬해 정월 갑신일(12일)에 임하(臨河)의 신곡(申谷)에 안장하
였다.

숙부인(淑夫人) 이씨(李氏)는 군기시첨정(軍器寺僉正) 이준(李寯)의
딸이고 도산(陶山) 문순공(文純公) 이황(李滉)의 손녀이다. 부인은 평소
부덕을 갖추었다고 일컬어졌으며 시부모 섬기기를 예에 맞게 하였으
므로 온 집안이 그 현숙함을 칭찬하였다. 또 잉첩(媵妾)에게 어질고
친족들에게 돈독하였으며 모든 사람들이 말하기를, "대현(大賢)의 후
손으로 가정교육을 잘 받았다."라고 하였다. 부인은 공과 같은 해에
태어났는데, 공이 죽자 부인이 슬픔에 빠져 3년을 곡읍(哭泣)하다가
67세에 죽으니 10월 9일이었다. 임당(林塘)에 안장하였다. …(중략)…

공이 별세한 지 20년인 기묘년(1639)에 장손 김희(金熙)가 산소 터를
다시 잡아 임하(臨河)의 지동(枝洞)에 합장하였다. 다시 13년이 지난
신묘년(1651) 효종(孝宗) 초의 인사이동 때 지난 임진년 향병(鄕兵)을

모집하여 왜적을 막아 지켰던 일을 주상에 아뢴 사람이 있었으니,
공에게 특별히 이조참판을 추증하고, 부인은 정부인(貞夫人)이 되었다.

이번에 명(銘)을 부탁하러 온 사람은 원외랑(員外郞) 김시주(金是柱)의
손자로 지금 효릉참봉(孝陵參奉)인 김태기(金泰基)이다. … (이하 생략) …

贈參判金公墓銘

公本江左聞韶人, 姓金氏。高麗時, 太子詹事龍庇, 新羅敬順王之苗
裔, 而於公爲十二世。明嘉靖三十六年十一月四日, 公生於安東府一直
縣龜尾里。公諱涌, 字道源。曾祖贈承政院左承旨禮范, 祖成均生員贈
吏曹判書璡。父自如道察訪守一, 母漢陽趙氏, 司果孝芬之女也。公少
讀書修行, 以才學著名。二十七, 父歿。三十四, 登科目, 補承文權知正
字, 尋遷藝文檢閱。冬, 在直, 發痘甚重, 無生氣, 上令中官踵問之, 且
謂曰: "雖病, 厚賦者不夭。"疾果瘳。歸家未返, 有倭寇急, 上西幸, 是昭
敬王二十五年, 而公三十六。賊連陷三京, 道不通, 公募鄕兵, 會諸義
兵拒守。至明年秋, 始得達行在所, 復入翰苑, 稱良史。時帝已發遼左
兵來救, 連勝之, 至高陽, 以輕騎, 遇賊大敗, 提督遁免, 遂與連和, 令軍
中禁勿交兵。冬上還京。公以奉敎, 陞成均典籍, 移騎省佐郞。未幾,
以正言兼春坊司書, 陞獻納, 改副修撰兼經筵檢討官。尋以持平, 爲吏
曹佐郞, 陞正郞。於是, 重於時, 趙學士正立語人, 曰: "自吾筮仕來, 秉
心淸直, 惟見鄭景任·金道源兩人。"云。未久, 以司諫移司成, 爲執義兼
春坊輔德。時昭敬王三十一年, 而公四十二。賊留屯海上。聲言再擧,
而帝又發南北官兵十餘萬, 征倭。左相李公元翼, 爲諸道都體察使, 公
爲從事, 每與計事, 稱强佐。方大兵至, 而兵食甚急, 公以校理, 出爲督
運御史。時柳公成龍, 以上相受命, 危亂之際, 以死自任, 而上亦倚任
之甚重。小人乘瑕隙, 日夜沮毁百計, 令憾怒上心, 柳公去位, 而在朝良
善, 一一斥去。公亦被斥, 不容於朝, 或置散, 或補外, 爲善山·醴泉·尙
州·洪州。方師旅之際, 中外板蕩, 治道大壞, 公所至, 一以保民興學善

俗爲務, 亦不得久於官, 久不過一年二年。居洪州一年, 太夫人年高,
以親老謝歸。其明年, 太夫人歿, 公已五十四, 居喪之節, 不以衰老少
變。旣除喪, 爲太常正, 以編修官, 參修昭敬王實錄。當群小秉政, 是非
大乖, 公正色一一正之, 領相奇自獻歎息曰:"明知先王時事, 無善於此
人者。"富平有疑獄, 久不決, 有本道啓聞, 朝廷特擇人遣之。公受命往,
聽所造, 閱實, 情僞立辨, 人心大悅, 莫不曰:"有人有人。"云。以太常
正, 例陞通政, 居西班一年, 爲驪州, 公已六十。方世道大亂, 公益無意
世事, 衙罷, 遊驪上蕭散而已。公有長子死, 而辭以歸葬, 因去歸。乘舟
上北江, 行李蕭然, 州父老吏士, 送之江上, 相與嗟歎政潔良久, 乃散
歸。公歸田里四年而歿, 庚申十月十九日, 年六十四。公平生寡言笑,
儀狀秀雅, 口不言人臧否·朝政得失。樂觀書, 不以事物經心, 親親善
善, 可見行己處心之正。戒子弟, 常言:"說讀聖賢, 無實踐空言, 無益。
吾少年志學, 中間枉過半生, 年老雖欲悔過, 亦莫追。吾平生服膺'窮不
失義, 達不離道'八言, 亦勉之。"性澹然無他嗜好, 以山水自娛, 自號雲
川。當亂世, 與俗易良, 韜晦以終。臨歿, 曰:"禮男子不絶於婦人之手,
不言家事。"恬然而化, 可謂君子之善終。後年正月甲申, 葬臨河申谷。
淑夫人李氏, 軍器寺僉正寯之女, 而陶山李文純公之孫也。夫人素稱婦
德, 事舅姑有禮, 一門稱其賢。又仁於媵妾, 篤於宗族, 皆曰:"大賢之
世, 家敎有自。"夫人, 與公同年生, 公歿, 夫人哀慼, 哭泣三年, 而六十
七歿, 十月九日也。葬林塘。…(중략)… 公歿之後二十年己卯, 長孫熙,
改卜宅兆, 合葬於臨河枝洞。又後十三年辛卯, 孝廟初政, 以壬辰募鄉
兵拒守事, 有白上者, 公特追爵吏曹參判, 夫人爲貞夫人。今來問銘者,
金員外之孫, 方爲孝陵齋郎金泰基也。…(이하 생략)…

[記言別集, 권17, 丘墓文]

13. 정사신

정사신의 자는 숙부, 호는 매창, 본관은 청주이다. 현감 정사성(鄭士誠)의 동생이다. 명종 무오년(1558)에 태어났다. 선조 임오년(1582) 문과에 급제하였고, 무신년(1608) 문과중시에 급제하였다. 삼사(三司)를 역임하였다. 경인년(1590) 선계(璿系: 왕실의 계통)를 바로잡은 것을 종묘에 고하는 대축관(大祝官)으로서 광국원종(光國原從) 공신에 녹훈되었다. 관직은 판결사에 이르렀다. 광해군 기미년(1619)에 죽었다. 이조참판에 증직되었다.

공이 과거에 급제했을 때, 율곡(栗谷) 이이(李珥)가 주사(主司: 考試官)로서 공이 지은 부(賦)를 뽑고 말하기를, "이 사람의 글솜씨는 지금 시대에서 찾아보아도 견줄 만한 이가 없다."라고 하였다.

급제자의 방이 붙고 고향으로 돌아오자, 백담(柏潭: 具鳳齡) 선생이 공에게 이르기를, "지금의 여론이 그대를 한림(翰林)으로 천거하려 하니 모름지기 잠시 머물러 있게나."라고 하였지만, 공이 벼슬로 나아가는데 늦어지는 것을 부끄럽게 여겨 듣지 않고 돌아가니, 선생은 깊이 한탄하였다.

하원군(河源君: 宣祖의 맏형)이 밤을 틈타 단문(端門: 궁전의 正門)에 이르니 도종(徒從: 추종자)이 지나치게 많았다. 때마침 공이 병조좌랑으로 있으면서 문을 닫아걸고 들이지 못하도록 하자, 하원군이 노하여 심하게 꾸짖었어도 오래도록 들어갈 수가 없었다. 다른 날 대궐로 직접 나아가 수직(守直)한 좌랑의 죄를 청하자, 주상이 그가 법을 지킨 것을 기특히 여겨 더 이상 묻지 않았다.

경연(慶筵)에 입시(入侍)할 때마다 주상이 자주 물건의 명칭과 글자의 뜻 중에 드물고 숨겨진 것으로 강관(講官)들에게 시험해 보았지만 상세히 아는 자가 드물었다. 공이 침착히 조리 있게 분석하여 대답하고자 모두 인용할 근거를 갖추고는 주상 앞에 나아가 강론할 때 거침 없이 논하면서 부연해 미루어 설명하니 말솜씨가 명랑한데다 그 소리도 단아하며 맑아서, 주상이 좌우에게 말하기를, "나이 젊은 시골 선비가 어찌 이다지도 해박한가?"라고 하였다. 수상(首相: 영의정) 이산해(李山海)가 경연 자리에서 물러나와 감탄하여 말하기를, "참으로 임금을 모시고 경전을 강론할 만한 재주로다."라고 하였다.

정언이 되어서 잘못을 들어 탄핵할 때면 기피하는 바가 없었다. 이때 조정과 재야로 하여금 학행(學行)이 있는 선비들을 천거하도록 하자, 포의(布衣)로 제수된 자 가운데 여덟아홉 명은 모두 제멋대로 속여 된 것을 알면서 아무도 감히 말하지 못하였다. 공이 홀로 그 쓸모없이 많은 것을 아뢰어 태반이나 파면시키니 논하는 사람들이 통쾌하게 여겼다.

임진년(1592) 왜구가 졸지에 쳐들어와서 대가(大駕)가 도성을 떠났다. 공은 관동(關東)을 떠돌며 스스로 대시(臺侍: 臺諫 시종)가 호종에서 뒤쳐진 것으로 저 송나라 상질(常帙: 常秩의 오기)에 견줄 것이 아니라며 관동의 토병을 모집하여 유적(游賊: 왜적의 패잔병)을 잡아서 목을 베어 죽였는데, 감사(監司) 강신(姜紳)이 공의 왜적 참수 사실을 아뢰고 양양(襄陽)의 가수(假守: 임시 수령)로 삼기를 청하였다.

중시(重試)에 급제하였다. 이때 서경(西坰) 류근(柳根)이 문형(文衡)으로서 과거를 주관하였는데, 공의 지은 것을 첫째로 삼으려 했지만 동석했던 시관들의 의논이 일치하지 않았고 끝내 이이첨(李爾瞻)을 장원으로 삼았다. 이이첨이 길에서 공을 만나 말하기를, "영공(令公)은 어찌하여 장원이 되지 못하였소?"라고 하자, 공은 평소 그의 사람됨을 가벼이 여기던 터라 웃으며 말하기를, "나에게는 등잔불도 촛불도 없었고 게다가 집구(集句)하는 사람마저 없었으니 어찌 감히 장원을 바라겠는가?"라고 하니, 이이첨이 부끄러워하면서도 분하게 여겨 안색이 변하여 갔다. 이로부터 공을 헐뜯고 모함하는 데에 여력을 남기지 않았다.

경술년(1610) 하지사(賀至使)로서 연경(燕京)에 갔는데, 우리나라의 배신(陪臣)이 천자의 조정에서 예를 행할 때 조복(朝服)을 입지 않고 다만 검은 도포만 입은 채여서 의장(儀章)이 눈에 띄게 달라졌다고 여겨 장차 상소문을 올려 전례(前例)를 답습해서 행하는 비루함을 혁신하도록 청하고자, 홀로 예부(禮部)에 나아가서 정문(呈文)으로 옳고 그름을 밝히는데 오가며 매우 견고하니, 예부에서 그의 말을 옳게 여겼으나 쉽사리 고치기가 어렵다고 하여 일은 비록 잘 해결되지 않았지만 당시 사람들의 의논이 적합하다고 여겼다.【협주: 정전이 찬한 행장에 실려 있다.】

• 鄭士信

鄭士信, 字叔孚[1], 號梅窓, 淸州人。縣監士誠弟。明宗戊午生。宣祖壬午文科, 戊申重試。歷三司。庚寅, 以正璿系告廟大祝[2], 錄光國原從。官至判決事。光海己未卒。贈禮曹參判。

公登第, 時栗谷李公爲主司[3], 擢公賦, 曰: "此人詞藻, 求之當世, 無與比倫."

放榜還鄕也, 柏潭先生謂公曰: "時議欲薦君翰林, 須暫留也." 公以遲徊干進爲恥, 不聽而歸, 先生深歎之.

河源君[4], 乘夜抵端門[5], 徒從[6]過盛。公時在兵曹郎, 令閉門不納, 君

---

1 叔孚(숙부): 子孚로 된 문헌도 있음.
2 大祝(대축): 종묘나 문묘 祭享에 祝文을 읽는 사람.
3 主司(주사): 과거의 시험관.

怒甚呵叱, 良久不得入。異日面懇, 請罪直郞, 上奇其守法, 不之問。

每入侍經筵, 上數以名物字義之隱僻者, 下試之諸講官, 鮮能詳悉。

公從容, 剖析以對, 皆有引據, 進講之際, 縱橫論說, 敷衍推明, 辭氣朗暢, 聲音雅亮, 上教左右曰: "年少鄕儒, 何其該博至此?" 首相李公山海, 退自經席, 歎曰: "眞勸講[7]才也."

爲正言, 擧劾無所避。時令中外擧學行之士, 以布衣得除拜者八九人, 皆知冒僞而莫敢言。公獨啓其冗濫[8], 汰去[9]過半, 論者快之。

壬辰, 倭寇猝發, 大駕出城。公飄泊關東, 自謂以臺侍落扈, 非常帙[10]比, 召募土兵, 捕斬游賊, 監司姜公紳[11], 啓聞首級, 請假守襄陽[12]。

擢重試。時西坰[13]柳公根, 以文衡主試, 以公之作爲第一, 同席議不

---

4 河源君(하원군): 中宗의 昌嬪安氏의 소생인 德興大院君의 장남 李鋥. 2남은 河陵君이며, 3남은 宣祖이다. 선조의 백형이 되는 셈이다.

5 端門(단문): 궁전의 正殿 앞에 있는 正門.

6 徒從(도종): 데리고 다니는 사람.

7 勸講(권강): 임금을 모시고 경전을 강의함.

8 冗濫(용람): 불필요하고 많음.

9 汰去(태거): 비리를 저질렀거나 혹은 필요하지 않은 관원 등을 쫓아내는 일.

10 常帙(상질): 常秩의 오기. 송나라 神宗 때의 사람. 경학에 통달하였다. 潁州 汝陰에 은거하던 중 歐陽脩, 胡宿, 王安石 등의 천거를 받고 判國子監, 寶文閣待制 등을 지냈는데, 오랜 벼슬살이 중에 늘 본심을 감추고 왕안석의 新法에 반대하는 의견을 제시하지 않았다. 이에 구양수가 "우습구나 여음 출신 명망 높은 상 처사여, 십 년 세월 말 타고 새벽 닭 울음 쫓네.(笑殺汝陰常處士, 十年騎馬聽朝鷄。)"라는 시를 지어, 유명무실하게 벼슬에 연연하는 그를 질타하였다. 벼슬에 집착하여 미련을 두는 것에 대한 비난이다.

11 姜公紳(강공신): 姜紳(1543~1615). 본관은 晉州, 자는 勉卿, 호는 東皋·愛蓮齋. 증조부는 姜永叔이며, 조부는 姜溫이다. 아버지는 우의정 姜士尙이고, 어머니 豐川任氏는 任幹의 딸이다. 숙부 姜士安의 양자로 입적되었다. 부인 東萊鄭氏는 鄭惟義의 딸이다. 아들은 姜弘立이다. 1567년 진사시에 장원 합격하고, 1577년 별시문과에 급제하였다. 1589년 問事郞으로 鄭汝立 옥사 처리에 참여하여 평난공신에 녹훈되고 晉興君에 책봉되었다. 이후 충청좌도 암행어사, 홍문관응교 등을 지낸 뒤 1592년 강원도관찰사 재임 중에 임진왜란이 발발하자 군사 2,000명을 이끌고 왜선을 나포하는 등의 전공을 세웠다. 이후 승문원 제조·형조참판·사간원대사간·사헌부대사헌·이조참판을 역임한 뒤 1601년 영흥부사로 부임하였다. 1605년 우참찬을 거쳐 1609년 좌참찬에 제수되었다.

12 襄陽(양양): 강원도 중앙 동부에 있는 고을.

13 西坰(서경): 柳根(1549~1627)의 호. 본관은 晉州, 자는 晦夫. 증조부는 柳彭壽이며, 조부는 柳潤이다. 아버지는 진사 柳榮門이며, 어머니 竹山安氏는 安世彥의 딸이다. 진사 柳光

合, 竟以李爾瞻爲壯元。爾瞻道遇公, 曰:“令公何不爲壯元?”公素輕其
爲人, 笑曰:“我無燈燭, 又無集句人, 何敢望壯元?”爾瞻慙憤, 色變而
去。自是詆毁公, 不遺餘力。

庚戌, 以賀至使赴京, 以爲我國陪臣[14], 行禮天庭, 不以朝服, 而獨以
玄袍, 儀章斑駁[15], 將陳疏請革沿襲之陋, 獨進禮部, 呈文論辨, 往復甚
堅, 禮部是其言, 而以輕改爲難, 事雖未諧, 時議韙之。【鄭伔[16]撰行狀】

보충
정전(鄭伔, 1569~1639)이 찬한 행록

숙부 증가선대부예조참판 겸동지경연 의금부 춘추관 성균관사 홍문관제학
예문관제학 세자좌부빈객 행통정대부 자예원판결사지제제 부군 행록

부군(府君)의 휘는 사신, 자는 자부, 정씨(鄭氏)의 본관은 청주(淸州)
이다. 15대조 휘 정극경(鄭克卿) 및 그 아들 휘 정효문(鄭孝門)은 모두

門에게 입양되었다. 黃廷彧의 문인이다. 1570년 생원진사 양시에 합격하고, 1572년 별시
문과에 급제하였다. 1591년 좌승지로서 建儲問題로 鄭澈이 화를 당할 때 일파로 몰려
탄핵을 받았으나, 文才를 아끼는 선조의 두둔으로 화를 면하였다. 이듬해 임진왜란이
일어나자 의주로 임금을 호종했으며, 예조참의·좌승지를 거쳐 예조참판에 특진되었다.
1593년 도승지로 경성안무사(京城安撫使)가 되어 민심을 수습하고, 이어 한성부판윤에
올라 사은부사로 명나라에 다녀와 경기도관찰사가 되었다. 1601년 예조판서가 되어 동지
사로 다시 명나라에 다녀왔고, 1603년에는 충청도관찰사가 되었다. 대제학에 이어 좌찬성
이 되었다. 광해군 때 대북파가 국정을 농단하고 1613년 폐모론까지 일어나자, 괴산으로
물러나 庭請에 참여하지 않아 관작이 삭탈되었다가, 1619년 복관되었다. 1623년 인조반정
으로 다시 기용되었으나 나가지 않았다.

14 陪臣(배신): 제후의 신하가 천자에 대해 자신을 일컫는 말.
15 斑駁(반박): 여러 빛깔이 한데 뒤섞여 아롱진 형태.
16 鄭伔(정전, 1569~1639): 본관은 淸州, 자는 壽甫, 호는 松塢. 조부는 鄭枓이다. 아버지는
양구현감 鄭士誠이며, 어머니는 南舜孝의 딸이다. 아버지를 통하여 李滉의 학문을 이어받
았으며, 金誠一·柳成龍·具鳳齡의 문하에서 수학하였다. 1601년 생원시에 합격하였으나
대과에는 거듭 실패하였으며, 광해군 때의 대북정권 하에서 과거에 대한 뜻을 끊었다.
인조반정 뒤 遺逸로 천거되어 의금부도사에 임명되었으나 나아가지 않고, 일생 동안 朱熹
의 학문을 연구하였다.

중랑장(中郎將)을 지냈다. 그 아들 휘 정의(鄭顗: 초명 鄭俊儒)는 조의대부(朝議大夫) 신호위 대장군을 지냈고 정의대부(正議大夫) 상장군에 증직되었으며, 고려사 충의전(忠義傳)에 실려 있고, 조선조의 선조 때 사당(祠堂: 表節祠)을 평양(平壤)에 세웠다. 그 아들 휘 정현(鄭僩)은 감찰어사를 지내고 은청광록대부(銀靑光祿大夫) 상서좌복야(尙書左僕射)에 증직되었다. 그 아들 휘 정해(鄭瑎: 초명 鄭玄繼)는 광정대부(匡靖大夫) 도첨의찬성사(都僉議贊成事) 연영전대사학(延英殿大司學)을 지냈고 시호는 장경공(章敬公)이었으며, 문장과 덕행으로 고려조 이름난 신하였다. 그 아들 휘 정책(鄭幘)은 중대광(重大匡)을 지내고 청하군(淸河君)에 봉해졌는데, 부인은 문영공(文英公) 김순(金恂)의 딸이다. 이 부인의 조부 충렬공(忠烈公) 김방경(金方慶)이 정책을 자주 칭찬하기를, "정말 남자답다."라고 하였다. 그 아들 휘 정오(鄭䫨)는 금자광록대부(金紫光祿大夫) 중대광(重大匡) 사도(司徒) 상주국(上柱國) 서원백(西原伯)을 지냈고 시호는 문극공(文克公), 호는 설헌(雪軒) 선생이다. 그 동생 설곡(雪谷)선생 휘 정보(鄭誧)와 모두 당대의 중망(重望)을 받았으며, 다 문집이 세상에 간행되어 있다. 그 아들 휘 정침(鄭賝)은 봉선대부(奉善大夫) 소부 정윤(少府正尹)을 지냈다. 중낭(中郎: 정극경)에서 헌곡(軒谷: 정오·정보)에 이르기까지 모두 고려사 열전(高麗史列傳) 및 목은(牧隱: 이색)선생이 지은 〈정씨가전서(鄭氏家傳序)〉에 실려 있다. 서원백(西原伯: 정오)의 둘째부인(後夫人: 남양홍씨 洪奎의 아들인 洪戎의 딸, 洪彦博의 누이동생)은 공민왕(恭愍王: 洪奎의 외손자)의 외고(外姑: 장모를 일컬으나 여기서는 외사촌인 셈)이다. 정윤(正尹: 정침)은 혁명이 일어나 위태롭고 의심스러울 때에 외가 충렬공(忠烈公: 김방경)의 별업(別業: 별장)으로 와 안동(安東)에 거주하였다. 그 아들 휘 정의룡(鄭義龍, 1352~1426)은 사정(司正)을 지냈다. 그 아들 휘 정약(鄭若, 1379~1429)은 우리 조선에 들어와 중훈대부(中訓大夫) 도관좌랑(都官佐郎)을 지냈다. 그 아들 휘 정보문(鄭普文, 1404~1475)은 진전직(眞殿直)을 지냈다. 그 아들 용양위 사직(龍驤衛司直) 휘 정인로(鄭仁老)인데, 곧 부군(府君)의 고조부이다. 증조부 휘 정윤소(鄭允韶)는 의영고 직장(義盈庫直長)을 지냈다. 조부 휘 정언보(鄭彦輔)는 진사를 지냈는데, 덕스러운 도량으로 사람들로부 터 중망(重望)을 받아 고을에서 안자(顔子)라 불렀다. 부인 진성이씨(眞 城李氏)는 이철손(李哲孫)의 딸이자, 퇴도(退陶: 이황)선생의 6촌누이이 다. 아버지 휘 정두(鄭枓)는 조봉대부(朝奉大夫) 사섬시 첨정(司贍寺僉 正)을 지냈고, 부인은 충의위(忠義衛) 사과(司果) 안동권씨 권식(權軾)의 딸로 고려 태사(太師) 권행(權幸)의 후손이고, 조부 권을성(權乙成)은 현신교위(顯信校尉)를 지냈으며, 증조부 권징(權徵)은 사헌부 지평을 지냈다. 가정(嘉靖) 무오년(1558) 8월 17일에 부군(府君)을 낳았다.

　부군은 타고난 자질이 영특하였으니, 여덟아홉 살 때 글의 뜻이 벌써 막힘이 없었다. 맏형 현감공(縣監公: 鄭士誠)이 퇴도(退陶)선생의 문하에서 가르침을 받아 경전(經傳)과 제사서(諸子書)며 사서(史書)를 그지없이 정밀하게 연구하였는데, 부군에게 가망이 있음을 알고서 가르치고 지도하는데 게을리하지 않았다. 나이 열일고여덟 살 때 백담 (柏潭) 구봉령(具鳳齡) 선생의 문하에서 가르침을 받았는데, 구 선생이 자주 칭찬하였다. 을해년(1575) 진사 초시에 응시하였다. 병자년(1576) 부친상을 당하였다. 임오년(1582) 문과에 병과 2등으로 급제하였다. 이때 율곡(栗谷) 이이(李珥)가 주사(主司: 考試官)로서 부군이 지은 복재 금부(復齋琴賦)를 상등(上等)으로 뽑고 말하기를, "이 사람의 글솜씨는 지금 시대에서 찾아보아도 견줄 만한 이가 없다."라고 하였다. 급제하 여 장차 고향으로 돌아오려 할 즈음에 백담(柏潭: 具鳳齡) 선생이 부군 에게 이르기를, "지금의 여론이 그대를 한림(翰林)으로 천거하려 하나

분관(分館)이 되기 전이니 모름지기 잠시 머물러 있게나."라고 하였지만, 공이 벼슬로 나아가는데 늦어지는 것을 부끄럽게 여겨 급제자의 방이 붙자마자 곧바로 돌아가니, 선생은 깊이 한탄하였다.

승문원에 뽑혀 들어갔다. 〈왜사〉호송관으로 동래에 갔는데, 병들고 늙은 역관이 간사하기가 지나쳐 장계를 올려 국문하였다. 그러나 역관은 기세가 있는 권문세가에 아부하여 도리어 부군을 모함하여 마침내 파직되었다. 갑신년(1584) 비로소 저작(著作)에 제수되었으며, 을유년(1585) 박사(博士)로 승진하였고 봉상시 직장(奉常寺直長)으로 옮겼다. 병술년(1586) 예조좌랑이 되었고 형조좌랑으로 옮겼다. 정해년(1587) 사간원정언이 되었고 예조와 병조의 좌랑 겸 춘추관기사관으로 옮겼으며, 부모가 연로하다는 이유로 예안현감(禮安縣監)으로 나갔는데, 장차 집을 지으려고 할 때 관직에 있으면서 사사로운 일을 도모하는 것이 온당치 못하다고 여겼다.

기축년(1589) 월과(月課)를 짓지 않아서 체직되어 돌아왔다. 또 병조좌랑이 되었는데, 주상의 형인 하원군(河源君: 宣祖의 맏형)이 밤을 틈타 단문(端門: 궁전의 正門)에 이르렀으나 도종(徒從: 추종자)이 지나치게 많자, 부군이 문을 닫아걸고 들이지 못하도록 하니, 하원군이 노하여 심하게 꾸짖었어도 오래도록 들어갈 수가 없었다. 다른 날 대궐로 직접 나아가 수직(守直)한 좌랑의 죄를 청하자, 주상이 그가 법을 지킨 것을 기특히 여겨 더 이상 묻지 않았다.

공조정랑으로 승진하였고 병조정랑 겸 지제교로 옮겼으며, 홍문관에 들어가 부수찬 겸 경연검토관(經筵檢討官)에 제수되었다. 선조(宣祖)가 자주 물건의 명칭과 글자의 뜻 중에 드물고 숨겨진 것으로 경연에 입시한 신하에게 시험해 보았지만 상세히 아는 자가 드물었다. 부군이 침착히 그 다음에 조리 있게 분석하여 대답하고자 모두 인용

할 근거를 갖추고는 주상 앞에 나아가 강론할 때 거침없이 논하면서
부연해 미루어 설명하니 말솜씨가 명랑한데다 그 소리도 단아하며
맑아서, 주상이 내전으로 불러 들이고서 좌우에게 말하기를, "나이
젊은 시골 선비가 어찌 이다지도 해박한가?"라고 하였다. 수상(首相:
영의정) 이산해(李山海)가 경연 자리에서 물러나와 감탄하여 말하기를,
"참으로 임금을 모시고 경전을 강론할 만한 재주로다."라고 하였다.
지공거(知貢擧)를 보좌할 때 귀신처럼 감별하여 과시(科試)를 고선(考
選)하는 것이 정확하고 적절하니, 당대 문장으로 자임하는 자들 또한
칭찬하고 감탄하였다. 용서하는 글을 지어 주지 않아서 당로자(當路
者)의 비위에 거슬려 성균관 전적(成均館典籍)으로 좌천되었다. 경인년
(1590) 또 병조정랑에 제수되었다. 이때 선계(璿系: 왕실의 계통)를 바로
잡은 것을 아뢰고자 주상이 친히 태묘(太廟)에 제사를 지냈는데, 부군
이 대축관(大祝官)으로서 광국원종공신(光國原從功臣)에 책록되었다.

신묘년(1591) 봄 예조정랑에 제수되었다가 또 홍문관에 들어가 수
찬이 되었다. 겨울에 다시 정언으로 옮겨서는 잘못을 들어 탄핵할
때면 기피하는 바가 없었다. 이때 조정과 재야로 하여금 학행(學行)이
있는 선비들을 천거하도록 하자, 포의(布衣)로 제수된 자 가운데 여덟
아홉 명은 모두 제멋대로 속여 된 것을 알면서 아무도 감히 말하지
못하였다. 부군이 홀로 그 쓸모없이 많은 것을 아뢰어 태반이나 파면
시키니 논하는 사람들이 통쾌하게 여겼다.

그리고 한 전랑(銓郞)이 죄수를 귀양보내려는 것을 남몰래 막은 죄를
탄핵하고 옥에 가두어 국문을 하였는데, 그 사람이 한창 당대에 존중을
받고 있어서 감히 원망할 수가 없었고 도리어 탄복할 뿐이었다.

조정에서 우전(郵傳: 驛站)이 쇠잔하고 피폐한 것을 걱정하면서 그
것을 소생시키려고 의논하였는데, 비록 근신(近臣)이고 대신(大臣)일

지라도 역마를 타는 것을 불허하였다. 그런데도 부군이 어버이의 병을 간호하기 위해 체직을 청하니, 특별히 말을 지급하여 고향으로 돌아가 부모를 뵙게 하도록 명하자, 사람들이 특별한 예우로 영예롭게 여겼다.

임진년(1592) 여름에 왜구가 졸지에 쳐들어왔는데, 홀몸으로 외직 벼슬살이를 하는 자에게만 탈 것으로 주었던 말도 전마(戰馬)로 반납하였다. 밤에 대가(大駕)가 도성을 떠났다는 소식을 듣고 허둥지둥 간신히 걸음을 옮겼지만 어디로 가야할지 알 수 없었다. 길이 막혀서 관동(關東)을 떠돌며 스스로 대시(臺侍: 臺諫 시종)가 호종에서 뒤쳐진 것으로 저 송나라 상질(常帙: 常秩의 오기)에 견줄 것이 아니라고 생각하였다. 그리하여 의리상 고향으로 돌아가 사사로이 부모를 뵐 수 없어 오래도록 관령(關嶺: 대관령)에 체류하며 관동의 토병을 모집하여 유적(游賊: 왜적의 패잔병)을 잡아서 목을 베어 죽였는데, 감사(監司) 강신(姜紳)이 부군의 왜적 참수 사실을 아뢰고 양양(襄陽)의 가수(假守: 임시 수령)로 삼기를 청하였다.

계사년(1593) 봄에 길이 비로소 통하였는데, 벼슬자리를 내놓고 행조(行朝: 행재소)에 달려가니, 예천군수(醴泉郡守)에 제수되었으나 부임하지 않았다. 갑오년(1594) 특별히 서용(敍用)하여 경상도사(慶尙都事)에 제수되자 상소를 올려 호종(扈從)에서 뒤떨어진 사정을 아뢰었는데, 비망기(備忘記)에 전교(傳敎)하기를, "지금 정사신이 올린 상소를 보건대 일의 형편이 마침 그러하여서 그러한 것이니 사직하지 말라고 회유하라." 하였다. 직무를 맡아본 지 1년이 넘었는데, 장계를 올려 한 고을의 탐욕스럽고 방종한 수령을 내친 것으로 인하여 권귀(權貴)들의 비위에 거슬려 파면되었다.

을미년(1595) 선산부사(善山府使)에 제수되었으나 부임하지 않았다.

이때 많은 사람들의 원망이 합세하여 틈을 타고 번갈아 배척하니, 부군이 이로부터 벼슬길에 뜻을 끊고 물러나 시골에 은거하였다. 무술년(1598) 모친상을 당해 여묘살이를 하면서 애통해하였는데 마음과 예제(禮制)가 지극하였다.

신축년(1601) 가을에 주상이 승정원에 하문하기를, "지난날 정언 정사신이 어디에 있느냐?"라고 하자, 어떤 사람이 본디 부군을 좋아하지 않아서 다시 등용될까 두려워하였으니, 죄를 지어 먼 지방으로 내쳐져 살았는지 죽었는지 알지 못한다고 하였다. 정미년(1607)에 특별히 서용(敍用)하여서 직첩(職牒)을 내려 받았다.

무신년(1608) 광해군이 즉위하였는데, 사복시 정(司僕寺正)에 제수되어 '일강팔목소(一綱八目疏)'를 아뢰었고, 사도시 정(司䆃寺正)으로 옮겨졌다. 중시(重試)에 을과 3등으로 급제하여 품계가 올랐다. 이때 서경(西坰) 류근(柳根)이 문형(文衡)으로서 과거를 주관하였는데, 부군의 지은 것을 첫째로 삼으려 했지만 동석했던 시관들의 의논이 일치하지 않았으니, 끝내 이이첨(李爾瞻)을 장원으로 삼았고 부군은 5등이었다. 이이첨이 길에서 부군을 만나 말하기를, "영공(令公)은 어찌하여 장원이 되지 못하였소?"라고 하자, 부군은 평소 그의 사람됨을 가벼이 여기던 터라 웃으며 말하기를, "나에게는 등잔불도 촛불도 없었고 게다가 집구(集句)하는 사람마저 없었으니 어찌 감히 장원을 바라겠는가?"라고 하니, 이이첨이 부끄러워하면서도 분하게 여겨 안색이 변하여 갔다. 이로부터 부군을 헐뜯고 모함하는 데에 여력을 남기지 않았다. 안태사(安胎使)로 공주(公州)에 갔으며, 돌아와 추부첨지사(樞府僉知事: 첨지중추부사)가 되었다. 기유년(1609) 전위사(餞慰使: 명나라 사신이 본국으로 돌아갈 때 전위하는 임시 벼슬)로 관서 지방에 갔으며, 돌아와서 다시 추부첨지사가 되었다.

경술년(1610) 하지사(賀至使)로서 연경(燕京)에 갔는데, 부군은 일찍
부터 우리나라의 배신(陪臣)이 천자의 조정에서 예를 행할 때 조복(朝
服)을 입지 않고 다만 검은 도포만 입은 채 반열에 참여하여서 의장(儀
章)이 뒤섞여 눈에 띄게 달라지는 것을 분하게 여겨 장차 상소문을
올려 전례(前例)를 답습해서 행하는 비루함을 혁신하도록 청하고자,
홀로 예부(禮部)에 나아가서 정문(呈文)으로 옳고 그름을 밝히는데 오
가며 매우 견고하니, 예부에서 그의 말을 매우 옳게 여겼으나 쉽사리
고치기가 어렵다고 하여 일은 비록 잘 해결되지 않았지만 당시 사람
들의 의논이 적합하다고 여겼다.

신해년(1611) 봄에 다시 장례원 판결사(掌隸院判決事)에 제수되었다.
장례원에서 좌기(坐起)하던 첫날에 권세가와 얽혀 있는 두 건의 지체
된 소송을 그날로 처결하였는데, 간독(簡牘)이 몹시 복잡하였지만 조
금도 동요하지 않았다. 듣는 사람들은 그렇게 하기가 어렵다고 여겼
는데, 용양위 부호군(龍驤衛副護軍)으로 체직되고 말았다.

계축년(1613) 가을에 밀양도호부사(密陽都護府使) 겸 경상중도방어
사(慶尙中道防禦使)로 제수되었다. 얼마 되지 않아서 북당(北黨: 북인)의
군소배들로부터 모함을 받아 파직되자 집으로 돌아와 지내며 도성으
로 한 글자의 편지조차 통하지 않은 것이 7년이었다.

기미년(1619) 정월 25일 병으로 정침(正寢)에서 죽었으니, 향년 62세
였다. 그해 9월 의성현(義城縣) 남쪽 오토산(五土山) 서쪽으로 5리쯤
된 승방동(勝坊洞) 진좌(震坐)의 언덕에 장사를 지냈다. 계해년(1623)
개옥(改玉: 반정) 초에 이르러 은대(銀臺: 승정원)에 1순위자로 추천되어
비답(批答)이 내려지자, 비로소 세상을 떠난 지 오래되었음을 알고 동료
와 친구등이 안타까와 애도하지 않은 자가 없었다. 경인(庚寅) 광국공신
(光國功臣) 증 가선대부(嘉善大夫) 예조참판 겸 동지경연(同知經筵) 의금

부(義禁府) 춘추관(春秋館) 성균관사(成均館事) 평생 지은 시문(詩文)은 병화(兵火)에 흩어져 없어졌고 다만 약간권만이 집에 보관되어 있다.

부인 영천이씨(永川李氏)는 관찰사를 지내고 예조참판에 증직된 이광준(李光俊)의 딸이다. 2남 2녀를 낳았는데, 장남 정억(鄭億)은 요절하였으며, 차남 정칙(鄭伇)은 장릉참봉(章陵參奉)을 지냈으며, 장녀는 세마(洗馬) 류단(柳禰)에게 시집갔으며, 차녀는 별좌(別坐) 김시침(金時忱)에게 시집갔다.

조카 선교랑 의금부도사 정전(鄭佺)이 삼가 기록하다.

叔父贈嘉善大夫禮曹參判兼同知經筵·義禁·春秋館·成均館事·弘文館提學·藝文館提學·世子左副賓客。行通政大夫掌隸院判決事知製教府君行錄。

府君諱士信, 字子孚, 號梅窓, 鄭氏系出淸州。十五代祖諱克卿及子諱孝聞, 皆中郎將。子諱頲朝議大夫神虎衛大將軍, 贈正議大夫上將軍, 載麗史忠義傳, 宣廟朝立祠平壤成川。子諱偆監察御史, 贈銀靑光祿大夫尙書左僕射。子諱瑎匡靖大夫都僉議贊成事, 延英殿大司學, 諡章敬公, 以文章德行, 爲麗代名臣。子諱愼重大匡淸河君, 娶文英公金恂女。夫人祖忠烈公方慶, 亟稱之曰:“某眞男子也。”子諱頔金紫光祿大夫重大匡司徒上柱國西原伯, 諡文克公, 號雪軒先生。與弟雪谷先生誧, 皆負當世重望, 俱有文集行于世。子諱睞奉善大夫少府正尹。自中郎至軒谷, 具載麗史列傳及牧隱先生所著鄭氏家傳序。西原伯後夫人, 恭愍外姑也。正尹, 當革命危疑之際, 以外家忠烈公別業來, 居于安東。子諱義龍司正。子諱若, 入我朝爲中訓大夫都官佐郎。子諱普文眞殿直。生龍驤衛司直諱仁老, 是府君高祖。曾祖諱允韶義盈庫直長。祖諱彦輔進士, 以德量見重於人, 鄕邦號爲顔子。娶眞城李哲孫之女, 退陶先生再從妹也。考諱枓朝奉大夫司瞻寺僉正。娶忠義衛司果安東權

軾之女。高麗太師幸之後。祖乙成顯信校尉。曾祖徵司憲府持平。以
嘉靖戊午八月十七日生府君。府君天資穎異, 八九歲, 文義已通。伯兄
縣監公, 受業退陶門, 經傳子史, 極其硏精, 知府君有成, 敎訓不倦。年
十七八, 學柏潭具先生門, 具公亟加獎許。乙亥擧進士初解。丙子丁外
艱。壬午, 登乙科第二人及第。時栗谷李公爲主司, 擢府君復齋琴賦置
上等, 曰:"此人詞藻, 求之當世, 無與比倫。"登第將還也。具先生謂府君
曰:"時議欲薦君翰林, 於分館前, 須暫留也。"府君以遲徊干進爲恥, 放榜
卽歸, 具公深歎焉。選入承文院。以護送官, 往東萊, 疾老譯姦濫, 啓鞫
之, 譯附權門有氣勢, 反誣府君, 遂見罷。甲申始授著作, 乙酉陞博士,
遷奉常直長。丙戌爲禮曹佐郎, 移刑曹。丁亥拜司諫院正言, 轉禮兵曹
佐郎兼春秋館記事官, 以親老出爲禮安縣監, 將搆宅舍, 以在官營私爲
未安。己丑以月課不製遞歸。又拜兵曹佐郎。上兄河原君, 乘暮抵端
門, 徒從過盛, 府君令閉門不納, 君怒甚訶叱, 良久不得入。異日面懇,
請罪直郞, 上奇其守法, 不之問。陞工曹正郎, 改兵曹正郎兼知製敎, 錄
入弘文館, 拜副修撰兼經筵檢討官。宣廟數以名物字義之隱僻者, 下試
經筵入侍之臣, 鮮能詳悉。府君從容隨後, 剖析以對, 皆有引據, 進講之
際, 縱橫論說, 敷衍推明, 辭氣朗暢, 聲音雅亮, 上入內謂左右, 曰:"年少
鄕儒, 何其該博至此?"首相李公山海, 退自經席, 歎曰:"眞勸講才也。"
其佐知貢擧, 監別若神, 考第精當, 一時以文章自任者。亦推服焉。以不
製敕文, 忤當路, 遷成均典籍。庚寅又拜兵曹正郎。時奏正璿系, 親祭太
廟, 府君以大祝, 錄光國原從功。辛卯春, 拜禮曹正郎, 又入弘文館爲修
撰。冬復轉爲正言, 擧劾無所避。時令中外擧學行之士, 以布衣得除拜
者八九人, 皆知冒僞而莫敢言。府君獨啓其冗濫, 汰去過半, 論者快
之。又劾一銓郎潛滯配囚之罪, 下獄鞫問, 其人方見重當世, 不敢致怨,
反加歎服。朝議患郵傳殘弊, 欲蘇息之, 雖近臣大官, 不許乘駙。府君以
親病乞遞, 特命給馬歸覲, 人以異數榮之。壬辰夏, 倭寇猝發, 孤身旅宦,
只有一騎, 納於戰馬。夜聞大駕出城, 蒼黃窘步, 不知所向。道路阻梗,
飄泊關東, 自謂以臺侍落扈, 非常秩比。義不可歸見私親, 久滯關嶺, 召

募土兵, 捕斬游賊, 監司姜公紳, 啓聞首級。請假守襄陽。癸巳春, 道路
始通, 解官赴行朝, 除醴泉郡守不赴。甲午, 蒙別叙拜慶尙都事, 疏陳落
扈情事, 備忘記, 傳曰:"今觀鄭士信陳疏, 事勢適然, 而勿辭事回諭."
供職踰年, 啓黜一邑宰之貪縱者, 以是忤權貴, 見罷。乙未除善山府使,
不赴。時羣怨合勢, 乘釁交斥, 府君自是絶意世路, 屏居田野。戊戌丁內
艱, 廬墓致哀, 情禮備至。辛丑秋, 上問于政院, 曰:"昔日正言鄭士信,
何在?"或人素不悅府君, 恐其復進, 以罪廢遠方, 不知存歿爲對云。丁
未, 蒙別叙, 降給職牒。戊申, 光海卽位, 拜司僕正赴朝, 陳一綱八目疏,
移司藁正。擢重試乙科第三人, 陞秩。時西坰柳公根, 以文衡主試, 謂府
君作爲第一, 同席議不合, 竟以李爾瞻爲壯元, 府君居第五。爾瞻遇府
君於道, 曰:"令公何以不爲壯元?"府君素輕其爲人, 笑曰:"我無燈燭,
又無集句人, 何敢望壯元?"爾瞻慙憤, 色變而去。自是, 詆毁府君, 不遺
餘力。以安胎使往公州。還爲樞府僉知事。己酉, 以餞慰使, 出關西, 還
又爲樞府僉知事。庚戌, 以賀至使赴京, 府君嘗憤我國陪臣, 行禮天庭,
不服朝服, 而獨以玄袍, 入參班行, 使儀章斑駁不齊, 將行陳疏稟請, 擬
革沿襲之陋, 獨進禮部呈文, 論辨往復甚堅, 禮部深是其言, 而以輕改爲
難, 事雖未諧, 時議韙之。辛亥春, 還拜掌隷院判決事。初坐院日, 立決
滯訟之牽連權勢者二事, 簡牘旁午, 不爲動。聞者以爲難, 遞爲龍驤衛
副護軍。癸丑秋。拜密陽都護府使兼慶尙中道防禦使。未幾, 爲北黨羣
小所誣, 罷歸家居, 不通一字於京洛者七年。己未正月二十五日, 以疾
終于正寢, 享年六十二。九月葬于義城縣南五土山西五里勝坊洞震坐
之原。至癸亥改玉之初, 首擬銀臺批下, 始知下世已久, 僚友莫不嗟
悼。用庚寅光國功贈嘉善大夫禮曹參判兼同知經筵義禁府春秋館成均
館事。平生所著詩文, 散逸兵火, 只若干卷藏于家。配永川李氏。觀察
使贈禮曹參判光俊之女。生二男二女, 男長億早卒, 次伬章陵參奉, 女
長適洗馬柳禑, 次適別坐金時忱。姪宣敎郎義禁府都事佺謹錄。

[松塢先生文集, 卷3, 行錄]

14. 류복립

류복립의 자는 군서, 본관은 전주이다. 부제학 류윤덕(柳潤德)의 손자이다. 명종 무오년(1558)에 태어났다. 벼슬은 종부시 주부(宗簿寺主簿)를 지냈다. 선조 계사년(1593)에 순절하였다.

임진년(1592)에 왜구가 대거 쳐들어와 조야(朝野: 조정과 민간)가 달아나 숨으니, 공이 개연히 나라를 걱정하는 뜻이 있어 칼을 어루만지며 탄식하여 말하기를, "몸이 대대로 나라의 녹봉을 받는 신하이니 의리상 마땅히 국난(國難)에 죽어야 한다."라고 하였다. 이어 그의 가솔들을 생가(生家)의 형 류복기(柳復起)에게 부탁하고 마침내 곧바로 진주(晉州)에 있는 학봉(鶴峯) 김성일 우감사(右監司)의 군영(軍營)에 출정하여 참모로서 계책을 세워 여러 차례 대첩(大捷)을 고하였다.

계사년(1593) 학봉이 군중(軍中)에서 죽자, 공은 김천일(金千鎰)·고종후(高從厚)와 함께 한 마음으로 힘을 다하여 목숨 바쳐 지킬 것을 맹세하고 두어 달을 버텼다. 6월에 성이 끝내 함락되어 적의 칼날을 막지 못하게 되자, 공은 맨주먹을 휘두르며 적의 칼날을 무릅쓰고 적에게 달려가 싸우다 죽었다.【협주: 유사에 실려 있다.】

• 柳復立

柳復立[1], 字君瑞, 全州人。副提學潤德[2]孫。明宗戊午生。官宗簿寺

---

1 柳復立(류복립, 1558~1593): 본관은 全州, 자는 君瑞, 호는 墨溪. 증조부는 인천부사 柳軾이며, 조부는 부제학 柳潤德이다. 생부는 柳城, 양부는 참봉 柳墀이다. 어머니 義城金氏는 진사 金璡의 딸이다. 첫째부인 全州李氏는 사직 李永宗의 딸이며, 둘째부인 全州李氏는 현감 李福胤의 딸이다. 柳復起와 柳復立 형제는 외가에 맡겨져 외조부의 손에서 컸으며 외숙인 학봉 김성일에게서 학문을 배웠다. 음직으로 종부시주부를 지냈다. 1592년 임진왜

| 主簿。宣祖癸巳殉節。

壬辰, 倭寇大至, 朝野竄伏, 公慨然有憂國之志, 撫劍發歎曰: "身爲
世祿之臣, 義當死難." 乃托其家屬於本生兄復起, 遂卽從征於晉州金
鶴峯右監司營, 參謀畵策, 屢告大捷。

癸巳, 鶴峯卒于軍, 公與金千鎰[3]·高從厚[4], 同心戮力, 誓以死守, 枝

란 때 외삼촌인 경상우도관찰사 金誠一 휘하에서 진주성을 공격해온 왜적을 격퇴하였다.
이듬해 김성일이 병사하면서 성을 사수하라는 유언에 따라, 창의사 金千鎰, 復讐將 高從厚,
병마절도사 黃進 등과 힘을 합쳐 왜적과 싸웠다. 성이 함락당하자 김천일 등과 함께 자결하
였다. 뒤에 충신정문이 세워지고 이조판서에 추증되었다. 1798년 경상도 유림 金宛燦
등이 彰烈祠에 추향할 것을 건의하였으나, 조정에서는 사원에 추향하는 것은 국초 이래로
금한 일이라 하여 성사되지 않았다. 1802년에 이르러, 창렬사에 배향되었다.

2 潤德(윤덕): 柳潤德(1489~?). 본관은 全州, 자는 善叔. 증조부는 柳末孫이며, 조부는 柳季
潼이다. 아버지는 柳軾이며, 어머니 坡平尹氏는 尹愍의 딸이다. 부인 晉州鄭氏는 鄭碩倫의
딸이다. 1507년 생원시에 합격하고, 1509년 별시문과에 급제하였다. 대사간, 병조참지,
전라도관찰사 등을 역임하였다.

3 金千鎰(김천일, 1537~1593): 본관은 彦陽, 자는 士重, 호는 健齋·克念堂. 증조부는 훈령원
부정 金應福이며, 조부는 주부 金潤孫이다. 아버지는 진사 金彦琛이며, 어머니 陽城李氏는
副尉 李蔵의 딸이다. 李恒의 문인으로, 金麟厚·柳希春 등과 교유하였다. 1592년 임진왜란
때 나주에 있다가 高敬命·朴光玉·崔慶會 등과 함께 의병을 일으켰다. 선조가 피난 간
평안도를 향해 가다가, 왜적과 싸우면서 수원의 禿山城을 점령하였고 용인의 金嶺(지금의
경기도 용인시 처인구 역북동 일대) 전투에서 승리한 뒤 강화도로 들어갔다. 용인전투는
의병에게는 첫 번째 승리를 안겨주었기 때문에 그 공으로 判決事가 되고 倡義使의 호를
받았다. 왜적에게 점령된 서울에 결사대를 잠입시켜 싸우고, 한강변의 여러 적진을 급습하
는 등 크게 활약하였다. 다음해 정월 명나라 제독 李如松의 군대가 개성을 향해 남진할
때, 그들의 작전을 도왔다. 또한 왜군이 남쪽으로 퇴각하자, 절도사 최경회 등과 함께
晉州城을 사수하였다. 그 뒤 진주성을 지킬 때 백병전이 벌어져, 화살이 떨어지고 창검이
부러져 대나무 창으로 응전하였다. 마침내 성이 함락되자 아들 金象乾과 함께 南江에
투신하여 자결하였다.

4 高從厚(고종후, 1554~1593): 본관은 長興, 자는 道沖, 호는 隼峰. 光州 출신. 증조부는
형조좌랑 高雲이며, 조부는 호조참의 高孟英이다. 아버지는 의병장 高敬命이며, 어머니
蔚山金氏는 金百鈞의 딸이다. 첫째부인은 宜寧南氏이며, 둘째부인은 固城李氏이다. 1570년
진사가 되고, 1577년 별시 문과에 급제하여 臨陂 縣令에 이르렀다. 1592년 임진왜란
때 아버지 고경명을 따라 의병을 일으키고, 錦山싸움에서 아버지와 동생 高因厚를 잃었다.
이듬해 다시 의병을 일으켜 스스로 復讐義兵將이라 칭하고 여러 곳에서 싸웠고, 위급해진
진주성에 들어가 성을 지켰으며 성이 왜병에게 함락될 때 金千鎰·崔慶會 등과 함께 南江에
몸을 던져 죽었다.

梧[5]數月矣。六月, 城卒陷, 凶鋒莫爭, 公張空拏[6], 冒白刃, 赴敵而死。
【遺事[7]】

---

5 枝梧(지오): 버팀.

6 張空拏(장공환): 張空拳의 오기.

7 1855년 柳台煥, 柳懇, 柳詮에 의해 목판본으로 간행된 류복립의 《默溪實紀》가 있으나, 영남인물고가 묶여진 뒤의 문헌이라서 행장 등을 번역하지 않음.

15. 김집

김집의 자는 활원, 호는 애경당, 본관은 의성이다. 문충공 김성일의 아들이다. 명종 무오년(1558)에 태어났다. 벼슬은 세마(洗馬)를 지냈다.

공은 열세 살 때 퇴도(退陶) 이황 선생을 만나 뵈었는데, 선생이 말하기를, "이 아이의 그릇이 침착하고 진득하여 반드시 군자가 되리로다."라고 하며 손수 '구용(九容)'·'사무사(思無邪)'·'무자기(毋自欺)'를 써서 주었다.

공은 젊어서 과거 공부를 하다가 탄식하여 말하기를, "어찌 마음과 뜻을 수고롭게 하면서 기필하기 어려운 일을 바라리오?"라고 하고는 마침내 그만두었다.

문충공이 진주(晉州)에서 죽자 지리산(智異山)에 임시로 매장하고 여막을 지어 지키고 있는데, 왜적들이 돌격해 와 공이 봉분 옆에 엎드려서 울고 있으니 적들도 측은하게 여겨 놓아둔 채로 떠나갔다.

정유년(1597) 세마(洗馬)에 제수되자 달려가 사양하고 곧 돌아왔다. 한음(漢陰: 李德馨)·백사(白沙: 李恒福)·오봉(五峯: 李好閔) 등 여러 사람이 편지를 보내어 벼슬길에 나아가기를 권했으나, 공은 사양하고 응하지 않았다.

광해조에 이이첨(李爾瞻)이 권력을 쥐고 제멋대로 방자하게 굴었다. 이에 장남 김시추(金是樞)가 영남 유생의 주동이 되어 이이첨을 성토하는 상소문을 올리고자 하여 공에게 아뢰니, 공이 말하기를, "나의 돌아가신 어른께서 일에 있어서 말해야 할 것이 있으면 화복(禍福)에 의해 동요된 적이 없었으니, 너는 가거라." 하였다.

인조(仁祖)가 개옥(改玉: 반정)하자, 공이 탄식하며 말하기를, "오늘날의 정사(政事)는 실로 당우(唐虞: 堯舜) 시절과 달라서 임금께서 행여 고치기를 신민(臣民)들이 밤낮으로 고대하던 것이나, 어찌 다시 이윤(伊尹)·곽광(霍光)의 거사를 볼 줄 생각이나 했겠는가?"라고 하였다. 어떤 사람이 말하기를, "폐주(廢主: 광해군)가 스스로 목숨을 끊은 것인데, 공은 어찌하여 이렇게까지 말하는가?"라고 하니, 공이 말하기를, "그대는 우리 임금을 그렇게 할 능력이 없다고 말하는 것이냐?"라고 하고는 밥을 먹지 않은 채 얼굴에 근심스러운 빛이 있었다.

정묘년(1627) 청나라 군이 쳐들어와 대가(大駕)가 도성을 떠나 피난하자, 고을사람들이 의병을 일으키려 도모하였다. 공은 늙어서 직접 무기를 들고 갑옷을 입을 수가 없자 비분강개하여 곡식 100곡(斛)을 내어 도우면서 아들 김시추를 보내어 의진(義陣)에 달려가도록 하니, 고을사람들이 의병장으로 추대하였다.【협주: 이현일이 찬한 비문에 실려 있다.】

한강(寒岡) 정구(鄭逑)가 본부(本府: 안동부)에 부임하여 유생들을 이끌고 일어나 읍(揖)하도록 하면서 말하기를, "예를 강구하지 않은 지가 오래되었네. 공을 보았으니 향음주례(鄕飮酒禮)를 베풀어 주기를 원하네."라고 하였다. 공이 단(壇)을 쌓아 놓고서 향음주례를 베푸는데 엄숙하면서도 예에 맞으니, 한강이 그 점잖고 우아한 모습에 감탄하여 말하기를, "가학(家學)이란 언제나 속일 수가 없구나."라고 하였다.【협주: 정구가 기록한 바에 실려 있다.】

일찍이 한강의 문하에 나아가 제자(弟子)의 예를 갖추고자 한 적이 있는데, 한강이 사양하고 받아들이지 않고 손님에 대한 예로 대우하자, 공이 나갔다. 한강이 장현광에 이르기를, "김 아무개는 나의 외우(畏友)이다."라고 하였다.【협주: 장현광이 기록한 바에 실려 있다.】

• 金溮

| 金溮, 字活源, 號愛景堂, 義城人。文忠公誠一子。明宗戊午生。官洗馬。

公十三, 謁退陶李先生, 先生曰: "此兒器量沈重, 必成君子." 手書'九容[1]'·'思無邪[2]'·'毋自欺[3]'以賜之。

公少業程文, 歎曰: "豈可勞心役志, 以希難必之事?" 遂輟焉。

文忠公, 卒于晉州, 權厝[4]于智異山, 公廬守之。賊衆突至, 公蒲伏號泣于墳側, 賊惻然捨去。

丁酉, 除洗馬, 趨謝旋還。漢陰[5]·白沙·五峯[6]諸公, 移書勉出, 公謝不應。

1　九容(구용): 《禮記》〈玉藻〉에 나오는 것으로, 足容重(걸을 때는 무겁게 해야 한다), 手容恭(손은 공손한 자세를 유지한다), 目容端(눈을 단정하고 곱게 떠야 한다), 口容止(입은 조용히 다물어야 한다), 聲容靜(말소리는 조용하게 한다), 頭容直(머리는 곧게 들어야 한다), 氣容肅(기운은 엄숙히 유지한다), 立容德(서 있는 모습은 덕성이 있어야 한다), 色容莊(얼굴의 표정은 씩씩하게 한다)이다.

2　思無邪(사무사): 생각에 사특함이나 간사함이 없다는 뜻. 《論語》〈爲政篇〉의 "시경 삼백 편은 한마디로 생각에 사특함이 없다.(詩三百, 一言以蔽之, 思無邪.)에서 나온 말이다.

3　毋自欺(무자기): 《大學》의 "이른바 뜻을 성실히 한다는 것은 스스로 소이지 않는 것이니, 나쁜 냄새를 싫어하는 것과 같이하며 빛을 좋아하는 것과 같이한다.(所謂誠其意者, 毋自欺也, 如惡惡臭, 如好好色.)에서 나온 말.

4　權厝(권조): 정식으로 산자리를 쓸 때까지 임시로 시체를 매장해 두는 것.

5　漢陰(한음): 李德馨(1561~1613)의 호. 본관은 廣州, 자는 明甫, 호는 雙松·抱雍散人. 증조부는 副司果 李守忠이며, 조부는 李振慶이다. 아버지는 지중추부사 李民聖이며, 어머니 文化柳氏는 현령 柳禮善의 딸이다. 부인 韓山李氏는 영의정 李山海의 딸이다. 1592년 예조참판에 올라 대제학을 겸하였다. 임진왜란이 일어나자 동지중추부사로서 일본 사신 玄蘇와 화의를 교섭하였으나 실패했다. 그 후 왕을 정주까지 호종하였고, 請援使로 명나라에 파견되어 원병을 요청하여 성공을 거두었다. 광해군 즉위 후에 영의정에 올랐다.

6　五峯(오봉): 李好閔(1553~1634)의 호. 본관은 延安, 자는 孝彦. 증조부는 延安君 李叔琦이며, 조부는 홍문관수찬 李世範이다. 아버지는 이천현감 李國柱이며, 어머니 比安朴氏는 사직 朴旅의 딸이다. 柳希春의 문인이다. 1579년 진사시에 합격하고, 1584년 별시문과에 급제하였다. 1592년 이조좌랑 재임 중 임진왜란이 일어나자 의주로 왕을 호종하였다. 그 후 遼陽에 가서 明에 지원을 요청하여 李如松의 군대를 끌어들이는데 크게 공헌하였다. 1595년 부제학에 올라 명과의 외교 문서를 도맡아 기초했고, 다음해 참찬관을 거쳐 1599년 동지중추부사가 되어 謝恩使로 명에 다녀왔다. 1601년 예조판서에 올랐다.

光海朝, 李爾瞻擅權自恣。長子是樞[7], 爲嶺儒倡, 將抗疏請討白公, 公曰: "吾先子, 事有可言者, 未嘗爲禍福動, 汝往哉."

仁祖改玉, 公歎曰: "今日之事, 實異唐·虞, 王庶幾改之, 是臣民日夜之望[8], 豈意復見伊·霍[9]之擧歟?" 或曰: "廢主自絶, 公何至此?" 公曰: "子以爲吾君不能[10]乎?" 廢食愀然。

丁卯, 淸兵至, 大駕播遷, 鄕人謀擧義。公老不能任金革, 悲憤慷慨, 出粟百斛以助, 送子是樞赴陣, 鄕人推爲義兵將。【李玄逸[11]撰碑】

鄭寒岡莅本府, 引諸生作而揖曰: "禮之不講, 久矣。願因公得見, 鄕飮酒禮." 公設壇行之, 斬斬中禮, 寒岡歎其嫺雅, 曰: "家學儘不誣矣."
【鄭述所錄】

嘗造寒岡之門, 請執弟子禮, 寒岡讓不居, 待以賓禮, 公出。寒岡謂

7　是樞(시추): 金是樞(1580~1640). 본관은 義城, 자는 子瞻, 호는 端谷. 증조부는 金璡이며, 조부는 학봉 金誠一이다. 아버지는 金溁이며, 어머니 文化柳氏는 柳宗禮의 딸이다. 부인 眞城李氏는 李純道의 딸이다. 1601년 생원시에 합격하였다. 정묘호란이 일어나자 의병대장에 추대되어 활약하였다. 병자호란에는 留鎭將으로 활약하여 유일로 천거되었다. 동몽교관을 제수받았으며, 禁府經歷을 지냈다.

8　王庶幾改之, 是臣民日夜之望(왕서기개지, 시신민일야지망):《孟子》〈公孫丑章句 上〉의 "왕이 고치기만을 내가 날마다 바란다(王庶幾改之, 予日望之.)"라는 구절을 활용한 표현. 孟子가 齊나라를 떠날 적에 왕이 혹시라도 회개하여 자기를 다시 부르지 않을까 기대했으나 끝내 마음을 바꾸지 않자 떠날 뜻을 굳히며 한 말이다.

9　伊霍(이곽): 伊尹과 霍光. 이윤은 湯임금을 도와 천하를 평정하는 공헌한 인물이고, 곽광은 前漢의 무제를 섬기다가 무제가 죽자 실권을 장악한 인물이다. 두 인물은 군왕의 권력을 침탈한 대표적인 인물이나, 자신이 권력을 장악한 것은 군왕의 근심을 덜어주기 위한 것이다라고 한다.

10　吾君不能(오군불능):《孟子》〈離婁章句 上〉의 "어려운 일을 임금에게 책하는 것을 공이라 이르고, 선한 것을 말하여 사심을 막는 것을 경이라 이르고, '우리 임금은 훌륭한 일을 할 수 없다' 하는 것을 적이라 한다.(責難於君謂之恭, 陳善閉邪謂之敬, 吾君不能謂之賊.)"에서 나온 말. 군주를 모시는 바른 신하의 모습을 설명하는 것이다.

11　李玄逸(이현일, 1627~1704): 본관은 載寧, 자는 翼昇, 호는 葛庵. 증조부는 李殷輔이며, 조부는 현감 李涵이다. 아버지는 참봉 李時明이며, 어머니 安東張氏는 張興孝의 딸이다. 부인 務安朴氏는 朴玏의 딸이다. 李徽逸의 아우이다. 1646년 초시에 합격했으나 문과에 응시하지 않았다. 영릉참봉, 공조좌랑, 사헌부지평 등에 제수되었으나 출사하지 않았다. 1689년 산림에게만 제수되는 사업과 좨주에 임명되었다. 갑술환국 이후 함경도 홍원과 종성, 호남의 광양 등지로 유배되었다. 1699년 해배되어 안동으로 귀향한 후 강학에 전념하였다. 이황의 학통을 계승한 영남학파의 거두로 평가되고 있다.

顯光曰："金某, 吾之畏友也."【張顯光所錄】

보충

이현일(李玄逸, 1627~1704)이 찬한 비문

병절교위 세자익위사 세마 김공 묘갈명

공의 휘는 집(潗), 자는 활원(活源), 본관은 의성(義城)이다. 김씨는 본래 왕자(王者)의 후손인데, 신라 경순왕(敬順王) 때 왕자 김석(金錫)이 의성군(義城君)에 봉해졌으니, 후세의 자손들이 본관을 이 고을로 한 것은 이 때문이다. 고려를 거쳐 조선조에 들어와서는 대대로 걸출한 인물들이 있었다. 증조부 휘 김예범(金禮範)은 병절교위를 지냈고 승정원좌승지에 추증되었다. 조부 휘 김진(金璡)은 성균관생원이었고 이조판서에 추증되었다. 아버지 휘 김성일(金誠一)은 경상도관찰사를 지냈고 이조판서에 추증되었으며, 시호는 문충공(文忠公)으로 도덕과 행의(行義)로서 백세의 사표(師表)가 되었으니, 오늘날 이른바 학봉(鶴峯) 선생이라는 이가 이 사람이다. 어머니 정부인(貞夫人) 권씨(權氏)는 부장(部將) 권덕황(權德凰)의 딸이다. 가정(嘉靖) 무오년(1558) 2월 모일에 공을 낳았다.

어려서부터 성품이 심후하여 평범한 아이와 달랐다. 열세 살 때 문충공을 따라 퇴도(退陶) 이황 선생을 만나 뵈었는데, 선생이 그의 용모와 거동을 보고서 문충공에게 말하기를, "이 아이는 훗날 반드시 후덕한 장자(長者)가 되리로다."라고 하면서 손수 〈옥조(玉藻)〉의 '구용(九容)'·'사무사(思無邪)'·'무자기(毋自欺)' 등의 말을 써서 주었다. 이어 《소학(小學)》의 글을 가르쳐 주었고 배우기를 마치자, 선생이 역책(易簀: 별세)하였다.

　문충공은 성품이 엄하여 법도가 있어서 자제들을 인정해 주는 일이 드물었는데, 유독 공만은 능히 그 가업을 이을 수 있을 것으로 기대하였다. 일찍이 《상서(尙書)》를 가르치다가 〈홍범(洪範)〉의 건극(建極)·석복(錫福)에 이르러 거듭거듭 설명하여 그 뜻을 소상히 풀어 주니, 공이 삼가 정훈(庭訓: 부친의 가르침)을 받아 종신토록 마음에 새겨 잊지 않았다.

　문충공이 일찍이 두 명의 여종을 공에게 주었다. 공이 사양하고 형제 중 가난한 사람에게 미루어 주도록 청하자, 문충공이 그 뜻을 가상히 여겨 시를 지어서 장려하였다.

　젊은 나이에 과거 공부를 하였는데, 일찍이 탄식하여 말하기를, "어찌 마음과 뜻을 수고롭게 하면서 할 수 없는 일을 억지로 하여 기필하기 어려운 것을 얻고자 바라리오?"라고 하고서 마침내 그만두고는 집에서 효도하고 밖에서 공손하며 집안일을 돌보는 데에만 힘썼다.

　만력(萬曆) 임진년(1592) 문충공이 관찰사를 명(命) 받아 진양(晉陽: 진주)에서 정사(政事)를 보다가 계사년(1593) 여름에 군중(軍中)에서 죽었다. 공은 적의 소굴 속에서도 장례를 꾀하였는데, 사지(死地)를 드나들면서 끝내 장례를 치렀다.

　을미년(1595) 은전(恩典)이 베풀어져 창락도찰방(昌樂道察訪)에 제수되었으나 나아가지 않았다. 정유년(1597) 익위사세마(翊衛司洗馬)에 제수되었으나 잠시 도성에 가서 사은(謝恩)하고 돌아왔다. 이로부터 다시는 벼슬길에 나아갈 뜻을 두지 않고 전원의 즐거움으로 여유롭게 지냈다.

　을사년(1605) 가을에 홍수가 나서 영가(永嘉: 안동)의 치소(治所) 동쪽으로 두 포구(浦口)가 터져 고을의 거주지가 물바다가 될 지경이었다. 이때 백암(柏巖) 김륵(金玏)이 부사(府使)였는데, 터진 두 곳을 막으려 하면서 급히 공에게 그 일을 감독해 달라는 글을 보냈다. 공은 수고를 마다하지 않고 온 마음을 다해 조성해야 할 곳을 측량하고는 제방을 쌓아 터진 곳을 막으니 각기 그 길이가 몇 리나 되었다. 고을 사람들은 지금까지도 그 제방에 힘입고 있다.

정미년(1607) 한강(寒岡) 정구(鄭逑) 선생이 안동부사에 부임하여 예의 바른 풍속으로써 백성을 인도하고자 공에게 향음주례(鄕飮酒禮)를 행하도록 청하였다. 공이 한두 동지들과 더불어 의례(儀禮)와 절차를 강구하고 간소한 의식을 참작하여 향음주례를 행하는데 위의(威儀)며 준작(尊勺: 술동이와 술잔)이 모두 법도에 맞으니, 정 선생이 기뻐하면서 말하기를, "군(君)이 시례지훈(詩禮之訓: 부친의 가르침)을 익히지 않았다면 어찌 능히 이렇게 할 수 있으리오."라고 하였다.

천계(天啓) 임술년(1622) 모친상을 당하자 나이가 거의 일흔에 가까웠어도 상주 노릇을 하며 상례(喪禮)를 삼가 지켰고 졸곡(卒哭) 때까지도 여전히 죽을 먹었다. 계해년(1623) 인조반정이 일어났다. 정묘년(1627) 북방 오랑캐가 쳐들어와 대가(大駕)가 도성을 떠나 피난하자, 고을 사람들이 의병을 일으키려 불러 모았다. 공은 이미 고령이라서 직접 무기를 들고 갑옷을 입을 수가 없자 비분강개하여 죄인의 모습으로 거적을 깔고 지내며 바깥에서 잤고, 곡식 100곡(斛)을 내어 의병을 일으키는데 돕도록 하였다.

춘추 74세로 숭정(崇禎) 4년(1631) 11월 1일에 죽었고, 이듬해 1월 모일에 가수천(佳壽川) 선영의 곁에 안장하였다.

공은 중후하고 과묵하여 거인(巨人)·장자(長者)의 풍모가 있었다. 집안에서는 어머니를 모시는데 그의 힘을 다하고 선조(先祖)를 받드는데 정성을 다하면서도 삼가 예법을 지키고 친지들을 구휼하였다. 외대모(外大母: 외할머니) 배씨와 종모(從母: 이모) 권씨가 모두 아들이 없어 오직 대부인(大夫人: 공의 모친)만 의지해 살았는데, 공은 생전 봉양과 사후 장례에 정성과 공경을 다하였다. 과부가 된 누이를 거두고 아버지를 여읜 생질을 양육하며 그 집안일을 보살펴 주었다. 아우가 죽자 애비를 여읜 질녀를 양육해 혼수를 후하게 갖추어 시집보냈다. 집안 사람들 중 가난하여 그 어버이 장례를 치르지 못하는 사람이 있으면 일꾼을 보내고 비용을 주어서 때를 놓치지 않고 장례를 치르도록 해 주었다.

임진왜란 때 고경명(高敬命) 부자(父子)가 순절하였기 때문에 그 막내아들 고용후(高用厚)가 어머니를 모시고 화산(花山: 경상북도 안동시 풍천면 병산리 소재)에 우거하면서 갖은 어려움과 고생을 하였다. 공이 이를 마음속으로 애처롭게 여겨 두루 보살펴 주는 일을 꾀하는 데에 조금도 게을리하지 않았다. 훗날 고용후가 안동부사로 부임하여 대부인(大夫人: 김집의 모친)을 관아로 모셔서 크게 잔치를 베풀고 술잔을 들어 축수(祝壽)하고는 이윽고 울면서 공에게 말하기를, "공이 아니었으면 오늘에 이르지 못했을 것입니다."라고 하였다.

매양 정지(正至: 정월 초하루와 동지)·삭망(朔望: 초하루와 보름) 때면 집안에 나이 어린 이들을 데리고 가묘(家廟)에 가서 다례(茶禮) 행하기를 마치고는, 청사(廳事)로 가서 예의범절에 맞게 자손들의 절을 받고 옛사람들의 언행을 원용하여 바루어 효제(孝悌)·충신(忠信)의 도리와 무첨이소생(無忝爾所生: 부모를 욕되게 하지 마라)의 의리를 힘쓰도록 하였다.

거주하고 있던 금계(金溪)에서 몇 리 떨어진 곳에 폐사(廢寺: 有定寺)가 있었는데, 마을의 부로(父老)들이 그대로 수리하여 경광서당(鏡光書堂)이라 하였다. 일은 새로 시작해야 할 것이 많았고, 학생과 선생이 거처할 곳이 비좁고 누추하였다. 공은 이에 강당을 넓히고 재사(齋舍)

와 부엌을 둘 수 있게 토지와 노비를 사 들여놓고 사유(師儒)에게 학생들을 가르치도록 청하였으니, 후진을 성취하게 하려는 뜻이 지성스러웠다.

광해군 때에 권신(權臣) 이이첨(李爾瞻)이 나라의 권력을 쥐어 학정(虐政)의 불꽃이 한창 성하였으니, 그가 호흡하는 사이에 화복(禍福)이 결정되었다. 이에 공의 장남 김시추(金是樞)가 영남 유생의 주동이 되어 이이첨을 성토하는 상소문을 올리고자 하여 그의 뜻을 공에게 아뢰니, 공이 개연히 말하기를, "나의 돌아가신 어른께서 왕실을 위하는 마음으로 일에 있어서 말해야 할 것이 있으면 일찍이 화복(禍福)에 의해 동요된 적이 없었으니, 너는 가거라! 나 때문에 네 마음이 흔들리지 말거라." 하였다. 원근에서 이 말을 들은 자들은 모두 탄복하여 말하기를, "진실로 학봉(鶴峯) 어른 집안의 유풍이다."라고 하였다.

공은 부귀영화를 버리고 자연에 은거하면서 일찍이 자호(自號)를 애경당(愛景堂)이라 하였다. 일념으로 어버이를 봉양하고 자제를 가르치는 것을 힘썼는데, 만년에 이르러 본손(本孫)과 지손(支孫)이 매우 번성하여 세시(歲時)에는 문에 가득 메웠고, 주위에 거느린 사람들에게 물자를 베풀어도 넉넉하고 풍족하였으니, 사람들은 그 성대한 복조(福祚)를 곽분양(郭汾陽)에 비겼다고 한다.

공은 두터운 덕과 훌륭한 모범으로 가업을 잘 이었고, 게다가 또 선대(先代)의 유문(遺文)과 일사(逸事)를 조금도 빠뜨린 것이 없이 수집하고 당대의 대인군자(大人君子)의 글을 받아서 명성과 공렬(功烈)을 갖추어 드러냄으로써 후세에 알리고 비갈(碑碣)의 자료로 삼도록 하였으니, 이는 모두 기록하여 전할 만한 것이다.

부인의 성(姓)은 류씨(柳氏)로 사정(司正) 류정후(柳正厚)의 증손녀, 교수(敎授) 류희임(柳希任)의 손녀, 처사(處士) 류종례(柳宗禮)의 딸이다.

어질고 검소한 덕이 있어 집안을 다스리는 데에 조리가 있었으니, 종족과 이웃에 은덕을 끼쳤고, 시댁의 조카와 생질들을 자기 아들처럼 여겼다. 공보다 20년 뒤인 경인년(1650) 7월 19일에 죽으니, 향년 90세였다. 모년 모월 모일에 공의 널을 옮겨 처음 공을 안장했던 묘혈(墓穴)의 뒷 골짜기 사향(巳向)의 둔덕에 합장하였다. …(중략)…

공이 죽은 이래로 갑자(甲子)가 한 번 바뀌었다. 하루는 공의 현손 김이탁(金以鐸)이 공의 행록(行錄)을 가지고 와서 나 이현일(李玄逸)에게 묘갈명을 지어 달라고 청하면서 말하기를, "대부부(大父父)께서 병이 위중하여 죽음을 앞두고서 '공에게 부탁하라.'라고 한 적이 있습니다." 하였다. 이현일이 사양하다가 마지못해 일어나 말하기를, "내가 보건대 예로부터 조부와 부친에게 미덕과 공렬(功烈)이 있는데 후세 자손들이 그것을 실추시키고 위태롭게 방일(放逸)하지 않는 자 또한 드물다. 공은 이미 선대(先代)의 덕을 이어받은 것이 넉넉하여 자손이 번성하고 복록이 가득하니, 어찌 유래가 없이 그렇게 된 것이겠는가? 이는 의당 명(銘)을 지을 만하도다." 하였다. …(이하 생략)…

秉節校尉世子翊衛司洗馬金公墓碣銘

公諱濬, 字活源, 義城人。金氏本王者之後, 新羅敬順王時, 王子錫封義城君, 後世子孫之貫是鄕以此。由高麗入本朝, 代有偉人。曾祖諱禮範, 秉節校尉, 卒贈承政院左承旨。祖諱璉, 成均生員, 卒贈吏曹判書。考諱誠一, 慶尙道觀察使, 卒贈吏曹判書, 謚文忠公, 以道德行義, 爲百世師, 今所謂鶴峯先生是也。妣貞夫人權氏, 部將德鳳之女。以嘉靖戊午二月某日生公。幼沈厚異凡兒。年十三, 隨文忠公, 謁退陶先生, 先生見其容貌擧止, 語文忠, 曰: "此兒異時必爲厚德長者。" 手寫玉藻'九容'·'思無邪'·'毋自欺'等語以賜之。因授以《小學》書, 旣卒業, 先生易簣。文忠性嚴有法度, 於子弟少然可, 獨許公爲能世其家。嘗授尙書, 至洪範建極·錫福, 反復推說, 敷陳其義, 公恪受庭訓, 佩服終其身。文忠, 嘗以二口婢給公。公輒辭, 請推與兄弟之貧者, 文忠嘉其意, 作詩以獎之。早歲業程文, 嘗歎曰：“豈可勞心役志, 强所不能, 以希難必之求.”遂輟不爲, 唯以入孝出悌幹理家事爲務。萬曆壬辰, 文忠受觀察之命, 視事于晉陽, 癸巳夏, 卒于軍中。公經營賊藪, 出入死地, 卒致其喪。乙未, 有推恩之典, 除昌樂道察訪, 不就。丁酉, 拜翊衛司洗馬, 暫至京師, 謝恩而歸。自是不復有仕進意, 田園之樂, 油油如也。乙巳秋, 大水, 永嘉治東二浦口決, 邑居將爲沼。時柏巖金公功知府事, 將塞二決口, 檄公董其事。公不憚勤勞, 極意營度, 築堤捍其決, 各長數里許。邑人至今賴之。丁未, 寒岡鄭先生, 爲安東府使, 欲以禮俗導民, 請公行鄕飮酒禮。公與一二同志, 講求儀節, 參酌綿蕝而行之, 威儀尊勻, 皆中矩度, 鄭先生喜曰：“非君習於詩禮之訓, 安能及此?”天啓壬戌, 丁內艱, 年幾七, 執喪禮謹, 比卒哭猶啜粥。癸亥, 仁祖改玉。丁卯, 北寇至, 大駕播遷, 鄕人糾合義旅。公年考旣高, 不能任金革事, 悲憤慷慨, 席藁居宿于外, 出租百斛, 以助軍興。春秋七十四, 卒於崇禎四年十一月一日, 明年正月某日, 葬于佳壽川先塋之側。公重厚寡默, 有巨人長者之風。居家, 事母盡其力, 奉先致其誠, 謹禮法恤親舊。外大母裴氏, 從母權氏皆無子, 惟大夫人是依, 公生養死葬, 克誠克愼。館甥妹畜孤甥, 經紀其家事。弟死, 育其孤女, 厚齎以嫁之。族人有貧不能葬其親者, 爲之借力予費, 使葬不失時。壬辰之亂, 高公敬命父子以節死, 其季子用厚, 奉其母, 客寓花山, 艱苦萬端。公意哀之, 經營周捄, 不少懈。及後用厚宰安東, 迎大夫人至衙中, 大供具, 奉巵酒爲壽, 因泣謂公曰：“微公, 不至此.”每正至·朔望, 率家中幼少, 謁家廟, 行茶禮訖, 詣廳事, 受子孫男女拜謁如儀, 援前言質往行, 勖之以孝弟忠信之道, 無忝爾所生之義。所居金溪數里許, 有一廢寺, 里中父老, 仍而葺之, 號鏡光書堂。事多草創, 生師所處, 窄陋以窘。公乃爲闢講堂, 置齋庖, 買土田臧獲, 以充入之, 請師儒秉拂, 惓惓有成就後進之意。光海時, 權臣李爾瞻, 當國柄用, 虐焰方盛, 呼吸成禍福。公之長子是樞,

爲嶺儒倡, 將抗疏請討, 以其意白公, 公慨然曰: "先君子, 乃心王室, 事
有可言, 未嘗爲禍福動, 汝往哉! 毋以我故貳其心." 遠近聞者, 咸歎服
曰: "眞鶴老家遺風也." 公屛貴遺榮, 偃息丘林, 嘗自號愛景堂。一以養
親敎子弟爲務, 迨其晚節, 本支姺姺, 歲時之嘉, 塡門溢戶, 左右資給,
旣優旣足, 人以其福祚之盛, 比之郭汾陽云。公以厚德宏規, 能世其家,
旣又蒐集先世遺文佚事, 纖悉無遺漏, 求文當世大人君子, 具著聲烈,
詔後世而資顯刻, 是皆可書而傳也。夫人姓柳氏, 司正正厚之曾孫, 敎
授希任之孫, 處士宗禮之女。賢而有儉德, 治家有條理, 遇宗姻隣里有
恩, 視夫黨姪甥如己子。後公二十年庚寅七月十九日卒, 享年九十。以
某年某月日, 奉遷公柩, 合祔于前穴, 後洞已向之原。…(중략)… 自公捐
館, 甲子今一周矣。一日, 公之玄孫以鐸, 以公行事來, 請銘于玄逸,
曰: "大父父, 疾病且死, 嘗有托於公也." 玄逸辭不獲, 作而言曰: "吾觀
從昔以來, 厥祖若考, 有德善功烈, 後世子孫, 其不覆墜危溢之者, 亦鮮
矣。公之所以承應代德者, 有衍有裕, 胤胄繩繩, 福祿優優, 豈無所自
而然耶? 是宜可銘也已." …(이하 생략)…

[葛庵先生文集, 권24, 墓碣]

16. 김윤안

김윤안의 자는 이정, 호는 동리, 본관은 순천이다. 명종 임술년
(1562: 경신년의 오기, 1560)에 태어났다. 선조 무자년(1588) 사마양시
에 합격하고, 광해군 임자년(1612) 문과에 급제하였다. 벼슬은 부사
(府使)를 지냈다. 경신년(1620: 임술년의 오기, 1622)에 죽었다.

공은 임진년(1592) 남쪽 오랑캐의 난리 때 의병대장 김해(金垓)를
따르면서 문서를 시행하거나 격문 등을 작성하는 것을 관장하여 기회
에 맞춰 민첩하게 주는 것이 대개 일의 안배와 처리에 부합하였다.

선조 갑진년(1604) 중외(中外: 조정과 재야)의 제생(諸生)들이 여러 차
례 상소하여 오현(五賢)을 문묘(文廟)에 종사할 것을 청했으나, 주상이
당시 따르지 않았고 또한 문원공(文元公: 이언적)이 을사년(1545)에 광
정(匡正: 바로잡음)한 바가 없다고 의심하여 비답(批答)으로 배척하였
다. 영남의 선비들이 모두 상소를 올렸는데, 공이 그 소두(疏頭)가 되
어 손수 상소를 지었으니 그 당시의 일을 조목조목 거론하여 사리를
밝혔다. 주상은 그가 명유(明儒)를 위하고 도통을 앞세우는 것을 어질
게 여겨서 비답(批答)을 내려 타이르고, 또 정시(庭試)를 시행토록 명하
여 공이 장원으로 뽑혔다. 이에 주상이 사제(賜第: 과거 급제 자격을 내
림)하려 하자, 불가하다고 견지하는 자가 있어 시행되지 못했다. 그러
나 명성이 당대에 알려졌으니, 조정의 학사(學士)들이 시를 보내어 칭
찬하고 감탄하였으며, 서애(西厓) 류성룡(柳成龍) 선생도 공이 능히 천
청(天聽: 주상)을 감동시켰다면서 또한 편지를 보내어 축하하였다.

대구부사(大丘府使)가 되었을 때 정사(政事)는 관대하게 펼쳤지만 조
정의 귀인(貴人)에게는 자기 의사를 굽히지 않았다. 고을 백성이 정인

홍(鄭仁弘)의 위세를 믿고 마을에서 남의 것을 빼앗아 먹는데도 아전들이 꺼려서 감히 문책하지 않았는데, 공이 죄를 살펴 다스리고 용서하지 않았다.

동계(桐溪) 정온(鄭蘊) 선생이 제주에 유배되었을 때, 사람들은 모두 화가 미칠까 두려워하여 감히 가서 문후(問候)하는 자가 없었다. 공은 시를 보내어 안부를 물으니, 동계가 감탄하여 말하기를, "홀로 남들이 하지 못하는 일을 하는구나."라고 하였다.【협주: 권유가 찬한 묘갈에 실려 있다.】

• 金允安

> 金允安, 字而靜, 號東籬, 順天人。明宗壬戌[1]生。宣祖戊子司馬兩
> 試, 光海壬子文科。官府使。庚申[2]卒。

公壬辰南寇之難, 從義兵大將金公垓, 掌符移[3]記檄諸文書, 應機敏給, 率中事宜[4]。

宣祖甲辰, 中外諸生, 累疏請五賢從祀文廟, 上不時從, 又疑文元公[5]於乙巳無所匡正, 批斥之。嶺中士通共[6]上疏, 公爲其首, 手草疏, 條擧

---

1 壬戌(임술): 庚申의 오기.
2 庚申(경신): 壬戌의 오기.
3 符移(부이): 문서를 시행함.
4 事宜(사의): 일에 관계된 안배와 처리.
5 文元公(문원공): 李彦迪(1491~1553)의 시호. 본관은 驪江. 초명은 李迪이었으나 중종의 명으로 彦자를 더하였다. 자는 復古, 호는 晦齋·紫溪翁. 경상북도 경주 출신. 증조부는 李崇禮이며, 조부는 참군 李壽會이다. 아버지는 생원 李蕃이며, 어머니 慶州孫氏는 鷄川君 孫昭의 딸이다. 부인 咸陽朴氏는 훈도 朴崇阜의 딸이다. 1514년 문과에 급제하였다. 김안로의 등용을 반대하다가 관직에서 쫓겨나 7년간 성리학 연구에 전념했다. 복직 후 좌찬성에 이르렀으나 을사사화가 발생하여 추국하는 역할이 주어지자 스스로 관직에서 물러났다. 이후 양재역벽서사건에 무고하게 연루되어 유배됐고 유배지에서 많은 저술을 남긴 후 세상을 떴다. 조선시대 성리학의 방향과 성격을 정립하는 데 중요한 역할을 했고, 주희의 주리론적 입장을 정통으로 확립하여 이황에게 전해준 인물이다.

當時事, 申卞之。上賢其爲明儒先道德, 下批諭之, 又命庭試, 公擢第
一。上欲賜第[7], 有持不可者, 不果。然聲名聞一世, 朝中學士寄詩稱
歎, 西厓柳先生, 以公能感動天聽, 亦與書賀。

爲大丘府使, 政務寬大, 不曲意於朝貴。有邑民倚仁弘勢, 漁食[8]閭
里, 吏憚莫敢問, 公按治之, 不饒。

桐溪[9]鄭先生蘊, 竄濟州, 人皆懼幷禍, 無敢往候者。公贈詩問之, 桐
溪歎曰: "獨能爲人所不能爲。"【權愈[10]撰碣】

보충
권유(權愈, 1633~1704)가 찬한 묘갈명

묘갈명

공의 휘는 윤안, 자는 이정이다. 순천김씨는 본래 신라왕의 후예로
서 대대로 벼슬살이를 한 집안이다. 휘 김승주(金承霔)에 이르러 우리

---

6 通共(통공): 모두.

7 賜第(사제): 임금의 특별 명령으로 특별히 과거에 급제한 사람과 동일한 자격을 주는 것.

8 漁食(어식): 남의 것을 빼앗아 먹음.

9 桐溪(동계): 鄭蘊(1569~1641)의 호. 본관은 草溪, 자는 輝遠, 호는 桐溪·鼓鼓子. 증조부는
별제 鄭玉堅이며, 조부는 좌승지 鄭淑이다. 아버지는 진사 鄭惟明이며, 어머니 晉州姜氏는
장사랑 姜謹友의 딸이다. 부인 坡平尹氏는 충의위 尹劼의 딸이다. 1606년 진사시에 합격
하고, 1610년 별시문과에 급제하였다. 임해군옥사에 대해 全恩說을 주장했고, 영창대군이
강화부사 鄭沆에 의해서 피살되자 격렬한 상소를 올려 정항의 처벌과 당시 일어나고
있던 폐모론의 부당함을 주장하였다. 이에 광해군은 격분하여 李元翼과 沈喜壽 등의 반대
에도 불구하고 국문할 것을 명하고 이어서 제주도에 위리안치하도록 하였다. 그 뒤 인조반
정 때까지 10년 동안 유배생활을 하였다.

10 權愈(권유, 1633~1704): 본관은 安東, 자는 退甫, 호는 霞溪. 증조부는 權若이며, 조부는
목사 權勖이다. 아버지는 權佸이며, 어머니 晉州鄭氏는 鄭百亨의 딸이다. 부인 韓山李氏는
李行源의 딸이다. 1665년 별시문과에 급제하였다. 1689년 기사환국으로 남인이 집권하자,
대사간, 예문관대제학 등 요직을 맡았다. 지경연사에 올랐으나, 1694년 갑술옥사로 서인이
정권을 장악할 당시 유배되었다. 그의《霞溪集》이 전한다고 하나 확인할 수 없다. 김윤안
의《東籬先生文集》에 실린 글을 살필 수밖에 없었다.

태종조(太宗朝) 때 무공(武功)으로 관직은 좌의정에 이르렀고 평양부
원군(平讓府院君)에 봉해졌으며 양경공(襄景公)이라는 시호가 내려졌
는데, 공의 7대조이다. 조부 휘 김자순(金自順)은 감찰을 지냈다. 아버
지 휘 김박(金博)은 총명하여 학업에 뜻을 두었으나 병이 들어 이루지
못하였다. 어머니 진성이씨(眞城李氏)는 도산(陶山) 이황(李滉) 선생의
형인 이의(李漪)의 딸이다. 5명의 아들을 두었는데 모두 재주와 행실
로 이름났다.

　공은 가장 어린 막내아들이다. 어려서부터 자질과 성품은 이미 밖
으로 밝은 빛을 띠고 있었으니 이황 선생이 보고서 칭찬하였고, 아이
들과 놀면 친구들이 우러러보는 바가 되었다. 형 찰방공(察訪公: 金允
思, 1552~1622, 자는 而得, 호는 松陰)과 함께 소고(嘯皐) 박승임(朴承任)에
게 가르침을 받았는데, 같이 배우는 문하생들이 많았지만 공을 유독
격려하고 아꼈다. 공은 비교적 오랫동안 백담(柏潭) 구봉령(具鳳齡)·
학봉(鶴峯) 김성일(金誠一)· 서애(西厓) 류성룡(柳成龍)을 섬기고 훈계와
격려를 두루 이어받아 학업에 전념하는 것이 더욱 독실해졌는데, 류
선생을 가장 오래도록 섬겼다. 무자년(1588) 생원진사 양시에 합격하
였다.

　임진년(1592) 남쪽 오랑캐의 난리 때, 공의 형 안음공(安陰公: 金允明,
1545~1606, 호는 守愚堂)이 의병을 일으켜 왜적을 칠 계획을 하였고,
공은 마침 내한(內翰) 김해(金垓)를 좇아 또한 의병을 일으켰는데, 모두
가 김해를 대장으로 추대하였고 강좌(江左)의 의병들이 모두 이에 속
하였다. 그리하여 공은 김해의 의병소에 있으면서 문서를 시행하거나
격문 등을 작성하는 것을 관장하여 기회에 맞춰 민첩하게 주는 것이
대개 일의 안배와 처리에 부합하였다.

　갑진년(1604) 중외(中外: 조정과 재야)의 제생(諸生)들이 상소하여 오

현(五賢)을 문묘(文廟)에 종사할 것을 청하는 상소를 여러 차례 올렸으나, 선조(宣祖)가 당시 따르지 않았고 또한 문원공(文元公: 이언적)이 을사년(1545)에 행한 것으로 광정(匡正: 바로잡음)한 바가 없다고 의심하여 비답(批答)으로 배척하였다. 영남의 선비들이 모두 상소를 올렸는데, 공이 그 소두(疏頭)가 되어 손수 상소를 지었으니 그 당시의 일을 조목조목 거론하며 증거의 단서를 펼쳐서 사리를 밝혔다. 주상은 영남의 많은 선비들이 명유(明儒)를 위하고 도통을 앞세우고자 멀리서 온 것을 어질게 여겨서 위로하여 천거하도록 하고 이미 비답(批答)을 내려 유시(諭示)하였으며, 또 정시(庭試)를 시행토록 특명하여 공이 장원으로 뽑혔다. 이에 주상이 사제(賜第: 과거 급제 자격을 내림)하려 하자, 불가하다고 견지하는 자가 있어 사제하지 못했다. 그러나 명성이 당대에 알려졌으니, 조정의 학사(學士)들이 더러 시를 보내어 칭찬하였으며, 류성룡(柳成龍) 선생도 공이 능히 천청(天聽: 주상)을 감동시켰다면서 또한 편지를 보내어 축하하였다.

을사년(1605) 천거되어 소촌찰방(召村察訪)에 제수되었다. 큰 난리를 겪은 뒤라서 역(驛)의 하례(下隸)들이 뿔뿔이 흩어져 가는 사람을 보내거나 오는 사람을 맞이하는 인원이 부족하여 날로 규율이 문란해져 갔다. 공이 부임하여 이해득실을 따져 보고 마땅히 처리하여야 할 것들을 살펴서 모두 이롭고 편한 것들은 시행되었지만 해롭고 불편한 것들은 혁파되었다. 아전들이 그 혜택을 입었고, 관내에는 쓸데없는 일을 벌이지 못하였다.

신해년(1611) 내섬시 직장(內贍寺直長)에 천거되었다. 정인홍(鄭仁弘)이 때를 틈타 차자(箚子)를 올려 회재(晦齋: 이언적)·도산(陶山: 이황) 두 선생의 학문을 헐뜯었다. 공이 상소를 올려 정인홍의 무고(誣告)를 아뢰고자 이미 초고를 작성하였지만 그 지위에 있지 않아서 과연 글을 올리지 않았다. 왕실의 정치가 사리에 많이 어긋나는 것을 보고서 벼슬을 버리고 고향으로 돌아왔으니, 장차 집에서 늙을 작정이었을 따름이다. 그 이듬해 임자년(1612) 형님의 강권으로 부득이하게 마침내 과거에 응시해 갑과(甲科) 2등으로 급제하여 사재시 직장(司宰寺直長)에 제수되었고, 통상 자궁(資窮: 당하관의 최고 자리)의 예에 따라 통정(通政)의 품계로 승진하였다.

계축년(1613) 여름 대구부사에 제수되었다. 이때 목사나 수령들이 대부분 함부로 뇌물을 요구하고 거두어들여 당상관과 당하관을 생각하였으니 부패하고 타락하여 백성들이 곤궁하였다. 공은 이어받은 일을 씻어내려고 자신을 다스리면서 백성을 다스렸는데, 정사(政事)는 관대하게 펼쳤으나 조정의 귀인(貴人)에게는 자기 의사를 굽히지 않았다. 고을 백성이 정인홍(鄭仁弘)의 위세를 믿고 마을에서 남의 것을 빼앗아 먹는데도 아전들이 꺼려서 감히 문책하지 않았는데, 공이 죄를 살펴 강제로 차지한 것을 다 거두어서 원래의 주인에게 돌려주도록 하니, 백성들이 기뻐하고 탄복하였다.

때때로 한강(寒岡) 정구(鄭逑)를 사상(泗上: 사천)으로 찾아가 도의를 토론하였다. 동계(桐溪) 정온(鄭蘊) 선생이 제주도로 유배되었을 때, 은의(恩義)를 베푼 연고가 있는 자들은 모두 화가 미칠까 두려워하여 감히 가서 문후(問候)하는 자가 없었다. 공은 사람을 보내어 도중에 문후하였고 시를 보내어 이별하니, 동계가 감탄하여 말하기를, "홀로 남들이 하지 못하는 일을 하는구나."라고 하였다.

을묘년(1615) 관직의 임기가 만료되어 돌아왔는데, 터럭만큼도 사사로이 가져온 물건이 없었다. 마침내 세상일과 인연을 끊고서 스스로 호를 동리(東籬)라 하였는데, 집안의 살림은 돌보지 않고 즐거이 여러 벗들과 강산을 찾아가 놀며 술을 마시고 시를 지었다.

임술년(1622) 5월 25일 집에서 죽었으니, 그가 태어난 경신년(1560) 5월 15일로부터 향년 63세였다. …(이하 생략)… 부기: 첫째부인 능성 구씨(綾城具氏)는 백담(柏潭: 具鳳齡)의 동생 구언령(具鷗齡)의 딸이며, 둘째부인 영양남씨(英陽南氏)는 부장(部將) 남용(南瑢)의 딸이다.

자헌대부 예조판서 겸 지경연 의금부 춘추관사 홍문관제학 예문관제학 오위도총부도총관 권유 짓다.

墓碣銘

公諱允安, 字而靜。順天金氏, 本羅王裔, 代爲宦族。至諱承霆, 我太宗朝, 以武功, 官至左議政, 平陽府院君, 諡襄景公, 是爲公七代祖。祖諱自順監察。考諱博, 聰明有志業, 阻疾不遂。妣眞城李氏, 陶山李先生之兄瀣之女也。男五人, 皆以才行聞。公卽最少子也。在孩幼而質性已有耿於外者, 李先生見而稱賞, 從羣兒戲, 爲等類所歸仰。與兄察訪公, 學于嘯皋朴公承任, 同學生多, 公獨獎愛。公比長事具柏潭·金鶴峰·柳西厓, 歷承訓厲, 發起守業彌惇, 而事柳先生最久。戊子, 選生進兩試。壬辰南寇之亂, 公兄安陰公起義兵, 謀拒擊賊, 公從會內翰金公垓, 亦起義兵, 衆推爲大將。而江左諸義兵皆屬焉。於是, 公在金公兵所, 掌凡符移記檄諸文書事, 應機敏給, 率中事宜。甲辰, 中外諸生請五賢從祀文廟, 疏累上, 宣廟不時從, 又疑文元公乙巳所于爲, 無所匡正, 批斥之。嶺中士通共上疏, 公爲疏首, 手草疏, 條擧當時事, 申證端辨之。上賢嶺之多士, 爲明儒先道德遠來, 欲慰薦, 旣批諭, 又特命廷試, 公擢第一。上欲賜第, 有持不可者, 不果第。然聲名聞一世, 朝中學士, 或寄詩稱詠, 柳先生以公之能感動天聽, 亦與書賀。乙巳, 薦除召村察訪。大亂後, 驛隷離落, 送逆事充不能, 日以廢頓。公至講利害, 案其當而悉施罷。吏卒蒙其濟, 部無曠事。辛亥, 薦內贍直長。鄭仁弘, 乘時箚詆晦齋·陶山二先生之學。公欲上疏言仁弘誣賢狀, 旣屬藁,

以出位未果上。見王室治多邪，棄官歸，將老於家而已。其明年壬子，
不得已於其兄之强命之，遂從試登甲科第二，除司宰直長，以常資窮
例，陞通政階。癸丑夏，拜大丘府使。時牧守多縱誅斂賕餉，懷當上下
官，耗亂民困。公灑濯承事，治己以治民，其政寬大。而不曲意於朝
貴。有邑民倚仁弘勢，漁食閭里，吏憚莫敢問，公按治，悉收所强占，歸
其主，民悅服。間從寒岡鄭先生于泗上，講問道義。桐溪鄭先生蘊之竄
濟州也，凡義故皆懼並禍，無敢往候者。公遣問之道上，贈詩爲別，桐
溪嘆曰：“獨能爲人所不能爲。”云。乙卯，官滿歸，無毫毛私齎。遂與世
絶，自號東籬，不問家資業。樂與諸勝士，游求江山，飮酒賦詩。壬戌五
月二十五日，歿于第，距其生庚申五月十五日。得年六十三。…(이하 생
략)… 資憲大夫禮曹判書 兼知經筵義禁府春秋舘事 弘文舘提學藝文舘
提學 五衛都摠府都摠管 權愈撰。

[東籬先生文集，권5，附錄]

17. 권익창

권익창의 자는 무경, 호는 호양, 본관은 청주(淸州: 안동의 오기)이다.
명종 임술년(1562)에 태어났다. 인조 을유년(1645)에 죽었다.

월천(月川) 조목(趙穆) 선생은 공이 강설하는 것을 듣고 사람들에게
이르기를, "권 아무개가 《역주(易註)》를 모두 외우고 또 백가서(百家
書)를 모두 통하니 참으로 두려워할 만하다."라고 하였다.
공은 스스로 제 분수에 넘치는 것이 유익하지 못함을 알고 《소학(小
學)》·《근사록(近思錄)》·《심경(心經)》·《태극도설(太極圖說)》·《용학혹
문(庸學惑問)》·《주자서절요(朱子書節要)》를 취해서 돌려가며 읽고 읽
으면 반드시 외웠으니, 이렇게 하기를 50년, 60년이었다. 일찍이 스스
로 말하기를, "나는 어려서부터 지극히 아둔하여 한 글자라도 깨치면
마치 산을 뚫어 길을 낸 듯하였고, 조금씩 공력을 쌓아나가다 보니
여기에 이르렀다."라고 하였다.【협주: 이시명 찬한 행장에 실려 있다.】

• 權益昌

權益昌, 字茂卿, 號湖陽, 淸州[1]人。明宗壬戌生。仁祖乙酉卒。

月川[2]趙先生, 聞公講說, 謂人, 曰: "權某盡誦《易註》, 旁通百家, 眞

---

1 淸州(청주): 安東의 오기.

2 月川(월천): 趙穆(1524~1606)의 호. 본관은 橫城, 자는 士敬. 경상북도 예안 출신. 아버지
   는 참판 趙大春이며, 어머니 安東權氏는 權受益의 딸이다. 李滉의 문인이다. 1552년 생원
   시에 합격했으나, 대과를 포기하고 학문과 수양에만 전념하였다. 이후 여러 벼슬에 제수되
   었으나 거의 다 사양하였다. 다만 1576년 봉화현감에 제수되었을 때도 사직소를 냈으나
   허락되지 않아 봉직하면서 향교를 중수하였을 뿐이다. 주된 업적은 이황에 대한 연구와
   소개이다. 이황이 세상을 떠난 뒤 문집의 편간, 사원의 건립 및 봉안 등에 힘썼다.

可畏也."

公自知汎濫[3]爲無益, 取《小學》·《近思錄》·《心經》·《太極圖說》·《庸
學或問》·《朱書節要》, 循環讀之, 讀必成誦, 盖如是者五六十年。嘗自
言曰: "吾少極昏鈍, 一字之解, 如鑿山通路, 而銖累寸積[4], 以至於此."
【李時明撰行狀[5]】

보충
이시명(李時明, 1590~1674)이 찬한 행장

호양 권공 행장

공의 휘는 익창(益昌), 자는 무경(茂卿), 성은 권씨(權氏), 본관은 영가
(永嘉: 안동)이다. 고려 대사(大師: 태사) 권행(權幸)의 후손으로 송소(松
巢) 권우(權宇, 1552~1590) 선생의 종질(從姪)이다. 조부 휘 권위기(權偉
器: 異名 權常器)는 성균관생원을 지냈다. 아버지 휘 권선(權宣)은 성균
관학유를 지냈다. 어머니는 진성이씨(眞城李氏)이다.

공은 나면서부터 마음이 바르고 성실하였으며 스스로 배우기에 힘
쓸 줄 알았다. 어렸을 때 태극도시(太極圖詩)를 지어서 송소공에게 보
인 적이 있었는데, 송소공이 크게 기특하게 여겨 날마다 배운 바를
강습(講習)하였다. 이로부터 보는 바가 더욱 적확하고 뜻한 바는 더욱
독실해졌으니, 성현의 학문이 모두 책에 적혀 있어서 그것을 구하는
방법은 오직 글을 읽고 그 이치를 궁구하는 것에만 있음을 알았다.
마침내 경전(經傳)에만 전념하여 사서오경(四書五經)에서부터 낙건(洛

---

3 汎濫(범람): 제 분수에 넘침.
4 銖累寸積(주루촌적): 눈금을 쌓고 한 치를 더함. 가벼운 것이 쌓여 무겁게 되고, 짧은
   것이 쌓여 길게 됨을 이르는 말이다.
5 李時明의 아들 李徽逸이 대작한 것임. 이휘일은 권익창에게 배웠던 인연이 있다.

建: 정자와 주자)의 책들에 이르기까지 숙독하지 않은 것이 없었고 그 이치를 상세히 말하였다.

월천(月川) 조목(趙穆) 선생은 친히 퇴도(退陶: 이황) 선생이 말로 전수해주는 가르침을 받아서 경학(經學)에 그 조예가 가장 정밀하고 깊은 것으로 불리는데, 공이 강설하는 것을 듣고 훌륭하다고 칭찬하지 않은 적이 없었으며, 또 사람들에게 이르기를, "권 아무개가 《역주(易註)》를 모두 외우고 또 백가서(百家書)를 모두 통하니 참으로 두려워할 만하다."라고 하였다.

그러나 스스로 제 분수에 넘치는 것은 유익하지 못함을 알고 곧 《소학(小學)》·《근사록(近思錄)》·《심경(心經)》·《태극도설(太極圖說)》·《용학혹문(庸學惑問)》·《주자서절요(朱子書節要)》 등의 책을 취해서 돌려가며 읽고 읽으면 반드시 외웠는데, 비록 한밤중이라도 반드시 1편을 암송하였으니 이렇게 하기를 오육 십년이었다. 흥미를 느껴 독서로써 물을 대듯 즐겨 완미하느라 그치려 해도 그만둘 수가 없었으니, 그 스스로 말하기를, "나는 어려서부터 지극히 아둔하여 한 글자라도 깨치면 마치 산을 뚫어 길을 낸 듯하였고, 조금씩 공력을 쌓아나가다 보니 여기에 이르렀다."라고 하였다. 그가 공력을 들인 것이 대개 이와 같았다.

옛날에는 영호(映湖)의 남쪽에 살다가 만년에는 연곡(淵谷)의 농막에 우거하였는데, 정자를 지어서 나무를 심어 놓고 그 사이에 유유자적하였다. 옛날 그가 살았던 곳을 따라서 자호(自號)로 호양자(湖陽子)라 하고 그것에 대해 전(傳)을 지었으니, 이러하다.

「호양자는 나면서부터 어리석고 못난 데다 또 병치레를 많이 하여 몸은 마치 옷을 가누지 못할 듯하고 말은 마치 입 밖에 나오지 못할 듯하니, 사람들이 모두 치생(癡生: 어리석은 놈)이라 하였다. 어려서부터 종숙부 송소공을 따라 학업을 게을리하지 않고 부지런히 하여 자못 의로운 가르침을 알았다. 일찍이 학봉(鶴峯: 김성일)과 서애(西厓: 류성룡) 두 선생을 뵌 적이 있어 정인군자(正人君子)에 대한 말을 들을 수 있었다. 만년에 월천 조목 선생의 문하에 나아갔는데, 월천의 학문은 사서오경(四書五經)을 근본으로 삼고 《소학(小學)》·《가례(家禮)》·《근사록(近思錄)》·《심경(心經)》·《독서록(讀書錄)》을 일상생활의 공부로 삼았고, 《성리대전(性理大全)》·《대학연의(大學衍義)》·《가어(家語)》·《통감(通鑑)》·《송감(宋鑑)》과 한유(韓愈)·류종원(柳宗元)의 글을 살펴보고 참고하는 자료로 삼았다. 우리나라의 책 같은 경우는 《유선록(儒先錄)》·《퇴계집(退溪集)》을 주로 삼았으며, 기타의 여러 책들도 비록 읽지 아니한 것이 없었으나 또한 개의치 않았다.

집에 딸린 연못과 누대는 때로 마음이 답답하고 기운이 떨어지면 이리저리 거닐고 한가로이 쉬면서 세상의 시름을 없앨 수 있었다. 간혹 친구들과 산을 찾거나 강물에 배를 띄우며 기쁨에 넘쳐 마음 내키는 대로 즐겼다. 바깥 물건으로 자신을 위하는 데는 다만 그럭저럭 갖추는 것만 취했을 뿐이어서 의관은 예스럽고 수수하며 안장을 얹은 말은 파리하였지만, 사람들의 비웃음을 사도 전혀 개의치 않았다.

천성이 편안하고 고요한 것을 좋아하여 사람들이 빽빽하게 모여 와자지껄한 곳에서는 번번이 몸을 붙들어 회피한 까닭으로 집에 있어도 마을 사람들이 그가 있는지 없는지 알지 못하였고, 고을에 살아도 고을 사람들이 그가 어진지 그렇지 않은지 알지 못하였으며, 친구들과 교제하여도 친구들이 그와 왕래하지 않았다.

아, 이 사람이야말로 그저 병든 사람일 뿐인가? 그저 어리석은 사람일 뿐인가? 몸에는 병이 있어도 마음에는 병이 없었고, 밖으로는 어리석어도 안으로는 어리석지 않았다. 도설(圖說)도 있고 책도 있어 그속에서 침잠해 노니니 전혀 지식이 없다고 할 수 없고, 아들도 있고 손자도 있어 그 사이에서 가르치고 깨우치니 전혀 사업이 없다고 할 수 없다.

찬한다. "용모야 지극히 떨어졌지만 그래도 학문을 좋아할 줄 아니 이른바 이를 수 없다는 자인가? 어떤 일을 시행하여 공을 이루는 데에는 졸렬했어도 또한 잘못되는 바 없었으니 이른바 우둔한 사람이 다른 사람에게 덕을 베푼다는 자인가? 여러 현인들을 종유하며 스승으로 섬기고 자못 깨달은 바가 있으니 이른바 능히 사숙(私淑: 직접 가르침을 받지는 않았으나 마음속으로 그 사람을 본받아서 도나 학문을 닦음)한 자인가? 자신의 지조를 지킬 줄은 알고 세상에 알려지거나 영달하기를 구하지 않았으니 세상 사람들이 모르는 것이야 당연하다."」

이것이 그가 가슴속에 품었던 본래의 취지이었지만, 공을 아는 자는 오히려 문장이 부족하였으나 내실을 충분히 갖추었다고 한다.

공은 마음이 고요하고 욕심이 적었으며, 말이 간략하면서도 생각이 명석하였다. 부모에게 효도하였고 친족 간에는 화목하였으며, 붕우들에게 신임을 받았으면서 예법에 근신하였다. 자신의 생활에는 검약하게 하였고 제사를 받드는 데에는 풍성하게 하였으며, 자손들에게 인자하면서도 가르침을 감독하는데는 엄격하였다. 사람들을 대할 때에는 온화하면서 꼿꼿하였고, 일을 처리함에 있어서는 자상하면서 올발랐다. 위세를 내세워 협박하여도 굽히는 바가 없었으며, 스스로의 떳떳함을 지키는 데에 편안히 여기면서 바라는 바가 없었다. 한결같이 담담하여 경서를 안고 숲속에서 지내며 전혀 세상에 뜻이 없었지만, 시정(時政)에 어긋남이 있거나 수령의 탐욕스럽고 잔인함을 들으면 근심스러운 얼굴빛으로 주먹을 불끈 쥐고 탄식하고는 피눈물을 흘리며 상소로 아뢰어 임금이 듣는 것을 깨우치고자 하였다. 그 당시 정사가 크게 변하여 윤리와 기강이 문란해지자 노중련(魯仲連)의 말을 외우면서 당대의 여론이 그릇된 것을 배척하였으니, 이것을 어찌 과연 세상 모든 일을 잊고 지내는 자와 견줄 수 있겠는가.

아, 세상에 책을 읽는 자가 얼마나 많겠는가만, 옛글을 기억하여 외우거나 시문 짓는 것을 익혀 모두 이익과 작록(爵祿)을 구하는 밑천으로 삼는 것에서 온 세상이 다 걷잡을 수 없어져 스스로 헤어나지 못하고 있다. 공은 능히 향할 바를 일찍 정하고 무미(無味: 담담하여 자극적이 않은 성현의 글)에 맛을 들여서 아주 어린 시절부터 여든 살 넘까지 오로지 성현의 가르침에 집중하여 이에 한결같이 게을리하지 않았으니, 애당초 이득을 보려고 권면한 것이 아니기 때문에 이익이 없다고 해서 그만두지도 않았던 것이다. 어버이를 섬기고 스승을 높이고 세상에 처신하고 남을 대하는 것과 일상생활 속에서 말하고 행하는 것이 독서 속에서 나오지 않은 것이 없었던 까닭에 그가 글에서 스스로 터득한 것은 참으로 사람들이 미처 알지 못하는 묘함이 있었던 것이고, 그의 독서는 다른 사람의 독서와 달랐다고 해야 할 것이다.

《주역》에 "지난 시대의 좋은 말과 행실을 알아 그 덕을 기른다."라고 하였으니, 공이 아마도 그에 가까울 것이다. 학봉 선생이 공의 기품과 모습을 보고서 반드시 헛되이 죽지는 않을 것이라고 하였는데, 공이 비록 미처 세상에 나아가 큰 일은 하지 못했어도 초야에서 터득한 것으로 말하자면 참으로 헛되이 죽지 않았다고 할 수 있다.

공은 가정(嘉靖) 임술년(1562)에 태어나 숭정(崇禎) 을유년(1645)에 죽어 향년 84였다. 첫째부인 풍원류씨(豊原柳氏)는 호군(護軍) 류인손

(柳獜孫)의 딸인데 외아들 권규(權圭, 1589~1670)를 낳았다. 둘째부인 의성김씨(義城金氏)는 학생 김유길(金裕吉)의 딸인데, 월천 조목 선생의 외손녀이다. …(중략)…

세상을 떠난 해의 12월 12일에 요촌(蓼村) 신향(申向)의 언덕에 안장하였으니, 지금에 이르기까지 25년이 되었다. 맏아들 권규(權圭)가 묘소에 사적이 새겨진 비석을 세우지 못해서 장차 글을 잘 짓는 이에게 비문을 구하여 그 선친의 덕을 선양하려고 하나 다만 취할 말이 있는 행장이 없는 처지였으니, 나 이시명(李時明)이 공과 이종형제인 데다 공을 좇아 다니며 매우 정다웠기 때문에 그 손자 권연(權衍)으로 하여금 상자에 보관하고 있던 유고(遺稿) 약간 권과 공이 스스로 지은 전(傳) 1편을 가지고 수산(首山) 속으로 나를 찾게 하고는 나에게 그 행장을 짓도록 청하였다. 나는 오래도록 필연(筆硯)을 멀리해 왔기 때문에 공의 아름다운 행실을 형용할 수 없다고 사양하였으나, 권규의 청이 갈수록 정성스러워 험한 산길을 넘고넘는 먼 발걸음을 마다않고 이미 떠나갔다가 다시 왔기에 의리상 끝내 사양할 수가 없었다. …(이하 생략)…

湖陽權公行狀【代宣敎公作】

公諱益昌, 字茂卿, 姓權氏, 永嘉人。高麗大師幸之後, 松巢先生宇之從父兄子也。祖諱偉器, 成均生員。考諱宣, 成均館學諭。妣眞城李氏。公生而端愨, 自知力學。少時, 嘗作太極圖詩, 以示松巢公, 松巢公大奇之, 日與之講其所聞。自是所見益的, 所志益篤, 知聖賢之學, 具在方冊, 求之之術, 唯在讀書而窮其理。遂專意經傳, 自四書五經, 以及洛建諸書, 無不熟讀而詳說之。月川趙先生, 親受退陶先生口授, 於經學, 最號精深, 聞公講說, 未嘗不稱善, 且謂人, 曰: "權某盡誦《易註》, 旁通百家, 眞可畏也。"然自知泛濫爲無益, 乃《小學》·《近思錄》·

《心經》·《太極圖說》·《庸學或問》·《朱書節要》等書, 循環而讀之, 讀必成誦, 雖中夜必誦過一遍, 如是者蓋五六十年。優游浸灌, 樂而玩之, 欲罷而不能已也, 其自言曰: "吾少極昏鈍, 一字之解, 如鑿山通道, 而銖累寸積, 以至於此。"其用功之勤, 蓋如此。舊居于映湖之陽, 晚寓淵谷之村墅, 築亭種樹, 翛然其間。因其舊居, 自號湖陽子, 而爲之傳曰: 「湖陽子, 生而愚拙, 又多疾病, 體若不勝衣, 言若不出口, 人皆謂之癡生。少從從叔父松巢公, 勤業不怠, 頗知義方。嘗拜鶴峯·西厓兩先生, 得聞正人君子之論。晚游月川趙先生之門, 其學以四書五經爲本, 以《小學》·《家禮》·《近思錄》·《心經》·《讀書錄》, 爲日用工夫, 以《性理大全》·《大學衍義》·《家語》·《通宋》·《韓柳》, 爲考閱之資。若東方之書, 則以〈儒先錄〉·〈退溪集〉爲主, 其他諸書, 雖無所不讀, 而亦不屑意焉。家有池臺, 有時心煩氣疲, 則逍遙偃仰, 消遣世慮。或與親舊, 尋山泛水, 懽然以自適。外物奉身, 只取苟完, 衣冠古朴, 鞍馬罷弊, 被人嗤笑, 而不以介懷。性喜恬靜, 稱人喧鬧之處, 輒奉身而避, 以故居于家而里人不知其有無, 處于鄉而鄉人不知其賢否, 與朋友交而朋友不與之往來。嗚呼! 斯人也, 其徒病者耶? 其徒愚者耶? 病於身而不病於心, 愚於外而不愚於內。有圖有書而潛泳於其中, 不可謂全無知, 有子有孫而教訓於其間, 不可謂全無業。贊曰: "容貌至愚, 尙知好學, 所謂不可及者耶? 拙於施爲, 亦無所失, 所謂拙者德者耶? 遊事諸賢, 頗有所覺, 所謂能私淑者耶? 唯知自守, 不求聞達, 宜世人之不識也。"此其胸懷本趣, 然知公者, 猶以爲文不足而實有餘也。公心靜而欲寡, 言簡而慮明。孝於親而睦於族, 信乎朋而謹乎禮。儉於自奉而豐於祭祀, 慈於子姓而嚴於教督。其接物也溫而介, 其處事也詳而正。脅之以威而無所屈, 安於自守而無所慕。一味澹泊, 抱經林下, 漠然無意於世, 而聞時政之有失·守令之貪殘, 則憂形於色, 扼腕發歎, 至欲瀝血陳疏, 冀悟君聽。及其時事大變, 倫紀紊亂, 則誦魯連之語而斥時議之謬, 此豈果於忘世者比哉? 嗚呼! 世之讀書者何限, 而記誦詞章, 俱爲利祿之資, 擧世滔滔, 莫之自拔。公能早定趨向, 味於無味, 自髫齔以至耄期, 專

精訓謨, 一此不懈, 初不爲有利而勸, 故亦不爲無利而止。其所以事親‧
隆師‧處己接物, 與夫言行日用, 無非讀書中做出, 則其自得於書者, 固
有人不及知之妙, 而其諸異乎人之讀書矣。易曰:"多識前言往行, 以畜
其德。"公其庶矣乎。鶴峯先生, 見公氣貌, 稱其必不虛死, 公雖未獲進
爲於世, 以其所得於林下者言之, 則眞可謂不虛死矣。公生于嘉靖壬
戌, 歿于崇禎乙酉, 享年八十四。初娶豐原柳氏, 護軍遴孫之女, 生一
男曰圭。再娶義城金氏, 學生裕吉之女, 月川趙先生之外孫。…(중략)…
以卒之年十二月十二日, 葬于蓼村申向之原, 於今二十有五年矣。長子
圭, 以其墓道闕顯刻, 將求文於作者, 以闡揚其先德, 顧無狀文爲撫言
之地。以時明於公爲姨兄弟, 且從公遊甚款, 遣其孫衍, 餽其遺稿若干
卷, 公所自爲傳一篇, 訪余于首山之中, 請余狀其行。余辭以久謝筆
硯, 不可以模狀其盛美, 則圭之請益勤, 不憚重險之遠, 旣去而復至, 義
不可以終辭。…(이하 생략)…

[存齋先生文集, 권6, 行狀]

18. 이광후

이광후의 자는 비현, 호는 매헌, 본관은 농서(隴西: 성주이씨의 한 계통)이다. 병조판서 이자상(李自商)의 증손자이다. 명종 갑자년(1564)에 태어났다. 인조 계미년(1643)에 죽었다. 자인(慈仁)의 상덕사(尙德祠)에 향사하였다.

임진년(1592) 섬오랑캐의 변란 때 망우당(忘憂堂) 곽재우(郭再祐)가 의병을 일으켜 왜적을 토벌한다는 소문을 듣고 마음속으로 몸을 일으켜 달려가고 싶었으나 모친이 늙은 것으로 인하여 어렵게 여기자, 어머니가 행장을 차려 그를 보내며 말하기를, "나랏일이 이 지경에 이르렀는데 어찌 늙은 어미를 돌아다 본단 말이냐?"라고 하였다.
정축년(1637) 강화했다는 소식을 듣고 북쪽을 향하여 통곡했으며, 매양 국기일(國忌日)이 될 때면 일찍 일어나 목욕재계하고는 향을 사르고 절을 하였으며 조석으로 어육(魚肉)을 먹지 않았다.【협주: 이원록이 찬한 행장에 실려 있다.】

• 李光後

李光後[1], 字丕顯, 號梅軒, 隴西人。兵曹判書自商[2]曾孫。明宗甲子生。仁祖癸未卒。享慈仁[3]尙德祠[4]。

---

1 李光後(이광후, 1564~1643): 본관은 星州, 자는 丕顯, 호는 梅軒. 증조부는 병조판서 李自商이며, 조부는 부호군 李璣이다. 아버지는 李夢天이며, 어머니 昆陽田氏는 敎授 田春의 딸이다. 부인 全義李氏는 감찰 李麟祥의 딸이다. 임진왜란 때 의병을 일으켰으며, 慈仁縣의 復縣을 주도하였다.

2 自商(자상): 李自商(1507~1579). 본관은 星州, 자는 殷佰. 증조부는 李潑이며, 조부는 감찰 李洧이다. 아버지는 李淳이며, 어머니 慶州孫氏는 병조참판 孫士晟의 딸이다. 부인 咸安趙氏는 정랑 趙秀의 딸이다.

壬辰, 島夷之變, 聞忘憂郭公, 倡義討賊, 意欲挺身赴之, 而以親老爲難, 母夫人裝而送之, 曰: "國事至此, 何顧老母?"

丁丑, 聞講和報, 北向痛哭。每當國忌, 夙起齋戒, 焚香瞻拜, 朝夕輟魚肉。【李元祿撰行狀[5]】

---

3   慈仁(자인): 경상북도 경산시에 속하는 법정면 일대.

4   尙德祠(상덕사): 1700년 자인에 세운 南川書院의 상덕사를 가리킴. 남천서원은 1637년 자인현 복현 이후 복현에 공이 있는 金應鳴·李光後(1564~1643)·李昌後(1576~1648) 3인을 기리고자, 마을 사람들이 1696년 고을 남쪽 10리 지점에 鄕賢祠를 건립하기로 결의한 것에서 유래한다. 이후 1700년에 세 사람을 제향하는 사우를 지금의 경상북도 경산시 남산면 하대리 삼성산 아래에 완공하였으며, 건물 이름을 '尙德祠'라 하였다.

5   역주자로서는 이원록이 누구인지 파악할 수가 없는 까닭에 행장을 찾을 방법이 없어서 원 텍스트만 번역함.

19. 권강

권강의 자는 공거, 호는 방담, 본관은 안동이다. 명종 정묘년(1567)
에 태어났다. 벼슬은 세마를 지냈다. 인조 병인년(1626)에 죽었다.
지평에 추증되었다. 정려가 내려졌다.

공은 모친상을 당하여 상복(喪服)을 벗고 나서는 과거를 보러 말을
타고 나서며 마을 어귀의 문을 돌아보는데, 어머니가 일찍이 문에
기대어 전송해 주던 모습이 생각나자 얼굴을 가리고 눈물을 흘리며
되돌아와서 다시는 과장(科場)에 발길을 하지 않았다.

조모 송부인(宋夫人: 宋珣의 딸)이 한창 앓으면서 서과(西瓜: 수박)를
먹고 싶어 하였으나 제철이 아니어서 구해 드리지 못했는데, 공의
부친인 훈도공은 그 후로 수박을 먹지 않았으며, 공 또한 종신토록
차마 먹지 못하였다.

유일(遺逸)로 천거되어 세마(洗馬)가 되었을 때 고을 수령이 몸소
직임을 맡도록 권유하였으나 강권할 수 없음을 알고서 탄식하며 갔다.

선조(宣祖)의 승하를 당해서는 삼년상을 마칠 때까지 소식(素食)을
하고 바깥채에 거처하였다.【협주: 채제공이 찬한 묘지에 실려 있다.】

• 權杠

權杠, 字公擧, 號方潭, 安東人。明宗丁卯生。官洗馬。仁祖丙寅
卒。贈持平。旌閭。

公喪母, 服関赴科, 及騎馬出, 回顧門閭, 念母夫人嘗倚門送行, 掩涕
以返, 不復迹公車[1]。

祖母宋夫人[2]方病, 思食西瓜, 不時不得進, 公之父訓導公[3]後不食, 公

亦終身不忍食。

以遺逸授洗馬, 地主⁴躬自勸駕⁵, 知其不可强, 歎息而去。

公當宣廟陟避, 終三年食素居外。【蔡濟恭撰墓誌】

보충

채제공(蔡濟恭, 1720~1799)이 찬한 묘지

세마 권공 묘갈명

공의 휘는 강(杠), 자는 공거(公擧)로, 본관은 안동이다. 어려서부터 서애(西厓) 류성룡(柳成龍) 선생의 가르침을 받으며 학문하는 비결을 들었다.

23세에 진사가 되었다. 어머니마저 죽자 마침내 과거 공부를 폐하고서 문을 닫아걸고 글을 읽었는데, 어느 책이든 두루 통달하지 않음이 없었다. 《맹자(孟子)》에 더욱 독실하게 공력을 들여 그 뜻을 풀이하여 《취정록(就正錄)》이라 이름하였고, 집안에서 지키는 예의범절로는 제례(祭禮) 등 여러 편을 지었으며, 그 앎을 깨달아서는 역도(易圖) 및 윤여(閏餘)의 설을 서술하였다.

만년에 방담(方潭)의 한 골짜기에 집터를 잡고는 아무런 욕심 없이 고기 잡고 나무하며 유유자적하게 즐기면서 살았다. 조정에서 유일

---

1 公車(공거): 중앙에서 치르는 과거 시험에 응하는 것을 뜻하는 말. 漢나라 때 지방 선비들이 과거 시험에 응시할 적에 公家, 즉 국가의 수레를 타고 서울로 왔으므로 이렇게 이른 것이다.
2 宋夫人(송부인): 恩津宋氏 修義副尉 宋珣의 딸.
3 訓導公(훈도공): 金山訓導 權遇臣(1508~1583)을 가리킴. 본관은 安東, 자는 隣哉.
4 地主(지주): 지방 수령을 뜻하는 말.
5 勸駕(권가): 賢者에게 직임을 맡도록 권하는 것. 漢高祖가 군수에게 명하여 현자가 있으면 몸소 찾아가 권면하여 車駕로 도성에 올려보내도록 한 고사에서 온 말이다.

(遺逸)로 익위사세마(翊衛司洗馬)에 제수하였으나 끝내 나아가지 않았다. 60세에 집에서 죽었다. 문하생들이 '방담(方潭) 선생'이라 불렀다.

안동권씨(安東權氏)는 고려의 태사(太師) 권행(權幸)을 시조로 한다. 우리 조선에 들어와 한성판윤(漢城判尹)을 지낸 이는 권백종(權伯宗)이니 효행으로써 그 마을에 정표(旌表)하였다. 판윤의 아들은 둘인데, 그 장남 권전(權專)은 현덕왕후(顯德王后: 문종의 왕비, 단종의 모친)를 낳았고 시호는 경혜(景惠)이며, 그 차남은 권촌(權忖)은 진보현감(眞寶縣監)을 지냈다. 공은 진보현감의 6세손이다. 증조부는 국자감생원(國子監生員) 권시언(權時彥)이다. 조부는 영춘훈도(永春訓導) 권도(權度)이다. 아버지는 김산훈도(金山訓導) 권우신(權遇臣)이며, 모친 일직손씨(一直孫氏)는 손붕(孫鵬)의 딸이다.

훈도공(訓導公: 권강의 부친)을 일찍 여읜 공은 어머니를 효성스럽게 모셨는데, 살아서는 직접 공양하며 물고기를 잡아 올렸고, 죽어서는 애훼(哀毁)하면서도 죽을 마시며 예를 다하였다. 상복(喪服)을 벗고 나서 과거를 보러 말을 타고 나서며 마을 어귀의 문을 돌아보는데, 어머니가 일찍이 문에 기대어 전송해 주던 모습이 생각나자 얼굴을 가리고 눈물을 흘리며 되돌아와서 다시는 과장(科場)에 발길을 하지 않았다.

아우들에게 우애로움이 매우 도타웠으며, 선조(宣祖)의 승하를 당해서는 삼년상을 마칠 때까지 소식(素食)을 하고 바깥채에 거처하였다.

조모 송부인(宋夫人: 宋珣의 딸)이 한창 앓으면서 서과(西瓜: 수박)를 먹고 싶어 하였으나 제철이 아니어서 구해 드리지 못했는데, 훈도공은 그 후로 수박을 먹지 않았으며, 공 또한 종신토록 차마 먹지 못하였다.

세마(洗馬)가 되었을 때 고을 수령이 몸소 직임을 맡도록 권유하자, 공이 동파(東坡)의 "사슴이 강가에 노닌다.(麋鹿遊江洲)"라는 시구를 인용하여 대답하니, 고을 수령이 강권할 수 없음을 알고서 탄식하며 갔다.

부인 청주정씨(清州鄭氏)는 참봉 정언심(鄭彦心)의 딸이다. 집안이
자못 넉넉하였으니, 공의 가난하고 궁핍함을 가엾게 여겨 토지와 집
을 떼어 주었으나 사양하고 받지 않았다. 공보다 32년 뒤에 죽었으니
향년 84세였다. 공의 묘 뒤편에 합장하였다. 아들이 없어 형 권정(權
楨)의 아들인 권용중(權用中)을 후사로 삼았다. …(중략)…

현종(顯宗)이 충심과 효성을 갖춘 초야의 숨은 선비를 찾아서 생사
를 불문하고 선양하라는 명을 내렸다. 이에, 공을 사헌부지평에 추증
하고 그 마을에 정표하였다. 공은 융경(隆慶) 정묘년(1567)에 태어나서
천계(天啓) 병인년(1626) 4월 27일에 죽었다. 장지(葬地)는 살던 곳의
동쪽 기슭에 있는데, 바로 사좌(巳坐)의 언덕이다.

공의 6세손 상사(上舍) 권형복(權馨復)이 공의 묘지명을 짓고자 하여
몹시 간절히 나에게 글을 부탁하였다. 나는 삼가 생각건대, 공이 세상
을 떠난 지가 거의 200년에 가까워서 행실이 세상에 전해지는 것은
비록 백에 한둘조차도 남아 있는 것이 없겠지만, 그래도 그 믿을 만하
여 징험할 수 있는 것들로 말하자면 효성과 우애는 학문에 뿌리를
두었고, 학문은 어진 사우들에게 뿌리를 두었으니, 모두 후학의 모범
이 될만 하다고 할 것이다. …(이하 생략)…

洗馬權公墓碣銘

公諱杠, 字公擧, 安東人也。少事西厓柳先生, 聞爲學之訣。二十三,
成進士。父母歿[6], 遂廢擧, 杜門讀書, 書無不淹貫。於《孟子》書, 用工
尤篤, 釋其義, 名之曰就正錄, 範於家則有祭禮諸篇。致其知則述易圖

---

6 父母歿(부모몰): 권강의 23세 때이면 1589년인바, 아버지 권우신의 생년은 1508년이고
   몰년이 1583년이므로 모친의 몰년인 것으로 보임.

及閏餘之說。晚卜方潭一曲, 囂囂然漁樵自樂。朝廷以遺逸, 授翊衛司洗馬, 終不起。年六十, 終于家。學者稱'方潭先生'云。安東之權, 以麗太師幸爲始祖。入我朝, 官漢城尹者, 曰伯宗, 以孝旌其閭。尹之子二, 其長曰專, 誕顯德王后, 諡景惠, 其次曰忖, 眞寶縣監。公其六世孫也。曾大父國子生員時彦。大父永春訓導度。父金山訓導遇臣, 母一直孫氏, 鵬之女。訓導公早卒, 公事母孝, 生而養躬, 漁獵以供, 死而哀, 歠以粥盡禮。服旣闋, 赴擧, 及騎馬出, 回顧門閭, 念母夫人嘗倚門迓行, 掩涕以返, 不復迹公車。友諸弟甚, 當宣廟陟遐, 終三年食素居外。祖母宋夫人方病, 思食西瓜, 不時不得, 訓導公後不食, 公亦終身不忍食。其爲洗馬也, 地主躬自勸駕, 公引東坡麋鹿遊江洲詩以對之, 地主知其不可强, 歎息而去。配淸州鄭氏, 參奉彦心之女也。家頗饒, 閔公貧匱, 割庄土家舍以與, 辭不受。後公三十二年卒, 壽八十四。祔葬公墓後。無子以兄楨之子用中爲之后。…(중략)… 顯廟命求忠孝遺逸之士, 闡揚無問存歿。於是, 追爵公司憲府持平, 表其閭。公生於隆慶丁卯, 卒于天啓丙寅四月之二十七日。葬在所居東麓, 寔巳坐原也。公之六世孫上舍馨復, 謀所以誌公之窆, 乞余文甚懇。余竊惟公之歿且近二百年矣, 事行之傳於世。雖百無一二存者, 然以其信而有徵者言之, 孝友本於學, 學本於賢師友, 皆可以爲後學模範也。…(이하 생략)…

[樊巖先生集, 권53, 墓碣銘]

20. 권희인

권희인의 자는 □□, 본관은 안동이다. 무과에 급제하였다. 군수를 지냈다. 선조 계사년(1593)에 전사하였다.

어렸을 때 용맹의 신으로 일컬어졌는데, 규칙에 얽매이지 않고 놀이를 즐겨 하자 마을에서 그를 장군(將軍)이라 불렀다. 장성하자 서애(西厓) 문충공(文忠公) 류성룡(柳成龍)이 그의 어진 재주를 알아보고 활과 화살을 갖추어 무예를 익혀서 과거에 급제하도록 권하였으나, 집이 가난하여 벼슬을 할 수가 없어서 울울하게 지내며 뜻을 펴지 못하였다.

임진년(1592) 만추(蠻酋: 오랑캐 추장, 풍신수길)가 순리를 범하여 침략해 와 대가(大駕)가 도성을 떠나 피난하고 팔도(八道)가 짓밟히자, 장군은 서쪽을 향해 통곡한 뒤 처자식과 이별하고 칼을 잡고서 진주군(晉州軍)으로 달려갔다. 이때 김면(金沔)이 절도사였는데 그의 충성스런 용맹을 가상히 여겨 행조(行朝: 행재소)에 아뢰고 조정의 명으로 옥천군수(沃川郡守)로서 팔거현(八莒峴)을 적의 침입으로부터 지키게 하였다. 장군은 고군(孤軍: 지원이 없는 외론 군대)으로 적과 서로 대치하면서 다방면으로 계책을 세우고 기습병을 내보내 적을 공격한 것이 모두 8개월이었는데, 적의 머리를 막부(幕府)에 바친 것이 헤아릴 수가 없었다.

계사년(1593) 7월에 오래도록 비가 내리자, 장군은 적의 탄약과 탄환이 모두 젖어서 쓸 수 없음을 정탐해 알고 한밤중 휘하의 장수와 군사 수백 명을 이끌고서 독산현(禿山縣)에 있는 적의 진영으로 내달려 갔다. 마침 날이 밝으려 하였는데, 적들은 뜻밖에 아군이 졸지에

들이닥치자 놀라 소리지르며 미처 진용(陣容)을 갖추지 못하였다. 장
군은 무게가 수십 근이나 되는 삼릉철편(三稜鐵鞭)을 쥐고 몸을 떨쳐
성난 말처럼 맨 앞에서 적을 치니, 사졸들이 용맹을 뽐내어 한 사람이
백 명을 당해 내지 않는 자가 없어서 적을 거의 다 죽였다. 그 추장(酋
長) 평소길(平素吉)의 목을 베었고 아울러 은안장과 보도(寶刀) 및 군수
물품을 노획한 것이 이루 헤아릴 수 없었다. 이에 사람들은 군사가
다시 일어난 이후의 전공(戰功)으로는 장군이 으뜸이라고 일컬었다.

　10월에 적의 총포소리가 남산의 나무수풀 속에서 갑자기 나더니,
성가퀴에서 지키던 사졸 중에 탄환에 맞은 자가 있었으나 장군은 굳
게 지키며 교전하지 않았다. 얼마 후에 적이 대거 들이닥쳐 성을 몇
겹으로 에워싸고 개미떼처럼 기어오르는데 탄환과 돌이 비오는 듯
날아왔다. 장군이 노약자들에게 엎드리도록 하고 정예병을 뽑아서는
성문을 열어젖혀 나가 싸우며 철편을 휘두르는 것이 신출귀몰하는
듯하였고, 좌우로 휘둘러 치는 것이 바람과 불길 같이 빨랐다. 적들은
초목이 바람에 쓰러지듯 하며 감히 그 예봉에 맞서지 못하였다. 또한
몰래 기습병을 보내 적의 배후로 나가서 진영의 수풀을 불지르도록
하니, 적이 마침내 흩어져 달아나서 문단평(文丹坪)에까지 추격하여
적의 목을 베어 노획한 것이 많았으며, 적들은 서로 짓밟고 짓밟혀
죽은 자들의 주검이 들판에 가득하였다. 적들이 멀리 달아나자, 장군
이 북을 울리면서 갑옷을 벗고 돌아오는데 갑자기 부상당한 왜군이
풀속에 숨어 있다가 탄환을 쏘아 장군의 왼쪽 팔꿈치가 맞았다. 장군
은 말에서 떨어졌다가 다시 오른 것이 세 차례나 되었지만, 곧 관아에
돌아와 비장(裨將)에게 깃발과 북을 재정비하도록 하고 뜰 아래로 내
려가 네 번 절하고서 ‘출병하여 이기기도 전에 몸이 먼저 죽는다.’란
구절을 읊조리며 눈물을 비오듯 흘러내리더니, 마침내 군중에서 죽었

다. 서애 문충공 류성룡이 백관(百官)을 거느리고 천사(天使: 명나라 사신)에게 올린 공문에 나라를 위해 순절한 신하 17인을 진술하였는데, 장군과 송상현(宋象賢)·김천일(金千鎰)·중봉(重峯) 조헌(趙憲)·제봉(霽峯) 고경명(高敬命)이 모두 포함되었다.

이듬해 고향땅 아미산(峨嵋山)에 옮겨 장사지냈는데, 무덤의 풀들이 죄다 4년 동안이나 말랐다가 정유년 왜적들이 물러난 뒤에야 풀이 다시 푸르렀다.【협주: 김서구가 찬한 전(傳)에 실려 있다.】

• 權希仁

| 權希仁[1], 字□□, 安東人。武科。郡守。宣祖癸巳戰死。

兒時以神勇稱, 跅跎[2]嬉戲, 閭里呼之以將軍。既長, 西厓柳文忠公知其賢, 具弓矢, 勸使就武登科, 家貧無以仕, 欝欝不得志。

壬辰, 蠻酋犯順, 乘輿播越, 八路蹂躪, 將軍西向痛哭, 與妻子訣, 仗劍赴晉州軍。時金公沔, 爲節度使, 嘉其忠勇, 聞于行朝, 使檄守[3]沃川郡[4], 備八莒峴。將軍以孤軍, 與賊相持, 多設方略, 出奇擊衆, 凡八閱月, 首馘上幕府者不可數。

癸巳七月, 天久雨, 將軍偵知賊藥丸皆濕不可用, 夜率麾下將士數百人, 馳赴秀山縣賊營。天欲明, 賊不意我軍猝至, 驚叫, 未及陣。將軍手持三稜鐵鞭, 重數十斤, 挺身怒馬, 首先擊賊, 士卒賈勇, 無不一當百, 殺賊殆盡。馘其酋平素吉, 幷獲銀鞍·寶刀及輜重[5]無數。人稱中興

---

1 權希仁(권희인, 1558~1593): 본관은 安東, 자는 士安, 호는 參巖. 증조부는 權禮衡이며, 조부는 權銓이다. 아버지는 어모장군 權彦均이며, 어머니 光山金氏는 장사랑 金宅新의 딸이다. 부인 延安宋氏는 참봉 宋八柱의 딸이다.

2 跅跎(탁이): 법도에 얽매이지 않음. 跎는 弛와 통용된다.

3 檄守(격수): 지방관료나 군대가 조정의 명령을 받아 영토를 지키거나 적을 방어하는 임무를 맡는 것을 일컫는 말.

4 沃川郡(옥천군): 충청북도 남단에 있는 고을.

後戰功, 將軍爲最.

　十月, 賦炮忽起扵郡南山林藪間, 守堞士有中丸者, 將軍堅守, 不與
交鋒. 已而, 賊大至, 圍城數匝, 蟻附上, 丸石如雨. 將軍令老弱伏, 選
精兵, 閉門[6]出戰, 用鞭如神, 左右揮擊, 疾如風火. 賊披靡[7], 莫敢嬰其
鋒. 又潛遣奇兵出賊後, 焚其營藪, 賊遂潰走, 追及文丹坪, 斬獲甚衆,
自相踐蹂, 死者滿野. 賊遠遁, 將軍鳴鼓, 解甲而還, 忽有創倭伏草間,
丸中將軍左肘. 將軍墜馬復上者三, 乃返衙, 命裨將整旗鼓, 下庭四拜,
誦'出師未捷身先死[8]'之句, 淚下如雨, 遂卒于軍. 西厓柳文忠公, 率百
官, 呈天使, 陳情殉節臣十七人, 將軍與宋公象賢[9]·金公千鎰·趙重峯[10]

5　輜重(치중): 군대의 여러 가지 군수 물품. 탄약·식량·장막·피복 따위 물건을 통틀어 이르
　　던 말이다.

6　閉門(폐문): 開門의 오기.

7　披靡(피미): 나무나 풀이 바람에 불려 쓰러지거나 쓸림.

8　出師未捷身先死(출사미첩신선사): 諸葛亮을 애도한 杜甫의 시구.

9　宋公象賢(송공상현): 宋象賢(1551~1592). 본관은 礪山, 자는 德求, 호는 泉谷·寒泉. 아버
　　지는 현감 宋復興이며, 어머니 安東金氏는 忠義衛 金承碩의 딸이다. 부인 星州李氏는
　　李媛의 딸이다. 1570년 진사가 되고, 1576년 별시문과에 급제하여 승문원정자에 보임되었
　　으며, 경성판관 등을 지냈다. 1584년 宗系辨誣使의 質正官으로 명나라에 다녀왔다. 귀국
　　뒤에 은계도찰방으로 좌천되기도 하였으나, 호조·예조·공조의 정랑 등을 거쳐 동래부사
　　가 되었다. 1592년 임진왜란이 일어나 왜적이 동래성에 밀어닥쳤을 때 중과부적으로
　　전사하였다.

10　重峯(중봉): 趙憲(1544~1592)의 호. 본관은 白川, 자는 汝式, 호는 陶原·後栗. 증조부는
　　趙璜이며, 조부는 趙世佑이다. 아버지는 趙應祉이며, 어머니 龍城車氏는 車順達의 딸이다.
　　부인은 寧越辛氏이다. 李珥·成渾의 문인이다. 1565년 성균관에 입학했으며, 1567년 식년
　　문과에 급제하였다. 경기도 통진 현감으로 있을 때, 內奴의 횡행죄를 엄히 다스리다 죽인
　　죄로 탄핵을 받아 부평으로 귀양갔다가 3년 만에 풀려났다. 1582년 계모를 편히 모시기
　　위하여 보은 현감을 자청하여 나갔다가 대간의 모함에 따른 탄핵을 받아 파직되었다가,
　　다시 公州牧提督을 지냈다. 1587년 鄭汝立의 흉패함을 논박하는 萬言疏를 지어 縣道上疏
　　하는 등 5차에 걸쳐 상소문을 올렸으나 모두 받아들여지지 않았다. 다시 일본 사신을
　　배척하는 소와 李山海가 나라를 그르침을 논박하는 소를 대궐문 앞에 나아가 올려 국왕의
　　진노를 샀다. 관직에서 물러난 뒤 옥천군 안읍밤티(安邑栗峙)로 들어가 後栗精舍라는
　　서실을 짓고 제자 양성과 학문을 닦는 데 전념하였다. 1589년 持斧上疏로 時弊를 극론하다
　　가 길주 嶺東驛에 유배되었으나, 이 해 정여립의 모반사건으로 동인이 실각하자 풀려났다.
　　1591년 일본의 도요토미(豊臣秀吉)가 玄蘇 등을 사신으로 보내어 명나라를 칠 길을 빌리
　　자고 하여, 조정의 상하가 어찌할 바를 모르고 있을 때, 옥천에서 상경, 지부상소로 대궐문
　　밖에서 3일간 일본 사신을 목 벨 것을 청했으나 받아들여지지 않았다. 1592년 임진왜란이

憲·高霽峯[11]敬命, 皆與焉。

翌年, 返葬于故土峨嵋山下, 塚草盡枯者四載, 至丁酉賊退後, 草復靑。【金叔九[12]撰傳[13]】

일어나자 옥천에서 의병을 일으켜 영규 등 승병과 합세해 청주를 탈환하였다. 이어 전라도로 향하는 왜군을 막기 위해 금산전투에서 분전하다가 의병들과 함께 모두 전사하였다.

11　霽峯(제봉): 高敬命(1533~1592)의 호. 본관은 長興, 자는 而順, 호는 苔軒. 증조부는 高自儉이며, 조부는 형조좌랑 高雲이다. 아버지는 대사간 高孟英이며, 어머니 南平徐氏는 진사 徐傑의 딸이다. 부인 蔚山金氏는 金百鈞의 딸이다. 1552년 진사가 되었고, 1558년 식년문과에 장원으로 급제해 成均館 典籍에 임명되고, 이어서 공조 좌랑이 되었다. 그 뒤 홍문관의 부수찬·부교리·교리가 되었을 때 仁順王后의 외숙인 이조판서 李樑의 전횡을 논하는데 참여하고, 그 경위를 이량에게 몰래 알려준 사실이 드러나 울산군수로 좌천된 뒤 파직되었다. 1581년 영암군수로 다시 기용되었으며, 이어서 宗系辨誣奏請使 金繼輝와 함께 書狀官으로 명나라에 다녀왔다. 이듬해 서산군수로 전임되었는데, 明使遠接使 李珥의 천거로 從事官이 되었으며, 이어서 종부시첨정에 임명되었다. 1590년 承文院判校로 다시 등용되었으며, 이듬해 동래부사가 되었으나 서인이 실각하자 곧 파직되어 고향으로 돌아왔다. 1592년 임진왜란이 일어나 서울이 함락되고 왕이 의주로 파천했다는 소식을 전해 들은 그는 각처에서 도망쳐 온 官軍을 모았다. 두 아들 高從厚와 高因厚로 하여금 이들을 인솔, 수원에서 왜적과 항전하고 있던 廣州牧使 丁允佑에게 인계하도록 했다. 전라좌도 의병대장에 추대된 그는 종사관으로 柳彭老·安瑛·楊大樸, 募糧有司에 崔尙重·楊士衡·楊希迪을 각각 임명했다. 그러나 錦山전투에서 패하였는데, 후퇴하여 다시 전세를 가다듬어 후일을 기약하자는 주위의 종용을 뿌리치고 "패전장으로 죽음이 있을 뿐이다."고 하며 물밀듯이 밀려오는 왜적과 대항해 싸우다가 아들 인후와 류팽로·안영 등과 더불어 순절했다.

12　金叔九(김서구, 1725~?): 본관은 豊山, 자는 孟疇·聖疇. 증조부는 金時夏, 조부는 金鼎和이다. 생부는 金㒖이며, 金休의 양자가 되었다. 어머니 靑松沈氏는 沈弘元의 딸이다. 부인은 李重馥의 딸이다. 1761년 식년문과에 급제하였다. 1763년 대교(待敎)를 거쳐 이듬해 사간원 정언(正言), 1779년에는 경성판관(鏡城判官)을 역임하였다. 1780년 해남현감으로 부임한 김서구는 재임 중 수해로 파괴된 석교를 중수하여 주민들의 칭송을 받았다. 정약용은《牧民心書》에서 "남천교를 중수하니 고을 사람들이 모두 즐거워하였"으며, 다리를 만들 때에 김서구가 "평복 차림으로 날마다 공사장에 나와 앉아서 친히 공사를 감독"하였다고 적었다. 그후 1784년 사간원헌납을 지냈다.

13　1847년에 간행된 權希仁·權瑜의 시문집《參嚴遺集》권1〈附錄〉에 김서구가 기록한 '遺事'가 실려 있는데, 원문의 내용과 일치함. 다만 將軍을 유사에는 '俠從' 또는 '公'으로 기록하고 있다. 그리고 1845년에 간행된 金養根(1734~1799)의《東垈集》권12〈傳〉에〈權沃川傳〉이 실려 있으나 원문의 내용과 일치하는 부분이 거의 없는 편이다.

21. 권태일

권태일의 자는 수지, 호는 장곡, 본관은 안동이다. 선조 기사년(1569)에 태어났다. 신묘년(1591) 사마시에 합격하고, 기해년(1599) 문과에 급제하였다. 한림·설서·주서·삼사·사랑(史郎)·승지·대사간·관찰사를 거쳐 참판에 이르렀다. 인조 신미년(1631)에 죽었다.

겨우 이를 갈 만한 나이가 되자마자 스스로 법도를 따르는 의젓함이 성인과 같았다. 백담(柏潭) 구봉령(具鳳齡) 선생에게 나가 배웠는데, 의문에 대해 묻고 분변하는 것을 통해 깨달음이 뛰어났다. 학봉(鶴峯) 김성일(金誠一)은 한번 보고서 공을 그릇으로 여겨 마침내 딸을 시집보냈다.

광해군의 정치가 혼란스럽자, 공은 향리에서 한가로이 지내며 벼슬할 생각이 없었다. 간신(奸臣)이 대사(大事)를 자행하려고 도모하면서 사론(士論)이 자기들과 다른 것을 꺼려 다 함께 목욕하고서 그들의 입을 막으려는 꾀를 생각하였다. 이를테면 정엽(鄭曄)과 이수광(李睟光) 및 공 같은 명망있는 인사로 조정에서 물러나 있던 자들을 수령으로 하여금 상경하게 하도록 아뢰니, 인심이 두려워 벌벌 떨면서 모두 화가 장차 닥칠 것이라고 하였다. 공은 조금도 동요하지 않고 상소를 올려 어머니의 병환 때문에 상경할 수 없다고 사양하고는, 이어서 '군자를 가까이 하고 소인을 멀리할 것, 인재의 등용과 버림을 살피고 상벌에 신중히 할 것.(親君子, 遠小人, 審用舍, 愼賞罰)' 등 8조목을 아뢰니, 간당(奸黨)들이 성내고 해치려 했으나 끝내 해치지 못하였다.

어머니의 봉양을 위해 외직을 청하여 전주부윤(全州府尹)이 되었는데, 좋은 계절마다 판여(板輿)로 모시고 와서는 감영(監營)의 안에서 수연(壽宴)을 열면 목사(牧使)나 고을 수령 이하 모두 하례하였는데, 벼슬아치들이 갖춘 의관의 성대하기가 수십 년 사이에 보기 드물었다. 그 자리에서 기뻐하는 기색이 없는 것을 보고 그 까닭을 물으니, 공이 말하기를, "내가 나의 부모를 위하는 것이야 좋은 것이다. 그러나 초라한 초가집에서는 필시 제대로 된 삶을 영위하지 못하는 사람이 있을 것인데, 풍악소리를 듣고 술과 음식을 대하자니 저절로 감회가 있어서 그러는 것이다."라고 하였다. 이 말을 들은 자들이 얼굴빛이 바뀌었다. 공은 수연을 전하고자 도모하여 곧바로 그림을 그리고 시를 지어 노래하도록 하였는데, 모두 당대의 대가들이니 보는 자들은 혀를 파며 부러워했다.

정묘년(1627) 서로(西虜: 후금)가 경기까지 육박하자, 주상이 강도(江都)로 피난하고 공을 기복(起復: 상중에 있는 자를 불러냄)시켜 관직에 나오도록 명하니, 공이 예교(禮教)에 죄를 얻고서는 나라에 무익하다고 여겨 나아가지 않았다.

황 도독(黃都督: 명나라 등주 도독 黃龍)의 접반사가 되어 가도(椵島)로 갔는데, 겨우 해안에 도착하자 오랑캐 기병이 엄습해 오니, 중국 사람들은 우리가 그들을 이끌고 온 줄로 의심하자, 공이 도독을 만나서 그에 대해 설명하여서 단번에 풀렸다. 이로부터 서로의 의사가 매우 잘 맞아 매번 공을 볼 적마다 반드시 숙덕(宿德)이라고 일컬었다. 본국의 휘신(諱辰: 제삿날)이었는데도 마침 도독이 잔치를 열고서 공을 청하자, 공이 경전(經典)의 뜻을 인용하여 사양하고 가지 않으니, 도독이 마음속으로 공경하면서 특별한 예로 대우하였다.

다른 사람과 말을 할 때는 모가 나 시비와 곡직을 잘 드러내지 않았으나 마음속은 실로 밝고 깨끗하였다. 옳으면 옳다 그르면 그르다 하며 생명을 버리고 의리를 취해야 할 즈음에는 굳건히 지키는 바가 있었다. 이이첨(李爾瞻)이 권병(權柄)을 도둑질하였을 때에는 이곳을 보고 빌붙는 자가 시장에 몰려드듯 하였으니, 공도 다그쳐 오게 하여서 자신의 문객을 삼고자 하여 술자리를 마련해 놓고 재삼 초청하였으나, 공은 끝내 돌아보지 않았다.

벼슬살이를 할 때는 번거로움도 전혀 꺼리지 않고 시시콜콜하다 할 정도로 세심히 살펴서 삼척(三尺: 법)을 잘 봉행하였다. 가끔 스승이 가르쳐 준 예전 학문을 취하여 직접 체득하고 증험하였다. 무릇 스스로 편안히 즐기는 것은 하지 않았다.

일찍이 말하기를, "선비는 먼저 큰 뜻을 확고하게 세워 자신 이외의 사물에 흔들리지 않고 항상 생각이 격앙되도록 하여 하늘 위에 있게 해야만 한다."라고 하였으며, 하루에 한 일을 반드시 기록하고 아침저녁으로 성찰하면서 스스로 경계하였으니, 공의 독실한 마음가짐과 행동이 이와 같았다.【협주: 김상헌이 찬한 묘갈에 실려 있다.】

- **權泰一**

權泰一, 字守之, 號藏谷, 安東人。宣祖己巳生。辛卯司馬, 己亥文科。歷翰林·說書·注書·三司·史郎·承旨·大司諫·觀察使, 至參判。仁祖辛未卒。

甫齔, 自循矩度[1], 儼若成人。就學具栢潭先生, 問辨超悟。鶴峯金先生, 一見器公, 遂以女女焉。

光海政亂, 公徘徊田里, 無仕官意。奸臣謨行大事, 忌士論異己者, 計實同浴而掩其口, 如鄭公曄[2]·李公睟光[3]暨公諸名勝[4]退去者, 白令所在

---

1   矩度(구도): 起居動作의 규율 법칙.

2   鄭公曄(정공엽): 鄭曄(1563~1625). 본관은 草溪, 자는 時晦, 호는 守夢. 증조부는 鄭熙年이며, 조부는 鄭璇이다. 아버지는 진사 鄭惟誠이며, 어머니 坡平尹氏는 尹彦台의 딸이다.

勸駕[5], 人情惴惴[6], 皆以爲禍將隨至。公毋動, 上疏以母病爲辭, 仍陳親君子·遠小人·審用捨·愼賞罰等八條, 奸黨恚且欲齮之, 終不能有加也。

乞養爲全州府尹, 逢佳節, 奉板輿[7], 慶壽營閫[8], 牧守[9]以下畢賀, 衣冠之盛, 數十年中罕觀。中席見有隱色, 叩之, 曰:"吾之所以爲吾親者, 可矣。白屋[10]之下, 必有不得其生, 聽管絃, 對酒食, 自然興感爾。"聞者改容。公圖壽其傳, 卽丹靑而詩歌之, 盡一時鴻筆[11], 見者嘖嘖豔言。

丁卯, 西虜薄畿, 上幸江都, 命起復[12]聽調[13]。公以爲得罪禮敎, 無益國家, 不赴。

以黃都督[14]接伴使, 赴椴島, 纔抵岸, 虜騎奄至, 漢人疑我爲導, 公見

부인 韓山李氏는 李山甫의 딸이다. 1583년 별시문과에 급제하였다. 1602년 鄭仁弘이 권력을 잡아 성혼을 배척하자, 성혼의 문인이었던 그도 종성부사로 좌천되었다. 1617년에 폐모론이 제기되자 외직을 구해 양양부사로 나갔다가, 이듬해 폐모의 조처가 단행되자 관직을 버리고 여주에 돌아와 지냈다. 인조반정 초에 비변사의 合辭로 대사성에 同知經筵·元子師傅를 겸하는 중책이 맡겨져, 학제를 상정하여 성균관을 다시 크게 일으키는 공적을 남겼다.

3   李公睟光(이공수광): 李睟光(1563~1628). 본관은 全州, 자는 潤卿, 호는 芝峯. 증조부는 李承孫이며, 생조부는 李裕이고 조부는 李禎이다. 아버지는 병조판서 李希儉이며, 어머니 文化柳氏는 柳塤의 딸이다. 부인 安東金氏는 金大涉의 딸이다. 세 차례 명나라에 사신으로 다녀왔고 인조반정 후 고위직을 지내며 시무책 12조를 올렸다. 임진왜란·정묘호란·광해군 재위기의 정치적 갈등 같은 어려운 정국에도 당쟁에 휩쓸리지 않았다. 1614년 우리나라 최초의 백과사전인《지봉유설》을 편찬하면서 서양문물과《천주실의》등 천주교 교리를 처음으로 소개했다. 조선후기 실학파의 선구적 인물로, 사상사·철학사에서 중요한 위치를 가진다.

4   名勝(명승): 명망 있는 사람.

5   勸駕(권가): 車駕를 보내어 덕행 있는 사람을 도성으로 불러올리는 일. 漢나라의 高祖가 군수에게 명하여 어진 사람을 도성으로 불러올리도록 하였다는 데서 유래한다.

6   惴惴(췌췌): 두려워서 벌벌 떠는 모양.

7   板輿(판여): 판자로 둘러 막고 발을 늘인 가마.

8   營閫(영곤): 감사·병사·수사나, 또는 그 영문을 이르는 말.

9   牧守(목수): 지방 수령.

10 白屋(백옥): 초라한 초가집.

11 鴻筆(홍필): 뛰어난 잘된 글.

12 起復(기복): 어버이의 喪中에 벼슬자리에 나아감. 상중에는 벼슬을 하지 않는다는 慣例를 깨고 벼슬을 하는 것을 이른다.

13 聽調(청조): 調用에 따름. 조용은 벼슬아치로 등용한다는 뜻이다.

14 黃都督(황도독): 명나라 등주 도독 黃龍.

都督言之, 頓釋。自是意甚相得, 每見必稱宿德。遇本國諱辰, 適都督
開宴請公, 公引論經義, 辭不赴, 都督心敬之, 待以殊禮。

與人言, 不露圭角[15], 而中實耿介。至取捨是非之際, 確然有守。當
爾瞻盜秉, 趍犇者如市, 迫欲致公爲客, 托盃酒固要[16], 竟不顧。

居官, 切不厭煩, 斤斤[17]奉三尺[18]。間取師所授舊學, 以身體驗。凡可
以自娛俠者, 不用也。

嘗曰：“士先立大志, 不爲外累[19]撓汨, 常令意思激仰在雲霄之上, 可
也.”一日所爲, 必書于籍, 朝夕省察以自飭, 其操履篤, 實如此。【金尙
憲撰碣】

보충
김상헌(金尙憲, 1570~1652)이 찬한 비문

행 사간원 대사간 권공 태일의 신도비명 병서

공의 성씨는 권씨(權氏), 휘는 태일(泰一), 자는 수지(守之), 자호는
장곡(藏谷)이다. 대대로 안동부(安東府)의 가구촌(柯丘村)에 살았는데,
고려조 태사(太師) 권행(權幸)의 후예이다. 증조부 휘 권모(權模)는 군기
시주부(軍器寺主簿)를 지냈고 통례원좌통례(通禮院左通禮)에 추증되었
다. 조부 휘 권석충(權錫忠)은 승정원좌승지(承政院左承旨)에 추증되었
다. 승지공은 두 아들을 두었는데, 장남 권춘란(權春蘭)은 사헌부집의
(司憲府執義)를 지냈으며, 차남 권춘계(權春桂)는 내시교관(內侍敎官)을

---

15 圭角(규각): 성품이 깐깐하여 시비와 곡직을 잘 나타냄을 이르는 말.
16 固要(고요): 재삼 초청함.
17 斤斤(근근): 자질구레하거나 중요하지 않은 일을 지나치게 따짐.
18 三尺(삼척): 나라의 법령.
19 外累(외루): 자신 이외의 모든 사물로부터 받는 번뇌와 부담을 말함.

지냈고 이조판서에 추증되었으니 바로 공의 아버지이다. 어머니 경주
손씨(慶州孫氏)는 아무 군(郡)에 사는 아무개의 딸이다. 손 부인(孫夫人)
이 아이를 낳을 때가 되어서 꿈에 황룡(黃龍)이 방 안으로 들어왔다.
얼마 후에 공을 낳았으니, 바로 융경(隆慶) 기사년(1569) 7월 29일이었
다. 집의공(執義公: 백부 권춘란)이 아들을 두지 못하여서 승지공(承旨公:
조부 권석충)의 명으로 며느리 박씨(朴氏: 집의공의 부인)에게 주니, 그를
품어서 사랑하기를 자기가 낳은 자식처럼 사랑할 뿐만이 아니었다.

　서너 살이 되었어도 아직 말을 제대로 하지 못하였지만, 말을 하게
되자 문득 희한하고 생각지도 못한 말을 하였으니 사람들은 그가 비범
한 아이임을 알았다. 겨우 이를 갈 만한 나이가 되자마자 스스로 법도
를 따르는 의젓함이 성인과 같았다. 지은 시의 구절은 경책(警策: 따끔하
게 일깨워 주는 일종의 충고)이 많았다. 조금 장성해서는 백담(柏潭) 구봉
령(具鳳齡) 선생에게 나가 배웠는데, 의문에 대해 묻고 분변하는 것을
통해 깨달음이 뛰어났다. 집의공(執義公: 양부 권춘란)은 백담이 성취시
킨 제자였는데 공이 그 가업을 닦자 기뻐하여 더욱더 장려하였다.

　23세 때 사마시에 합격하였다. 감사(監司) 김성일(金誠一)은 본디 사
람됨이 맑고 고결하여 남을 인정하는 일이 드물었는데, 한번 보고서
공을 그릇으로 여겨 마침내 딸을 시집보냈다. 얼마 지나지 않아 고을
에서 글을 지을 일이 있었는데, 그 일이 중국 사람과 관계 되어 많은
선비들 중에서 공의 또래 3명을 뽑아 글을 짓도록 하니, 글이 완성되
었지만 누구의 글로 판가름해야 할지 몰랐다. 서애 류성룡이 공이
지은 글을 쓰기로 정하고 글의 내용이 체계를 갖추었다며 입이 닳도
록 칭찬하였으니, 이로부터 화려한 명성이 더욱 더 커져 갔다.

　공은 비록 문예로 명성을 얻었을지라도, 도리어 그 뜻은 차츰 학문
에 정진하고자 했으나 부친의 명으로 뜻을 굽혀 과거에 응시하였다.

기해년(1599) 대과에 급제하여 권지승문원부정자(權知承文院副正字)에 보임되었다가 천거를 받아 사관(史館)으로 들어가 검열(檢閱)을 거쳐 대교(待敎)로 승진하였다. 시강원설서(侍講院說書)로 옮겼다가 또 승정원주서(承政院注書)로 옮겼고 다시 설서로 돌아왔다. 주연(胄筵: 書筵)에서 바야흐로 경전의 강론을 듣는 금화지업(金華之業)에 힘썼는데, 공이 계도한 것이 참으로 많았던 까닭에 특별히 포상을 받았다.

얼마 되지 않아 사간원정언(司諫院正言)으로 옮겼다가 이조좌랑(吏曹佐郎)이 되어 지제교(知製敎)의 직함을 겸대하였으나 병으로 사양하였다. 홍문관수찬(弘文館修撰)에 제수되었다가 이조정랑(吏曹正郎)으로 승진되었다. 이때 권세 있고 총애받는 사람이 일을 보고 있어서 이조의 낭관(郎官)들이 대부분 그 사람의 문호(門戶)에 기대고서라도 그의 비위를 맞추어 승진할 생각을 하였으나, 공만은 그렇게 하지 않았다. 이조에서 퇴근하면 임시 처소로 돌아와 종일토록 묵묵히 앉아 있었으며, 왕래하는 집은 겨우 몇 집이어서 문밖의 출입이 셀 수 있을 정도였으니, 당시 사람들이 숙연하게 단정한 선비라고 일컬었다.

상소를 올려 부모 봉양을 위해 외직을 청하여 영덕현령(盈德縣令)으로 나갔는데, 부임한 지 4년이 되자 고을의 정사 잘 다스려지니 흩어져서 떠돌던 사람들이 되돌아오는 데다 해마다 풍년이 들어 노랫소리가 길에 울려 퍼졌다. 그 사실이 조정에 알려져 옷감 한 벌을 하사받았다. 다시 내직으로 홍문관교리(弘文館校理)에 제수되었으나 병으로 사양하고 향리로 돌아왔다. 그 후 얼마되지 아니하여 북군(北軍)의 군량을 마련해 배로 수송하라는 명이 있자, 수의어사(繡衣御史)로서 전라도·경상도·강원도 3도를 왕래하며 조치를 강구한 것이 적절하여 공사(公私)간에 힘입었다. 성균관사성(成均館司成)에 제수되었으나 나아가 사은숙배하고 곧바로 돌아왔다. 얼마 되지 않아 사헌부집의(司憲府

執義)·홍문관응교(弘文館應教)에 모두 두 번씩이나 제수되었다.

선조(宣祖)가 승하하자 국장도감도청랑(國葬都監都廳郎)이 되었고, 산릉(山陵: 장례)의 일이 끝나고는 통정대부(通政大夫)로 승진하였다. 외직을 자청해 풍기군수(豐基郡守)가 되었는데, 마침 오랫동안 가뭄이 들어서 목욕재계하고 기우제를 지내자 곧바로 비가 내렸다. 얼마 되지 않아 안찰사(按察使)와 뜻이 맞지 않자 스스로 벼슬을 그만두고 돌아왔다. 풍기는 공이 살던 향리와 겨우 60리였는데도 관아의 물품을 하나도 가지고 오지 않았다. 한참 뒤 동부승지(同副承旨)에 제수되었다가 우부승지(右副承旨)로 승진하였지만, 스스로 부모 곁을 떠나서 벼슬살이하는 것을 원치 않아 휴가를 청하고 향리로 돌아오자, 전조(銓曹: 吏曹)에서 공의 뜻을 알고 경주부윤(慶州府尹)에 요수(遙授: 실지로 직무를 수행하지 않고 관함만 수여하는 일이나, 권태일은 실제로 취임함)하였다.

경주는 본디 사무가 번거롭고 바쁜 곳이어서 전임자들이 맹수나 독사처럼 가혹하지 않으면 유순하고 나약한 것으로 인해 다스려지지 않았다. 공이 부임하여 아랫사람을 죄어 가혹하게 단속하지 않고서 기로장자(耆老長者: 원로)들을 초빙하여 교화를 미루어 행하겠다는 뜻을 고하니, 기뻐하며 좋아하지 않는 사람이 없었다. 도둑질을 한 자가 있었으나, 마음을 고치면 죄를 용서하겠다며 타이르니 그 사람이 공의 덕에 감화되어 끝내 착한 백성이 되었다고 한다. 더욱이 학교의 일을 중시하여 향리의 나이 어린 자제들을 불러 친히 일과(日課)를 정해 강독시켜 진작시키는데 방도가 있자, 얼마 지나지 않아서 성대하여 볼 만하였다.

임기가 차서 내직으로 들어와 호조참의(戶曹參議)에 제수되었다가 좌부승지(左副承旨)가 되었지만 병으로 사임하였다. 또다시 부모 봉양

을 위해 외직을 청하여 죽주부사(竹州府使)가 되었는데, 부임하기도
전에 영해부사(寧海府使)로 바꾸어 주었으니 부모와 가까이 있게 하기
위해서였다. 영해는 바닷가의 고을로 풍속이 야박하여 관리의 단점을
잡아 유언비어로 드러내 놓고 중상하기 때문에 다스리기가 어려운
곳으로 불렸다. 그러나 공은 임기가 끝나도록 나쁜 소문이 귀에 들리
지 않았다.

정사년(1617) 박 부인(朴夫人: 집의공 부인)과 집의공(執義公: 권태일의
백부이자 양부)이 연이어 죽자, 상중에 상복을 입고 슬퍼하며 사모하는
것이 잇달아서 한결같이 친자식의 예로 하였다. 그 이듬해에 또 판서
공(判書公: 친부 權春桂)의 상까지 당해 지나치게 야위어 거의 몸을 보
전하지 못할 지경이었다. 상복을 벗자 관례에 따라 서추(西樞: 중추부
사)에 제수되었으나, 공은 시국이 크게 변하는 것을 보고 향리에서
한가로이 지내며 벼슬할 생각이 없었다.

간신(奸臣)이 대사(大事)를 자행하려고 도모하면서 사론(士論)이 자
기들과 다른 것을 꺼려 다 함께 목욕하고서 그들의 입을 막으려는
꾀를 생각하였다. 이를테면 정엽(鄭曄)과 이수광(李睟光) 및 공 같은
명망있는 인사로 조정에서 물러나 있던 자들을 수령으로 하여금 상경
하게 하도록 아뢰니, 인심이 두려워 벌벌 떨면서 모두 화가 장차 닥칠
것이라고 하였다. 공은 조금도 동요하지 않고 상소를 올려 어머니의
병환 때문에 상경할 수 없다고 사양하고는, 이어서 '군자를 가까이
하고 소인을 멀리할 것, 인재의 등용과 버림을 살피고 상벌에 신중히
할 것.(親君子, 遠小人, 審用舍, 愼賞罰)' 등 8조목을 아뢰니, 간당(奸黨)들
이 성내고 해치려 했으나 끝내 해치지 못하였다.

계해년(1623) 금상(今上: 仁祖)이 즉위하였는데 좌승지에 제수되었
다. 얼마 되지 않아 또다시 어머니의 봉양을 위해 외직을 청하여 전주

부윤(全州府尹)이 되었는데, 그 다스림이 경주에서 다스린 것과 같았
지만 정사를 더욱 능숙하게 처리하니 백성들이 더욱더 편하게 여겼
다. 관아의 하루 일을 파하면 번번이 한밤중까지 글을 쓰는 것이 일상
사가 되어 집안사람들이 과로로 기력이 고갈될까 두려워서 조금 쉬기
를 청하면, 공이 말하기를, "글을 써서 마음을 다스리는 것이니, 마음
이 황폐해지면 정사가 어지럽게 되기 때문이다. 백성의 위에 있는
자가 어찌 스스로 방일(放逸)할 수 있단 말인가?"라고 하였다.

좋은 계절마다 판여(板輿)로 어버이를 모시고 와서는 감영(監營)의
안에서 수연(壽宴)을 열면 목사(牧使)나 고을 수령 이하 모두 하례하였
는데, 벼슬아치들이 갖춘 의관의 성대하기가 수십 년 사이에 보기
드물었다. 그 자리에서 기뻐하는 기색이 없는 것을 보고 그 까닭을
물으니, 공이 말하기를, "내가 나의 부모를 위하려고 하는 것이야 옳
은 것이다. 그렇지만 초라한 초가집에서는 필시 제대로 된 삶을 영위
하지 못하는 자가 있을진대, 풍악 소리를 듣고 술과 음식을 대하자니
저절로 감회가 있어서 그러는 것이다."라고 하였다. 이 말을 들은 자
들은 얼굴빛이 바뀌었다. 공은 수연(壽宴)을 전하고자 도모하여 곧바
로 그림을 그리고 시를 지어 노래하도록 하였는데, 모두 당대의 대가
들이니 보는 자들은 혀를 차며 부러워하면서 말하기를, "다행이로다.
이런 아들을 두었으니 말이다."라고 하였다.

을축년(1625) 손 부인(孫夫人: 친모)이 병이 들자, 공은 밤낮으로 옷
을 풀지 않았고, 목욕재계하여 하늘에 기도하며 자신이 대신 죽게
해 달라고 하였으나, 병이 끝내 낫지 않았다. 입관(入棺)할 즈음에 기
절하였다가 다시 깨어났으며, 매장과 제사는 모두 부친상을 따랐다.

정묘년(1627) 서로(西虜: 후금)가 경기까지 육박하자, 주상이 강도(江
都)로 피난하고 공을 기복(起復: 상중에 있는 자를 불러냄)시켜 관직에

나오도록 명하니, 공이 예교(禮敎)에 죄를 얻고서는 나라에 무익하다고 여겨 나아가지 않았다. 상복을 벗고서는 병조참의에 제수되었는데, 관리들의 폐단을 씻은 듯이 없애자 병조의 일이 대부분 공을 의지하여 처리되었다. 얼마 되지 않아 외직으로 나가 충주목사(忠州牧使)가 되었다. 이보다 앞서 역도(逆徒)로서 법망을 벗어나 현상금이 걸린 자가 있었는데, 공이 심혈을 기울여 계획을 세우고 지휘해 체포하고도 공로를 자처하지 않자, 조정에서 가상히 여겨 특별히 품계를 한 자급 승진시켰다.

전라도 관찰사로 옮겨 제수되었다. 공은 이전에 전주(全州)에 있었으니, 본도(本道: 전라도) 백성들이 부르는 풍요(風謠: 풍속을 읊은 노래) 속에 담긴 속사(俗事: 세속의 잡다한 일)의 이로움과 폐해를 매우 분명하게 일일이 알고 있었다. 유학(儒學)의 진작과 관리의 임면(任免)을 아울러 수행하여 하나같이 쇄신하고 진작했는데, 수령들 가운데 특히 오만한 자들을 내쫓고 재예(才藝) 있는 선비들을 포상하였다. 이에 기강이 크게 진작되고 풍속 교화가 시행되어 천 리나 되는 관할 지역이 마치 한 언덕에서 농사짓는 것 같았다.

그러나 공 또한 권태로워져 오래도록 벼슬에서 물러나 한가운 곳으로 가고자 했는데, 선대로부터 이어온 유업(遺業)이 노천(蘆川)에 있었으니 자못 산수의 경치가 뛰어난 곳이었다. 임기가 차자 향리로 돌아와서는 노천가에 별도로 정사(精舍)를 짓고 한가로이 지내며 세상사에 얽매이지 않았으니, 때때로 거룻배를 타거나 짧은 지팡이를 짚고서 마음이 가고 싶은 곳까지 갔다가 흥이 다하면 돌아왔는데, 나뭇꾼의 모자에 농사꾼의 옷차림이라서 그를 벼슬하지 않은 사람으로 대했다.

이듬해(1630) 대사간으로 부르자 애써 명에 사은하고서 사양하였는데 형조참판으로 교체되었다. 얼마 후에 황 도독(黃都督: 명나라 등주

도독 黃龍)의 접반사가 되어 가도(椵島)로 갔다. 가도는 철산(鐵山)의 바다 어귀에 있어 장독(瘴毒)의 습기가 많아 출입하려면 바람이 불어 조수가 밀려오기를 기다려야 했으니, 사람들이 모두 두려워하며 꺼렸지만 공은 명을 받자마자 갔다. 6월 무더위에도 말을 몰아 겨우 해안에 도착하자 오랑캐 기병이 엄습해 오니, 중국 사람들은 우리가 그들을 이끌고 온 줄로 의심하자, 공이 도독을 만나서 그에 대해 설명하여서 단번에 풀렸다. 이로부터 서로의 의사가 매우 잘 맞아 매번 공을 볼 적마다 반드시 숙덕(宿德)이라고 일컬었다. 본국의 휘신(諱辰: 제삿날)이었는데도 마침 도독이 잔치를 열고서 공을 청하자, 공이 경전(經典)의 뜻을 인용하여 사양하고 가지 않으니, 도독이 마음속으로 공경하면서 특별한 예로 대우하였다.

7월에 이르러 병에 걸리자 추부(秋部: 형조) 참판의 직을 해임시켜 주기를 청하였으나 윤허하지 않았다. 도독이 의원을 보내고 약물을 보내며 섬 밖으로 나가라고 강권하였다. 공은 가마를 타고 나오다가 정주(定州)에 이르러 끝내 위독해져서 25일에 죽었으니, 향년 63세였다. 병이 들었을 때 한 통의 봉사(奉事)를 아뢰었는데, 그 내용이 사자(使者)의 직을 그만두려는 것 같자, 노복이 집안의 일을 잠깐 물으니 눈을 치켜뜨고 대답하지 않았다. 죽음을 앞두고는 '국사(國事), 국사'라고 두어 차례 말하였으나, 다시는 말소리를 분변할 수가 없었다.

부음을 아뢰자 주상이 하교하기를, "제 적임이 아닌 곳에 놓아두었다가 이렇게 공신(功臣)을 잃고 말았구나."라고 오랫동안 탄식하며 슬퍼하고는, 인부를 보내어 상여를 들게 하고 관원을 보내어 제사를 올리게 하여 신하의 죽음에 대해 슬퍼하는 뜻을 표하였다. 이해 12월에 부(府: 안동부)의 북쪽에 있는 사니산(師尼山: 와룡면 태동 소재) 덕흥동(德興洞)의 선인(先人: 선친)의 묘 곁에 장사 지냈다.

   애초 집의공(執義公)의 재산이 자못 넉넉하였고, 공이 역임한 고을
이 또한 모두 이름난 고을과 비옥한 지방이었으니, 사람들은 장사를
지내는데야 부족하지 않을 것으로 여겼다. 죽고 나서 보니, 집안의
재산이 군색하여 외부의 부조에 의지해서야 장사를 치를 수가 있었다.
   공은 일찍이 네 장부(丈夫)를 아들로 두었으나 모두 요절하여서 동
생의 아들 권세후(權世後)를 양자로 삼았다. …(중략)…

   다른 사람과 말을 할 때는 모가 나 시비와 곡직을 잘 드러내지 않았
으나 마음속은 실로 밝고 깨끗하였다. 옳으면 옳다 그르면 그르다
하며 생명을 버리고 의리를 취해야 할 즈음에는 굳건히 지키는 바가
있었다. 이이첨(李爾瞻)이 권병(權柄)을 도둑질하였을 때에는 이곳을
보고 빌붙는 자가 시장에 몰려드듯 하였으니, 공도 다그쳐 오게 하여
서 자신의 문객을 삼고자 하여 술자리를 마련해 놓고 재삼 초청하였
으나, 공은 끝내 돌아보지 않았다.

   벼슬살이를 할 때는 번거로움도 전혀 꺼리지 않고 시시콜콜하다
할 정도로 세심히 살펴서 삼척(三尺: 법)을 잘 봉행하였다. 가끔 스승이
가르쳐 준 예전 학문을 취하여 직접 체득하고 증험하였다. 무릇 스스
로 편안히 즐기는 것은 하지 않았다.

   일찍이 말하기를, "선비는 먼저 큰 뜻을 확고하게 세워 자신 이외의
사물에 흔들리지 않고 항상 생각이 격앙되도록 하여 하늘 위에 있게
해야만 한다."라고 하였으며, 하루에 한 일을 반드시 기록하고 아침저
녁으로 성찰하면서 스스로 경계하였으니, 공의 독실한 마음가짐과
행동이 이와 같았다. …(이하 생략)…

行司諫院大司諫權公神道碑銘 幷序

   公姓權氏, 諱泰一, 字守之, 自號藏谷。世爲安東府之柯丘人, 高麗

太師幸之後。曾祖模, 軍器寺主簿, 贈通禮院左通禮。祖錫忠, 贈承政
院左承旨。承旨公有二子, 長曰春蘭, 司憲府執義, 季曰春桂, 內侍敎
官, 贈吏曹判書, 卽公之考也。妣慶州孫氏, 某郡某之女。孫夫人當娠,
夢黃龍入寢。已而生公, 實隆慶己巳七月二十九日也。執義未有子, 以
承旨公命, 與婦朴, 抱而子之, 不翅若己出。三四歲, 尙不能言, 旣言,
便出奇語, 人知其非凡兒。甫齔, 卽自循矩度, 儼若成人。所作詩句, 多
警策。稍長, 就學具柏潭先生, 問辨超悟。執義, 本柏潭成就弟子, 喜公
能脩其家業, 益加獎勵。年二十三, 中司馬。金監司誠一, 素簡亢寡許,
一見器公, 遂以女女焉。亡何, 邑中有文事, 事關華人, 選於多士, 屬公
輩三人, 文成, 不知所左右。西厓柳公定用公製, 盛稱其辭意得體, 自
是華問彌大。公雖得文藝聲, 乃其志稍欲進於學問, 而親命屈意公車。
己亥擢大科, 補權知承文院副正字, 薦入史館, 由檢閱, 陞待敎。移侍
講院說書, 又移承政院注書, 復還說書。胄筵方懋金華之業, 公所以啓
翌之者良多, 特蒙褒予。尋遷司諫院正言, 改吏曹佐郞, 帶三字銜, 病
辭。拜弘文館脩撰, 陞吏曹正郞。時權倖在事, 同曹郞多倚人門戶承
望, 爲進取計, 公獨不然。曹退就僑居, 默坐終日, 所還往僅若而家, 門
外之跡可數, 一時肅然, 稱爲端士。上疏乞養, 出爲盈德縣令, 居四年,
邑政大治, 流逋還集, 歲告屢登, 謳謠載路。事聞, 拜表裏之賜。入拜弘
文館校理, 病辭還里。已有漕餽北軍之命, 以繡衣往來全慶江原三道,
措畫得宜, 公私賴之。拜成均館司成, 赴謝卽歸。尋爲司憲府執義·弘
文館應敎者俱再。宣祖大行, 爲國葬都監都廳郞, 山陵畢, 陞通政。求
爲豐基郡守, 屬久旱, 齋沐禱雨立澍。亡何, 與按使齟齬, 自免歸。豐去
公里僅二舍, 不以官中一物自隨。久之拜同副承旨, 陞右副, 自以違親
宦遊, 非願也, 請告還里, 銓司知公意, 遂授慶州府尹。州素劇, 前政非
鷙蝮, 則坐選懭廢。公至不爲濕束之節, 延見耆老長者, 告以推行敎化
之意, 無不悅喜。有犯盜者, 諭令革心恕罪, 其人感德, 卒爲良民云。尤
重學校之事, 進鄕子弟年少者, 親課講讀, 振作有方, 時未幾, 彬彬可
觀。秩滿, 入拜戶曹參議, 改左副承旨, 病辭。又乞養。得竹州府使, 未

上, 許易寧海, 爲近親也。海瀕俗薄, 好持吏長短, 蜚語顯傷, 故號難
上。然終公之政, 惡聲不入耳。丁巳, 朴夫人·執義公繼歿, 公持服哀
慕, 一如人子禮。明年又遭判書公憂, 過毁幾不全。服関, 例授西樞, 公
見時事大變, 徘徊田里, 無仕宦意。奸臣謀行大事, 忌士論異己者, 計
悉同浴而掩其口。如鄭公曄, 李公睟光曁公諸名勝退居者,　白令所在
勸駕, 人情惴惴。皆以爲禍將隨至。公毋動, 上疏以母病爲辭, 仍陳'親
君子遠小人, 審用舍愼賞罰'等八條, 奸黨恚且欲齮之, 終不能以有加
也。癸亥, 今上卽位, 拜左承旨。亡何, 又乞養得全州府尹, 其治如慶州
而事益練, 民益便之。衙罷, 輒手書至丙夜, 以爲恒, 家人輩懼其勞竭,
請少休, 公曰:"書以治心, 心荒則政嬈。居民上者, 柰何自逸乎?"時節
奉板輿, 慶壽營闈, 牧守已下畢賀, 衣冠之盛, 數十年中罕覩。中席見
有隱色, 叩之, 曰:"吾之所以爲吾親者, 可矣。白屋之下, 必有不得其
生, 聽管絃, 對酒食, 自然興感爾。"聞者改容。公圖壽其傳, 卽丹青而
詩歌之, 盡一時鴻筆, 見者嘖嘖艷言:"幸哉, 有子如此。"乙丑, 孫夫人
疾病, 公晨夜不解衣, 沐浴祈天, 願以身代, 疾竟不瘳。含殮之際, 絶而
復甦, 葬埋祭祀, 悉遵前喪。丁卯, 西虜薄畿, 上幸江都, 命起復聽調,
公以爲得罪禮敎, 無益國家, 不赴。服除, 拜兵曹參議, 吏弊若洗, 曹事
多倚辦。亡何, 出爲忠州牧使。先是, 有逆徒漏網購捕者, 公殫心指畫,
旣捕, 不自居功, 朝廷嘉之, 特陞一階。移拜全羅道觀察使, 公前在全
州, 具知本道民謠俗事利弊甚晳。儒學吏政彙擧, 而一振刷之, 黜守
長之尤傲慢者, 旌賞才藝之士。於是, 紀綱大振, 風化流行, 千里之部,
如農一丘。然公亦倦矣, 久欲乞身卽閑, 遺業在蘆川, 頗有山水之勝。
秩滿還里, 別構精舍其上, 翛然燕處, 有時輕舠短策, 極意所到, 興盡而
返, 山冠野服, 遇之若無官者。明年, 以大司諫召, 電勉謝命, 辭遞爲刑
曹參判。尋以黃都督接伴使赴椵島。島在鐵山海口, 多瘴濕, 出入候風
潮方至, 人皆畏憚, 公受命卽行。六月, 驅暑纔抵岸, 虜騎奄至, 漢人疑
我爲導, 公見都督言之, 頓釋。自是意甚相得, 每見必稱宿德。遇本國
諱辰, 適都督開宴請公, 公引論經義, 辭不赴, 都督心敬之, 待以殊禮。

至七月, 遘疾, 乞解秋部, 不許。都督遣醫致藥物, 强勸出島。公昇到定州, 逐殀, 二十五日卒, 春秋六十三。病時, 封一啓事, 意若致其使職者, 僕人請問家事, 張目不對。臨絶, 再言國事國事, 而不復辨其聲矣。訃聞, 下敎曰: "置非其所, 失此勞臣。"嗟悼久之, 命發夫擡柩, 遣官致祭, 用表隱卒。是年十二月, 窆于府北師尼山德興洞先人墓側。始執義公資計頗溫, 及公所踐, 又皆望郡沃藩, 人謂不至乏大事。旣歿, 家用已窘, 須外購乃得營葬焉。公嘗擧四丈夫子, 皆夭, 以弟之子世後爲子。…(중략)… 與人言, 不露圭角, 而中實耿介。至趣舍是非之際, 確然有守。當爾瞻盜秉, 趨羶者如市, 迫欲致公爲客, 托杯酒固要, 竟不顧。居官, 切不厭煩, 斤斤奉三尺。間取師所授舊學, 以身體驗。凡可以自娛佚者, 不用也。嘗曰: "士先立大志, 不爲外累撓汨, 常令意思激昂在雲霄之上, 可也。"一日所爲, 必書于籍, 朝夕省察以自飭, 其操履篤實有如此。…(이하 생략)…

[淸陰先生集, 권24, 碑銘]

22. 이대임

| 이대임의 자는 □□, 호는 죽계이다.

공은 임진왜란을 당했을 때 나이가 19세였지만 능히 미리 앞을 내다보는 지혜로운 생각을 지녔으니, 당시의 세상 형편이 편안치 못함을 미리 점치고는 봉화(烽火)를 철저히 단속하여 성을 지켜야 하는 계책, 갑옷을 수선하고 군량을 비축해야 하는 뜻을 고을 수령에게 여러 차례나 아뢰어 국가의 재난을 당하지 않도록 미리 대비하게 하였었다.

그러나 얼마 후에 매우 급작스럽게 적군이 침입했다는 보고가 이르렀는데, 삼도(三道)를 나란히 침입하려는 왜적 가운데 한 부대의 첫 진격로에 바로 본현(本縣: 포항 장기현)이 있었으니, 칼과 대포가 천지를 뒤흔들고 전선(戰船)이 바다를 뒤덮었다.

이러한 때를 만나서는 비록 남보다 뛰어난 지혜라 할지라도 졸지에 손을 쓸 곳이 있기가 어렵거늘, 오직 공만은 조금도 두려워하지 않고 급히 외치기를, "우리 고을이 소중한 바는 바로 성묘(聖廟: 공자 사당)가 있는 곳이기 때문이오. 나는 대대로 유가(儒家)로서 장보관(章甫冠)을 쓴 반열을 따라 다니며 군신간 부자간의 도리를 조금 알게 된 것으로 어느 것 하나 옛날 성인의 가르침이 아님이 없었나니, 사문(斯文)에 변고가 생기면 내가 의당 목숨을 걸고 지키러 가야 하거늘 어찌 적의 칼날을 두려워서 달아나느라 지켜야 하는데 조금이라도 지체할 수 있으리오?"라고 하였다. 이에, 집안사람들이 목 놓아 슬피 우며 옷자락을 붙들고 말리자, 칼을 들어 옷소매를 끊어 버린 뒤에 급히 교궁(校宮: 고을의 文廟)으로 달려가 오성팔현(五聖八賢)의 위판(位版)을 짊어지고 옷깃으로 싸서 용암(龍巖) 석굴 속에 임시로 봉안하였다.

난리가 평정된 뒤에 이르러서도 위판의 분을 바른 앞쪽이 새것과 같았는 데다 제자(題字: 쓴 글씨)의 점과 획이 하나도 긁히고 깎여 떨어진 데가 없었으니, 7년 전쟁을 겪은 나머지 천리가 잿더미 된 속에서도 추로(醜虜)가 감히 선성(先聖)의 위판에 감히 흉악을 부리지 못하도록 했던 것이다. 때문에 고을사람들이 노래를 만들어 부르기를, "옛날 용암굴이 훗날 성현암(聖賢巖)이 되었으니, 만고의 푸른 산에 사람과 돌이 우뚝하네."라고 하였다.

공이 긴 칼을 잡고 땅을 그으며 스스로 맹세하기를, "우리들이 비록 녹을 먹는 사람은 아닐지라도 이미 신하와 백성들의 대열에 있으니, 지금 부엉이가 활개를 치듯이 적의 사나운 형세를 직면해 어리석은 충심이 격동되어 맹세코 같은 하늘 아래에 살지 않겠다. 오늘의 계책은 나라가 존재하면 우리가 살 것이고 나라가 망하면 우리도 죽어야 할 것이니, 오직 저 산골짜기 사이에 아침에는 도피하고 저녁에는 숨는 꼴만은 차마 나는 할 수가 없다. 만일 섬오랑캐가 꾸준히 창궐한다면 결단코 더불어 함께 살 수가 없다."라고 하였다. 마침내 기운을 가다듬고 소리치니, 원근에서 듣는 자가 모두 말하기를, "의사(義士)로구나."라고 하였다.

천장(天將: 명나라 장수)이 경주(慶州)에 주둔했을 때, 공이 일개 젊은 이로서 삼군(三軍)의 군량을 책임지고 보급로가 끊기지 않게 하여 대군이 배불리 먹을 수 있도록 해 마침내 적의 정탐을 물리쳤다. 당시 사졸(士卒)들의 칭찬, 천장의 장려와 위로는 하나의 미담이 되어 지금까지도 고로(故老: 옛일을 잘 아는 늙은이)들의 유전(流傳: 세상에 널리 퍼뜨림)하는 바 되었다. 정유년(1597) 남쪽 오랑캐가 다시 쳐들어오자, 공이 화살을 들고 소리치기를, "임계(壬癸: 임진년과 계사년)의 난리에 내가 죽지 못한 것을 부끄럽게 여겼거늘 저 오랑캐가 다시 치성하니 정히 내가 목숨을 바칠 때이로다. 지금 가는 것을 늦출 수가 없다."라고 하였다. 곧장 화왕산성(火旺山城)으로 달려가 망우당(忘憂堂) 곽재우(郭再祐) 및 여러 의사(義士)들과 죽기로 맹서하고 분발하여 지켰으니, 이 일은 《용사창의록(龍蛇倡義錄)》에 실려 있다.

• 李大任

| 李大任[1]字, 號竹溪。

公當壬辰之亂, 時年十九, 能有先見智慮, 預占時象[2]之不寧, 以謹烽守城之策 · 繕甲峙糧之意, 累陳於地主, 先爲陰雨之備[3]。俄而, 敵報蒼黃, 三道並驅, 一葦初程, 卽在本縣, 劍砲掀天, 舳艫蔽海。迨此之時, 雖絶人之智, 猝難爲措手之地, 惟公少不持攝[4], 疾呼曰: "吾鄕所重, 卽聖廟也。余以世世儒家, 隨行扵章甫[5]之列, 粗解君臣父子之道者, 罔非先聖之敎, 則斯文之有變, 吾當死生以之, 安可怵刃而奔衛之少緩乎?" 家人號哭挽之, 引刀斷袂, 急赴校宮[6], 五聖八賢位板, 背負襟抱, 權安[7]

---

1 李大任(이대임, 1574~1635): 본관은 昌寧, 자는 士重, 호는 竹溪. 증조부는 李崇元이며, 조부는 李時芳이다. 아버지는 참의 李國樞이며, 어머니 水原崔氏는 참봉 崔弼의 딸이다. 첫째부인 李氏는 士人 李文發의 딸이며, 둘째부인 金氏는 主簿 金得鎔의 딸이다. 임진왜란 때 왜적이 장기에 들이닥치자 徐方慶 · 徐克仁 · 李訥과 함께 더불어 장기향교로 먼저 달려가 위패를 구해내 용암 석굴 속에 안전하게 모셨다. 그리고 칼을 들고 싸워 長鬐와 慶州에서 많은 전공을 세웠다. 청주병마절도사를 지냈다. 포항시 장기면에 있는 鶴三書院에 배향되었다. 국립중앙도서관 소장본《竹溪實紀》에 〈행장〉이 수록되어 있으나, 원 텍스트의 내용과 부합하지 않는 부분이 있지 않아서 원 텍스트만 번역하였다.
2 時象(시상): 당시의 세상 형편.
3 陰雨之備(음우지비): 국가의 비상사태를 대비하는 것.
4 攝(섭): 慴와 통용.
5 장보(章甫): 殷나라 때 쓰던 緇布冠의 별칭. 흔히 선비들이 쓰는 관을 일컫는다.
6 校宮(교궁): 각 고을에 있는 文廟.
7 權安(권안): 신주 · 영정 등을 임시로 모셔 놓음.

于龍巖之中。迨其亂靖之後, 位板之粉面如新, 題字之點畫, 一無剝落, 七年干戈之餘, 千里灰燼之中, 能使醜虜不敢逞兇於先聖之位。故邑人爲之謠曰: "昔之龍窟, 後之聖穴, 萬古靑山, 人與石屹."

公手持長劍, 畫地自誓曰: "吾輩雖非食祿之人, 旣在臣民之伍, 則當今敵勢鴟張, 愚衷所激, 矢不與同戴。今日之計, 國存則吾存, 國亡則吾亡, 惟彼山谷之間, 朝竄暮匿之狀, 吾不忍爲也。若使島夷一向猖獗, 則決不可與之俱生." 遂以勵氣奮聲, 遠近聞者咸曰: "義士也."

天將之駐師慶州也, 公以一介年少, 任其三軍之餉, 而不絶糧道, 使大軍得飽, 竟却賊偵。當時士卒之稱譽, 天將之獎慰, 作一美談, 尙今爲故老之流傳矣。丁酉之歲, 南虜再擧, 公奮弋而倡, 曰: "壬癸之亂, 吾以未死爲恥, 彼虜復熾, 政吾效死之秋也。今行不可緩矣." 卽赴火旺山城[8], 與郭忘憂及諸義士, 誓死固守, 事載《龍蛇倡義錄》。

---

8   火旺山城(화왕산성): 경상남도 창녕군 창녕읍 화왕산에 있는 산성.

23. 이창후

이창후의 자는 비승, 호는 죽헌, 본관은 농서(隴西: 성주이씨의 한 계통)이다. 병조판서 이자상(李自商)의 증손자이다. 선조 병자년(1576)에 태어났다. 인조 무자년(1648)에 죽었다. 자인(慈仁)의 상덕사(尙德祠)에 향사하였다.

나이가 17세로 미처 관례(冠禮)를 행하기도 전에 왜란을 만났는데, 형 매헌(梅軒)과 함께 망우당 곽재우가 일으킨 의병을 따라 8년 동안 시종일관 정진(鼎津: 鼎巖津)에서 칼날을 무릅썼고 화왕산성(火旺山城)에서 땔나무를 하였다.

공은 모친상을 당하여 3년 동안 피눈물을 흘렸는데, 향리 사람들이 감동하여 기뻐하고 효행을 관아에 알리고자 하니, 공이 그 사실을 듣고는 제지하면서 말하기를, "자식이 된 자의 본분인데, 어찌 감히 관아에 알린단 말이오."라고 하였다.

지현(知縣: 현감) 임선백(任善伯)이 아직 관직에 부임하기 이전에 먼저 공의 집을 찾아가 제자의 예로 절하고 말하기를, "부끄럽게도 자유(子游)가 아닌데 담대(澹臺)를 뵐 수 있게 되었습니다."라고 하였다. 고과(考課)에서 번번이 최고일 때면 말하기를, "내가 아니라 이군(二君)의 교화(敎化)이다."라고 하였다. 대개 공의 형제를 가리키는 것이다.【협주: 최경식이 찬한 행장에 실려 있다.】

• 李昌後

李昌後[1], 字丕承, 號竹軒, 隴西人。兵曹判書自商曾孫。宜祖丙子生。仁祖戊子卒。享慈仁尙德祠。

年十七未冠, 値倭亂, 與兄梅軒, 從忘憂郭公倡義, 終始八年, 冒刃鼎
津, 抱薪火旺。

公丁母憂, 泣血三年, 鄕里感悅, 欲以孝聞于官, 公聞而止之, 曰:"人
子本分, 何敢報官?"

知縣任公善伯[2], 未上官, 先赴公家, 拜以弟子禮, 曰:"愧非子游[3]而得
見澹臺[4]也." 考課輒最, 則曰:"非我也, 二君之化也." 盖指公伯仲[5]也。
【崔慶湜[6]撰行狀[7]】

1 李昌後(이창후, 1567~1648): 본관은 星州, 자는 丕承, 호는 竹軒. 증조부는 병조판서 李自
   商이며, 조부는 부호군 李璣이다. 아버지는 李夢天이며, 어머니 昆陽田氏는 敎授 田春의
   딸이다. 李光後의 동생이다. 부인 高靈申氏는 申津의 딸이다. 임진왜란 당시, 형 이광후와
   함께 곽재우의 휘하에서 활약한 의병장이다. 17세의 어린 나이에 형을 따라 전후 8년
   동안 곽재우의 막하에서 활동하면서 정진을 방어하는 데 큰 역할을 하였다. 그는 곽재우를
   따라 화왕산성을 지켰다. 향리에서는 이름난 효자였다.
2 任公善伯(임공선백): 任善伯(1596~1656). 본관은 豊川, 자는 慶餘. 증조부는 한성부판윤
   任說이며, 조부는 종부시정 任榮老이다. 아버지는 이조정랑 任章이며, 어머니 長水黃氏는
   黃廷愼의 딸이다. 부인 江陵金氏는 판관 金應命의 딸이다. 1623년 진사시에 합격하고,
   1632년 알성문과에 급제하였다. 1636년 호조좌랑 재임 중 병자호란이 일어나자 강화도
   사수를 강력하게 주장하였다. 1637년 慶州府 屬縣에서 독립되던 자인현의 초대 현감으로
   부임하였다. 이후 공조정랑을 거쳐 1644년 사헌부 장령에 제수되었다. 1646년 강빈옥사가
   일어났을 때, 姜嬪을 두둔하다 체차의 명을 받았다. 1649년 전라도 암행어사에 임명되었으
   며, 1651년 순천부사, 1654년 장악원정에 제수되었다. 1656년 영흥부사 재임 중 임지에서
   세상을 떠났다.
3 子游(자유): 공자의 제자. 본명은 言偃이다.
4 澹臺(담대): 자유가 武城의 邑宰가 되었을 때 공자가 어떤 인재를 얻었냐고 묻자 "담대멸명
   이란 자가 있으니 다닐 때 지름길로 가지 않고, 공적인 일이 아니면 저의 집에 오는 법이
   없습니다.(有澹臺滅明者, 行不由徑, 非公事, 未嘗至於偃之室也.)"라고 대답한 데서 나오
   는 인물.
5 伯仲(백중): 맏이와 둘째를 아울러 이르는 말.
6 崔慶湜(최경식, 1660~1717): 본관은 慶州, 자는 善餘, 호는 明谷. 증조부는 崔認이며,
   조부는 부호군 崔東岦이다. 아버지는 사헌부장령 崔鎭南이며, 어머니 興陽李氏는 통덕랑
   李仁培의 딸이다. 첫째부인 安東權氏는 진주목사 權宇亨의 딸이며, 둘째부인 永川李氏는
   참봉 李倚天의 딸이다. 1699년 식년문과에 급제하였다. 사간원 정언, 사헌부 지평, 병조
   정랑, 울산 부사, 사헌부掌令 등을 역임하고, 진주 목사에 제수되었으나 부임하기 전에
   사망하였다.
7 역주자로서는 현재 최경식을 각주6)에서 소개한 인물로 파악하고 있으나 문집을 남기지
   않은 데다 이창후도 남긴 문집이 없어서 원 텍스트만 번역함.

24. 류여

류여의 자는 길보, 본관은 풍산이다. 문충공 류성룡의 아들이다. 선조 무인년(1578)에 태어났다. 벼슬은 찰방을 지냈다. 을사년(1605)에 죽었다.

공은 총명함이 남보다 뛰어났고 어느 글이라도 통하지 않는 것이 없었으니, 무릇 경전의 은미한 말과 심오한 뜻은 다른 사람이 연구하며 세월을 보냈어도 능히 깨닫지 못한 것이었지만, 공은 한번 보자마자 곧 이해하여 막히는 바가 없었다. 어렸을 때 천문생(天文生)을 따라 역법(曆法)을 토론했는데, 한번 듣고는 바로 포산(布算: 산가지를 배열하여 계산하는 일)으로 조금도 어긋남이 없었으니, 그 사람이 놀라 말하기를, "참으로 기이한 재주로다."라고 하였다.

성리학(性理學)에 더욱 침잠하여 선유(先儒)의 잠훈(箴訓: 훈계)을 마음에 새겨서 마음으로 이해하고 힘써 행하여 날마다 나아가기를 게을리하지 않았으니, 일찍이 '홀로 걸을 때 그림자에 부끄러움이 없어야 하고, 홀로 잠잘 때에도 이부자리에 부끄러움이 없어야 한다.'라는 두 구절을 벽 위에 써 놓고 스스로를 경계하였다.【협주: 홍여하가 찬한 묘지에 실려 있다.】

• 柳袽

柳袽, 字吉甫, 豐山人。文忠公成龍子。宣祖戊寅生。官察訪。乙巳卒。

公穎悟絶人, 於書無不通。凡經典之微辭奧旨, 在凡人, 研究歲月而不能曉者, 公一見輒解, 無所滯礙。少時, 從天文生, 論曆法, 一聞卽布算¹不差, 其人驚曰: "眞異才也."

尤邃性理之學, 服膺²先儒之箴訓, 心解力行, 日進不懈, 嘗書'獨行不愧影, 獨寢不愧衾'兩句於壁上, 以自警.【洪汝河撰墓誌】

보충
홍여하(洪汝河, 1621~1678)가 찬한 묘지

장수 찰방 유공 묘지명

공의 휘는 여(杝), 자는 길보(吉甫), 영의정 풍원부원군(豊原府院君) 문충공(文忠公) 서애(西厓) 류성룡(柳成龍) 선생의 장남이다. 공은 타고난 자품이 심히 고고하였는데, 원대한 식견과 뛰어난 행실을 지닌데다 집안에 전해오던 심학(心學)에 일찌감치 터득한 바가 있으니, 문충공이 그릇으로 알고 소중히 여겼다. 나이 28세 때 장수찰방(長水察訪)에 보임되었으나 미처 부임하지 못하고 죽었다. 문충공은 대체로 몹시 가슴 아파했기 때문에 몸소 아들의 행장(行狀)을 지어 장차 당대의 문장가에게 묘지문을 구하려 하였다. 그러나 미처 부탁하기도 전에 문충공이 조금 있다가 죽었는데, 지금 60여 년이 되었다.

공의 외아들 진안 현감(鎭安縣監) 류원지(柳元之)가 문충공(文忠公: 류성룡)의 행장과 공의 중제(仲弟: 둘째아우) 세마공(洗馬公: 柳褍)·계제(季弟: 막내아우) 수암공(修巖公: 柳袗)이 공의 행적을 편찬한 글을 가지고 못난 나에게 주면서 공의 묘지명(墓誌銘)을 부탁했다. 못난 나는 일찍이 선생(先生: 류성룡)의 문집을 읽고 공의 행장을 외우면서 공의 아름다운 행실을 탄복한 지 오래였다. 그러나 선생의 말에, "현인군자(賢人

1　布算(포산): 산가지를 배열하여 숫자를 계산하는 일.
2　服膺(복응): 교훈 같은 것을 늘 마음에 두어 잊지 아니함.

君子)의 몇 마디 말을 얻으면 중히 여기어서 이에 힘입어 명성이 묻히지 않고 영원히 전해지길 바란다."라고 했다. 못난 나는 참으로 그에 적합한 사람이 아니니, 어찌 선생이 당시 바랐던 바에 부응할 수 있겠는가. 진안공(鎭安公: 류원지)의 청이 더욱 견고해 마지않았기 때문에 감히 형편없는 글을 대략 지어 명(銘)으로 잇는다.

공의 고조부 휘 류자온(柳子溫)은 이조판서에 추증되었다. 증조부 휘 류공작(柳公綽)은 간성군수(杆城郡守)를 지냈고 좌찬성에 추증되었다. 조부 휘 류중영(柳仲郢)은 승정원우승지를 지냈고 영의정에 추증되었다. 아버지는 문충공이며, 어머니 이씨는 정경부인(貞敬夫人)으로 광평대군(廣平大君: 세종의 5남 李璵)의 후손이다. 만력(萬曆) 무인년(1578) 7월 모일에 공을 낳았다.

공은 어려서부터 지극히 효성스러웠으니, 12살 때 정경부인(貞敬夫人: 모친) 상을 당하여 두 어린 아우들을 데리고 초상을 치르는데 어른처럼 예를 다하였으며, 연제(練祭: 소상제)에 미쳐서 장로(長老)들이 아직 어리고 약한 아이들이라서 상(喪)을 견디지 못할까 걱정하여 고기를 먹도록 하였으나 번번이 슬피 울부짖으며 따르지 않고 삼년상을 마쳤다. 이로부터 허리증(虛羸症: 몸이 허하여 야위는 병)을 앓게 되었다고 한다. 이 부인(李夫人: 모친)의 상을 마친 뒤로는 조모 김 부인(金夫人: 안동김씨 金光粹의 딸)을 효성을 다해 섬겼다.

김 부인이 90세가 되어 병으로 자리에 눕고부터는 먹고 마시고 기거하는 사이에 사람의 손이 필요했다. 여러 손자와 손녀들 및 여종들은 오래 지나자 피곤해 하며 게을러서 대부인의 뜻에 잘 맞는 이가 없었지만, 오직 공만은 반드시 손수 부축하여 눕히거나 일으켰으니 그 뒤에는 대부인이 편안해 하였다. 때문에 새벽 아침부터 밤중까지 병을 수발하느라 옷을 벗지 못했던 것이 여러 달이었다. 똥이 단지 쓴지를 맛보고 병세를 살폈다. 상(喪)을 당하자, 아침저녁으로 문충공의 여막(廬幕)에서 궤전(饋奠: 아침저녁으로 제물을 올려 산 사람처럼 섬기는 제사)을 도왔으며, 초상이 끝나기 전에는 사실(私室: 개인의 방)에 들어가지 않았으니 군자들도 어렵게 여기는 일이었다. 서제(庶弟)가 죽자, 과거 보러 가는 것을 그만두고 장례를 돈독히 치렀다. 그가 효성과 우애에 독실한 것이 모두 이와 같았다.

성품이 차분한 데다 자상하고 단정하여 말과 웃음이 적었지만 안으로 마음을 고요하게 모은 상태를 고수하였다. 어렸을 때 경저(京邸)에 임시로 지냈던 집에 요괴한 기운이 있었는데, 밤이 깊으면 마치 무슨 귀물(鬼物)이 오는 듯하여 창문을 두드리고서 열고 닫기를 그치지 않은데다 불러도 대답하지 않고는 가끔씩 휘파밤 소리가 들리니, 같이 묵고 있던 몇 사람들은 유별나게 몹시 두려워했지만, 공만은 옷깃을 여미고 단정하게 앉아 태연히 못들은 척하였다.

임진년(1592)에 왜적을 피하여 김 부인(金夫人: 조모)을 따라 남하하였는데, 길 가에서 밥을 먹다가 그릇된 소식였을지라도 왜적들이 바싹 들이닥친다고 전해지자 일행은 모두 놀랐지만, 공은 조용히 띠를 매며 말하기를, "죽으라면 죽을 뿐이지 어찌 겁먹고 이처럼 동요할 필요가 있습니까?"라고 하며 자세히 살피고 천천히 행동하니, 큰아버지 목사공(牧使公: 柳雲龍)이 꾸짖어 말하기를, "너만 어떤 사람이길래 적을 두려워하지 않느냐?"라고 하였다.

집이 가난하여 자주 끼니를 굶었지만 집안살림에 힘쓰지 않았으니, 남들이 그 까닭을 물으면 대답하지 않는 데다 한낱 지푸라기 같은 하찮은 것조차도 자기가 남에게 구한 적이 없으면 남들 또한 감히 번번이 도와주지 못하게 하였다. 그의 몸가짐과 일 처리는 한결같이 법도를 지켰고 이해와 화복 때문에 그 지조를 변치 않았으니, 이를테면 도리에 어긋나거나 예를 거스르는 일은 신상에서 통렬하게 끊어 버렸을 뿐만 아니라 귀로 듣고 눈으로 보기만 해도 또한 온종일 즐겁지 않아 하였다.

논의는 하나같이 공평정대하였으며, 언행이 과격하여 상도(常道)에서 벗어나지 않았다. 토호(土豪)가 겸병(兼幷: 집어삼킴)한다는 말을 들으면 말하기를, "이와 같이 하고서 부유하다면 가난한 것만 못하다."라고 하였으며, 선비들이 지지않으려고 다툰다는 말을 들으면 말하기를, "담을 뚫고 넘나드는 것보다 더 수치스러움이 있다."라고 하였으며, 형제들이 서로 화목하지 못하다는 말을 들으면 말하기를, "이는 진실로 형제 모두에게 죄가 있는 것이다. 어느 한 사람이라도 순임금과 같다면 상(象: 순임금의 이복동생)도 교화시킬 수 있었거늘 하물며 상(象)에 이르지 않은 자임에랴."라고 하였다. 그의 말은 풍유(諷諭)로 아주 따끔하게 책망하는 것이 대부분 이와 같았으니, 듣는 이들은 기뻐하며 따르지 않음이 없었다.

공은 총명함이 남보다 뛰어났고 어느 글이라도 통하지 않는 것이 없었으니, 무릇 경전의 은미한 말과 심오한 뜻은 다른 사람이 연구하며 세월을 보냈어도 능히 깨닫지 못한 것이었지만, 공은 한번 보자마자 곧 이해하여 막히는 바가 없었다. 어렸을 때 천문생(天文生)을 따라 역법(曆法)을 토론했는데, 한번 듣고는 바로 포산(布算: 산가지를 배열하여 계산하는 일)으로 조금도 어긋남이 없었으니, 그 사람이 놀라 말하기를, "참으로 기이한 재주로다."라고 하였다. 술가(術家)와 구류(九流)를 두루 통달했으나 또한 모두 그 울타리에만 이르고 결국 오묘한 경지에는 미치지 못하였다.

성리학(性理學)에 더욱 침잠하여 선유(先儒)의 잠훈(箴訓: 훈계)을 마음에 새겨서 마음으로 이해하고 힘써 행하여 날마다 나아가기를 게을리하지 않았으니, 일찍이 '홀로 걸을 때 그림자에 부끄러움이 없어야 하고, 홀로 잠잘 때에도 이부자리에 부끄러움이 없어야 한다.'라는 두 구절을 벽 위에 써 놓고 스스로를 경계하였다. 오히려 옛사람을 논할 때면 제갈공명(諸葛孔明)과 범희문(范希文: 范仲淹)처럼 되기를 스스로 기약하였으니, 수암공(修巖公: 아우 柳袗)이 이르기를, "정말로 그러하였다."라고 했다.

공은 이미 심학(心學)의 전수를 터득하게 되어 담담하게 마음으로 따랐지만, 일찍이 스스로 혼잣말로도 말한 적이 없었기 때문에 사람들 가운데 그것을 아는 이가 드물었다. 수암공에게 일러 말하기를, "사람들이 알지 못하고 오직 너만 알아준다 해도 또한 미진함이 있다."라고 하였다. 몸과 마음을 점검함에 이르러서는 스스로 진전 여부를 헤아려서 날마다 실천에 옮기고 있었던 것을 비록 문충공일지라도 공이 죽고 난 뒤에야 알게 되었다.

계묘년(1603)과 갑진년(1604) 잇달아 향시에 높은 성적으로 합격했지만, 모두 회위(會闈: 대과)에는 급제하지 못하였다. 훈음(勳蔭: 선조들의 훈공으로 관작을 얻음)으로 광국호성원종(光國扈聖原從) 공신에 책록되었다. 을사년(1605) 장수(長水)의 승(丞: 驛丞, 곧 찰방)에 제수되어 도성으로 달려가 사은숙배하였는데, 집으로 돌아와서 병이 심해졌다. 부인이 문 밖에 이르러 울면서 들어가 영결(永訣)하기를 청했지만 허락하지 않았다. 그대로 곧 죽으니 4월 24일이었다. 애초에는 군위(軍威) 송현(松峴)에 장례를 지냈고, 사헌부장령(司憲府掌令)에 추증되었다. 모년(某年) 모월(某月)에 이장하여 문충공의 무덤 아래에 묻었다.

문충공이 지은 행장은 세상에 전해진 지 오래였지만, 이공(二公: 세마공과 수암공)이 찬한 행적은 사람들이 대부분 미처 보지 못한 것이었다. 때문에 못난 내가 지금 공의 사실을 순서 있게 구분하여 별

여 나가는데 세마공이 기록한 것을 참고하였는데, 상세함과 간략함
이 상호적으로 드러나기를 바란다.(역자주: 이미 인용된 어떤 내용이 필
요에 따라 다른 조목에 중첩되어 나오는 경우 각각 조목의 필요에 따라 한쪽
은 상세하게 한쪽은 간략하게 하여 두 문헌 모두 수록하였다는 뜻) 문충공의
행장 혹은 이공(二公)이 찬술하고 기록한 행적은 말할 것도 없고 사
람들이 모두 믿고서 딴말이 없었으니, 이른바 저 공자가 '사람들이
그 부모와 형제의 말에 트집 잡지 않는구나.'라고 한 것을 공에게서
볼 수 있다.

영인(令人) 홍씨(洪氏)는 판사(判事) 홍세찬(洪世贊)의 딸로 외아들 진
안공을 두었다. …(이하 생략)…

長水察訪柳公墓誌銘

公諱袽, 字吉甫, 領議政豐原府院君文忠公西厓柳先生長子也。公天
資甚高, 有遠大之識·絶俗之行, 而早有得於家傳之心學, 文忠公器重
之。年二十八, 補長水察訪, 未赴任卒。文忠, 蓋傷之甚, 故自爲狀其
行, 將求誌於當世之秉筆者。然未及有屬, 而文忠公尋卒, 今六十有餘
年矣。公之孤曰鎭安縣監元之, 取文忠狀及公仲弟洗馬公·季弟修巖公
所撰行蹟之文, 並以授不佞, 屬其爲誌銘。不佞嘗讀先生文集, 誦公之
狀, 而歎服公之懿行, 久矣。然先生之言曰: "願得賢人君子數句語爲
重, 庶藉以不朽." 不佞誠非其人也, 庸足以副先生當日之所須也哉? 鎭
安公請益堅不已, 故敢略綴蕪辭, 而系以銘。公高祖諱子溫, 贈吏曹判
書。曾祖諱公綽, 杆城郡守贈左贊成。祖諱仲郢, 承政院右承旨贈領議
政。考文忠公, 妣李氏貞敬夫人, 廣平大君之後。以萬曆戊寅七月某日
生公。公幼至孝, 年十二, 遭貞敬憂, 率二少弟, 執喪如成人禮, 及練,
長老閔其稚弱不勝喪, 使之肉, 輒哀號不從, 終三年。自是抱虛羸之疾
云。李夫人旣喪, 事祖母金夫人, 極其誠孝。金夫人, 年九十, 寢疾在
床, 飮食起居須人。諸孫男女若女僕, 久而困怠, 無能稱大夫人意者,

唯須公手扶臥起, 然後大夫人安焉。故晨夜侍疾, 衣不解帶者累月。嘗
糞話苦, 以驗差劇。及喪, 朝夕于文忠廬所, 助行饋奠, 朞年之內, 不到
私室, 君子以爲難。庶弟死, 輟赴擧, 敦葬事。其篤於孝友, 皆此類。性
沈靜詳雅, 寡言笑而內凝定。少時, 寓居京邸, 家有妖, 夜深若有物來,
打窓開闔不已, 呼之不答, 時聞有噓嘯聲, 同宿數人, 惴怖殊甚, 獨公整
襟端坐, 恬然若無聞也。壬辰避倭, 隨金夫人南下, 食路旁, 謬報賊逼,
一行俱聳, 公從容束帶曰:"死卽死耳, 何用悾撓乃爾?"擧止益詳緩, 伯
父牧使公, 呵之曰:"汝獨何人, 而不怕賊耶?"家貧屢空, 不作生産業,
人有問其故則不應, 雖一芥之微, 己未嘗求於人, 而人亦不敢輒以資之
也。其行己處事, 一遵繩墨, 而不以利害禍福貳其操, 如違理悖禮之事,
不唯痛絶於身上, 耳聞目覩, 亦終日不樂。論議一於平正而無詭激。聞
土豪兼幷則曰:"如是而富, 不如貧。"聞士子奔競則曰:"有甚於穿窬之
恥。"聞兄弟之不相睦者則曰:"此固兄弟皆有罪也。一人如舜, 則象可
化, 況不至於象者乎?"其言之風切, 多類此, 聽者無不悅服。公穎悟絶
人, 於書無不通, 凡經傳之微辭奧旨, 在他人, 研究歲月而不能曉者, 公
一見輒解, 無所滯礙。少時, 從天文生, 論曆法, 一聞卽布算不差, 其人
驚曰:"眞異才也。"旁通術家九流, 亦皆涉其藩而不竟也。尤邃性理之
學, 服膺先儒之箴訓, 心解力行, 日進不懈, 嘗書'獨行不愧影, 獨寢不
愧衾'兩句於壁上, 以自警。尙論古人, 以諸葛孔明·范希文自期待, 修
巖公謂:"爲信然。"公旣有得於心學之傳, 泊然內運, 未嘗自語, 故人鮮
知之者。謂修巖, 曰:"人無知我, 唯汝知之而亦未盡也。"至於點檢身
心, 自驗進否, 而日有所事, 則雖文忠, 及公旣歿而後知之也。癸卯甲
辰, 連中鄕解高等, 俱不利會闈。以勳蔭, 錄光國扈聖原從。乙巳, 授長
水丞, 赴京謝恩, 歸至家, 病革。令人至門外, 泣求入與訣, 不許。乃卒,
四月二十四日也。始葬軍威松峴, 贈司憲府掌令。用某年某月, 移葬,
祔文忠兆次。文忠公狀, 行世久矣, 而二公所撰行蹟, 人多未見者。故
不佞今序次公事實, 參之洗馬公錄, 庶詳略互見焉。毋論文忠狀卽二公
撰錄, 人皆取信而無異辭, 所謂'人不間於父母昆弟之言'者, 於公見之

矣。令人洪氏, 判事世贊之女, 有一子鎭安公也。…(이하 생략)…

[木齋先生文集, 권7, 碣銘]

25. 홍성해

홍성해의 자는 통보, 호는 오촌, 본관은 남양이다. 벼슬은 현감을 지냈다. 선조 무인년(1578)에 태어났고, 인조 병술년(1646)에 죽었다.

임진년(1592) 왜적이 졸지에 쳐들어왔다. 이때 공은 나이가 15세였는데, 두 동생을 데리고 피난하여 산속으로 들어갔다. 두 동생은 더욱 어려서 서책과 필묵을 끼고 뒤따라오다가 흰 돌을 보자마자 글자를 써 놓았기 때문에 적으로부터 피할 수가 없었다. 적이 그것을 보고 이상히 여겨 그대로 사로잡아 갔고, 공만은 홀로 숨어서 면했으나 비탄과 울분을 감당하지 못했다. 침식도 잊은 지 4,5년 동안 향병 700명을 모아 적의 칼날을 차단하고 방어하는데 매우 힘썼으니, 온 고을에 사는 백성들이 옛날처럼 안정된 생활을 하게 되었다.

병자호란 때 공은 군량 300석을 강도(江都: 강화도)에 실어 보냈는데, 미처 도착도 하기 전에 강화했다는 소식을 듣고는 통곡하고 돌아왔다.

• 洪成海

洪成海, 字通甫, 號梧村, 南陽人。官縣監。宣祖戊寅生, 仁祖丙戌卒。

壬辰, 賊猝至。公時年十五, 携二弟, 避入山中。二弟[1]尤少, 挾書冊

---

1 二弟(이제): 그 가운데 洪雲海(異名 洪浩然, 1582~1657)이 있음. 洪安濟(1560~1628)의 세째 아들로 12세 때인 임진왜란의 와중인 1593년 진주성을 공격하던 나베시마 나오시게(鍋島直茂)에게 현 산청군 오부면 중촌리(남양홍씨 집성촌) 산의 洪窟에서 붓을 들고 있다가 둘째 형과 함께 포로로 잡혔다. 교토고잔(京都五山)에서 학문을 익혔고, 유학에 정통하여 藩學의 기초를 세웠다. 나베시마 나오시게와 그의 아들인 초대 佐賀藩 번주인 나베시마 가쓰시게(鍋島勝茂)의 유히쓰(右筆, 비서역)가 되었다. 한시와 서예에도 능하였

筆墨而隨, 遇白石輒書字, 以故迫於賊。賊見而異之, 仍俘而去, 公獨
匿免, 不勝悲憤。忘寢食四五年, 募得鄕兵七百, 遮截賊鋒, 捍禦甚力,
一鄕居民安堵如故。

丙子亂, 公輸軍糧三百石於江都, 未至聞講和, 痛哭而還。

보충

정종로(鄭宗魯, 1738~1816)가 찬한 묘지

내자시 첨정 홍공 묘지명 병서

남양 홍씨(南陽洪氏)는 당(唐)나라에서 떠나온 팔학사(八學士)의 일
원으로 그 사실이 국승(國乘: 국사책)에 실려 있다. 고려 태조 때 태사
(太師) 홍열(洪悅: 洪殷悅)이 개국의 공훈이 있었으니, 공의 시조가 된
다. 그 뒤에 광정공(匡定公) 홍규(洪奎: 洪文系)와 장간공(莊簡公) 홍계(洪
戒: 洪戎의 오기)가 대대로 고관을 이었으며, 천관 소재(天官少宰: 이조참
판) 홍오복(洪五福), 무주 현사(茂朱縣事) 홍우평(洪禹平), 통덕랑(通德郎)
홍귀진(洪貴珍)을 거쳐 군자감 판관(軍資監判官) 홍안제(洪安濟, 1560~
1628)에 이르러 문장을 지녔고 호는 용재(慵齋)이다. 용재는 참봉 서원
(西原: 청주) 곽회웅(郭懷雄)의 딸에게 장가들어 공을 낳았다.

공의 휘는 성해(成海)이고, 자는 통보(通寶)이다. 5세에 글을 지을
줄 알았다. 체구가 장대하고 힘이 세었으며, 재주와 슬기가 남보다
뛰어났다. 임진왜란 때 나이가 겨우 15세였는데, 마을의 장정 수백
명을 모아 장차 싸우러 달려가려 하자 아버지가 크게 놀라서 말렸다.

는데, 홍호연의 글씨는 혹부리 모양의 독특한 해서체로, 요도히메신사(與止日女神社)·
히코산신궁(英彦山神宮)·조호지(頂法寺)의 사호(寺號) 등에 남아있다. 말년에는 고향에
돌아오려고 하였으나 끝내 그 뜻을 이루지 못하고 1657년 나베시마 나오시게가 사망하자
전통에 따라 殉死하여 조선유학자로서 절의를 지켰다.

이듬해에 왜적이 가까운 마을까지 들이닥쳐 약탈하였다. 공이 마침 병으로 자리에 누워 있었는데, 곧바로 부모님을 겨드랑이에 끼고 어린 동생을 등에 업고 달아났다. 두 동생을 불러 급히 뒤따라오도록 했으나, 두 동생은 약하여 따라올 수가 없었으니 끝내 사로잡히고 말았다. 어머니가 늘 그것을 떠올려 생각하다가 병들어 죽으니, 공이 더욱 마음 아파하면서 왜적을 토벌하기로 결심하였다.

정유년(1597)에 왜적이 재차 쳐들어왔는데, 함양(咸陽)과 산청(山淸)이 적들의 공격을 받았고 산청은 공의 고향이었다. 공이 죽기를 두려워하지 아니하는 자로 6,7백 명을 모집하여 고개의 좁은 곳을 차단한 뒤, 의병(疑兵: 적의 눈을 속이는 가짜 군사)을 배치하고 깃발과 북을 설치하였다. 또 개울에 흰 흙을 흘려보내어 마치 쌀을 씻은 물과 같도록 하였으니, 적들이 군사가 많고 식량도 넉넉한 것으로 생각하도록 해 결국 두려워서 감히 침입하지 못하였다. 하루는 왜구들이 다른 길로 뜻밖에 침입하였는데, 공이 힘써 방어하고 수십 명 왜적의 머리를 베었다.

공이 일찍이 황산(黃山)에 7백여 섬의 곡식을 저장해 두었다. 이때에 이르러 그것을 사졸들에게 먹였고, 적을 물리치고 나서는 남은 곡식을 관창(官倉)에 돌려보냈다. 왜적 중에서도 서제(徐鞮)와 사부리(沙夫里)에 있는 두 명의 왜적이 더욱 교활하고 사나웠는데, 때마침 가을걷이한 것을 바로 약탈해 갔다. 공이 맨손으로 쳐서 그들을 죽이니, 고을에 사는 백성들이 안정된 생활을 하게 되었는데, 이때 공의 나이가 20여 세였다. 난이 평정되자 귀향하여 부모를 봉양하였고, 친구들과 함께 글과 술로 즐기면서도 입으로는 전란 때의 일을 말하지 않았다.

정묘년(1627) 변란 때에 이르러서는 가재(家財)를 털어 의병을 모집하여 근왕(勤王)하고자 했는데, 도중에 병이 나서 수레에 실려 돌아왔다. 상신(相臣) 홍서봉(洪瑞鳳)이 공의 공적을 아뢰니, 조정에서 불러 내자시 첨정(內資寺僉正)에 제수되었지만, 두어 달이 지나 부모가 연로하다면서 사직하고 돌아왔다.

5년이 지나서 부친상을 치름에 애훼(哀毁)하는 것이 상제(喪制)를 넘었다. 또 5년이 지나 병자년(1636)에 대가(大駕)가 남한산성으로 피난하자, 또 가재(家財)를 털어 군량을 수송하고 고을의 의병을 수천 명을 일으켜 서도(西道)로 근왕하러 달려갔는데, 도착하기 전에 강화(講和)가 이루어졌다는 소식을 듣고서 되돌아왔다. 이듬해 사재감첨정(司宰監僉正)에 제수되었고, 우통례(右通禮)로 옮겼다. 경진년(1640) 외직으로 나가 회인(懷仁) 현감이 되었는데, 청렴하고 간결하게 정치를 하여 반년 만에 집으로 돌아오니 백성들이 비석을 세워 그의 정사(政事)를 기렸다. 갑신년(1644) 명나라가 망하자, 공은 시(詩)를 지어 비통하고 분한 마음을 붙이고 종신토록 청나라 달력을 보지 않았으니, 당시 사람들이 그를 대명처사(大明處士)라 일컬었다.

병술년(1646) 11월 병으로 죽으니, 태어난 무인년(1578)으로부터 69세가 되었다. 장지는 쌍계(雙溪) 자좌(子坐) 언덕에 있다. 부인 경주 이씨(慶州李氏)는 판관(判官) 이우(李瑀)의 딸로 죽어서 같은 묘혈(墓穴)에 묻혔다. …(이하 생략)…

內資僉正洪公墓誌銘 幷序

南陽之洪, 出自唐八學士之一, 事在國乘。麗太祖時太師悅, 有開國勳, 寔爲公鼻祖。其後, 匡定公奎·莊簡公戒, 奕世相望, 歷天官少宰五福·知茂朱縣事禹平·通德郎貴珍, 至軍資判官安濟, 有文章, 號慵齋。娶參奉西原郭懷雄女, 生公。公諱成海, 字通寶。五歲能屬文。體壯大,

有膂力。才氣過人。壬辰亂, 年甫十五, 聚里中丁壯數百, 將赴鬪, 先公大驚止之。翌年, 賊逼掠近村。公方病臥, 卽腋二親, 背稚弟而走。呼二弟使急隨, 而二弟弱不能及, 竟被俘。母夫人感念, 成疾而歿, 公益痛心, 決意討賊。及丁酉倭再搶, 咸陽·山淸爲賊衝, 而淸公鄕也。公募敢死者六七百, 遮絶嶺隘, 設疑兵, 張旗鼓。又流白土於溪澗, 如淅米水, 賊謂其兵衆糧多, 懼不敢入。一日, 賊從他路犯不意, 公力禦之, 斬首數十級。公嘗積粟于黃山七百餘石。至是, 取以餉士卒, 旣卻賊, 歸其餘於官倉。倭有徐輥沙夫里二賊尤狡悍, 時秋獲輒掠去。公手擊殺之, 居民賴以安堵, 時年二十餘矣。亂平, 歸養父母, 與故舊文酒相樂, 口不言亂時事。至丁卯之變, 傾家貲, 募兵勤王, 中道疾作, 輿而還。相臣洪瑞鳳, 爲奏其績, 召拜內資寺僉正, 數月以親老辭歸。越五年, 居先公憂, 毀踰制。又五年丙子, 車駕入南漢, 又傾家貲, 輸軍糧, 起縣兵數千西赴, 未至聞和成而還。明年, 拜司宰僉正, 移右通禮。庚辰, 出知懷仁縣, 淸簡爲治, 半年而歸, 民爲立石思之。甲申, 皇明亡, 公作詩寓悲憤懷, 終身不見淸家曆, 時人以大明處士稱之。丙戌十一月, 以疾卒, 距其生戊寅, 爲六十九。葬在雙溪負子原。…(이하 생략)…

[立齋先生文集, 권42, 墓誌]

26. 류진

류진의 자는 계화, 호는 수암, 본관은 풍산이다. 문충공 류성룡의 아들이다. 선조 임오년(1582)에 태어났다. 광해군 경술년(1610) 사마시에 장원으로 합격하였다. 병진년(1616) 세마에 제수되어 다섯 고을의 수령을 거치고 천거되어 지평에 제수되었다. 인조 을해년(1635)에 죽었다. 안동의 병산사(屛山祠)에 향사하였다. 참판에 추증되었다.

공은 11세 때 왜란을 만났는데, 문충공은 대가(大駕)를 호종하여 관서로 갔고, 공은 자서(姊婿: 자형 李文英)를 따라 피난하여 영동(嶺東)의 산골짜기로 숨었으니, 이따금 적을 만났어도 계책을 내어 자신을 보전할 수 있었다. 이때 또 형세를 살피고 계책을 생각해 내면 시기나 형편에 거의 들어맞았으니, 일행이 이에 힘입었다.

난이 진정되자 문충공은 벼슬에서 물러나 집에서 거처하였는데, 공이 학문하는 요체를 들었다. 문충공이 일찍이 말하기를, "너처럼 좋은 자질로 퇴도(退陶: 이황)의 문하에서 공부하지 못한 것이 한스럽다."라고 하였다. 공은 '온종일 앉아 있기는 쉬워도 잠시 동안 마음을 붙잡아 두는 것은 어렵다.(靜坐終日易, 操存一刻難)'라는 10글자를 자리 모퉁이에 써 두고 스스로 힘썼다.

광해군 임자년(1612) 해서옥사(海西獄事: 김직재 옥사)가 일어나자 공은 무함을 받고 체포되었는데 포승줄로 묶게까지 하였다. 공은 걸음걸이와 언행이 평소와 같았으니 잠시 선친(先親)의 사당에 가서 곡(哭)하고 하직인사를 하였으며, 금오랑(金吾郎: 의금부 도사)이 집안사람들과 결별(訣別) 인사를 하도록 했으나 공은 따르지 않았다. 의금부에 나아가 심리를 받은 지 5개월 만에 비로소 나오게 되었다.

병진년(1616) 세마(洗馬)에 제수되었으나 부임하지 않았다. 이때 한 사람이 바야흐로 권세를 잡고 있었는데, 공과 예전부터 친분이 있어서 만나기를 청하자, 공은 거절하고 들이지 않았다.

계해년(1623) 반정(反正)으로 공은 자급을 넘어 봉화현감(奉化縣監)에 제수되었다. 이때부터 무릇 벼슬을 제수하는 명이 있으면 번번이 떠나면서 말하기를, "대대로 명망 있는 가문의 의리로 감히 시골에 은둔해 지낼 수 없다."라고 하였다.

봉화(奉化)에 있으면서 전묘(田畝: 전답)를 살펴 시행하는데 단지 그 상하의 등급만 매겨도 빠짐이 없었으니, 밭은 늘어나고 세금은 줄어들었으며 호구(戶口)도 배로 늘었다. 주상이 옷 한 벌의 겉감과 안감을 하사하며 유서(諭書)를 내려 말하기를, "모든 폐단과 병통을 없애기가 기욕(嗜慾)을 통제하기 어려운 것과 같다."라고 하였다.

공은 형조정랑(刑曹正郎)이 되었는데, 당시 원옥(冤獄: 억울한 옥사)이 있었으나 몇 년이 지났어도 판결을 내리지 못하고 있었다. 공이 그 정황을 자세히 알고서 판서(判書) 이서(李曙)에게 아뢰었더니, 이서가 탄복하여 말하기를, "공이 아니었으면 거의 이 옥사를 그르칠 뻔 했다."라고 하였다. 죄수들이 부르짖어 말하기를, "선야(先爺: 류성룡)도 우리의 옥사를 살펴 그 억울함을 풀어주었는데, 공이 또 이와 같습니다."라고 감읍하였으며, 고발한 자도 이에 편안해 하였다.

공은 지평(持平)이 되었는데, 당시 처사(處士) 강학년(姜鶴年)이 장령(掌令)으로서 상소를 올려 나랏일에 관해 말하였는데, 말이 주상의 꺼리는 바를 범하여 조정에서의 의론이 크게 거세어져 중형에 처하도록 청하였다. 공은 개연히 계사(啓辭)를 올려 대략 말하기를, "신(臣)은 강학년이 어떤 사람인지 알지 못합니다만, 지금 상소의 말을 살펴보니 마음 내키는대로 방자히 말하여 참으로 곡진함이 부족하였습니다. 백이(伯夷)와 엄연년(嚴延年)의 일은 더욱 인증(引證)하지 못할 것도 있었습니다. 공경히 생각건대, 성상(聖上)이 어지러운 세상을 평정하여 정도를 회복하였으니 떳떳한 인륜을 다시 밝혔습니다. 무왕(武王)과 곽광(霍光)은 겪은 바가 각기 달랐을 것인데도 망발이 이에 이르렀으니, 여론이 준엄하게 배척함이 마땅합니다. 하지만 그의 본심을 헤아려 보면, 어찌 다른 마음이 있었겠습니까? 이를 두고서 이름을 팔고 바름을 산다고 이르는 것도 오히려 그 본심이 아닐까 염려되는데, 하물며 임금을 무시하는 무도(無道)라는 것은 신하의 지극한 죄이거늘, 이것으로 죄안(罪案)으로 만드는 것은 너무 과한 것이 아니겠습니까?"라고 운운하였다. 이로 인해 관직을 그만두고 고향으로 돌아가기를 청하였다. 그 후로 대신들이 차자(箚子)를 올려 강학년의 죄는 죽임에 해당된다고 극론(極論)하면서 아울러 선생을 공격하여 말하기를, "당여(黨與: 한편이 되는 당류)가 날로 성해지고 군주의 형세는 날로 외로워집니다."라고 하자, 주상이 말하기를, "나는 말을 함부로 한 것으로 선비를 죽이고 싶지 않으니, 경(卿)들은 성냄과 질투를 조금 진정하는 것이 좋겠소."라고 하였다. 대개 주상은 공의 말에 느끼어 깨달음이 있어서 그렇게 말한 것이었다. 뒤에 사간원에서 '솔의(率意: 마음 내키는 대로 함)' 두 글자를 끄집어 내어서 죄를 심문하고 다스려야 한다고 청하였는데, 마침 공이 죽어서 그쳤다.

공은 여러 서제(庶弟)들에게도 온정이 차별 없이 똑같았다. 재산을 나누면서 공은 국전(國典: 경국대전)의 나눈 숫자를 일컬어 동기(同氣)의 도리가 아니라면서 그들에게도 골고루 가지도록 하였고, 자신은 황폐한 전답과 노쇠한 하인을 취하였기 때문에 종신토록 곤궁하게 지냈다.

공은 일찍이 과거에 한 번 응시한 적이 있었는데, 교리(校理) 엄성
(嚴惺)이 공의 명성을 사모하여 과거의 장원으로 발탁하였다. 공은 성
시(省試: 대과)에 보러가서 주사(主司)가 이름을 채택해 기록할 것을
염려하여 끝내 보러 가지 않았다.【협주: 홍여하가 찬한 행장에 실려 있다.】

공이 경정(敬亭) 이민성(李民宬)의 자리에 같이 있었을 제, 어떤 객이
서애 노성(西厓老成: 류성룡)을 헐뜯으며 배척하고 있었는데, 말이 추잡
하고 사리에 어긋났으나 공은 아무런 변호도 하지 않고 천천히 일어
나 나왔다. 그제야 그 객은 공임을 알고서 나와 사과하자, 공이 말하기
를, "무슨 사과를 하는가? 설사 대인에게 죄가 있다면 자제(子弟)들이
가려 덮을 수가 없을 것이며, 죄가 없다면 비록 백 대의 수레에 실을
만큼 많다 하더라도 무엇이 손상되겠는가?"라고 하였다.【협주: 권만이
찬한 행장에 실려 있다.】

• 柳袗

柳袗, 字季華, 號修巖, 豊山人。文忠公成龍子。宣祖壬午生。光海
庚戌司馬魁。丙辰拜洗馬, 歷五邑, 薦授持平。仁祖乙亥卒。享安東
屏山祠[1]。贈參判。

公十一歲, 遭倭亂, 文忠公扈駕而西, 公從姊婿[2], 避竄嶺東, 或遇賊,
能以計自全。時又相勢發慮, 懸合機宜, 一行賴之。

亂定, 文忠公謝事[3]家居, 公得聞爲學之要。文忠公嘗曰: "如爾美質,
恨未及退陶之門。"公書'静坐終日易, 操存一刻難'十字於座隅, 以自勉。

1　屏山祠(병산사): 屏山書院.
2　姊婿(자서): 매형. 李文英(1568~1598)을 가리킴. 본관은 韓山, 자는 國華. 아버지는 李大馨
이다. 1589년 진사시에 합격하였다. 利仁道察訪을 지냈다.
3　謝事(사사): 벼슬에서 물러남.

光海壬子, 海西獄⁴起, 公被誣逮, 加以縲絏。公步履言貌如平日, 暫至先廟哭辭, 金吾郎⁵令與家人訣, 公不從。就理⁶五朔, 始得出。

丙辰, 拜洗馬, 不赴。時有一人方柄用, 與公有舊, 請見, 公拒而不納。

癸亥更化⁷, 公超拜⁸奉化縣監。自是凡有除命, 輒行曰:“世臣之義, 不敢效山野偃蹇⁹.”

在奉化, 按行田畝, 第其上下而無遺漏, 田增而賦省, 戶口倍增。上賜表裏¹⁰, 諭書曰:“凡除弊瘼, 若嗜慾之難制.”

公爲刑曹正郎, 時有冤獄, 累年不決。公悉得其情, 白于判書李曙¹¹, 曙驚歎曰:“微公, 幾誤此獄.”獄囚呼曰:“先爺按某獄, 伸其枉, 公又如此.”仍感泣, 告者乃逸。

公爲持平, 時姜處士鶴年¹²爲掌令, 上疏言事¹³, 語犯忌諱¹⁴, 朝議大

---

4 海西獄(해서옥): 金直哉의 獄事를 일컬음. 대북파 李爾瞻 등이 소북파를 제거하기 위하여 조작한 옥사이다. 1612년 2월 황해도 봉산군수 申慄이 御寶와 관인을 위조해 군역을 피하려고 했던 金景立(일명 濟世) 체포하였고, 그를 사주하여 역모를 꾀하였다는 무고로 투옥된 金直哉가 고문에 못 이겨 李好閔·尹安性 등과 晉陵君을 받들어 임금으로 추대하려고 하였다고 거짓 진술하여 소북파 1백여 명이 처벌을 받았다.
5 金吾郎(금오랑): 의금부의 都事.
6 就理(취리): 죄를 지은 벼슬아치가 의금부에 나가 심리를 받는 것.
7 更化(경화): 정치를 개혁하여 교화를 새롭게 한다는 뜻으로, 反正을 말함.
8 超拜(초배): 정한 등급을 뛰어서 벼슬을 제수하는 일.
9 偃蹇(언건): 기세가 남을 능가함. 남들이 다 좋아하는 벼슬길 마다하고 청산에 은거하려면 남들을 능가할 고매한 인격의 소유자여야 하기 때문에, 은둔하다는 의미이기도 하다.
10 表裏(표리): 임금이 공이 있는 관리에게 상으로 내려주던 옷의 겉감과 안감을 일컬음.
11 李曙(이서, 1580~1637): 본관은 全州, 자는 任叔, 호는 月峰. 孝寧大君의 7대손이다. 증조부는 풍덕군수 李光胤이며, 조부는 衛將 李幹이다. 아버지는 목사 完寧府院君 李慶祿이며, 어머니 德水李氏는 감찰 李學曾의 딸이다. 부인 海南尹氏는 尹端中의 딸이다. 1603년 무과에 급제하였다. 1618년 대북파에서 폐모론이 일어났을 때 무인으로서 이서만이 政廳에 불참하였다. 그 뒤 장단부사로 경기방어사를 겸했고, 1623년 인조반정 때 金瑬·李貴 등과 함께 공을 세워 호조판서에 승진되고 靖國功臣에 책록되었으며, 完豊君에 봉해졌다. 1634년 판의금부사를 겸했고, 1636년 병으로 일시 사직했다가 곧 훈련도감제조를 거쳐 병조판서로 기용되어 군비를 갖추는 데 힘썼다. 이 해 병자호란이 일어나자 御營提調로 왕을 호종하고 남한산성에 들어가 지키다가, 이듬해 정월에 적군이 겹겹이 포위하고 항복을 재촉하는 가운데 과로로 순직하였다.
12 姜處士鶴年(강처사학년): 處士 姜鶴年(1585~1647). 본관은 晉州, 자는 子久, 호는 復泉·

激, 請置重典。公慨然啓, 略曰:"臣不識鶴年爲何狀, 今以疏語觀之, 率意放言, 殊欠委曲。伯夷[15]·嚴延年[16]事, 尤有所不當引者。恭惟聖上撥亂[17]反正, 彝倫復明。武王[18]·霍光[19]所遭各異, 而妄發至此, 物議之峻斥, 宜也。然原其本心, 豈有他哉? 謂之沽名市直, 猶恐非其本情, 況無君不道, 人臣之極罪, 以此加之, 不已過乎?"云云。仍乞解歸。其後, 大臣有上箚, 極論鶴年罪當殺, 並攻先生, 以爲:"黨與日盛, 主勢日孤。" 上曰:"予不欲以言語間妄發殺士, 卿少弭念嫉, 可也。"盖上有所感悟於公言而然云。後諫院拈出'率意'二字, 請推治[20], 會公歿而止焉 。

公於諸庶弟, 恩愛靡間。當柝産[21], 公謂國典分數, 非同氣之道, 使之均占, 自取荒頓老廢者, 故終身窮約。

紫雲. 증조부는 姜璘이며, 조부는 姜雲祥이다. 아버지는 대사헌 姜籤이며, 어머니 高靈申氏는 부제학 申湛의 딸이다. 부인 韓山李氏는 현감 李德泝의 딸이다. 1609년 생원시에 합격하였다. 1623년 학행으로 천거되어 연기현감에 임명되었으나 나가지 않았다. 1626년 司䆃가 되고, 이듬해 신령현감에 임명되어 부임하려 할 때 후금이 침입하여 조정에서 화의를 논한다는 말을 전해듣고 돌아와 오랑캐와 화의할 수 없음을 상소하였다. 1632년 司藝, 이듬해 司業으로 지평을 겸하였고, 1634년 장령이 되어 공신들에 의한 정치의 폐단을 상소하여 파직당하고 은진으로 유배되었다가 뒤에 풀려났다.

13 言事(언사): 군주에게 나랏일에 대하여 간언하거나 의론하는 일.

14 忌諱(기휘): 나라의 禁令.

15 伯夷(백이): 殷나라 말에서 周나라 초기의 賢人. 주나라 武王이 은나라의 紂王을 치려고 했을 때, 아우인 叔齊와 함께 간하였으나 받아들여지지 않고 주나라가 천하를 통일하자 首陽山으로 들어가 굶어 죽었다.

16 嚴延年(엄연년): 前漢의 인물. 霍光이 昌邑王을 폐하고 宣帝를 옹립했는데, 곽광이 황제의 폐립을 마음대로 한다면서 탄핵했다. 주청은 시행되지 않았지만 조정의 대신이 놀라며 경탄했다. 河南太守로 있으면서 抑强扶弱하는 치적은 볼만했지만, 성질이 너무 잔인해서 죄인을 참혹하게 다루어 결국 원망을 사고 처형을 당해 시장에 버려졌다.

17 撥亂(발란): 어지러운 세상을 평정하여 잘 다스림.

18 武王(무왕): 周나라 제1대 왕. 殷 왕조를 무너뜨리고 周 왕조를 창건하여, 鎬京에 도읍하고 중국 봉건제도를 창설하였다. 후대에 賢君으로 평가받았다.

19 霍光(곽광): 前漢의 인물. 武帝를 섬기다가 무제가 죽자 실권을 장악하였다. 어린 소제를 보좌하여 大司馬大將軍이 되었으며, 소제가 죽은 뒤 선제를 즉위시켜 20여 년 동안 권력을 누렸다.

20 推治(추치): 죄인을 심문하고 다스려 벌을 주는 일.

21 柝産(탁산): 析産의 오기. 재산을 나눔.

公嘗一應擧, 嚴校理惺²²慕公名, 擢置魁。公慮赴省試²³而主司採名
見錄, 遂不赴。【洪汝河撰行狀²⁴】

公在李敬亭民宬²⁵之座, 客有詆斥厓老, 語極醜悖, 公不爲之辨, 徐起
而出。客知爲公, 出而謝之, 公曰："何謝爲? 使大人有罪, 非子弟所可
掩, 無罪, 雖百車何損?"【權萬撰行狀²⁶】

보충
홍여하(洪汝河, 1621~1678)가 찬한 행장

수암 선생 유공 행장

유(維: 발어사)삼년(三年: 현종 3년) 임인년(1662) 겨울 12월에 수암(修
巖) 류진(柳袗) 선생을 서애(西厓: 류성룡) 선생 문충공(文忠公)의 사당에

---

22 嚴校理惺(엄교리성): 校理 嚴惺(1575~1628). 본관은 寧越, 자는 敬甫, 호는 桐江. 증조부
는 嚴用和이며, 조부는 선공감정 嚴曙이다. 아버지는 平市署直長 嚴仁達이며, 어머니
青松沈氏는 사복시정 沈鎭의 딸이다. 1612년 사마시에 합격하고, 같은 해에 증광문과에
급제하였다. 1613년 폐모론이 일어나자, 성균관을 비롯한 四館에서 이를 주장한 李偉卿
등을 停擧시키는 처벌을 하도록 유생들을 주도하였다. 이로 인해 왕의 노여움을 사서
파직당한 뒤 양산에 퇴거하였다. 그 뒤 1623년 인조반정으로 다시 검열로 등용되었다.
1625년 사간을 거쳐 부교리·전적·집의 등을 역임하고, 1627년 부응교에 이르렀다.
23 省試(성시): 大科. 初試에 합격한 사람을 도성에 모아서 치르건 과거 시험이다.
24 洪汝河의《木齋先生文集》권8〈行狀〉에 수록되어 있는데 매우 방대하여 일부만 소개하고,
그 대신 鄭宗魯의 묘갈명을 보충함.
25 李敬亭民宬(이경정민성): 敬亭 李民宬(150~1629). 본관은 永川, 자는 寬甫, 호는 敬亭.
경상북도 의성 출신. 증조부는 진사 李世憲이며, 조부는 李汝諧이다. 아버지는 관찰사
李光俊이다. 어머니 平山申氏는 引儀 申權의 딸이다. 부인 宜寧南氏는 南以仁의 딸이다.
1597년 식년문과에 급제하였다. 1617년 鄭造·尹訒 등이 폐모론을 발의하자 윤리와 기강
에 죄를 얻음이 심하다는 내용의 箚子를 올렸다가 李爾瞻 등의 모함을 받아 삭직되었다.
1623년 인조반정 때 사헌부장령에 복직하였다. 1627년 정묘호란이 일어나자 영남호소사
張顯光의 추천으로 경상좌도의병대장이 되어 전주에 있던 왕세자를 보호하였다. 1629년
형조 참의에 제수되었으나 병으로 사직하였고, 그 해에 죽었다.
26 行狀(행장): 權萬의《江左先生文集》권9〈行狀·處士謙窩權公行狀〉인 바, 柳洗馬禑과 관
련된 것으로 기록되어 있음.

부향(祔饗: 合祭)하였다. 이듬해에 안기공(安奇公: 柳袽의 아들인 안기도찰
방 柳元之, 1598~1674)이 수암 선생의 가장(家狀)과 부록(附錄)을 나에게
주며 말하기를, "숙부는 이미 사당에 향사(享祀)하였네. 그러나 평생
의 학덕(學德)과 행의(行誼)는 끝내 차례로 엮어 글을 짓지 못하고 있는
데, 나는 훗날의 사람들이 덕을 배워 본받지 못할까 두려우니 그대가
도모해 주게나. 경양(景陽: 류진의 장남 柳千之, 1616~1689) 또한 오직
그대에게 이것을 부탁했네."라고 하였다. 나는 참으로 영민하지 못하
지만, 돌이켜 보건대 총각 시절에 선공(先公: 洪鎬, 1586~1646)이 수암
선생에게 관례(冠禮)를 받도록 하여 장차 거행하려 할 즈음 선생이
죽었기 때문에 그 불행함을 자탄한 적이 있었으니, 의리상 의당 사양
할 수가 없었다.

슬프구나, 퇴도(退陶: 이황)가 죽고 가르침의 말씀이 끊어지자, 세상
의 군자들이 과시하거나 오만하게 구는 것을 자기의 학술로 여기면서
부터 도(道)는 더욱 어두워졌다. 우리 문충공(文忠公)의 학문만은 깊이
연마하여 독실히 실천하는 것이었으니 오로지 내면 공부에 온 힘을
다하였다. 그런데 선생은 그것을 자득하였으나 성품이 겸손하고 나서
기를 좋아하지 않아 자처한 적이 없었기 때문에 세상의 군자들 가운
데 제대로 아는 이가 드물었다. 선생 같은 이는 겸손하고 사양하는
군자의 성대한 덕이 꽉 찼는데도 빈 것 같은 사람이라 할 것이다.

선생의 휘는 진(袗), 자는 계화(季華), 영의정 문충공 서애 선생 휘
류성룡의 셋째 아들이다. 조부 휘 류중영(柳仲郢)은 관찰사를 지냈고
풍산부원군(豐山府院君)에 추증되었다. 증조부 휘 류공작(柳公綽)은 간
성군수(杆城郡守)를 지냈고 좌찬성에 추증되었다. 고조부 휘 류자온(柳
子溫)은 이조판서에 추증되었다. 문충공은 종실이씨(宗室李氏: 전주이
씨) 현감 이경(李坰)의 딸에게 장가들었으며, 이씨는 정경부인(貞敬夫

人)에 봉해졌다. 만력(萬曆) 임오년(1582) 7월 27일에 선생을 낳았다.
…(이하 생략)…

修巖先生柳公行狀

維三年壬寅冬十二月, 修巖柳先生, 祔饗于西厓先生文忠公祠. 越翌
年, 安奇公, 以修巖先生家狀·附錄, 授某曰: "叔父旣陞祀矣. 然其平
生德學行事, 迄無能爲之撰次, 吾恐後之人無以考德而取法, 唯吾子圖
之. 景陽亦唯子是屬." 某誠不敏, 顧惟總角時, 先公詔受禮于先生, 將
行, 先生卒, 故嘗自歎其不幸焉, 則義有不當辭者. 悲夫, 退陶歿而緖
言絶, 自世之君子, 以矜衒傲狠. 爲學術而道益晦. 惟我文忠公之學,
沈潛篤實, 專用力於內. 而先生得之, 然性謙退, 未嘗以之自居, 故世
之君子, 鮮克知之. 若先生者, 可謂君子之盛德謙謙, 實而若虛者矣.
先生諱袗, 字季華, 領議政文忠公西厓先生諱成龍之第三子也. 祖諱仲
郢, 觀察使贈豐山府院君. 曾祖諱公綽, 杆城郡守贈左贊成. 高祖諱子
溫, 贈吏曹判書. 文忠公, 娶宗室李氏, 縣監坰之女, 封貞敬夫人. 以萬
曆壬午七月二十七日, 生先生. …(이하 생략)…

[木齋先生文集, 권8, 行狀]

보충
정종로(鄭宗魯, 1738~1816)이 찬한 묘갈명

수암 유 선생 묘갈명 병서

아, 생각건대 우리 문충공(文忠公: 류성룡)은 하늘이 낳은 대현(大賢)
으로 퇴도(退陶: 이황)의 적전(嫡傳: 정통에서 정통으로 전함)을 얻었으니
성대하게 백세의 스승이 되었다. 그리고 그 셋째 아들 수암(修巖) 선생
도 닮아 이를 잘 본받아 계승한 데다 또 나의 선조(先祖)인 문장공(文莊

公: 정경세, 1563~1633)을 종유(從遊)하였는데, 그 학덕과 행의(行誼)는 목재(木齋) 홍여하(洪汝河)가 이미 지은 행장에 자세하다. 다만 묘도(墓道)에 비석이 없었으니, 선생의 6세손 익찬(翊贊) 류심춘(柳尋春, 1762~1834)이 나에게 한마디 말을 부탁하였다. 대개 나의 고왕모(高王母: 고조모)가 곧 선생의 딸이니, 외람되게도 외손의 후예라 의당 이에 온갖 정성을 다해야만 했다. 두루 행장을 살피고 삼가 다음과 같이 서술한다.

문충공 휘 류성룡(柳成龍)은 현감 이경(李坰)의 딸에게 장가갔다. 만력(萬曆) 임오년(1582) 7월 모일에 선생을 낳았다.

성품이 단정하고 꼿꼿한데다 재주와 지혜가 남보다 뛰어나고 똑똑하였다. 8세 때 어머니 상을 당하여 슬피 곡(哭)하며 전(奠: 제사)을 올리는 것을 도왔는데 마치 어른 같았다. 11세 때 흑치(黑齒: 왜인의 풍속)의 난을 만났는데, 문충공은 대가(大駕)를 호종하여 관서(關西)로 갔고, 선생은 자부(姊夫: 자형) 이문영(李文英)을 따라 달아나 영동(嶺東)의 산골짜기로 숨었으니, 이따금 적을 만나 거의 죽게 되었지만 계책으로써 온전할 수 있게 되었으니, 일행 또한 이에 힘입은 것이 많았다.

난이 진정되자 문충공이 벼슬에서 물러나 남쪽으로 귀향하여 선생은 아침저녁으로 곁에서 모셨는데, 경전의 뜻을 강론하여 묻고 답하면 은연중에 들어맞았고 스스로 터득한 것이 많았으니, 문충공이 매우 사랑하였으며 퇴도의 문하에서 공부하지 못한 것을 한스럽게 여겼다. 선생은 학문하는 요체를 듣고 난 뒤에는 오직 존양(存養: 存心養性, 본심을 보존하고 착한 성품을 기름)과 천리(踐履: 실천)의 공부에만 전념하였으니, 자리 곁에 '온종일 앉아 있기는 쉬워도 잠시 동안 마음을 붙잡아 두는 것은 어렵다.(靜坐終日易, 操存一刻難)'라는 열 글자를 써 두고 스스로 힘썼다.

정미년(1607) 문충공(文忠公: 류성룡)의 상을 당하였다. 광해군 경술년(1610) 사마시에 장원으로 합격하였다. 임자년(1612) 2월 해서옥사(海西獄事: 김직재 옥사)가 일어나서 선생은 불충한 무리에게 모함을 받아 체포되었었는데, 체포되고 나서 병이 심해지자 대신(大臣) 한음(漢陰) 이덕형(李德馨)·일송(一松) 심희수(沈喜壽) 등 여러 공들이 장계를 올려 건의하여, 6월에 비로소 사면되어 돌아왔다. 병진년(1616) 익위사세마(翊衛司洗馬)에 임명되었으나 나아가지 않았다.

계해년(1623) 인조(仁祖) 개옥(改玉: 反正)이 일어난 뒤로 나의 선조(先祖: 鄭經世)가 부제학(副提學)으로서 경연(經筵)에 입시(入侍)했는데, 주상이 남쪽 지방에 어질고 재주 있는 이가 있는지 하문(下問)한 것으로 인하여 선생 및 여헌(旅軒) 장현광(張顯光)을 천거하였다. 그리하여 선생을 봉화현감(奉化縣監)에 기용하였다. 고을은 토지가 척박한 데다 부세(賦稅: 세금)가 무겁기만 하여 백성들이 백성들이 감당할 수 없었는데, 선생이 지부(地部: 호조)에 신고하여 토지제도를 일신하니 밭은 늘어나고 세금은 줄어들었으며, 일정한 주거가 없이 떠돌던 자들이 사방에서 돌아와 애당초의 호구가 100도 채우지 못하던 것이 1년 사이에 배로 늘었다. 순찰사(巡察使)가 이를 아뢰자 주상이 옷 한 벌의 겉감과 안감을 하사하며 유서(諭書)를 내려 말하기를, "백성을 자식처럼 사랑하고 고을을 제집처럼 다스렸으니 참으로 발탁했던 뜻을 저버리지 않았도다."라고 하였다. 갑자년(1624) 형조정랑에 제수되었으나 부임하지 않았다.

병인년(1626) 겨울 영천군수(榮川郡守: 영주군수)에 제수되었지만, 미처 부임하기도 전에 정묘년(1627) 1월 오랑캐가 우리나라를 침범하였다. 주상이 피난하여 강도(江都: 강화도)로 들어가자, 고을의 인사(人士)들이 선생을 의병장(義兵將)으로 추대하였다. 창석(蒼石) 이준(李埈,

1560~1635)은 그 기율(紀律)이 엄중한 것을 보고 감탄하여 말하기를,
"처음에 나는 유모(柳某)가 다만 부드럽다고만 여겼을 뿐이어서 삼군
(三軍)을 거느리는데 이와 같이 용감할 줄 생각지도 못하였다."라고
하였다. 2월 청도군수(淸道郡守)가 되었는데, 글을 지어 제생(諸生)들에
게 유시(諭示)하고 훈장(訓長)을 뽑아 그들을 가르치도록 하였다. 11월
에 파면되어 돌아왔다.

무진년(1628) 익위사익위(翊衛司翊衛)에 제수되었다. 나의 선조(先
祖: 정경세)가 기형주(璣衡註:《書經》〈舜典〉의 璇璣玉衡에 관한 주석)를 진
강(進講)하려 할 적에 선생을 불러 의심이 있는 의미를 논의하였다.
오래지 않아 사복시첨정(司僕寺僉正)에 제수되었다. 기사년(1629) 외
직으로 나가서 예천군수(醴泉郡守)가 되었는데, 겨울에 관직을 그만두
고 돌아왔다. 신미년(1631) 전라도도사(全羅道都事)에 제수되었으나
부임하지 않았다. 3월에 합천현감(陜川縣監)이 되어서 계유년(1633) 여
름에 해임되어 돌아왔다.

갑술년(1634) 한성서윤(漢城庶尹)을 거쳐 사헌부지평에 제수되었다.
당시 처사(處士) 강학년(姜鶴年)이 장령으로서 상소를 올려 나랏일에
관해 말하였는데, 말이 조정의 의론을 범하여 장차 중형에 처하게
되었다. 공은 계사(啓辭)를 올려 말하기를, "강학년은 초야의 꾸밈없
고 우매하여 사리의 근본을 알지 못하고 망령되어 백이(伯夷)와 엄연
년(嚴延年)의 일로 인증(引證)하였습니다. 하지만 그의 본심을 헤아려
보면, 받은 은혜에 감격하여 오로지 말을 다하는 것에만 생각한데
지나지 않거늘 이것으로 죄안(罪案)으로 만드는 것은 다만 성세의 허
물만 되지 않겠습니까?"라고 하였다. 대신들의 간쟁이 그치지 않자,
주상이 말하기를, "나는 말을 함부로 한 것으로 선비를 죽이고 싶지
않다."라고 하였으니, 대개 선생의 말에서 느끼어 깨달음이 있었던

것이다.

을해년(1635) 1월에 선생은 도산사(陶山祠)에 배알하였다가 돌아오는 길에 영천(榮川: 榮州)의 구학정(龜鶴亭)에 들렀는데, 갑자기 병이 들어 13일에 죽었으니 향년 54세였다. 원근의 사람들이 모두 탄식하고 애석히 여기며 말하기를, "우리 도(道)는 누구에게 의탁한단 말인가."라고 하였다. 이해 모월 모일에 선산(善山) 땅에 장사 지내고, 그 뒤에 군위현 서쪽 어의곡(於義谷) 해좌(亥坐) 언덕으로 옮겨 묻었다. 효묘(孝廟: 효종) 병신년(1656) 이조참판에 증직되었고, 현묘(顯廟: 현종) 임인년(1662) 병산서원(屏山書院) 문충공의 사당에 합제(合祭)되었다.

선생은 겸허하고 포용하여 그 끝을 알 수가 없었고, 우아하고 순수해서 장엄하고 온화하여 모남을 드러내지 않았다. 격하여 화내는 기운을 얼굴에 나타내지 않았으며, 사사로운 기회를 엿보는 지혜가 마음에서 싹트지 않았다. 평소에 늘 마음에 두어 잊지 않는 것은 오직 증자(曾子)가 오로지 내면에 마음쓰던 것을 본받았고, 미덥고 바른 덕이 사방으로 미치는 인후한 모양이 성대하게 얼굴과 눈에 넘쳤으니, 바라보는 자들 가운데 그가 도(道)를 지닌 군자라는 것을 알지 못하는 이가 없었다.

효도하고 우애하는 천성이 지극하였다. 아버지 문충공을 섬기며 기쁘게 하는데 다하였고, 상을 당해서는 몹시 슬퍼하여 병을 얻어서 거의 죽을 뻔했으며, 제사 지낼 때에는 반드시 5, 6일 앞서부터 목욕재계하였고 음식을 만드는 남녀 종들 또한 목욕하여 정결하도록 하였다. 일찍 죽은 두 형을 생각하여 그 부모를 여읜 조카들을 마치 자신의 자식처럼 가르치고 길렀다. 형제와 분가할 때에는 적서(嫡庶)를 따지지 않고 오직 고르게 나누었으며, 종족과 인척, 이웃과 향곡을 대우할 때에는 친한지 친하지 않은지를 따지지 않고 한결같이 자기의 직분을

다하였다. 친구들과 사귈 때에는 오래도록 공경하였고, 비록 신분이
낮거나 어린애들을 대할 때도 경건하게 예를 갖추었고 말도 공손하였
다. 남들의 선행을 칭송할 때에는 마치 자기가 지닌 것처럼 하였고,
세간의 명예와 이익에는 담담하였다.

일찍이 과거에 한 번 응시하여 합격한 적이 있었는데, 주사(主司:
과거의 시험관)가 고의로 채택한 것을 알고는 끝내 성위(省闈: 대과)를
보러가지 않았다. 전후로 네 번 고을을 맡아 다스리면서 얼음물을
마시고 나무의 움을 먹듯 청렴결백하여 사람들이 감히 사사로이 청탁
하지 못하였고, 부임하는 곳마다 백성들이 모두 비를 세워 칭송하하
였으며, 집으로 돌아서는 흙담의 좁은 집이 쓸쓸하고 죽조차 계속
먹지 못하는데도 편안하게 지냈다.

대대로 이어져 내려온 큰 집안을 섬기는 신하로서 무릇 벼슬에 제
수되면 숙배하지 않은 적이 없었고, 또한 관직에 오래 머문 적도 없었
다. 만년에는 사헌부에 들어갔는데, 마침 권문귀족의 무리들이 나라
의 어진 이들을 베어 없애려고 하자, 그들을 위해 변론하여 막고 굳게
간청하였다. …(이하 생략)…

修巖柳先生墓碣銘 並序

粵惟我文忠公, 以天生大賢, 得退陶嫡傳, 蔚爲百世之師。而其第三
胤修巖先生, 克肖而式紹之, 又從吾先祖文莊公遊, 其德學行誼, 木齋
洪公旣狀之詳矣。顧墓道無顯刻, 先生六世孫翊贊尋春, 屬宗魯一言。
盖我高王母, 卽先生女, 忝在外裔末, 宜若自盡焉。遂按狀而謹叙如
左。文忠公諱成龍, 娶縣監李坰女。以萬曆壬午七月日生先生。性端
直聰穎。八歲, 喪母夫人, 哭泣助奠如成人。十一歲, 遭黑齒亂, 文忠公
扈駕而西, 先生從姊夫李氏, 奔竄嶺東山谷間, 往往遇賊濱死, 能以計
得全, 一行亦多賴焉。亂定, 文忠公謝事南歸, 先生朝夕侍側, 講問經

義, 多默契自得, 文忠公愛之甚, 以未及退陶門恨之. 先生旣聞爲學之
要, 惟專心於存養踐履之工, 座右書'靜坐終日易, 操存一刻難.'十字,
以自勉. 丁未, 丁文忠公憂. 光海庚戌, 魁司馬. 壬子二月, 海西獄起,
先生爲賊誣被逮, 旣逮疾甚. 大臣李漢陰·沈一松諸公以狀白, 六月始
宥還. 丙辰, 拜翊衛司洗馬, 不就. 癸亥仁祖改玉, 吾先祖, 以副提學侍
經席, 因上下詢南中賢才, 薦先生及張旅軒. 於是, 起先生監奉化縣.
縣土瘠賦重, 民不堪, 先生申地部, 改步其田, 田以增, 稅以省, 流通四
歸, 其始戶不滿百, 朞月間倍之. 巡察使以聞, 賜表裏獎, 諭曰:"爾愛
民如子, 治邑如家, 誠不負拔擢意."甲子, 除刑曹正郞, 不赴. 丙寅冬,
授榮川郡, 未赴, 丁卯正月賊犯我. 上避入江都, 鄉人士推先生將義
兵. 李蒼石, 見其紀律嚴, 歎曰:"始吾以柳某直柔耳, 不意有行三軍勇
如此."二月, 守淸道郡, 作文諭諸生, 擇訓長以敎之. 十一月罷歸. 戊
辰, 拜翊衛司翊衛. 吾先祖, 將進講璣衡註, 邀先生論疑義. 旋拜司僕
寺僉正. 己巳, 出守醴泉郡, 冬棄官歸. 辛未, 除全羅都事, 不赴. 三月
監陝川縣, 癸酉夏解歸. 甲戌, 以漢城庶尹, 拜司憲府持平. 時姜處士
鶴年, 以掌令上疏言事, 其語犯朝議, 將置重典. 先生啓曰:"鶴年山野
樸愚, 不識事體, 妄引伯夷·嚴延年事, 然原其本心, 不過受恩感激, 惟
思盡言, 以此爲罪, 獨不爲聖世累乎?"大臣爭之不已, 上曰:"予不欲以
言語間妄發殺士."盖於先生言, 有感悟焉. 乙亥正月, 先生謁陶山廟,
歸到榮川之龜鶴亭, 忽得疾, 以十三日卒, 享年五十四. 遠近皆嗟惜曰:
"吾道何托焉." 是年月日, 葬于善山地, 後移窆軍威縣西於義谷亥坐
原. 孝廟丙申, 贈吏曹參判, 顯廟壬寅, 祔享于屛山文忠公廟. 先生謙
沖渾涵, 不見涯際, 雅醇莊和, 不露圭角. 忿厲之氣, 不形於色, 機智之
私, 不萌于心. 平居所服膺, 惟以子曾子專用心於內爲法, 孚尹旁達,
仁厚之容, 藹然溢於面目, 望之者莫不知其爲有道君子也. 孝友天至.
事文忠公, 能致其悅, 及喪哀毁, 得疾幾殆. 祭祀必宿齋五六日, 執饌
婢僕, 亦令沐浴致潔. 念二兄早歿, 敎養其孤如己出. 與兄弟析箸, 無
嫡庶惟均, 遇宗姻隣曲, 無疏戚一盡其分. 與朋友交, 久而敬, 雖接卑

幼，禮虔辭恭。稱人之善，若己有之，於世間名利，泊如也。嘗應擧旣
中，知主司故採之，遂不赴省圍。前後四典郡邑，氷蘗凜然，人不敢干
以私，所至民皆立石以頌，及歸環堵蕭然，饘粥不繼，而處之晏如。自
以故家世臣，凡有除，未嘗不肅。亦未嘗久於職。晚入臺憲，値權貴輩，
欲艾國良，爲之辨遏堅懇。…(이하 생략)…

[立齋先生文集，권37，碣銘]

27. 류의남

류의남의 자는 의언, 호는 지곡, 본관은 풍산이다. 선조 계미년 (1583)에 태어났다. 광해조(光海朝) 사마시에 합격하고, 벼슬은 참봉을 지냈다. 효종 을미년(1655)에 죽었다.

어머니의 연세가 높아 병들어 눕게 되었는데, 마른 가래를 뱉어내려고 해도 목구멍에 착 엉겨 있어 기력이 약해 뱉을 수 없으면 공이 죽관(竹管: 대나무 대롱)으로 빨아 내었는데, 이와 같이 한 지가 여러 해였다. 병이 위독해지자 밤낮으로 부축하며 똥을 맛보고 병세를 살폈다.

공의 조부 장사랑공(將仕郎公: 柳仲淸)은 재물이 풍부하였지만, 공이 어려서 아버지를 여의어서 풍향(豐鄕: 풍기)에 있는 농토와 농장을 관리하지 못하자, 친척들이 차지해 버렸고 다른 사람이 또한 점유해 버렸다. 어머니가 가난함을 걱정하여 공에게 추궁해 심문하도록 하니, 공이 할 수 없다며 말하기를, "저들이 만약 아무런 말도 없이 돌려주면 좋을 것입니다. 하지만 그렇지 않으면 필시 장차 송사해야 할 것인데 얻어 봐야 잃어 버린 것을 채울 수가 없습니다."라고 하고는 극구 사양하였다.

판서(判書) 정세규(鄭世規)가 일찍이 이 고을의 수령이었기 때문에 공을 가장 깊이 알았는데, 후에 주상에게 천거하며 말하기를, "태평성대의 일민(逸民: 은자)입니다."라고 하였다.【협주: 류원지가 찬한 행장에 실려 있다.】

• 柳義男

柳義男, 字宜彦, 號芝谷, 豐山人。宣祖癸未生。光海朝司馬, 官參奉。孝宗乙未卒。

母夫人, 年高寢疾, 苦唉咯滯喉, 不能唾, 公以竹管吮以出之, 如是者有年。病革, 晝夜扶持, 嘗糞審差劇。

公之祖將仕公[1], 豐于財, 公早孤, 不能管田庄之在豐鄕者, 爲戚屬所據, 他人亦冒占。母夫人, 苦於貪, 欲令公推勘[2], 公不可曰: "彼若無辭以還, 則善矣。不爾, 則必將就訟, 得不補亡。"力辭之。

鄭判書世規[3], 曾守是府, 知公最深, 後薦于上, 曰: "聖世逸民。"【柳元之撰行狀[4]】

보충

류원지(柳元之, 1598~1674)가 찬한 묘지

남별전 참봉 류공 묘지명

공의 성씨는 류씨(柳氏), 휘는 의남, 자는 의언이다. 대대로 풍산(豐山)의 저명한 성씨이다. 원조(遠祖) 휘 류백(柳伯)은 고려 때 은사급제(恩賜及第: 自願에 따라 특별 급제시키는 일) 하였다. 그 아들 휘 류난옥(柳

---

1 將仕公(장사공): 將仕郎 柳仲淸(생몰년 미상). 柳公頙의 장남. 어모장군부호군을 지냈다.
2 推勘(추감): 추궁해 신문하는 것.
3 鄭判書世規(정판서세규): 判書 鄭世規(1583~1661). 본관은 東萊, 자는 君則, 호는 東里. 증조부는 鄭振이며, 조부는 우의정 鄭彦信이다. 아버지는 생원 鄭慄이며, 어머니 原州元氏는 元虎俊의 딸이다. 1613년 사마시에 합격하였다. 門蔭으로 의금부도사를 거쳐 화순현령, 안산군수를 역임하였다. 1636년 병자호란 때 8,000명의 근왕군을 조직하여 용인의 험천까지 진출하는데 성공하나, 청군의 기습공격을 받고 대패하였으나, 충성심을 인정받아 패군의 죄를 면죄받았다. 우참찬, 이조판서 등을 지냈다.
4 류원지가 지은 행장은 보이지 않고, 묘지명은 있음.

蘭玉)은 도염서령(都染署令)을 지냈다. 그 아들 휘 류보(柳葆)는 예빈경 (禮賓卿)을 지냈고 판도판서(版圖判書)에 추봉되었다. 그 아들 휘 류종 혜(柳從惠)는 우리 조선에 들어와 공조전서(工曹典書)가 되었다. 덕을 베풀어 자손들이 번성하였고 대대로 그 아름다움을 이어받았으니, 공은 바로 그 후손이다.

고조부 휘 류자온(柳子溫)은 성균관 진사였는데, 당대 사류(士類)로 부터 존중을 받았으니 이를테면 용재(容齋) 이행(李荇) 같은 이 또한 그의 막역한 벗이었으나, 불행히도 일찍 죽었고 이조판서에 증직되었 다. 증조부 휘 류공석(柳公奭: 류자온의 3남)은 종사랑(從仕郎)을 지냈고 학문과 행실이 있었다. 조부 휘 류중청(柳仲淸)은 장사랑(將仕郎)을 지 냈다. 아버지 휘 류하룡(柳河龍)은 뜻을 독실히 하여 학업에 힘썼으나, 28세 때 상을 치르며 지나치게 슬퍼하여 몸이 상해 죽었다. 3대가 모두 덕을 감추어 벼슬하지 않았다. 어머니 청주정씨(淸州鄭氏)는 전 력부위(展力副尉) 정기(鄭璣)의 딸이다.

공은 만력(萬曆) 계미년(1583)에 안동(安東)의 외가에서 태어났다. 태어난 지 5년 만에 아버지를 여의었지만, 어머니가 현명한 데다 식견 과 사려가 있었으니 돈독하게 공을 사랑한다고 해서 가르치거나 채근 하는 것을 느슨하게 하지 않았다. 이미 성장해서도 가난한 살림살이 였지만 학자금을 마련하여 고을의 여러 선배와 어른의 문하에서 공부 하도록 하였으니, 제공(諸公)들이 모두 감탄하여 칭찬하기를, "류모(柳 某)는 훌륭한 아들을 두었도다."라고 하였다.

계사년(1593) 공이 11살 때 나의 조부 문충공(文忠公: 柳成龍)이 조정 의 명에 따라 남쪽으로 내려온다는 소식을 듣고 하회리(河回里) 집으 로 찾아가 뵈었다. 문충공이 한 번 보고 기특하게 여겨 앞으로 오라 부르고는 손을 잡으며 말하기를, "우리 문족(門族: 일가친척)이 쇠락해져 이름을 떨치지 못하였는데, 이제 네가 있으니 걱정이 없구나."라고 하였다. 공이 이 말씀을 듣고는 감격스럽고 송구스러워 더욱 분발하여 힘쓰기를 게을리하지 않았다. 문충공이 죽자 오가며 장례(葬禮)를 맡아 잘 처리하였고 1년 동안 소식(素食)하였다. 일찍이 가르침을 받았던 여러 어른들의 상(喪)에는 각각 그 정분(情分)의 경중을 살펴서 소식하는데 차등을 두어서 보답하였다. 은혜와 의리에 독실한 것이 대부분 이와 같았다.

을묘년(1615) 사마시에 합격하였으나, 어머니 봉양을 주장(主掌)할 수 없었기 때문에 과거 공부를 폐하였다. 임오년(1642) 도신(道臣: 관찰사)이 공의 행의(行誼)를 자세히 갖추어 조정에 아뢰었으니, 남별전 참봉(南別殿參奉)에 제수되었어도 또한 어머니가 연로하다는 이유로 사양하고 나아가지 않았다.

공은 지극한 효성이 있었으니, 어머니의 곁에 있을 때에는 온종일 기뻐하고 즐거워하면서 어머니의 안색을 살펴 뜻을 미리 짐작하고 그 뜻을 즐겁게 하였으며, 어느 때 어느 곳에서나 가까이 나아가 봉양하는 데에 그 마땅함을 다하였다. 심지어 어머니의 잠자리와 밤새 안부를 묻는 일, 밥을 부드럽게 지어 올리는 일까지도 또한 모두 직접 하여 남이 대신하도록 하지 않았다. 자기 일신을 돌보지 않았던 까닭에 사랑과 공경을 다하려는 것이 지극하였다.

어머니는 연세가 높아 병들어 눕게 된 데다 만년에 다시 안질까지 겹쳐 사물을 보지 못하자, 늘 아침저녁으로 진지를 올릴 때면 공이 반드시 손수 수저를 들고서 어머니에게 드시고 싶은 것을 물어 공손히 올렸다. 또한 마른 가래를 뱉어내려고 해도 목구멍에 착 엉겨 있어 기력이 약해 뱉을 수 없으면 죽관(竹管: 대나무 대롱)으로 빨아 내었는데, 이와 같이 한 지가 여러 해였다. 병이 위독해지자 옷의 띠도 풀지 않고 밤낮으로 부축하며 똥을 맛보아 병세를 살폈다. 불행히도 어머니가 세상을 떠나자, 공의 나이가 이미 노쇠했는데도 상례를 치르는 일을 게을리하지 않았고, 애통해하다가 병이 되어 거의 목숨을 보전하지 못할 뻔했다.

제사에는 더욱 삼가서 살아 계신 것처럼 정성을 다하였다. 종족을 대할 때에 은혜를 베풀었으며, 재난과 환난을 구휼하는데 집안 형편을 따지지 않았다. 사람을 대우할 때도 또한 모두 어린이를 사랑하고 노인을 노인으로 대하면서 곡진히 예의가 있었는데, 각각 그 정성을 다하지 않은 것이 없었으니 대개 그의 천성이 그러한 것이었다.

공은 집안을 다스리는 데 법도가 있었고, 검소함에 힘쓰고 근본이 충실해지도록 돈독히 하였다. 그럭저럭 있는 대로 갖추었어도 처지에 따라 마음 편히 지냈으니, 헛되이 과장하거나 외면으로 향하는 마음이 전혀 없었다. 재물에는 더욱 분명하였으니, 비록 자기의 분수에 마땅히 얻을 만한 것이라도 만약 조금일망정 미안한 일이 있으면 또한 달갑게 여기지 않았다.

조부 장사랑공(將仕郎公: 柳仲淸)은 재물로 풍기군(豊基郡)에서 으뜸이었지만, 어머니가 젊어 과부가 되었고 공 또한 어리고 멀리 타향에서 지냈으니 그 농토와 농장이 풍기군에 있어서 책임지고 맡아 관리하지 못한 것이 거의 15년이었는데, 모두 일가친척이 차지해 있었고 더러는 다른 사람이 함부로 점유해 있는 것 또한 많았다. 어머니가 몹시 가난해 보잘것없는 형편을 걱정하여 공에게 가서 그들을 추궁해 심문하도록 하고자 했으나, 공이 말하기를, "이는 비록 선조(先祖)의 재물이오니, 저들이 만약 아무런 말도 없이 내어 주면 참으로 좋을 것입니다. 하지만 그렇지 않으면 문서를 가지고 송사를 해야 찾을 수 있을 것이나, 얻어 봐야 잃어 버린 것을 채울 수가 없는데다

손해를 보는 것도 많을 것입니다."라고 하고는 끝내 극구 사양하고
가지 않았다.

집이 가난하여 자주 끼니를 굶게 되자, 자제들이 산골짜기로 들어
가 넓은 곳을 찾아서 전장(田庄)으로 삼아 빈궁을 면할 밑천으로 삼자
고 청하니, 공이 말하기를, "내가 산골짜기에 밭을 둔 사람을 보았는
데, 부역(賦役)을 감당하기 어려움을 걱정하였고, 늘 아전들과 사사롭
게 남몰래 속삭이는 비루한 일이 매우 많았다. 이는 선비가 차마 할
수 있는 일이 아니다."라고 하면서 절대로 허락하지 않았다. 공이 어
떤 일에도 구차하지 않았음이 이와 같았다.

공은 태도가 점잖고 마음씨가 너그러우며 신중하고 치밀하여 조용
하면서 분수를 지켰다. 평소에 다급한 말과 황급한 기색이 없었고,
사람과의 교제하면서 가벼이 허락하지 않았으며, 묻는 것이 있으면
반드시 생각한 뒤라야 대답했기 때문에 입으로 실언하지 않았다.

무릇 조처할 일이 있으면 비록 매우 자잘한 일이라도 또한 반드시
차분히 헤아려서 그 가부를 짐작하였고, 반드시 의리에 합당하고 마
음에 편한 것을 찾아 오래도록 시행될 수 있도록 폐단이 없는 뒤에야
행하였기 때문에 실패하는 일이 드물었으니, 사람들은 모두 이로써
공을 신중하게 여겼다.

조정의 어진 사대부들 가운데 공의 행실을 본데다 그 풍문을 들은
자 또한 흠모하면서 존경하지 사람이 없었고, 혹자는 그 불운을 한탄
하였다. 동락(東洛: 洪鎬, 1586~1646), 학사(鶴沙: 金應祖, 1587~1667), 풍
뢰(風雷: 金是樞, 1580~1640) 등 제공 및 임광(任絖, 1579~1644), 임담(林
墰, 1596~1652), 채유후(蔡裕後, 1599~1660)는 모두 평소 공을 추앙하였
고 그의 훌륭함을 즐겨 말하였다. 계암(溪巖) 김공(金公: 金坽)은 당대
안목이 높아 사람을 허여한 적이 적었지만, 공에 대해 늘 사우(士友)들

과 언급할 때면 번번이 칭찬하여 마지않았다. 상국(相國) 김세렴(金世濂, 1593~1646)은 군자다운 사람인데, 또한 일찍이 사귀기를 원하는 편지를 보내었으니, '산처럼 우러러 본지 몇 년 되었는데 아직 용문(龍門)에 오르지 못하였습니다."라는 말이 있었다. 판서(判書) 정세규(鄭世規)가 일찍이 이 지방의 수령으로 와서 공과 함께 일을 하여 서로를 가장 깊이 아는 사이였다. 그 뒤로 호남 방백이 되어 주상을 알현하고 부임하는 날에 공의 이름을 주상에게 아뢰면서 태평성대의 일민(逸民:은자)이라고 극구 칭찬하였다. 이는 그 내면의 실제가 사람을 감동키는 것이 있어서 그러한 것이지, 이것이 어찌 목소리나 웃는 얼굴로 능히 할 수 있는 것이었겠는가. 아, 귀하게 여길 뿐이다.

공은 일찍이 말하기를, "한 번 죽는 것은 사람이 면하지 못하는 것이니, 병 없이 죽기를 바란다."라고 하였다. 을미년(1655) 4월 4일 아침에 일어났다가 병 없이 편안히 죽었으니, 향년 73세였다. 원근에서 들은 사람은 마음 아파하고 애석하지 않은 이가 없었다. 그해 8월 모일에 부(府)의 북쪽 속전동(粟田洞) 오향(午向) 언덕에 장사지냈다. 집에서 3리 떨어져 있는 가까운 곳이다.

공의 부인 안동권씨(安東權氏)는 봉정대부(奉正大夫) 사재감정(司宰監正) 휘 권계(權契)의 딸이다. 온화하고 공손하며 다소곳하였으니 부녀자의 예절에 어긋남이 없었다. 공이 죽은 지 2년 정유년(1657)에 뒤따라 죽었고, 공의 묘 뒤에 묻었는데 같은 묘역(墓域)에 봉분(封墳)을 달리한 제도(制度)로 만들었다. … (이하 생략) …

南別殿參奉柳公墓誌銘

公姓柳氏, 諱義男, 字宜彦。世爲豐山著姓。遠祖有諱伯, 高麗恩賜及第。恩賜生諱蘭玉, 都染署令。署令生諱葆, 禮賓卿, 追封版圖判書。判書之子諱從惠，入我朝爲工曹典書。積德裕蠱，世濟厥美，公其後也。高祖諱子溫，成均進士，一時士類，甚見推重，如慵齋李公，亦其莫逆友也，不幸早卒，贈吏曹判書。曾祖諱公奭，從仕郎，有文行。祖諱仲淸，將仕郎。考諱河龍，篤志劬業，年二十八，居喪過哀，以毀終。三世皆隱德不仕。妣淸州鄭氏，展力副尉璣之女。公以萬曆癸未，生於安東外家。生五歲而孤，母夫人賢有識慮，不以慈愛弛敎督。旣長，撥貧資給，令遊學於鄕中諸先進長老之門，諸公咸加獎歎曰：“柳某有子矣。”癸巳，公年十一，聞吾王父文忠公承朝旨南下，往謁於河回里第。文忠公一見異之。呼使前。執手而語之曰：“吾門族衰替不振，今有汝，無憂矣。”公聞命感懼，益奮勵不怠。及文忠公捐館，往來經紀葬事，食素期年。及其所嘗受業諸長老之喪，各視其情分輕重而食素有差以報之。其篤於恩義，多此類。中乙卯司馬，以奉養無主，因廢擧業。壬午，道臣具公行誼啓聞，除南別殿參奉，亦以親老，辭不就。公有至性，其在母夫人之側，愉愉終日，先意承顔，以樂其志，左右就養，曲盡其宜。至於寢興之節·盥漱之供，亦皆親自爲之，不令人代。其所以不有其身，致愛致敬者至矣。母夫人，年高寢疾，晚更有眼患，不能視物，每朝夕進飯，公必手執匙箸，問所欲而敬進之。且苦痰咯滯在喉間，氣弱不能唾，則以竹管，吮而出之，如是者亦有年。病革，衣不解帶，晝夜扶持，嘗糞審差劇。及不幸，公年已衰，而猶執喪不懈，哀毀成疾，幾不能保。尤謹於祭祀，致如在之誠。遇宗族有恩，救災恤患，不計家之有無。其待人，亦皆慈幼而老老，曲有禮意，無不各盡其情，蓋其天性然也。公治家有法，務儉素，敦本實。苟有苟完，隨位而安，絶無虛夸向外意思。於財上尤分明，雖己分所當得者，若少涉未安，則亦不屑也。祖考將仕郎公，以財雄於豐郡，母夫人旣早寡，公亦以稚年遠居他鄕，其田庄之在豐鄕而無主管者，幾十五年，皆爲一家戚屬所據有，或爲他人冒占者亦多。母夫人，以貧窶爲憂，欲令公往彼推勘，公曰：“是雖祖先之物。彼若無辭出而與之則固好矣。不爾則將持契卷就訟乃可，得不補亡，所損多矣。”遂力辭不行。家貧屢空，子弟請就峽中，討開曠處，以資匱乏，公

曰:"吾觀峽中置田之人, 患其賦役難堪, 每與吏輩, 私相耳語, 鄙屑之
事甚多。此非士子所可忍爲也。"絶不許。其臨事不苟, 又如此。公重厚
謹密, 靜而有守。平居無疾言遽色, 與人交未嘗輕爲然諾, 有所問則必
思而後對, 故口無失言。凡有措處, 雖甚細微之事, 亦必從容量度, 酌
其可否, 必求其合於義·安於心, 可以行於久, 而無弊然後爲之, 故鮮有
敗事, 人皆以是重公。朝之賢士大夫, 見公之實行與聞其風者, 亦莫不
慕而敬之, 或歎其屈。如東洛·鶴沙·風雷諸公及任公絖·林公墫·蔡公
裕後, 皆素所推重, 而樂道其善。溪巖金公, 眼高一世, 於人少許可, 至
於公, 則每與士友語及, 輒稱道不置。金相國世濂, 君子人也, 亦嘗贄
書願交, 有'山仰多年, 尙未登龍'之語。鄭判書世規, 曾來守是邦, 與公
從事, 相知最深。其後, 爲湖南方伯, 陛辭之日, 以公名, 聞于上前, 亟
稱其聖世逸民。蓋其內得之實, 有以動人而然, 此豈聲音笑貌之所能爲
哉? 嗚呼! 其可貴也已。公嘗曰:"一死人之所不免, 願無疾病而死。"乙
未四月初四日朝起, 無疾恬然而逝, 享年七十三。遠近聞者, 莫不傷
惜。以其年八月某日, 葬于府北粟田洞向午之原。去家三里而近。公
配安東權氏, 奉正大夫司宰監正諱契之女。溫恭柔順, 閨儀無違。公歿
之二年丁酉繼逝, 祔葬于公墓後, 爲同域異塋之制。…(이하 생략)…

[拙齋先生文集, 권14, 墓誌]

28. 김시권

> 김시권의 자는 자중, 본관은 의성이다. 문충공(文忠公) 김성일(金誠
> 一)의 손자이다. 선조 계미년(1583)에 태어났다. 인조 경오년(1630)
> 문과에 급제하여 벼슬은 좌랑을 지냈다.

공은 8세 때 어머니가 악성 종기를 앓아 밤낮으로 고통스러워하였
는데, 공 또한 고통스러워하는 소리를 그치지 않으니, 공의 아버지
세마공(洗馬公: 金溁)이 말하기를, "너는 어디 아프냐?"라고 하자, 대답
하기를, "어머니가 통증을 견디지 못하시니 저의 고통스런 소리도 절
로 나온 것이지, 더하여 어디에 아픈 곳이 있겠습니까?"라고 하였다.

11세 때 문충공(文忠公: 조부 김성일)의 부음(訃音)이 이르자, 세마공
이 분상(奔喪: 상을 치르러 급히 집으로 돌아감)하였는데, 공 또한 슬피
울며 따라갔으니 50리에 이르렀다.

임진왜란 초에 대간(大諫) 고경명(高敬命)이 그의 처자식을 세마공
에게 의탁하였는데, 세마공이 분상할 때에 공에게 돌보아 주도록 부
탁하니 공이 그들을 가족처럼 대하였다. 대간의 순절 소식을 듣고는
상을 치르도록 조처하여 마련해 주니, 사람들이 이르기를, "학봉 노인
의 손자로다."라고 하였다.

정묘년(1627) 같은 고을의 세 사람과 반궁(泮宮: 성균관)에 있을 때,
청병(淸兵)의 급보가 있어 대가(大駕)가 도성을 떠나 피난하였다. 공과
세 사람은 샛길을 따라 귀향했는데, 한 사람이 발병이 나자 다른 한
사람은 그대로 두고 앞으로 가려 하니, 공이 말하기를, "마땅히 생사
를 같이할 것이지 어찌 차마 버리고 간단 말인가?"라고 하니, 그 사람
이 부끄러워하면서 사과하고 병든 벗을 업고서 함께 귀향하였다.

공이 그 뒤로 다시 반궁에 있었는데, 남원(南原) 사람 양희지(梁熙之)
가 전염병에 걸리자, 공이 몸소 간호하여 끝내 목숨을 온전히 할 수
있었다.【협주: 김시임이 찬한 행장에 실려 있다.】

- 金是權

金是權¹, 字子中, 義城人。文忠公誠一孫。宣祖癸未生。仁祖庚午文
科, 官佐郎。

公八歲, 母夫人患毒疗, 日夜痛苦, 公亦不絶痛聲。公之父洗馬公曰:
"汝則何痛?" 對曰: "母氏不堪痛, 兒之痛聲自出, 又安有痛處?"
十一歲, 文忠公訃至, 洗馬公奔喪², 公哀號隨之, 至五十里。
變初, 高大諫敬命, 托妻子於洗馬公, 洗馬公奔喪時, 托公以顧恤, 公
待之如家人。及聞大諫殉節, 措辦成服, 人謂: "鶴爺有孫."
丁卯, 與同鄕三人處泮宮³, 淸兵有警, 大駕播遷。公與三人, 從間道
歸, 一人病足, 一人欲前向, 公曰: "當死生一之, 豈忍棄去?" 其人慚謝,
負病友同歸。
公後又在泮宮, 南原人梁熙之遘癘, 公躬自救護, 遂得全活。【金是任⁴
撰行狀】

---

1   金是權(김시권, 1583~1634): 본관은 義城, 자는 子中, 호는 鳳坡. 증조부는 金璡이며,
      조부는 文忠公 金誠一이다. 아버지는 익위사세마 金㴋이며, 어머니 文化柳氏는 柳宗禮의
      딸이다. 부인 原州邊氏는 邊慶會의 딸이다. 權益昌의 문인이다. 1605년 진사시에 합격하
      고, 1630년 식년문과에 급제하였다. 1634년 성균관의 학유에 제수되었으나 모두 사양하고
      부임하지 않았다.
2   奔喪(분상): 먼 곳에서 부모가 돌아가신 소식을 듣고 급히 집으로 돌아감을 이르는 말.
3   泮宮(반궁): 성균관과 문묘를 통틀어 이르는 말. 주로 성균관을 지칭하는 말로 쓰인다.
4   金是任(김시임): 개인적 사실을 확인할 수 없음. 다만 李秉遠(1774~1840)의《所菴集》
      권18에 김시권의 묘갈명이 실려 있으나, 영남인물고가 수집된 뒤에 찬한 글로 보인다.

29. 김시추

김시추의 자는 자첨, 호는 단곡, 본관은 의성이다. 문충공(文忠公) 김성일(金誠一)의 손자이다. 선조 □□에 태어났다. 인조 무인년 (1638) 내시교관에 제수되었다.

공이 어렸을 때 언행이나 뜻이 남과 서로 맞지 않아 두드러지는 것을 꺼리지 않으니, 문충공이 말하기를, "이 아이는 반드시 세속을 따라 영합하지 않을 것이다."라고 하였으며, 6세 때는 칼을 주며 말하기를, "너는 칼을 주는 내 뜻을 알겠느냐? 모름지기 이 칼로써 의(義)와 이(利)의 연결을 잘라 끊고서 취할 것인지 버릴 것인지를 구별하도록 하여라."라고 하였다.

과거 시험장에 나아간 적이 있었는데, 한 시험관이 공을 보고는 문충공을 닮았다고 여기고서 불러 사는 곳을 물으니, 공이 말하기를, "과거 보는 사람의 사는 곳을 주사(主司: 시험관)가 의당 물을 것이 아니니, 과거 보는 사람도 감히 대답할 바가 아닙니다."라고 하면서 끝내 나가 버리자, 고관(考官)들이 서로 돌아보며 말하기를, "참으로 선생의 자제로다."라고 하였다.

계해년(1623) 개옥(改玉: 인조반정)이 일어난 뒤, 도과(道科)를 베풀자 높은 벼슬아치들과 사대부들이 모두 말하기를, "반드시 김 아무개를 뽑아야만 제대로 된 인재를 얻는 것이다."라고 하였는데, 공이 그 말을 듣고 과장에 들어가지 않으니, 고관(考官)들이 시권(試券: 답안지)을 찾았지만 찾을 수가 없었다.

광해조 때 영남의 유생들이 이이첨(李爾瞻)을 토죄(討罪)하도록 청하였는데, 공이 소두(疏頭: 상소의 우두머리)가 되어 도성에 이르니 이이

첨이 덧을 놓고서 기다리고 있다는 소식을 듣자, 여러 유생들이 대부
분 흩어져 돌아가고자 하였다. 공이 개연히 말하기를, "의롭게 죽는
것이야 두려워할 것도 못 되거니와, 요행으로 사는 것은 영화로운
바가 아니다."라고 하고는 연달아 4번이나 상소를 올려서 끝내 온화
한 유지(諭旨)를 받았다.

무인년(1638) 내시교관에 제수되었는데, 이때는 난리를 겪은지 오
래지 않아서 온갖 일이 해이해졌다. 이에, 공이 개연히 상소하였으니,
그 하나는 공도를 넓힐 것(恢公道), 기강을 진작할 것(振紀綱), 어진 인
재를 뽑을 것(拔賢才), 군정을 독려할 것(勵軍政)이었고, 또 하나는 문
경(聞慶)에 어류산성(御留山城)을 쌓도록 청한 것이었다.【협주: 권유가 찬
한 행장에 실려 있다.】

• 金是樞

> 金是樞[1], 字子瞻, 號端谷, 義城人。文忠公誠一孫。宣祖□□[2]生。仁
> 祖戊寅, 拜內侍敎官。

公幼時, 圭角不拘, 文忠公曰: "此兒必不與世俯仰." 六歲, 賜以刀曰:
"汝知贈刀之意乎? 須以此斬斷義利, 以別取捨也."

嘗赴場屋, 有一試官見公, 以爲類文忠公, 招問所居, 公曰: "擧子所
居, 非主司當問, 非擧子所敢對." 遂出, 考官相顧曰: "眞先生子弟也."

癸亥改玉, 設道科[3], 薦紳[4]大夫咸曰: "必選金某, 乃爲得人." 公聞之,

---

1 金是樞(김시추, 1580~1640): 본관은 義城, 자는 子瞻, 호는 端谷·風雷軒. 증조부는 金璡
이며, 조부는 文忠公 金誠一이다. 아버지는 익위사세마 金潗이며, 어머니 文化柳氏는
柳宗禮의 딸이다. 金是權의 형이다. 부인 眞城李氏는 李純道의 딸이다. 사위는 柳元之이
다. 柳成龍과 鄭逑의 문인이다. 1607년 진사시에 합격하였다. 정묘호란이 일어나자 의병
대장에 추대되어 활약하였다. 병자호란에는 留鎭將으로 활약하여 유일로 천거되었다.
2 □□: 庚辰의 누락.

不入圍, 考官搜試券不得。

　光海朝, 嶺儒請討李爾瞻, 公爲疏首, 到京聞爾瞻設機以待, 諸儒多
欲散歸。公慨然曰:"義死不足畏, 倖生非所榮."連上四疏, 終得溫諭。

　戊寅, 除內侍敎官, 時喪亂未久, 百事解弛。公慨然上疏, 其一, 恢公
道, 振紀綱, 拔賢才, 勵軍政, 其一, 請築聞慶[5]御留山城[6]。【權愈[7]撰行狀[8]】

3　道科(도과): 조선시대에 各道의 監司에게 명하여 실시하던 특수한 과거.

4　薦紳(천신): 搢紳. 지위가 높은 사람. 신분이 높은 관원.

5　聞慶(문경): 경상북도 북서단에 있는 고을.

6　御留山城(어류산성): 경상북도 문경시의 조령에 설치한 관방 시설. 문경의 북쪽, 조령의
　남쪽에 있었다.

7　權愈(권유, 1633~1704): 본관은 安東, 자는 退甫, 호는 霞溪. 증조부는 權若이며, 조부는
　목사 權勛이다. 아버지는 權僙이며, 어머니 鄭百亨의 딸이다. 부인은 李行源의 딸이다.
　1665년 별시문과 급제하였다. 1689년 기사환국으로 남인이 집권하자, 사간원대사간·예
　문관대제학 등 요직을 맡았다. 곧 知經筵事에 올랐으나, 1694년 갑술옥사로 서인이 정권을
　장악하면서 유배되었다. 스스로 古文辭를 즐기고 청빈하였으며 시문에 능하였다. 다만
　문집으로《霞溪集》이 전한다고 하나, 확인할 수 없었다.

8　柳致明(1777~1861)의《定齋先生文集》권34에 김시추의 행장이 실려 있으나, 영남인물고
　가 수집된 뒤의 글로 보인다. 또한 金㙆(1739~1816)의《龜窩先生文集》권11에 김시추의
　묘갈명이 실려 있으나, 텍스트의 초출에 부합하는 문단이 보이지 않았다.

30. 남급

남급의 자는 탁부, 호는 유유헌, 본관은 영양이다. 선조 임진년 (1592)에 태어났다. 인조 갑자년(1624) 사마시에 합격하였다. 경오 년(1630)에 처음으로 벼슬길에 나서 벼슬은 현감에 이르렀다. 현종 신해년(1671)에 죽었다. 참판에 증직되었다.

공은 6세 때 아이들과 물놀이를 하였는데, 한 아이가 웅덩이 물에 빠지고 말았다. 다른 아이들은 모두 놀라 달아났지만, 부군은 긴 장대 를 끌고 와 웅덩이 속에 던져서 빠진 아이로 하여금 부여잡게 하고는 당겨 꺼냈다.

병자년(1636) 겨울 대가(大駕)가 남한산성(南漢山城)으로 들어갈 때, 공은 사옹원 봉사로서 대가를 호종하여 남한산성으로 들어갔는데, 날마다 산성의 일을 매우 상세히 기록하였다. 도성으로 돌아오자 종 묘직장(宗廟直長)으로 옮겨 제수되었는데, 목주(木主 : 나무 神主)를 개 조하여 봉안한 후에 사직하고 고향으로 돌아왔다. 이때 조정에서는 임금을 호종했던 사람들을 위하여 과거를 실시하였는데, 공은 과거를 보지 않았다. 얼마 되지 않아 별제(別提)를 제수하였는데 또한 나아가 지 않았으며, 벼슬할 뜻을 끊고서《잠농요어(蠶農要語)》를 지어 자신 의 뜻을 나타냈다.

공의 나이가 팔순에 이르러 일어나 움직일 수가 없자, 집안의 제삿 날이 되면 손자들로 하여금 번갈아 업게 하여 사당(祠堂)의 뜰에 가서 엎드렸다가 제사가 끝나기를 기다려 돌아왔다.

판서(判書) 정세규(鄭世規)가 이조판서였을 때 임금에게 건의하여 말하기를, "남 아무개는 남한산성으로 호종하였으니 훈구지신(勳舊之

臣: 대대로 나라나 군주를 위하여 드러나게 세운 공로가 있는 신하)이라 할
만하옵고, 또 학행이 있으니 전하께옵서 만약 이와 같은 사람을 등용
하신다면 당우(唐虞: 요임금과 순임금)와 같은 정치를 해볼 수 있을 것이
옵니다."라고 하며 즉시 의망(擬望: 후보자를 추천하는 일)을 꺼내 올렸
다. 그리고 사람들에게 말하기를, "내가 매번 의망을 하여 이와 같은
사람만 얻게 되면 아마도 나라의 은혜에 보답하는 것이다."라고 하였
다.【협주: 남천한이 찬한 행장에 실려 있다.】

• **南礒**

南礒, 字卓夫, 號由由軒, 英陽人。宣祖壬辰生。仁祖甲子司馬。庚
午筮仕[1], 至縣監。顯宗辛亥卒。贈參判。

公六歲, 與群兒戲, 一兒溺坎水。他兒皆驚散, 公曳長竿, 投之坎中,
使扞[2]援而出。

丙子冬, 大駕入南漢, 公以司饔奉事, 扈駕入城, 日記城中事甚悉。
及還都, 移拜宗廟直長, 改木主奉安, 後辭歸。時朝廷爲扈從而設科,
公不赴。未幾, 除別提, 亦不就, 絶意仕進, 作《蠶農要語》以見志。

公年旣耄, 不能起居, 値家忌, 令子孫背負, 伏于祠庭, 以俟祭畢而退。

鄭判書世規爲東銓時, 建白曰:"南某扈駕南漢, 可謂勳舊之臣, 而且
有學行, 殿下若用此等人, 則可做唐·虞之治."卽出擬望。而語人, 曰:
"吾每擬如此之人, 庶報國恩."【南天漢[3]撰行狀[4]】

1　筮仕(서사): 처음으로 벼슬을 얻음.
2　扞(변): 攀의 오기.
3　南天漢(남천한, 1607~1686): 본관은 南陽, 자는 章宇, 호는 孤岩. 남융달의 손자요, 南礒의
　형 南礒는 6남매를 두었는데 그 장남이다. 1630년 사마시에 합격, 1645년 문과에 급제하였
　다. 이후 지평·장령 등을 거쳐 1675년 집의·대사간에 승진하고, 이듬해부터 여러 차례
　승지를 역임한 뒤, 1680년에 호조참의가 되었다. 예론에 밝아, 閔愼이 병든 아버지를
　대신하여 할아버지의 복을 입으려는 '代父服喪'을 논란 끝에 막은 일이 있다. 또 禮訟에
　깊이 참여하여 남인의 입장을 앞장서 천명하였다. 특히, 1674년 숙종이 즉위하자 장령으로
　재직하면서 가장 먼저 宋時烈 유배와 宋浚吉의 관작추탈을 주장하였다. 그 뒤 숙종의

보충

남천한(南天漢, 1607~1686)이 찬한 가장

가장

부군(府君)의 성씨는 남씨(南氏), 이름은 급(礏), 자는 탁부(卓夫), 자호는 유유헌(由由軒), 본관은 영양현(英陽縣)이다. 영양남씨(英陽南氏)는 영의공(英毅公: 南敏)에서 비롯되어 대대로 높은 벼슬을 지내는 후예들이 있었다. 고조부 휘 남처곤(南處崑, 1462~1520)은 참봉을 지냈고, 증조부 휘 남건(南健, 1498~1562)은 참봉을 지냈으며, 조부 휘 남응원(南應元, 1539~1611)은 효행이 있어 고을사람들이 거듭 조정에 들리게 아뢰니, 조정이 벼슬을 내리고 쌀과 베를 내린 후에 사복시정(司僕寺正)을 추증하고 또 정려(旌閭)를 세우도록 하였다. 아버지 휘 남융달(南隆達, 1565~1652)은 부호군(副護軍)을 지냈고 좌승지에 추증되었다. 가정에서 가르치고 이끄는 것을 전념하여 경전이나 제자(諸子)의 문집을 모두 손수 베껴서 자손들에게 주었다. 성씨의 족보를 편수하여 선대의 800여 년 사적(事蹟)을 두루 실었다. 어머니 동래정씨(東萊鄭氏)는 장사랑(將仕郎) 정원묵(鄭元默)의 딸, 부응교(副應敎) 정환(鄭渙)의 증손녀이다. 성품은 온화하였고, 근면하게 아내의 도리를 지켜 어긋남이 없었으며, 자손들을 가르칠 때면 의리에 입각하였다. 만력(萬曆) 임진년(1592) 7월 29일 부군을 낳았다.

어려서부터 특이한 자질이 있어서 보통의 아이들과 같지 않았으니, 일찍이 대부(大父: 백부 南興達, 1562~1610)가 기특하게 여겨 말하기를, "우리 집안을 일으킬 사람은 반드시 이 아이로다."라고 하였다. 이미

깊은 신임을 받았으나 1680년 경신대출척으로 호조참의 재직 중 벼슬을 박탈당하였다.

4 《新安世稿》 권4 〈由由軒遺稿·附錄〉에 家狀으로 수록되어 있음.

스스로 밥을 먹을 수 있었을 때는 간혹 아이들과 함께 장로(長老 : 나이가 많고 학문과 덕이 높은 사람)로부터 하사를 받게 되면 그때마다 사양한 적이 많고 받은 적이 적었는데, 장로는 그 소행을 기특하게 여겼다. 나이가 겨우 6세이었을 때 아이들과 물놀이를 하였는데, 한 아이가 웅덩이 물에 빠지고 말았다. 다른 아이들은 모두 놀라 달아났지만, 부군은 긴 장대를 끌고 와 웅덩이 속에 던져서 빠진 아이로 하여금 부여잡게 하고는 당겨 꺼냈다. 이 사실을 들은 사람들은 저 송(宋)나라 사마광(司馬光)이 큰 물독에 빠진 친구를 구하기 위해 돌로 그 물독을 깨뜨린 고사에 견주었다.

때는 임진왜란을 겪은 뒤라서 서적들이 죄다 없어지고 말았으니, 부군은 나이가 12세인데도 입학하지 못하였다. 다른 아이들이 배운 글을 그 곁에서 먼저 스스로 배우고 익히는 것이 매우 빠르자, 할아버지가 그것을 기뻐하고 널리 송기(宋記) 1권을 구하여 가르치니 문리(文理)가 날로 나아졌다. 19세 때 도성으로 가서 시험에 우등한 성적으로 합격했으나, 그로부터 10여 년 동안 세상이 혼탁하고 어지러워 벼슬자리에 나아갈 뜻이 없었다. 계해년(1623)에 이르러 인조반정이 일어나 공도(公道)가 크게 행해지자, 부군은 비로소 과거를 보면서 2년 사이에 8,9번이나 합격하였고 대부분 장원급제하였다. 우복(愚伏) 정경세(鄭經世) 선생이 그 문장을 보고 감탄하기를, "이 사람은 문사(文詞)에 능할 뿐만 아니라 성리학에 관한 공부도 적지 않다."라고 하면서 선생의 윤자(胤子: 맏아들 鄭杺)로 하여금 함께 글을 짓도록 하여 서로 학문을 면려케 하였으니, 이로 인하여 이름이 온 나라에 알려졌다.

천계(天啓) 갑자년(1624) 사마시에 합격하였고, 경오년(1630)에는 이름난 선비들에 의해 효릉(孝陵: 인종과 그의 비 능)의 참봉으로 천거되었고, 갑술년(1634)에는 경기전(慶基殿) 참봉으로 바뀌었고, 5개월이 지난 뒤에 사옹원 봉사(司饔院奉事)로 옮겼다.

병자년(1636) 12월 청나라가 갑자기 쳐들어와서 대가(大駕)가 허둥지둥 남한산성으로 들어갈 때, 부군은 대가를 호종하여 남한산성으로 들어가 밤낮으로 성첩(城堞)을 지켰다. 그러면서 간신히 조각 종이를 구해 날마다 산성의 일을 기록하여 전후 사정이 매우 상세하였는데, 정축년(1637) 4월 4일에 이르러 비로소 숭덕(崇德 : 청나라 태종의 연호)이 사용되자 절필(絶筆 : 붓을 놓고 다시는 글을 쓰지 아니함)하였다. 남한산성을 나올 때에 여러 시종하는 신하들이 임금의 행차가 북쪽으로 잡혀가는 화가 있을까 염려하여 사람들이 모두 꺼려 피하자, 부군이 말하기를, "설령 그러한 일이 있을지라도 신하된 자는 마땅히 죽기로써 따라야 하는 것이거늘, 어찌 피할 수가 있단 말인가?"라고 하고는 곧 주상을 모시고 오랑캐 진영에 갔다.

이어서 주상을 따라 도성에 들어와 있을 때 욕되게도 종묘직장(宗廟直長)에 제수되었는데, 묘우(廟宇)를 수리하고 목주(木主 : 나무 神主)를 개조하여 봉안한 후에 사직하고 고향으로 돌아왔다. 이해 봄에 조정에서는 임금을 호종했던 사람들을 위하여 특별히 과거를 실시하였는데, 부군은 홀로 과거를 보지 않았다. 얼마 되지 않아 품계를 6품으로 올려 별제(別提)를 제수하였는데 또한 나아가지 않았다. 이로부터 벼슬할 뜻을 끊었다. 마침내 벼슬하지 않고 집에 있으며 오로지 부모를 모시고 처자를 돌보면서 《농잠요어(農蠶要語)》를 지어 자신의 뜻을 나타냈다.

경진년(1640)에는 모친상을 당하여 상사(喪事)의 예와 슬픔을 지극히 하였다. 기축년(1649)에는 사림에서 학봉(鶴峯) 김성일(金誠一) 선생의 문집을 간행하려고 하였을 때, 교정(校正)과 정정(訂定) 등의 일을 모두 부군에게 맡겼다. 임진년(1652)에는 의흥현감(義興縣監)에 제수되었는데, 부군은 비록 벼슬에 뜻이 없었지만 집에 계신 90세가 다 된 부친을 봉양할 날이 많지 않았기 때문에 마지못해 부임하였다. 그러나 몇 달이 되지 않아 부친상을 당하여 돌아왔다. 신해년(1671)에 부군이 80세가 되었는데, 조정에서 노인을 우대하는 은전을 베풀어 정3품직을 내렸다. 같은 해 8월에 우연히 몸이 편치 못하였고, 4일이 지나자 입으로 유서(遺書)를 불렀는데 매우 상세하였으며, 5일이 지나자 갑자기 세상을 버렸으니, 슬프고 슬프다. 신미년(1691) 남한산성으로 호종한 공이 있다는 예조(禮曹)의 계사(啓辭)로 말미암아 호조참판(戶曹參判)에 증직되었으니, 특별한 은혜이었다.

부군은 자질이 아름답고 맑았으며, 성품이 온순하고 단아하였으며, 기개와 도량이 너그럽고 시원하였으며, 재주와 식견이 남보다 뛰어났다. 행실은 부모에게 효도하고 형제와 사랑하는 것을 근본으로 삼고, 마음가짐은 자신에게 엄격하며 남에게는 너그러운 것을 위주로 삼았다. 불의가 자신에게 가해지는 것을 원치 않고, 역시 자신이 원하지 않는 것을 남에게 지우지 않았다. 늘 말하기를, "사람의 마음가짐과 일처리는 험하고 괴상해서는 아니 된다. '평이하게 백성들을 가까이 하면 백성들은 반드시 모여들 것이다.'라고 한 주공(周公)이 어찌 우리를 속이겠느냐? 심지어 다른 사람을 접대할 때는 온화한 얼굴로 느긋하고 화기애애하면서 자기 자신을 잘 드러내지 아니하면, 좋아하지 않는 사람이 없을 것이다. 평온하고 고요한 가운데 자기 자신을 지키고 남과 다툼이 없으면, 밖에서 원하지 않을 것이고 어떠한 상황에도 편안하게 될 것이다."라고 하였다.

조상의 제사 받들기에 있어서는 한결같이 예법대로 하고 구차스럽지 않았다. 선대의 기일이 되면 3일 동안 고기반찬이 아닌 채소반찬만으로 밥을 먹었고, 부친과 모친의 기일이 되면 그 7일 전부터 마음을 깨끗이 하고 채소반찬만으로 밥을 먹었다. 제사를 올리려는 밤에는 제수 물품을 직접 살피고 정결하게 차려지도록 힘쓰면서, 살아계실 때와 같은 정성에 비하여 능히 다하지 못하는 바가 있을까 염려하였다. 팔순에 이르러서는 일어나 배례(拜禮)할 수가 없자, 손자들로 하여금 번갈아 업게 하여 사당(祠堂)의 뜰에 가서 엎드렸다가 제사가 끝나기를 기다려 돌아왔다. 또 집안이 대대로 청빈하고 자손들이 가난하면 제수(祭需)가 부족할까 늘 걱정하나, 고금의 마땅한 바를 참작하고 인정(人情)과 예문(禮文)의 절도에 맞도록 하기 위하여 하나의 탁상을 같이 사용하는 제도를 정한 것을 생각하고는 말하기를, "대개 제물(祭物)은 오로지 정성껏 정결하게 마련하기만 되는 것이고, 향긋한 기운이 있는 제물이면 가장 좋은 것이니, 가짓수가 많을 필요는 없다. 노선생(老先生 : 퇴계 이황)이 제례문답(祭禮問答)에서 일컬은 바, '제물을 단지 가짓수가 많은 것이 좋다고 하면, 결코 제례(祭禮)를 아는 사람이 아니다.'라고 한 것은 한 세상을 인도하기에 폐단이 없는 가르침이 아니겠느냐? 무릇 내가 일컬은 것을 변함없는 하나의 법으로 삼자는 것은 아니다. 가난하면 이에 준하기를 생각하는 것이고, 부유해지면 비록 더 진설할 수 있을지라도 제물의 그릇 수를 쓸데없이 늘려 스스로 풍요하다고 여길 필요는 없다. 만약 아주 경사스러운 특별한 제사가 있다든가 자손 중에 두터운 복록을 누리는 자가 제사를 베풀어 행하고자 하면, 이 예(禮)에 구애될 필요가 없다."라고 하였다. 또 말하기를, "이는 마땅히 나부터 시작해야 할 것이니, 선대의 제사는 내 마음대로 제한할 수 있는 바가 아니다."라고 하였다.

상(喪) 치르기에 있어서는 할머니의 상을 당하자 빈소(殯所) 곁에서 잠을 자고 졸곡(卒哭)하기 전까지 내당으로 들어가 집안일을 물은 적이 없었고, 모친상을 당했을 때는 나이가 노쇠했음에도 죽 먹기를 젊은 사람들과 똑같이 했으니, 한결같이 문공가례(文公家禮)대로 따라 행했다. 부친상을 당했을 때는 나이가 더욱 노쇠했음에도 상제(喪制)를 지키는 것이 더욱 확고하여 모친상 때와 조금도 다름이 없었다.

효릉(孝陵)과 경기전(慶基殿)의 참봉으로 있을 때는 수호군(守護軍)으로 상장(喪杖 : 상주가 짚는 지팡이)을 받은 자들은 모두 그의 어짊에 탄복하여 다 함께 비석을 세워 그 은덕을 새겼다. 사옹원(司饔院)의 봉사로 있을 때는 상관이 부군을 분원(分院)에 파견하였는데, 분원에 고군(雇軍)을 대신하게 하는 값이 많게는 천여 필의 베가 되었는데도 이전 관리들이 죄다 사용하여 남아 있지 않았다. 부군이 역사(役事)는 큰데 재정이 딸리는 것을 걱정하다가 장차 포기하고 돌아가려 하자, 하인배들은 모두 부군이 머물러 있기를 원하며 일제히 나아와 청하기를, "낡고 더러운 그릇들을 내다 팔면 어느 정도는 버틸 수 있을 것입니다."라고 하였다. 부군 또한 생각하기를 '인수인계할 때에 적발하면 될 것'으로 여기고서야 머물러 일을 보았다. 사옹원의 옛 법규에는 제조(提調) 및 낭료(郎僚 : 낭관)들이 원(院)에 모여 그 그릇을 살펴 맞추어 보고 받들어 올린 뒤에야 연례(宴禮)를 베풀 수 있었다. 그 유래가 이미 오래 되었는데, 도제조(都提調)가 분원에 재물이 없음을 듣고 연례를 파하게 하고, 기약한 날에 이르러서도 자기 집에서 마련하여 갖추게 하니, 대개 부군이 청렴하고 소탈한 것을 사랑했기 때문이었다. 분원도 또 비석을 세워 잊지 못할 은덕을 알게 했다.

의흥(義興)의 현감으로 있을 때는 10일마다 사람을 보내어 아버님 계신 곳에 문안하였고, 아버님의 생일을 맞이하여 관가에서 축수의 술잔을 올리는 큰 연회를 베풀어 친척과 외척 및 친구들을 한껏 기쁘게 하였다. 다스림에 있어서는 오로지 아랫사람들을 잘 보살피는 것으로 위주하고 그 사이에 법률과 제도대로 수행하니, 백성들 모두가 사랑하면서도 한편으로는 두려워하였다. 흉년을 만나자, 이에 창고를 털어서 미곡과 염장(鹽醬 : 소금과 간장)으로 진휼했고, 백성들 중에 부모가 없는 고독한 자가 있으면 반드시 베를 사서 옷을 만들어 입혔다. 백성을 갓난아기 돌보듯 하는 어짊과 자식처럼 여겨 사랑하여 베푼 은덕이 이와 같으니, 온 고을 사람들이 한결같이 칭찬하였다. 부친상을 만나 집으로 돌아가자, 고을사람들이 대부분 쌀과 베를 내어 부의(賻儀)하니, 부군은 모두 사양하여 물리쳤다.

자손들을 은혜로이 어루만지면서 가르칠 때는 반드시 법도가 있었는데, 늘 말하기를, "정자(程子)가 말씀하신 '자기에게 이롭고자 하면 반드시 남에게 해로울 것이다.'는 지극한 가르침이다. 자기가 하고자 하는 바는 남도 반드시 하려고 하며, 자기가 이롭게 하려는 바는 남도 반드시 이롭게 하려고 하거늘, 한갓 자기에게 이로운 것만 알고 남에게 해로운 것을 알지 못한다면, 그것이 되겠는가? 나는 너희들에게 이러한 행실이 있을까 걱정이로구나."라고 하였다. 자제들과 학도들이 책을 읽는 겨를에 앞으로 오게 하여 옛사람들의 아름다운 말씀을 두루 거론하며 말하기를, "너희들은 이 말을 옛사람의 말로만 여기지 말고, 반드시 생각하여 너희들 입에서 나와야 한다."라고 하였고, 또 옛사람들의 선행을 두루 거론하며 말하기를, "너희들은 이 행실을 옛사람들의 행실로만 여기지 말고, 반드시 생각하여 너희들의 몸을 닦는다면 거의 될 것이다."라고 하였다. 관직에 있는 조카들에게 항상 이르기를, "수령(守令)은 의롭지 못한 일을 하지 않으면 쓸 수 있는 재물이 없을 것이고, 관가에서 식솔들을 거느리는데도 남은 물자가 있으면 이 또한 나라의 은혜이다. 그러니 너희들은 백번 삼가고, 재물이 딸리더라도 구차스럽게 구하지 말아야 한다."라고 하였다. 온순하고 돈독하였으며 차분하여 서두르지 않았으니, 자제들이 잘못을 저질

러도 준엄하게 꾸짖은 적이 없고 순순하게 타일러서 스스로 고치도록 하였다. 항상 말하기를, "옛사람들이 견디고 참는다(進忍)는 글자를 쓴 것이 있는데, 이는 나의 스승이다. 한 집안 사이에도 간혹 왕래하면서 말과 행동을 할 때마다 와전된 것이라고 핑계대면 끝내 귀에 거슬릴 것이다."라고 하였다.

형제의 사이는 아무도 이간질하는 말을 할 여지가 없었는데, 계제(季弟: 막내동생 南碏)가 일찍 죽어 집이 스스로 생활해 나갈 수 없게 되자 항상 조카와 질녀들을 불쌍히 여겨 돌보아 주었다. 시집간 누이가 일찍 지아비를 잃고 또 아들까지 잃고서 손자 하나를 안고 의지할 데가 없어 오래된 집으로 옮기게 되자, 새 사당을 지을 때 부군은 이미 예순을 넘어 칠십을 바라보는 나이였는데도 찬바람을 피하지 않고 오가며 감독하여 일을 끝마친 뒤에야 편안히 지냈다. 다른 사람들이 보낸 음식이나 물건들은 반드시 형제들의 집에 나누어 주어서 집에 남아있는 것이 없었다.

젊었을 때는 문장을 지은 것이 배우지 않고도 잘 했는데, 부(賦)·표(表)·논(論)·책(策) 및 잡저(雜著) 등에 대해서는 고문(古文)을 읽고 곧 신묘한 경지를 이루었다. 만년에 이르러서는 경전(經傳)에 침잠하여 자고 먹는 일마저 잊을 지경이었고, 새벽닭이 울면 일어나서 반드시 성현의 경전들을 서너 번씩 소리를 내어 읽고 난 후에라야 다른 일들을 했다. 후생(後生)들이 경모하여 배우기를 청해오는 자들이 많았는데, 가르치기를 게을리하지 않고 그 뜻을 자세히 분석하여 깨우쳐 주며 온 마음을 쏟아 간절하고 지극하였다. 어떤 사람이 묻기를, "늘그막에 이런 일을 하기가 너무 수고롭지 않은가?"라고 하니, 대답하기를, "내 스스로 이 일을 즐겨 피로하지 않다."라고 하였다.

집 앞에 반달 모양의 연못을 파고, 그 파낸 흙으로 대(臺)를 쌓았다.

연못 가운데는 삼산(三山 : 삼신산)을 본뜬 돌무더기를 만들었고, 대에
는 한 칸의 집을 지어서 그 집의 이름을 '유유(由由)'라 하였다. 대개
제철을 만나 감동하여 깊이 닭 부르듯 더불어 같이 하면서도 그 올바
름을 잃지 않는다는 뜻이다. 손수 화초와 대나무를 심고, 사이에는
소나무와 잣나무도 심었다. 밝은 창 아래 깨끗한 책상의 좌우에 쌓아
놓은 도서(圖書)는 정신을 달래며 수양케 하니 세상일을 잊었다. 외부
의 사물에 그 마음을 얽매지 않음으로써 태연히 스스로 깨친 정취(情
趣)가 있었는데, 고시 육운(古詩六韻) 및 이십절(二十絶)을 읊으니 원근
의 어진 사대부들도 역시 대부분 이어서 화운(和韻)하였다. 매일 새벽
이면 스스로 일어나서 집안을 깨끗하게 청소하니, 한가히 수양하는
곳으로 여겼던 것이다.

어린 아이들로 하여금 흙을 운반하여 물가의 땅을 메우도록 하였
다. 하루에 열 삼태기를 날라서 점차로 꽤 높아지게 되자, 그제야 학도
(學徒)들에게 일러 시키기를, "성현들이 쉬지 않고 공부하기를 이와
같이 하였다. 만일 아주 조금씩 쌓아 가면서 조금도 그치거나 쉬지
않으면 오래가고 징험되고 유원하여서, 넓고 두터워지며 높고 밝아지
는 경지에 이를 수 있을 것이니, 배우는 자가 어찌 부지런히 힘쓰지
않겠는가?"라고 하였다.

반궁(泮宮: 성균관)에 유학하였을 때 동학(同學)들이 모두 사랑하고
사모하였다. 경오년(1630) 강경(講經: 경서에 정통한 사람을 뽑는 과거에서
시험관이 지정한 경서를 외는 일)할 때 장령(掌令) 이여익(李汝翊)과 함께
경전을 외웠지만 이여익만 급제하여 대궐의 뜰에 들어가면서 전시(殿
試: 임금이 친히 치르게 하던 과거)의 대책문(對策文)을 부군에 지어달라
고 하자, 부군은 즉시 지어주는데 어려워하는 기색이 없으니, 이여익
이 일어나 절하며 말하기를, "물아무간(物我無間: 나와 남 사이의 구분이

없음)한 자가 아니고서는 누가 그렇게 할 수 있겠는가?"라고 하면서 깊이 탄복하였다.

우복 정경세 선생은 늘 말하기를, "남급은 경세제민(經世濟民: 세상을 다스리고 백성을 구제함)의 재주가 있다."라고 하였고, 그의 손자 창녕(昌寧) 정도응(鄭道應)은 사람들을 대할 때마다 칭송하여 말하였다. 참판(參判) 조수익(趙壽益)은 성품이 간결하고 엄중하여 허여(許與)하는 사람이 적었다. 하루는 이름난 선비들이 모두 모이게 되어 조수익도 그 자리에 있었는데, 좌중의 한 사람이 말하기를, "오늘날 인재가 다하여 비록 나랏일을 맡기려고 해도 그만한 인재가 없다."라고 하자, 조수익이 말하기를, "남급과 같은 사람들은 그 일을 하기에 넉넉하다."라고 하였다. 판서(判書) 정세규(鄭世規)는 이조판서로서 임금에게 건의하며 말하기를, "남급은 남한산성으로 호종하였으니 훈구지신(勳舊之臣: 대대로 나라나 군주를 위하여 드러나게 세운 공로가 있는 신하)이라 할 만하옵고, 또 재주와 학식이 있으니 전하께옵서 만약 이와 같은 사람을 등용하신다면 나랏일을 해볼 수 있을 것이옵니다."라고 하며 즉시 의망(擬望: 후보자를 추천하는 일)을 꺼내 올렸다. 그리고 사람들에게 말하기를, "내가 매번 의망을 하여 이와 같은 사람만 얻게 되면 아마도 나라의 은혜에 보답하는 것이다."라고 하였다. 우윤(右尹) 학사(鶴沙) 김응조(金應祖)도 부군이 남한산성에 호종한 사람들을 위한 과거에 치르지 않은 것을 사론이 장하게 여긴다고 하였다. 상사(上舍) 정유번(鄭維藩)이 일찍이 사람들에게 부군을 칭찬하며 말하기를, "이 사람의 늦게 시드는 자태는 증자(曾子)가 일컬은 '나라의 큰 사변에 임해도 그 마음을 빼앗기지 않은' 자에 거의 가깝도다."라고 하였다. 지평(持平) 수암(修巖) 류진(柳袗)도 칭찬하기를, "유가(儒家)로 학업을 삼으면서 남급을 모르면 어찌 유자(儒者)라 할 수 있겠는가?"라고 하였다. 유현(儒賢: 유학에 정통하고 언행이 바른 사람)으로부터 추중(推重: 높이 받들어 귀히 여김)되고, 명류(名流: 널리 세상에 알려진 사람들)로부터 숭모된 것이 이와 같았다.

　임종할 때도 정신이 어지럽지 않아 손주들로 하여금 빗질하고 양치질하게 하고 손발을 씻도록 하였으니, 기상(氣像)이 단정하고 여유가 있음이 평소와 다르지 않았다. 유서(遺書)에 이르기를,「내 나이 이미 여든이니 죽어서는 나는 편안할 것인데, 무슨 유감이 있겠는가? 억지로 쓴 약을 복용하고 시간 끌기를 바라는 것은 순순히 받아들이는 도리가 아니니, 지금부터 의원을 찾아 약을 지어오지 마라.」라고 하였고, 또 이르기를,「친지나 친구가 병문안하러 오면 곧바로 마땅히 들여야 한다. 머뭇거리며 미루다가 생사를 결별하는 정을 저버리게 해서는 옳지 않다.」라고 하였고, 또「만가(輓歌)는 전횡(田橫)의 빈객에서 시작하여 전횡의 죽음을 슬퍼하는 만사(輓詞)를 지어서 노래하여도 장사지내는 예법에 전혀 상관없을 것이다. 만약 시속(時俗)과 어긋나지 않으려면 만사 8,9장을 사용하되 가장 가까운 사람에게 구하여 처리해도 무방하다.」라고 하였고, 또「우리 집은 본디 빈한하니, 장사지내는 기구는 마땅히 있고 없음에 따라 맞도록 해야지, 쓸데없이 과하게 하여 남 보기에만 좋게 하려고 힘쓰는 것은 옳지 않다. 이것 외에 집안일을 조처할 때는 작은 일도 꼼꼼하게 잘 처리하되 빠뜨리는 것이 있지 않아야 하나, 여기에 죄다 기록할 수가 없다.」라고 하였다. 스스로 명문(銘文)을 구술하고, 비석의 뒷면에 쓰도록 하였다. 임종하던 밤에 "밤이 어떠냐?"라고 물어서, 시중들던 사람이 대답하기를, "달이 뜬 것이 이미 높습니다."라고 하니, "오늘 밤에 달을 따라 응당 떠날 것이다."라고 하였다. 삼경 말(三更末)이 되자, 밤은 이미 깊었지만 정화수(井華水)를 가져오도록 하여 양치질을 끝낸 후에 초연히 죽었다. 일찍이 부모의 곁에 묻히기를 원하여, 그해 10월 승지공(承旨公 : 남융달) 묘의 서쪽 기슭 축좌(丑坐)의 언덕에 묻었으니, 유언을 따른 것이다.

부인은 증정부인(贈貞夫人) 예천권씨(醴泉權氏: 안동권씨)인데, 아버지는 부호군(副護軍) 권문계(權文啓)요, 조부는 직장(直長) 권우(權佑)이고, 증조부는 집의(執義) 권오기(權五紀)이며, 외조부는 광주(廣州) 이유일(李惟一)이다. 만력(萬曆) 무자년(1588)에 태어나서 신해년(1671)에 죽었으니, 향년 84세였다. 부군의 부인이 되어 집안을 화목하게 이끈 것이 59년이었고, 부군보다 79일 먼저 죽었다. …(이하 생략)…

조카 남천한(南天漢) 삼가 쓰다

家狀

府君, 姓南氏, 諱礏, 字卓夫, 自號由由軒, 本貫英陽縣。英陽之南, 自英毅公始, 世爲冠冕之胄。高祖諱處崑參奉, 曾祖諱健參奉, 祖諱應元, 有孝行, 鄕人再聞于朝, 命敍爵賜米布後, 贈司僕正, 又命旌閭。考諱隆達, 以副護軍, 贈左承旨。專意訓誘家庭, 經傳子集, 皆手書, 以貽諸子孫。修姓氏族譜, 具載先代八百餘季事蹟。妣東萊鄭氏, 將仕郞元默之女, 副應敎渙之曾孫。性溫而勤執婦道無違, 度敎子孫以義方。萬曆壬辰七月二十九日, 生府君。幼有異質, 與凡兒不同, 曾大父奇之曰: "興我門者, 必此兒也。" 旣能食食, 或與兒曹, 同受賜于長老, 每辭多受少, 長老奇其所爲。季甫六歲, 與群兒戲, 一兒溺坎水中。他兒皆驚散, 府君曳長竿, 投之坎中, 使溺者攀, 援而出。聞者比之司馬公擊甕事。時大亂之餘, 書籍蕩盡, 府君季十二, 未入學。他兒所受, 從其傍, 先自學得甚速, 王父喜之, 旁求宋記一卷敎之, 文理日就。十九赴京, 試高中, 自此十餘季, 世道濁亂, 無求進之意。至癸亥, 仁廟改玉, 公道大行, 府君始赴擧, 兩季間, 至八九中, 而多居魁。愚伏鄭先生, 見其文歎

曰:"此人, 不但工於文詞, 性理上工夫不少."命胤子使之同製, 以求其
資益, 洎是名聞京鄉. 天啓甲子, 中司馬, 庚午以名儒薦, 薦爲孝陵齋
郎, 甲戌換慶基殿, 閱五月, 遷司甕院奉事. 丙子十二月, 淸兵猝至, 大
駕蒼黃入南漢山城, 府君扈駕入城, 晝夜守堞. 艱得片紙, 日記山城事,
首末甚悉, 至丁丑四月初四日, 始用崇德, 而絶筆焉. 出城時, 諸從臣,
慮蠻興有北狩之禍, 人皆厭避, 府君曰:"設有此事, 臣子當以死從之,
何可避也?"乃陪上, 至虜陣. 仍隨至都中, 辱拜宗廟直長, 修廟宇, 改
木主, 奉安後, 辭歸于鄉. 是季春, 朝廷爲扈從人, 特設科, 府君獨不
赴. 未幾, 陞六品, 除別提, 亦不就. 自此, 絶意名宦. 遂家食而專心事
育, 作農蠶要語, 以見志. 庚辰, 丁內艱, 易戚備至. 己丑, 士林謀梓行
鶴峯金先生文集, 其讐校訂定等事, 皆屬之於府君. 壬辰, 除義興縣監,
府君雖無意於仕進, 而堂有九十歲親, 以奉養日短, 俛勉赴任. 未數月,
遭外艱而歸. 辛亥, 府君季八十, 朝廷推優老之典, 加正三品. 是季八
月, 偶有不安節, 越四日, 口呼遺書甚詳, 越五日, 奄至捐世, 痛哉痛
哉. 辛未, 以南漢扈從勞, 因禮曹啓, 贈戶曹參判, 特恩也. 府君質美而
淸, 性溫而雅, 氣宇寬曠, 才識超邁. 行已以孝悌爲本, 立心以忠恕爲
主. 不以不義加諸身, 亦不以己所不欲施於人. 常曰:"人之處心行事,
不可以險怪也. 平易近民, 民必歸之, 周公豈欺我哉? 至於待人接物,
雍容舒緩, 和氣藹然, 不爲表襮, 人無不愛慕焉. 恬靜自守, 與物無競,
不願乎外, 隨遇而安."其奉祭祀也, 一於禮而不苟. 遇先代忌, 食素三
日, 遇考妣忌, 前期齋素七日. 將事之夕, 省視牲羞, 務令淸潔, 其於如
在之誠, 恐有所不能盡. 至於向耄, 不能起拜, 則令諸孫迭負, 往伏于
祠庭, 以竢祭畢而退. 且念家世淸寒, 子孫貧窶, 常患祭需之不足, 酌
古今之宜, 稱情文之節, 定爲共一卓之制, 曰:"大槪祭物, 只要篤誠精
備, 芬芳有氣之物, 最佳, 不要多品. 老先生祭禮問答云:'祭物, 只以多
品爲善, 決非知禮之人.'此非率世無弊之訓邪? 凡吾所云, 非欲爲畫一
之法. 貧思準此, 富雖加設, 亦不必虛張器數, 自以爲豐也. 若有吉慶
別樣祭祀, 及子孫厚祿者設行, 則不必拘此禮."又曰:"此當自我爲始,

若先世祭祀, 則非我所可任意裁制也." 其持喪也, 遭王母碁制, 居宿于
殯側, 卒哭前, 未嘗入內, 詢問家事, 丁內艱時, 季始衰, 饘粥之飮, 與少
壯者同之, 一遵文公家禮行之. 丁外艱, 季益衰老, 而守制愈確, 與前
喪無異. 其在孝陵及慶基殿時, 守護軍受杖者, 咸服其仁, 相率竪碑,
以銘其德惠. 在司饔院時, 上官差府君於分院, 分院雇立之價, 多至千
餘布, 而前官用盡無餘. 府君悶其役巨財詘, 將欲棄歸, 下輩皆願府君
之留, 齊進以請曰: "轉賣滓器, 庶可支吾." 府君亦念, 交承之際, 涉於
攻發, 仍留視事. 院中古規, 提調曁郎僚, 會院中撿捧其器, 仍成宴
禮. 其來已久, 都提調聞分院無財, 令罷宴禮, 至于期日, 自其家辦備,
蓋愛府君, 淸簡故也. 分院又竪石, 以識其不忘之恩. 其在義興也, 逐
旬送人, 問安於親庭, 值王父初度, 自官爲設壽樽大會, 宗戚故舊, 以盡
歡焉. 其爲治也, 專以愛養下民爲主, 而法制行乎其間, 民皆愛而畏
之. 歲適凶歉, 於是, 倒困廩, 米穀鹽醬以賑之, 民有無父母伶仃者, 必
貿布而衣之. 其若保之仁·子惠之澤如是, 闔境翕然稱之. 及遭艱而
歸, 邑人多出米布以賻之, 府君皆辭而卻之. 其撫子孫以恩, 而敎之必
有法度, 常曰: "程子所謂'欲利於已必害於人'者, 此至訓也. 已之所欲,
人必欲之, 已之所利, 人必利之, 徒知利於已, 而不知害於人, 其可乎
哉? 吾恐汝等之有此行也." 子弟及學徒, 讀書之暇, 使來前, 歷擧古人
嘉言, 曰: "汝不以此言爲古人之言, 而必思出於汝口." 又歷擧古人善
行, 曰: "汝不以此行爲古人之行, 而必思修於汝身, 則庶乎其可也." 常
謂侄等之居官者, 曰: "守令, 如不爲非義之事, 則無財可用, 而率眷于
官家, 有餘資, 是亦國恩. 爾等除授邑宰, 百分愼之, 勿以財詘苟得也."
溫淳篤厚, 從容不迫, 子弟有過, 未嘗峻責, 諄諄誘掖, 令自改焉. 常
曰: "古人有書進忍字者, 是吾師也. 一家之間, 或有往來, 行言輒誘以
訛傳, 終不入耳." 昆弟之間, 人無間言, 季弟早歿, 家不能自存, 恒加矜
恤令子女. 及時冠笄一妹, 早喪夫, 又喪子, 抱一孫無依, 爲遷舊家, 立
新廟時, 府君已逾六望七, 而不避風寒, 往來監董, 使之竣事, 而安居
焉. 凡人饋遺之物, 必分與昆季家, 家無所餘. 少時爲文, 不學而能, 其

於賦表論策及雜著, 觀古文而便極其妙。及其晚歲, 潛心經傳, 至忘寢
食, 雞鳴而起, 必誦聖賢書三數遍, 然後應事務。後生景慕, 多有請學
者, 誨之不倦, 剖析開曉, 傾倒切至。或問:“老境爲此, 得無勞乎?”答
曰:“我自樂此, 不爲疲也.”家前, 鑿池象半月, 以其土築臺。池中疊石,
以象三山, 臺上搆一室, 名其軒曰‘由由.’蓋有感於所逢之時, 深卲乎偕
而不失之義也。手種花竹, 間以松柏。明窓淨几, 左右圖書, 怡神養精,
與世相忘。不以外物累其心, 而有悠然自得之趣, 詠古詩六韻及二十
絶, 遠近賢士大夫, 亦多續而和之。每黎明, 自起淨掃庭宇, 以爲閒養
之所。令小兒輩, 輂土以塡, 濱下之地。一日十簣, 漸至崇高, 乃指示學
徒, 曰:“聖賢不息工夫如此。苟能銖積寸累無少間斷, 則久而徵而悠
遠, 可至於博厚高明, 學者胡不慥慥爾?”其遊泮宮也, 儕輩皆愛慕之。
庚午講經時, 與李掌令汝翊, 同應講, 李獨參榜, 將入大庭, 求所製殿策
於府君, 府君卽與之無難色, 李起拜曰:“非物我無間者, 其孰能之?”深
爲之歎服。鄭愚伏先生, 常曰:“南某有經濟之才.”其孫鄭昌寧道應, 每
向人稱述之。趙參判壽益, 性簡重小許可。一日, 名士齊會, 趙亦參坐,
坐中一人曰:“方今, 人材之盡, 雖欲委寄國事, 無其人矣.”趙曰:“如南
某輩, 優爲之矣.”鄭判書世規, 爲吏曹, 建白榻前曰:“南某扈駕南漢,
可謂勳舊之臣, 而且有才學, 殿下若用此等人, 國可爲矣.”卽出擬望。
而語人, 曰:“吾每擬, 若得如此之人, 庶報國恩.”金右尹鶴沙公, 亦以
不赴山城科, 爲士論所多。 鄭上舍維藩, 嘗與人稱府君, 曰:“人也, 後
凋之姿, 曾子所謂‘臨大節而不可奪’者, 庶幾乎?”柳持平修巖公, 亦稱
曰:“以儒爲業而不知南某, 則何足謂之儒也?”其推重於儒賢, 見慕於
名流, 如此。其臨終時, 精神不亂, 命孫兒櫛盥洗手足, 氣像整暇, 與平
日無異。其所遺書曰:「吾季已八十, 歿吾寧也, 有何憾焉? 强服苦劑,
冀延時刻, 非順受之道, 自今其無訪醫劑藥.」又曰:「知舊有來問疾者,
卽當請入, 不可持難, 以負其死生訣別之情.」又曰:「輓歌, 始於田橫之
客, 哀田橫之死, 作詞以謌之, 於送終之禮, 全不相關。若不欲違俗, 則
用八九張, 求諸最親, 處亦不妨.」又曰:「吾家本貧寒, 喪葬之具, 當稱

其有無, 不可務爲虛張以觀美也。此外, 處置家事, 綜理微密, 無有闕漏, 而不能盡載於此.」自述銘, 命書碑陰。屬纊之夜, 問: "夜如何?" 其侍者對曰: "月出已高." 曰: "今夜, 月當出." 三更末, 夜已分矣, 命取井華水, 嗽口畢, 翛然而逝。嘗願埋父母側, 其季十月, 葬于承旨公墓西麓丑坐之原, 從遺命也。配贈貞夫人醴泉權氏, 考副護軍文啓, 祖直長佑, 曾祖執義五紀, 外祖廣州李惟一。生于萬曆戊子, 卒于辛亥, 享年八十四。配府君宜家者, 五十有九載, 先府君七十九日而終。…(이하 생략)… 侄子天漢謹書

[新安世稿, 권4, 由由軒遺稿·附錄]

31. 류원경

류원경의 자는 □□, 본관은 풍산, 호는 농한이다. 선조 정유년 (1597)에 태어났다.

공이 나이가 거의 20세에까지도 남보다 뒤지자 어머니는 성품이 엄하였지만 조금이나마 자애로웠다. 공은 온순한 모습으로 부모의 안색을 받들어 따르며 간곡하게 그 도리를 다하니 어머니의 마음에 들어서 기뻐하였다. 병구완을 할 때는 근심이 얼굴에 가득하여 약 수발을 반드시 몸소 하였고, 밖에서 맛있는 음식을 얻으면 번번이 봉양하였으니 노년에 이를 때까지 조금도 변하지 않았다. 형을 섬기는 것이 아버지 섬기듯이 하였고 동생을 사랑하는 것이 자신을 사랑하듯이 하였는데, 온 집안은 그 즐거움을 함께하였고 그 화목함이 넘쳤으니, 비록 가정의 교훈이 있어서 비롯되었다 하더라도 대개 타고난 자질이 점잖음에서 말미암은 것이지 억지로 힘들여 그렇게 되지 않았을 것이다.

병자년(1637) 봄에 오랑캐가 군대를 크게 일으켜 남한산성을 포위했다가 풀렸는데, 서쪽을 바라보고 통곡하며 말하기를, "우리 동방의 억만이나 되는 신민(臣民)들이 진실로 능히 한마음으로 적을 토벌했으면 어찌 군부(君父)가 이 지경에 이르도록 하였겠는가."라고 하고는, 마침내 가동(家僮) 백여 명을 모집해서 나라를 위하여 목숨을 걸고 싸우려는 뜻을 세웠지만, 또한 미칠 수 있는 바가 아니었다. 이로부터 세상에 명성이 알려지기를 구하지 않았으니, 청계(靑溪) 가에 조그만 암자를 짓고서 수은(睡隱)이라 편액하고 이어서 자호(自號)를 농한(聾漢)이라 하였다. 일찍이 스스로 벽 위에 썼으니, "살아서 대명 사람이 되고, 죽어서는 대명 귀신이 되리로다. 술 취해서 잠자고 깨어서 귀먹어리가 되니 귀도 들리는 것이 없고 눈도 보는 것이 없도다."라고 하였다.

공이 젊어서 병이 많더니 상(喪) 치르기를 예(禮)로 하다가, 끝내 기력이 떨어지기에 이르러 마침내 일어나지 못하였다.【협주: 정칙이 찬한 묘지에 실려 있다.】

• 柳元慶

| 柳元慶, 字□□[1], 豐山人, 號聾漢。宣祖丁酉生。

公年幾二十, 爲後於人, 母夫人性嚴少慈。公婉容承順, 曲盡其方, 得親之喜。侍疾憂形于色, 藥餌必躬, 在外得甘旨, 輒以奉養, 至老不少變。事兄如事父, 愛弟如愛身, 一家之內, 怡然其樂, 藹然其和, 雖家庭教訓之有自, 蓋由天姿豈弟[2], 不待勉強而然也。

及丙子春, 虜兵大擧, 南漢圍解, 西望痛哭曰: "環東土, 億萬臣庶, 苟能一心討賊, 豈使君父至此?" 遂募聚家僮百餘人, 有報國死敵之志, 而亦莫之及焉。自是不求聞知於世, 築小庵於靑溪之上, 扁以睡隱, 因自號聾漢。嘗自書壁上, 曰: "生爲大明人, 死作大明鬼, 醉而睡, 醒而聾, 耳無聞, 目無睹."

公少多病, 執喪以禮, 遂至沈頓[3], 竟不起。【鄭侙[4]撰誌】

1　□□: 善膺의 누락.

2　豈弟(개제): 점잖음. 용모가 단아하고 기상이 화평함.

3　沈頓(침돈): 기력이 떨어져서 움직임이 둔함.

4　鄭侙(정칙, 1601~1663): 본관은 淸州, 자는 仲則, 호는 愚川·臥雲翁. 안동 출생. 증조부는 鄭彦輔이며, 조부는 鄭枓이다. 아버지는 鄭士信이며, 어머니 永川李氏는 관찰사 李光俊의 딸이다. 첫째부인 淸州韓氏는 韓汝涧의 딸이며, 둘째부인 高靈朴氏는 朴成范의 딸이다. 광해군의 폭정을 비판하여 과거 응시를 포기하고 글만을 읽다가, 1627년 진사가 되고 이어서 참봉에 올랐다. 1636년 병자호란 직전에 〈論時事言罪〉를 지어 국가의 장래를 걱정하였는데, 경상좌도의 병영 이전 등 7개항의 시폐를 개혁할 것을 요구하고, 왕도정치

보충

정칙(鄭侙, 1601~1663)이 찬한 묘지명

서부참봉 류공 묘지명

나는 일찍이 묘지(墓誌)는 삼가지 않으면 안 된다고 생각한 적이 있는데, 지문(誌文)이고서 사실대로 하지 않으면 그 묘소에 대해 기록한 것이 아니다. 문공(文公) 한유(韓愈)의 비지(碑誌)는 종장(宗匠)의 만고문장(萬古文章)이지만 그래도 무덤에 아첨했다는 조롱이 있었으니, 지문을 지어 후세 사람들에게 신임을 받으려면 참으로 어렵다. 그러나 문(文)의 폐해적 아첨은 본연의 소박한 모습을 해치는 것이니, 꾸밈이 없는 본연의 모습이야말로 사실로서 믿음을 받는 것에 가까울 것이다.

나의 친구 류선응(柳善膺: 류원경) 군이 죽어 장례가 끝났는데, 그 아들 류세봉(柳世鳳)이 여러 번 나의 집을 찾아와 묘지를 청하였다. 아, 세상에서 문장에 능한 이가 많거늘 단지 나에게 부탁하여 그 또한 꾸밈이 없는 본연의 모습을 취하려는 것인가? 군(君)을 잘 아는 이로 나보다 나은 사람이 없으니, 아니면 사실로서 기록하려는 것인가? 사양해도 되지 않아서 평소 군을 살펴본 것으로 글을 짓고자 하는데, 군의 행실은 크게 3가지가 있었으니 곧 어버이 섬김에는 효도하고, 형제에게 우애하고, 벗 사귐에는 독실한 것이다.

군이 나이가 거의 20세에까지도 남보다 뒤지자 어머니는 성품이 엄하였지만 조금이나마 자애로웠다. 군은 온순한 모습으로 부모의 안색을 받들어 따르며 간곡하게 그 도리를 다하니 어머니의 마음에 들어서 기뻐하였다. 병구완을 할 때는 근심이 얼굴에 가득하여 약

를 시행해야만 나라가 평안하고 백성도 안락을 누릴 수 있다고 주청하였다.

수발을 반드시 몸소 하였고, 밖에서 맛있는 음식을 얻으면 번번이 봉양할 것을 생각하여 친부모와 다를 바 없었으니 노년에 이를 때까지 조금도 변하지 않았다. 형을 섬기는 것이 아버지 섬기듯이 하였고 동생을 사랑하는 것이 자신을 사랑하듯이 하였는데, 온 집안은 그 즐거움을 함께하였고 그 화목함이 넘쳤으니, 비록 가정의 교훈이 있어서 비롯되었다 하더라도 대개 타고난 자질이 점잖음에서 말미암은 것이지 억지로 힘들여 그렇게 되지 않았을 것이다.

그것은 사람에게 있어서도 진실로 선한 사람인 줄 알면 비록 서로 부르고 따르는 것이 드물었지라도 호감을 가지고서 기뻐하거나 즐거워하여 마음속의 생각을 모두 털어놓으며 오래도록 우의를 한결같이 지켰지만, 만일 선하지 않은 사람인 줄 알면 비록 날마다 서로 만났을지라도 멀어져서 끝내 친하게 지내지 않았다. 이 때문에 타협이 적고 소루함이 많았지만 좋아하고 미워하는 것을 보면 또한 군이 마음에 두었던 바를 알 수 있을 것이다.

군의 집안은 대대로 현달하고 융성하여 견줄 만한 사람이 없었는데도 겸손과 절약을 스스로 지켜서 교만하게 게을러 방탕히 생활한 잘못이 없었다. 그래서 사업에 나타난 것은 모두 다 칭찬하여 기술할 만하였는데, 행실은 이루 헤아려서 낱낱이 열거할 수 없으나 그 큰 것이 위와 같았으니 자잘한 것은 생략해도 될 것이다. 군의 사실로서 군의 묘지를 지었으니, 글은 비록 졸렬하더라도 지금과 이후에 믿음을 얻기에 족하리로다.

군의 휘는 원경, 본관은 풍산이다. 시조 류백(柳栢)이라는 이는 고려 때 급제하였고, 류난옥(柳蘭玉)이라는 이는 도염서령(都染署令)을 지냈고, 류보(柳葆)라는 이는 판도판서(版圖判書)를 지냈고, 류종혜(柳從惠)라는 이는 우리 조선에 들어와 공조전서(工曹典書)가 되었고, 류홍(柳

洪)이라는 이는 좌군사정(左軍司正)을 지냈고, 류소(柳沼)라는 이는 사복시정(司僕寺正)을 지냈고, 류자온(柳子溫)이라는 이는 이조판서에 증직되었다. 류공작(柳公綽)이라는 이는 군수를 지냈고 좌찬성에 증직되었는데, 이 분이 군의 고조부이다.

증조부 휘 류중영(柳仲郢)은 관찰사를 지냈고 영의정에 증직되었다. 조부 휘 류운룡(柳雲龍)은 목사를 지냈고 이조참판에 증직되었고 호는 겸암(謙庵)이다. 동생 서애(西厓: 류성룡) 선생과 함께 퇴도(退陶: 이황)의 문하에서 수학하였다. 몸가짐을 다잡고 백성을 다스리면서 청렴하고 근신하며 부지런하고 민첩하였으니 사람들이 모두 존경하여 감복하였다. 아버지 휘 류기(柳褀)는 현감을 지냈으며, 어머니는 내자시정 의성(義城) 김극일(金克一)의 딸이다. 정유년(1597) 모월 모일에 군을 낳았다.

족숙부(族叔父) 휘 류암(柳嵒)에게 양자가 되어 대를 이었다. 조부 휘 류성구(柳成龜)는 장사랑을 지냈다. 증조부 휘 류경심(柳景深)은 사헌부 대사헌을 지냈고 문과 중시(文科重試)에 급제하였으며, 기개와 절조며 지략으로 근대(近代)의 명신(名臣)이 되었다. 고조부 휘 류공권(柳公權)은 공조정랑을 지냈고 예조참판에 증직되었으며, 바로 군수공(郡守公: 류공작)의 형이다. 어머니 광산김씨(光山金氏)는 예문관 검열을 지냈고 홍문관 수찬에 증직된 김해(金垓)의 딸, 관찰사 김연(金緣)의 증손녀이다.

군은 일찍이 향해(鄕解: 鄕試)에 세 번이나 합격하였었다. 음보(蔭補)로 서부참봉(西部參奉)이 되었지만, 얼마 되지 않아 벼슬을 그만두고 집으로 돌아왔다. 경인년(1650) 봄에 모친상을 당했다. 11월 모일에 병으로 죽었고, 신묘년(1651) 모월 모일에 안동부 서쪽에 있는 천등산(天燈山) 남쪽 손향(巽向)의 언덕에 묻었다. 공이 젊어서 병이 많더니

상(喪) 치르기를 예(禮)로 하다가, 끝내 고질병에 이르러 마침내 일어나지 못하였으니 더욱 슬프다. 군은 풍산(豊山) 사람 찰방 김창조(金昌祖)의 딸에게 장가갔다. … (이하 생략) …

西部參奉柳公墓誌銘

伏嘗謂誌墓不可不謹, 誌而不以實, 非所以誌其墓。韓文公碑誌, 爲萬古文章之宗, 猶有諛墓之譏, 作誌而欲取信於後, 誠難矣。然文之弊夸, 拙之流朴, 匪文而拙, 庶乎以實而信矣。余友柳君善膺, 歿旣葬, 其孤世鳳, 纍然踵門, 以誌爲請。噫! 世之能文者多矣, 獨以累余, 其亦取其拙歟? 知君莫如余, 抑欲紀以實歟? 辭之不獲, 以平日覩於君者爲之言, 君之行其大有三, 孝於事親也, 友於兄弟也, 篤於交友也。君年幾二十, 爲後於人, 母夫人性嚴少慈。君婉容承順, 曲盡其方, 得親之喜。侍疾憂形于色, 藥餌必躬, 在外得甘旨, 輒思以奉養, 無間所生, 至老不少變異。事兄如事父, 愛弟如愛身, 一家之內, 怡然其樂, 藹然其和, 雖家庭敎訓之有自, 蓋由天資豈弟, 不待勉强而然也。其於人也, 苟知其善, 雖罕與徵逐, 慕悅歡欣, 輸寫肺肝, 耐久如一, 如知其不善, 雖日相接, 邈乎終不與之親焉。以是, 寡合而多踈, 然觀於好惡之者, 亦可以知君之所存矣。君家世顯隆, 人莫與京, 能謙約自將, 無驕惰遨放之失。故其見於事爲者, 率可稱述, 行不可指屈而毛擧, 其大如右, 其細可略也。以君之實, 誌君之墓, 辭雖拙, 足以信於今與後也歟。君諱元慶。豊山人。始祖曰柏麗朝及第, 曰蘭玉染署令, 曰葆版圖判書, 曰從惠仕國朝爲工曹典書, 曰洪左軍司正, 曰沼司僕正, 曰子溫贈吏曹判書。曰諱公綽郡守, 贈左贊成, 是爲君高祖。曾祖諱仲郢觀察使, 贈領議政。祖諱雲龍牧使, 贈吏曹參判, 號謙菴。與弟西厓先生, 俱學退陶門。檢身治民, 淸愼勤敏, 人皆敬服。考諱裿縣監。娶內資正義城金克一女。以丁酉某月某日生君。出繼于族叔父諱峕。祖諱成龜, 將仕郞。曾祖諱景深司憲府大司憲, 擢文科重試, 以氣節才略, 爲近代名

臣。高祖諱公權工曹正郎，贈禮曹參判，寔郡守公之兄也。妣光山金氏，藝文檢閱，贈弘文修撰垓之女，觀察使緣之曾孫。君嘗三中解選，以蔭補西部參奉，未幾棄歸。庚寅春丁內艱。十一月某日，以疾終，辛卯某月某日，葬安東府西天燈山南巽向之原。君少多病，執喪以禮，遂至沈痼，竟不起，尤可哀也已。君娶豊山人察訪金昌祖之女。…(이하 생략)…

[愚川先生文集，권6，墓誌]

32. 남해준

남해준의 자는 효재, 호는 신촌, 본관은 영양이다. 판결사 남세우(南世佑)의 증손자이다. 선조 무술년(1598)에 태어났다. 현종 정미년(1667)에 죽었다.

일찍이 이시(李薜)에게 배웠는데, 이시는 폐주(廢主: 광해군)의 가까운 행신(倖臣: 왕의 총애를 받은 신하) 이강(李茳)의 형이다. 이강이 총애를 받아 등용되자, 그의 형제와 여러 아들들이 모두 좋은 벼슬을 하니, 공은 그것을 수치스럽게 여겨 끝내 아예 왕래를 끊었다.

나면서부터 총명하였고 몸을 깨끗이 하고 행동을 잘 닦았는데, 진(秦)나라와 한(漢)나라 때의 고문을 탐문하였기로 그의 문장에는 기력이 넘쳤고 고법(古法: 옛 법식)이 많았으니, 《사례질의(四禮質疑)》 4권을 지어 남아 있다.【협주: 허목이 찬한 갈명에 실려 있다.】

• **南海準**

南海準, 字孝哉, 號新村, 英陽人。判決事世佑曾孫。宣祖戊戌生。
顯宗丁未卒。

嘗學於李薜[1], 薜, 廢主近倖臣茳[2]之兄也。及茳寵用, 其兄弟諸子皆

---

1 李薜(이시, 1569~1636): 본관은 永川, 자는 中立, 호는 善迂堂. 안동 출신. 증조부는 李賢佑이며, 조부는 李忠樑이다. 아버지는 李德弘이며, 어머니 英陽南氏는 南應乾의 딸이다. 부인 眞城李氏는 李宗道의 딸이다. 鄭逑의 문인이다. 어려서부터 재주가 남달리 뛰어나서 13, 14세에 經史를 통달하였다. 이때 아버지의 道를 굽혀서까지 명예를 따르지 않는다는 가르침을 받들어, 벼슬할 것을 단념하고 학업에만 전념하였다. 한갓 출세에 급급하여 권당에 발을 들인 아우가 있어 꾸짖고 타일러 온갖 방법으로 빗나가는 아우를 건지려 하였다. 그러나 끝내 듣지 않자 "옛 사람은 재주로 立身을 했건만, 요새 사람은 재주로 몸과 집을 망치는구나!?"라고 개탄한 것으로 전해진다.

得顯仕, 公恥之, 遂絶去。

生而穎悟, 潔身修行, 篤好秦·漢古文, 故其文有氣力, 多古法, 有所
撰《四禮質疑》四卷。【許穆撰碣[3]】

보충

남몽뢰(南夢賚, 1620~1681)가 찬한 가장

선고 통사랑 부군 가장

부군(府君)의 성씨는 남씨, 초명은 해량(海量), 자는 대수, 개명은 해
준(海準), 자는 효재이다. 하지만 구자(舊字: 예전 자)로 알려진 지 오래
였기 때문에 부르는 사람들이 바꿀 수가 없었다.

본관은 영양(英陽)이다. 비조(鼻祖: 시조)는 영의공(英毅公) 휘 남민(南
敏)이며, 그 8,9세에 이르러 휘 남군보(南君甫: 의령남씨의 分貫祖)는 고
려조에서 벼슬하다가 죽었고 관직이 밀직부사(密直副使)이다. 밀직부
사의 5세손 휘 남휘주(南暉珠)는 관직이 전리판서(典理判書)에 이르렀
다. 그 아들은 참판(參判: 호조참판) 남민생(南敏生)이다. 그 아들은 회령
부사(會寧府使) 남우량(南佑良: 남민생의 4남)이다. 그 아들은 좌랑 남치
공(南致恭)이다. 그 아들 군수(郡守) 남의원(南義元)은 부군의 5대조이
다. 증조부 휘 남구수(南龜壽)는 성균관 진사(成均館進士)였다. 조부 휘

---

2 莊(강): 李莊(1573~1623). 본관은 永川, 자는 馨甫, 호는 琴鶴堂. 이덕홍의 셋째 아들로
   태어났으며 어려서부터 집안에서 수학하였다. 1603년 진사시에 합격하고, 1615년 찰방으
   로서 식년문과에 급제하였다. 당시 둘째형 李苙과 동생 李慕도 함께 급제하였으며, 동생
   李蒇은 1616년 알성문과에 급제하였다. 1616년 대교, 봉교, 부교리 등을 거쳐 1617년에
   사서, 정언이 되었다. 그 뒤 수찬이 되어서는 李爾瞻, 許筠, 金欲 등과 어울려 인목대비의
   폐모론에 방조하는 구실을 하였다. 그 결과 1618년 허균의 역모에 연루되어 파직되었고
   이어 위리안치되었다가 인조 즉위 뒤 처형되었다.

3 許穆이 찬한 墓碣은 찾을 수가 없지만, 남해준의 아들 南夢賚가 찬한 家狀이 있어 그
   일부만 소개함.

남응진(南應震)은 덕을 숨기며 벼슬하지 않았다. 아버지 휘 남추(南樞)는 회령공(會寧公) 6세손 첨지(僉知) 휘 남신충(南藎忠)의 후손에게 양자로 갔다. 사직(司直) 휘 남호(南灝)는 조부이다. 장례원 판결사(掌隸院判決事) 휘 남세우(南世佑)는 증조부이다. 아버지는 처음 벼슬길에 나서 군자감 참봉(軍資監參奉)이 되었고, 공조좌랑에 증직되었다. 어머니는 통덕랑(通德郎) 안동 권희언(權希偃)의 딸이다. 만력(萬曆) 무술년(1598) 8월 모일 해시(亥時)에 부군을 낳았다.

부군은 나면서부터 뛰어난 자질을 지녀 영특함이 남달랐다. 8세 때 연안(延安) 이입가(李立可)에게 배웠는데, 이입가는 자주 칭찬하여 말하기를, "나는 많은 아이를 겪어 보았지만, 이 아이와 견줄 자가 있지 않을 것이다."라고 하였다. 성장해서는 이시(李蒔)의 문하에 종유하였는데, 이때 간신들의 부추김에 의해 모후(母后: 인목대비)를 서궁(西宮)으로 유폐시켜 장차 폐위하려고 조정의 신하 가운데 추종자들이 간사한 의논에 붙었다. 이시의 친동생 이강(李茳)·이점(李蕆) 및 이점의 아들 이영구(李榮久)가 대부분 요로(要路)에 발걸음을 하였다. 부군이 마음속으로 그것을 비루하게 여기고서 길게 읍(揖)하고 돌아온 뒤로는 두 번 다시 그의 문하에 출입하지 않았으며, 또한 자기 생각을 말하지 않았다.

이로부터 더욱 자신을 곧게 수립하였는데, 기람(記覽)에 힘쓰고 사장(詞章)이나 공부해서 글로 세상에 이름을 이루고자 《좌씨전(左氏傳)》을 읽는 것을 좋아하여 이따금 그 체제를 본받았으니, 그 뜻을 굽혀 과거 시험 보는 자의 척도에 맞추지 않았기 때문에 오래도록 과거에 급제하지 못하였다가 계해년(1623) 처음으로 향시(鄉試)에 합격하였다. 무자년(1648) 다시 향위(鄉圍: 향시)를 보고 〈춘추의(春秋義)〉를 지었는데, 그 글은 대부분 전한(前漢) 이전의 글을 사용하여 구두하

는 것을 간혹 이해하지 못하는 경우가 있어 떨어뜨리고자 하니, 참고
관(參考官: 試官)이 크게 칭찬하고 상을 내리며 말하기를, "문인(文人)
이로다. 떨어뜨려서는 아니 되네."라고 하면서 1등으로 뽑아놓았다.
훗날 지은 글도 대부분 이와 같았으니, 지우(知遇)를 입기도 하고 지우
를 입지 않기도 하여서 끝내 그의 이름을 이룰 수 없었으나, 선조(先
祖)의 음덕으로 통사랑(通仕郎) 품계를 받았다.

만년에는 더욱 뜻을 얻지 못하자 문을 닫아걸고서 뜻을 길렀다.
스스로를 신촌거사(新村居士)라 불렀다. 날마다 바둑을 즐기는 노인들
과 상대하느라 시골 늙은이와 자리다툼을 하였다. 봄과 여름에는 지
팡이와 신이 밭이랑 사이에 가득하였고, 가을과 겨울에는 또한 매
사냥을 스스로 즐겼으니, 비록 혹한과 무더위며 폭우라도 힘들어 하
지 않았다. 대개 그의 포부에 제대로 발휘하지 못한 것이 있었으므로
이에 의탁하여 자기 스스로의 마음을 위로한 것이다. …(중략)…

부군은 어려서부터 질병이 없었고 늙어서도 더욱 건강하였으니,
보는 사람들이 장수하기를 바라지 않음이 없었다. 불초고(不肖孤: 喪制
의 겸칭) 또한 죄역(罪逆: 부모의 상을 당한 것을 일컫는 말)이 깊고 무거움
을 스스로 알지 못하고서 오히려 이 세상에 남겨두기를 하늘에 바라
고 있었다. 그런데 정미년(1667) 겨울에 우연히 풍환(風瘓)을 앓다가
12월 14일 갑자기 아들들을 버리고 갔으니 향년 70세였다. 부여잡고
울부짖기도 하고 가슴을 치고 뛰기도 하며 땅에 머리를 찧어도 미칠
수가 없으니 오호라, 애통하다.

유인(孺人: 부인) 권씨(權氏)는 안동의 명문세가로 태사(太師) 권행
(權幸)의 후손이다. 증조부 휘 권예(權輗) 이조판서를 지냈다. 조부 휘
권안세(權安世)는 호조참판에 증직되었다. 아버지 휘 권지(權誌)는 군
자감 직장(軍資監直長)을 지냈다. 직장은 첨지(僉知) 춘천(春川) 박언

필(朴彦弼)의 딸에게 장가를 갔다. 만력 갑오년(1594) 11월 17일에 유인을 낳았다. 장성해서 부군에게 시집을 왔는데, 집안 살림을 맡은 지 20년 동안 부덕(婦德)에 어긋남이 없었다. 부군보다 31년 앞서 죽었으니, 무인년(1638) 정월 14일이었다. 문소현(聞韶縣) 북쪽 금당리(金堂里) 이향(离向)의 언덕에 묻었으니, 선영이 있었다. 부군이 죽자 장지의 한쪽 곁에 합장하려고 하였는데, 감여씨(堪輿氏: 풍수가)가 말하기를, "옳지 않다."라고 하였다. 그리하여 유인의 묘 아래에 있는 섬돌 위에 구멍 하나를 내어 부군을 묻고 상하분(上下墳)으로 만들었다. …(이하 생략) …

先考通仕郎府君家狀

府君姓南氏, 初諱海量, 字大受, 後改諱海準, 字孝哉。 然其以舊字聞也久, 故稱者莫能易也。系出英陽。鼻祖英毅公諱敏, 八九世至諱君甫, 仕麗朝卒, 官密直副使。密直五世孫諱暉珠, 官至典理判書。傳子參判敏生。是生判會寧府事佑良。是生佐郎致恭。是生郡守義元, 是府君之五代祖也。曾祖諱龜壽, 成均進士。祖諱應震, 隱德不仕。考諱樞, 出繼會寧公六世孫僉知諱藎忠之後。以司直諱灝爲祖考。以掌隷院判決事諱世佑爲曾祖考。筮仕爲軍資監參奉贈工曹佐郎。聘通德郎安東權希偃之女。以萬曆戊戌八月日亥時生府君。府君, 生而有奇質, 警悟絶人。八歲從延安李立可學。李亟稱之曰: "吾閱人兒多矣, 未有如此兒比者。" 旣長, 遊於李蕡之門, 時奸臣從臾, 錮母后于西宮, 欲廢之, 朝士之趨羶者, 附會邪議。蕡之母弟李洭‧李葳及其子榮久, 多要路跡。府君心鄙之, 長揖而歸, 不復再登其門, 亦不自宣。自是益自植立, 務記覽爲詞章, 欲以文字成名於世, 好讀左氏書, 往往效其體, 不能屈意用擧子尺度, 以故久不利於場屋, 癸亥始擧發解。戊子入鄕圍, 作春秋義, 其文多用前漢以上文字, 句讀者或不能解, 欲屈之, 參考官大加稱賞曰: "文人也。不可屈也。" 擢置第一名。他日所作多類此, 或遇或不

遇, 終不克遂其名, 以先蔭受通仕郞階。晚益不得志, 杜門頤養。自號
新村居士。日與碁翁相對, 或從野老爭席。春夏杖屨遍於田畝間, 秋冬
亦以鷹佃自娛, 雖祈寒暑雨, 不以爲勞。蓋其中所抱負有不得騁者, 故
託此以自遣。…(중략)… 府君, 自少無疾病, 老而益康健, 見者無不期
以遐壽。不肖孤亦不自知罪逆之深重,　而猶有冀於愁遺之天也。丁未
冬, 偶患風瘓, 十二月十四日, 奄棄諸孤, 享年七十。攀號擗踊, 叫叩
無及, 嗚呼慟哉。孺人權氏, 安東世家, 太師幸之後也。曾祖諱軦吏曹
判書。祖諱安世贈戶曹參判。考諱誌軍資監直長。直長娶僉知春川朴
彦弼之女。以萬曆甲午十一月十七日生孺人。及長, 歸于府君, 主中饋
二十年, 無違德。先府君三十一年而卒, 實戊寅正月十四日也。葬于聞
韶縣北金堂里离向之原, 從先兆也。及府君卒, 葬地偏側, 欲合窆之,
堪輿氏曰：“不可。”乃於孺人墓下砌上占一穴, 葬府君, 作上下墳。…
(이하 생략)…

[伊溪先生文集, 권6, 行狀]

33. 장흥효

장흥효의 자는 행원, 호는 경당, 본관은 인동이다. 참관(參官)을 지냈다. 안동의 경광사(鏡光祠)에 향사하였다.

어려서 학봉 김성일에게 사사하여 앞뒤의 구분을 알았고, 또 서애 류성룡에게 사사하여 더욱 자신을 이루는 요체를 익혔으며, 또 한강(寒岡: 鄭逑)·여헌(旅軒: 장현광) 두 사람을 종유하면서 마음을 감추며 힘써 실천하여 덕이 증진되고 학업이 넓었다. 《일원소장도(一元消長圖)》를 저술하여 음양의 변화를 간략히 하고 요명(窈冥: 형체가 없는 도의 모습)을 궁리해내자, 여헌이 '앞사람이 발견하지 못한 것을 발견했다.'라고 하면서 크게 장려하며 칭찬하였다.【협주: 권유가 찬한 문집 서문에 실려 있다.】

• 張興孝

張興孝[1], 字行原, 號敬堂, 仁同人。參官。享安東鏡光祠[2]。

少事鶴峯金公, 知內外之分, 又事西厓柳公, 益聞成己之要, 又從寒岡·

---

[1] 張興孝(장흥효, 1564~1633): 본관은 安東, 자는 行源, 호는 敬堂. 증조부는 張以武이며, 조부는 참봉 張翕이다. 아버지는 部長 張彭壽이며, 어머니는 安東權氏이다. 첫째부인 安東權氏는 權士溫의 딸이며, 둘째부인 安東權氏는 權夢日의 딸이다. 金誠一·柳成龍을 사사하고, 뒤에 鄭逑의 문하에서 학문을 닦아 문명이 높았다. 관계 진출을 단념하고 후진의 교도에 전념하여 제자가 수백 명에 달하였다. 특히, 易學을 깊이 연구하여 胡方平의 《易學啓蒙通釋》의 分配節氣圖를 보고 오류된 것을 의심, 이를 고증, 연구하여 20년 만에 十二圈圖를 推演하였다. 문하에 李徽逸 등 학자가 있다. 1633년 昌陵參奉에 임명되었으나 교지가 도착되기 전에 죽었다.

[2] 鏡光祠(경광사): 鏡光書院. 경상북도 안동시 서후면 금계동에 있는 서원. 1690년에 창건하여 裵尙志·李宗準·張興孝를 봉향하다가 1868년 훼철되었으며, 1972년 복원되어 지금에 이르고 있다.

旅軒二公遊, 潛精³力行, 德進業廣。著《一元消長圖》, 埒舉陰陽之化,
窮逐窈冥之除, 旅軒以'發前人之所未發', 深加獎詡。【權愈撰文集序】

보충
권유(權愈, 1633~1704)가 찬한 서문

경당선생문집 서

예로부터 성현(聖賢)을 종유(從遊)한 자는 재주와 기량이 비록 사람
마다 다를지라도 대개 모두 실천하고 이행하는 독실함이 있다. 그
논설(論說)이란 것 또한 반드시 시말(始末)을 갖추거나 실천하는 중에
있는 것이다. 무릇 성(性)은 자기 몸에 있는 것으로 천부적인 마음에서
우러나와 갈 바도 있고 건널 바도 있어 반드시 같은 뜻을 지닌 이를
찾아가 좇으며 일러주는 바를 구하는 것이다.

그리고 널리 사리에 통달한 스승의 가르침은 마침 그 이루어진 성
(性)을 통해 도의지문(道義之門)에 이르는 근저가 되는 바 있는데, 엄정
하게 스스로 터득하여서 스스로 편안히 여기게 되는 것은 다른 잡스
런 기록으로 어지럽히지 않고도 남들과 특별히 다른 바가 있으니,
고인(古人: 荀子)의 이른바 '배우는 도는 그 사람을 가까이하는 것보다
더 좋은 것이 없다'라는 것이야말로 바로 이를 일컬음이리라.

내가 경당(敬堂) 장흥효(張興孝)의 유집(遺集)을 보고 또 평생 동안
닦아서 행한 바를 들으니, 대개 타고난 자질이 순수하고 올바른 사람
이었다. 어려서 학봉(鶴峯) 김성일(金誠一) 선생에게 배우고 자신에게
달린 일을 공경할 줄 알았으니, 말이 미치기만 하면 얼굴이 부드러워

---

3   潛精(잠정): 마음을 감춤. 은둔함.

졌고 마음속으로 받아들여 깨달으면 몸소 실천하였다. 무릇 군자는 힘을 오로지해 가르치고 제자는 힘을 오로지해 배우는 것이니, 반드시 자기자신에게서 찾아 근원을 터서 반드시 빛나고 밝도록 있는 힘을 다했다. 과거 공부를 일삼지 않았고, 외물(外物)에 의해 정신이 쓰러지지 않았으며, 궁핍하거나 빈약하다고 하여 지키는 바를 바꾸지 않았으니, 당대에 속되지 않은 선비였다. 단정하게 자신을 위로하며 경계하고 아무런 걱정 없이 마음 편안하게 예법을 익혀서 나아갔는데, 옛 성현의 가르침을 일로 삼아 오로지하였으니 오직 도(道)를 끝내 궁구하지 못할까만 두려워하였다.

학봉이 죽자, 서애(西厓) 류성룡(柳成龍)에게 사사하며 의심나는 뜻을 물어서 더욱 몸을 이루는(成身: 자연의 섭리에 따름) 요지를 익혔다. 또한 한강(寒岡: 鄭逑)과 여헌(旅軒: 장현광) 두 선생을 따라 좌우에서 가르침을 받으면서 은미한 것을 드러내고 공부를 마쳤다. 견문한 바를 마음속으로 굳게 지켰고 마음을 감추어 힘써 실천하였으니 어느 하루도 이를 생각하지 않은 적이 없었다. 실천한 바가 혹여라도 마음과 달리하지 않아야만 아는 바가 혹여라도 실천과 달리하지 않을 것이니, 내가 본래 가진 것을 구하여 항상 자신에게 유익함이 있게 하였다. 오래 지나면서 덕이 증진되고 학업이 정밀해지니, 의(義)가 돌아가는 연원이 있어 기거동작을 하나에 단단히 매어두어도 그 당연함을 따라 굽혔다.

무릇 군자이고서 배우기를 좋아한다면 제대로 가르칠 만한 사람인 것이다. 그 나아가고자 한 바가 대개 이와 같았기 때문에 그가 가정에서 다닐 때도 본받고, 그 스승과 제자며 친구 사이에서도 본받고, 그 안색과 말씨도 본받으니, 그것이 드러나서 문장이 된다. 여차여차 칭설(稱說)하는 것이 많건 적건 일체 의리를 체득하였으나, 온 세상에 나타내지 않아 편록(編錄)이 비록 많지 않더라도 어찌 사람들을 놀라게 하였겠는가. 쓸모없는 설(說)을 모아서 번잡하게 책으로 만드는 것을 외적인 상황에 맞춰 많다거나 적다고 논할 것이랴.

《일원소장도(一元消長圖)》같은 것은 평생 동안 쌓였던 생각으로서 깊이 자득한 것이다. 때문에 음양의 변화를 간략히 하고 요명(窈冥: 형체가 없는 도의 모습)을 궁리하여 포치(布置)가 달라졌지만 그 뜻이 더욱 밝아졌으며 영부(嬴垺)가 넓어졌지만 도(道)가 어긋나지 않았으니, 다시 특이하고 은밀한 것을 찾아내지 않아도 일가(一家)의 설에 합하여 도도히 천지의 시작과 끝을 보기에 충분하였다. 여헌(旅軒)이 '앞사람이 발견하지 못한 것'이라고 일컬은 것은 짐짓 칭설해서 공을 장려한 것이 아니다. 《일기요어(日記要語)》또한 모두 다 이치에 꼭 맞는 말이다. 하나하나 살피면 무릇 선비가 정도(正道)를 구해야 할 것이다. 대략 여기에 갖추었으나 선비들의 본보기가 되기에는 족하다. 훗날의 배우려는 자들이 진실로 이 문집을 얻고서 읽는다면 반드시 도에 나아가지 않았다고는 할 수 없을 것이니 한번 읽도록 하라.

숙종 19년 계유년(1693) 9월일
자헌대부 형조판서 겸 홍문관대제학 예문관대제학 지성균관사
동지경연춘추관사 세자우부빈객 권유가 서문을 쓰다.

敬堂先生文集序

自古從聖賢遊者, 才器雖人人殊, 蓋皆有踐履之實. 其所論說, 亦必該始末而有以於中者. 夫性諸己者, 天懷攸涉, 必尋追聲氣, 以求所謂. 而達師之敎, 適因其成性, 道義之門, 有所于根柢. 其所脩然自得而自安焉者, 不爲他雜志所亂而有所分異於人, 古所謂'學莫便於近其

人'者, 其謂是已. 余見敬堂張公遺集, 又聞其平生所脩爲, 蓋天資純正
人也. 少學于鶴峯金先生, 知敬其在己者, 語到而色從, 心受而身踐.
凡所爲壹敎而壹學焉者, 必反己而疏源, 必盡力以光明. 不事擧子業,
不爲物所傾側, 不以窮約而更所守, 不俗於當世之士. 端然自厲, 祺然
束理以趨, 專以古聖賢之業爲業, 惟恐不終究於道. 及鶴峯沒, 又事西
厓柳先生, 質疑義, 益聞成身要旨. 又從寒岡·旅軒二先生, 左右採獲,
彰微畢埁. 篤守所聞見, 潛精力行, 無日不在是. 要令所行不或二于
心, 所知不或二于行, 而求吾之所固有者, 而恒有諸己. 久而德進業精,
義歸有宗, 動靜指湊, 結於一而曲因其當焉. 夫君子也者而好之, 其人
者. 其所造蓋如此, 故其家庭之行效, 其師徒朋友之際效, 其置顏色出
辭氣效, 其發而爲文詞. 稱說云云, 于多于少, 一是體義理而不出於環
內. 編錄雖不多, 豈與夫繡鞶以譁衆? 畜無用之說而繁然成帙者, 府然
論多寡哉? 若一元消長圖, 乃其平生積思而深自得者. 故將略陰陽之
化, 窮逐窈冥之際, 布置殊而義益明, 嬴垎廣而道不爽, 不復穿求崖穴,
以合一家之說, 而浩然足以觀天地之終始矣. 旅軒所謂發前人未發, 非
姑爲說以獎公也.《日記要語》, 亦頭頭皆至言. 逐一究之, 凡士之所正
求焉者. 略具於斯, 而足爲士作程. 後之學者, 苟得是集而糜覽焉, 未
必不爲適道者, 開一梯也. 上之十九年癸酉九月日, 資憲大夫 刑曹刑
書 兼弘文館大提學藝文館大提學 知成均館事 同知經筵春秋館事 世子
右副賓客 權愈序.

[敬堂先生文集, 序]

34. 권기

| 권기의 자는 사립, 호는 용만, 본관은 안동이다. 관직은 참봉이다.

학봉 김성일·서애 류성룡 두 선생의 문하에 종유하였는데, 류 선생의 명으로 《영가지(永嘉誌)》 8권을 지었으니 온 고을의 산천, 인물, 고사(故事)가 마치 손바닥을 들여다보듯이 역력하였다.

황극중이 부사(府使: 안동부사)가 되어 향음주례를 행하였는데, 공을 맞이하여 주관토록 하자 꺾어 들며 오르내리는 것이 처음부터 끝까지 예에 어긋남이 없었다. 약포(藥圃) 정 상공(鄭相公: 정탁)이 항상 그를 그릇으로 여기며 애지중지하였다. 참봉으로 추천하였다.【협주: 이재가 찬한 묘갈에 실려 있다.】

• 權紀

| 權紀, 字士立, 號龍巒, 安東人。官參奉。

遊金鶴峰·柳西厓兩先生之門, 以柳先生命撰《永嘉誌》八卷, 一邑山川·人物·故事, 歷歷如指掌。

黃公克中[1]知府事, 行鄕飮酒禮, 邀公以爲相, 折旋升降, 終始無違禮。藥圃鄭相公, 常器重之。薦爲參奉。【李栽撰碣】

1　黃公克中(황공극중): 黃克中(1552~1603). 본관은 昌原, 자는 和甫. 증조부는 黃浚源이며, 조부는 黃舜卿이다. 아버지는 언양현감 黃瑄이다. 황선의 첫째부인 全州李氏는 延豐郡 李岡의 딸이며, 둘째부인 李氏는 李義秀의 딸이다. 황극중은 전주이씨의 소생이다. 부인 海州吳氏는 생원 吳允祉의 딸이다. 이조판서 黃琳의 조카이다. 1576년 사마시에 합격하고, 1585년 별시문과에 급제하였다. 1594년 경기장의 어사가 되어 백성들의 심각한 어려움을 보고하였고, 1598년 상주목사를 거쳐, 1600년 경연학사로 선발되었다가 그 이후 안동부사를 역임하였다. 임진왜란 이후 사회적 혼란으로 토적이 성행하던 상황에서 대흥(大興)에 있던 중 불행히도 토적에게 피살되었는데 이때 나이가 53세였다.

보충

이재(李栽, 1657~1730)가 찬한 묘갈

묘갈명

재(栽)는 어려서 사우(士友)들에게 용만(龍巒)이라는 징사(徵士: 조정의 부름에 응하지 않고 학행 높은 은거한 선비) 권공(權公)의 풍도를 듣고서 남몰래 흠모하였으나, 뒤늦게 태어나 미처 배우지 못한 것이 한스러웠다. 지금 그의 내손(來孫: 5대손) 권운태(權運泰, 1669~?)가 옷소매에 가첩(家牒)을 넣어 가지고 와서 재(栽)에게 부탁하며 말하기를, "집안에 대대로 일이 많아서 선조(先祖)의 묘도(墓道)에 아직까지도 묘비를 세우지 못했으니, 시대가 멀어져 더더욱 징험할 방도가 없을까 두려워서 비석을 세우려 합니다. 빗돌을 마련했으니, 그대는 어찌 명(銘)을 짓지 않겠습니까?"라고 하였다. 재(栽)가 비록 문장에 능하지 못하나 공(公)의 행업(行業)을 상세히 알게 된 것이 다행이었기 때문에, 마침내 감히 끝내 사양할 수가 없어 삼가 다음과 같이 차례대로 기술하였다.

공의 휘는 기(紀), 자는 사립(士立), 고려 태사(太師) 권행(權幸)의 후손이다. 대대로 높은 벼슬을 지내 번창하고 현달하여 우리나라의 대성(大姓)이 되었다. 태사로부터 14대를 지나 예의판서(禮儀判書) 권인(權靷)이 있고, 또 4세를 지난 휘 권침(權琛)이 있으니 바로 공의 증조부가 된다. 조부 휘 권미수(權眉壽)는 부장(部將)을 지냈다. 아버지 휘 권몽두(權夢斗)는 품계가 통정대부이었다. 어머니 영양남씨(英陽南氏)는 충순위(忠順衛) 남한립(南漢粒)의 딸이다.

공은 태어난 지 7년 만에 모친상을 당해 3년상을 마치는 동안 육식을 하지 않으면서 지극정성으로 슬퍼하며 사모하는 것이 성인과 같았다. 제철 음식이 생겨 정갈하게 올리기를 청하여 누군가 제사라도 지낸 듯이 하면 보는 자는 눈물을 흘렸다.

　장성해서는 통정공(通政公: 부친)이 한창 추운 겨울철에 등창을 앓아서 매우 위중하자 땅을 파서 수십 마리의 지렁이를 잡아 낸 즙을 먼저 맛보고 올리니 등창이 나았으며, 설사를 앓으며 고기회를 먹고 싶어 하자 물가에 가서 찾는데 마침 큰 고기 한 마리가 꼬리를 흔들며 가까이 오니 잡아서 올렸다. 사람들은 효행의 감응으로 인한 이적(異蹟)은 읍순(泣笋: 孟宗이 한겨울에 어머니께 드릴 죽순을 구하지 못해 눈물을 흘렸는데 홀연히 눈 속에서 죽순이 솟아났다는 고사)과 고빙(叩氷: 王祥이 어머니가 겨울철에 잉어를 먹고 싶어 하자 얼음을 두들겨 깨고 물고기를 얻었다는 고사)에 비하여도 거의 손색이 없는 것으로 여겼다고 한다. 읍대부(邑大夫: 고을 수령)가 그 어진 행실을 듣고 쌀가마니를 보내어 맛있는 음식을 마련하도록 했는데, 처음에는 마지못해 받아들였지만 다시 보내오자 곧바로 고사하고 받아들이지 않았으니, 그가 사양하고 받는 것을 삼가는 것이 또 이와 같았다.

　처음에 통정공은 일찌감치 애미 잃은 것이 가여워서 기꺼이 책읽을 분량을 정해주지 않았지만, 공은 이미 스승에게 나아가서는 스스로 학업에 힘쓸 줄 알아서 번거로이 깨우쳐 주지 않아도 되었다. 송암(松巖) 권호문(權好文) 선생을 종유하여 듣지 못하던 것을 듣고는 일생 동안 선생을 존숭하고 사모하는 것이 쇠하지 않았다.

　23세 때 해액(解額: 향시에 합격한 숫자, 곧 초시 합격자)에 들었다. 이때부터 합격한 것이 10여 차례였으나 번번이 성시(省試: 覆試)에는 떨어졌다. 통정공이 죽자, 벼슬길에 나아갈 뜻을 끊고 경전(經典)을 깊이 파고들었다. 날마다 새롭게 터득한 공부가 있는데다 경사(經史) 외의 잡설(雜說) 또한 두루 통달하지 않음이 없었으나 모름지기 겸손하여 감추었으니, 사람들이 이를 아는 자가 드물었다.

　일찍이 학봉(鶴峯: 김성일)과 서애(西厓: 류성룡) 두 선생의 문하에 종유하여 더욱 대인군자(大人君子)의 말씀을 익혔는데, 류 선생의 명으로 《영가지(永嘉志)》를 편찬하였으니 온 고을의 산천, 인물, 고사(故事)가 마치 손바닥을 들여다보듯이 역력하였다.

황극중(黃克中)이 부사(府使: 안동부사)가 되어 향음주례(鄕飮酒禮)를 행하였는데, 공이 예(禮)에 익숙하다는 것을 듣고 초치하여서 주관하게 하였다. 공이 목패(木牌)를 배설(排設)하고 위차(位次)를 드러낸 것이 처음부터 끝까지 예에 어긋남이 없자, 황공이 감탄하고 칭찬하며 그를 어질다고 여겼다. 약포(藥圃) 정탁(鄭琢) 상국(相國: 재상)이 평소 공을 그릇으로 여겼지만 그가 쓰이지 못하는 것을 애석하게 여겼다. 늘그막에 조정에서 제용감참봉(濟用監參奉)을 제수하였으나 마침 상을 당하여 나아가지 않았다.

얼마 뒤 백내장이 눈을 가려서 문을 닫아걸고 문밖에 나가지 않은 지 17년이 되어 나이 79세인 천계(天啓) 갑자년(1624) 정월 모일에 죽었다. 집의 동쪽 나천곡(螺遷谷) 진향(震向)의 언덕에 안장하였다. 공의 배위(配位) 유인(孺人) 하씨(河氏)는 본관이 진양(晉陽)으로 통정대부 하연(河漣)의 딸이고 충신 하위지(河緯地)의 후손이다. 공보다 먼저 죽었는데, 집 서쪽 막곡(幕谷) 을향(乙向)의 언덕에 안장하였다. … (중략) …

공의 모습은 풍만하고 단정하며 성질은 순수하고 신실하였다. 어려서부터 말을 할 때나 일을 처리할 때 모두 일반 사람의 생각을 뛰어넘은 것이 많았다. 이후로 사람들과 논쟁할 때면 스스로 그 지나치게 강한 것을 병통으로 여기고 힘을 다해 바로잡고자 하여 끝내 온화하고 상냥하게 되었다. 그가 마음을 세우고 행실을 바르게 하며 하나같이 모두 도(道)에 합치되기를 구하면서 말하기를, "사람이 한세상 살면서 우러러보아도 부끄러움이 없고 안으로 병통이 없으면 그만일 것이니, 남이 알아주고 알아주지 않는 것이야 나와 무슨 상관이 있으랴?"라고 하였다.

아, 공은 능히 기질(氣質)을 변화시켰다고 할 수 있으며, 또한 능히 죽음으로 지켜 도(道)를 선하게 했다고 할 수 있으리로다. 애석하도다. 자손들이 대를 이어서 젊은 나이에 죽으니 유문(遺文: 남긴 글)이 거의 다 흩어져 없어지고 다만 시문(詩文) 약간 편이 집에 있을 뿐이며,《영가지》8권과 권씨족보 15권이 있다. …(이하 명문 생략)…

통덕랑 행 장악원주부 이재 짓다.

墓碣銘

裁, 少從士友間, 聞龍巒徵士權公之風, 而竊慕嚮之, 生晚, 恨未及執鞭. 今其來孫運泰, 袖家牒來, 屬裁, 曰: "家世多故, 先祖墓道, 尙未克表, 懼世遠益無徵, 治石. 石旣具, 子盍銘諸?" 裁雖不能文, 以得詳公行業爲幸, 遂不敢終辭, 謹序次之如左. 公諱紀, 字士立, 高麗太師幸之後也. 赫世昌顯, 爲東方大姓. 太師十四世而有禮儀判書靮, 又四世而有諱琛, 是爲公曾大父. 大父諱眉壽部將. 父諱夢斗階通政. 母英陽南氏, 忠順衛漢粒之女也. 公生七歲而喪母, 終三年, 不食肉, 至誠哀慕如成人. 有時物, 請潔薦, 若或享之, 見者爲出涕. 及長, 通政公當冬月, 病背疽危甚, 掘地得數十蚓, 先嘗汁以進, 疽良已, 患痢思魚膾, 至水濱求之, 適一巨魚, 搖尾自前, 歸而供之. 人以爲孝感之異, 殆無讓泣筍叩氷云. 邑大夫聞其賢, 饋米斛, 資甘旨, 初黽勉受之, 至再輒固辭不受, 其謹辭受, 又如此. 始通政公, 憐其早失恃, 不肯課讀, 公旣就傅, 自知力學, 不煩提警已. 從權松巖先生遊, 聞所未聞, 一生尊慕之不衰. 二十三占解額. 自是得雋者十餘, 省試輒見屈. 及通政公歿, 絶意進取, 沈潛墳典. 日有新得, 外家雜說, 亦靡不旁通, 然務謙晦, 人

鮮知者。嘗遊鶴峯·西厓兩先生之門，益聞大人君子之論，以柳先生之命，纂《永嘉志》，一邑山川·人物·故事，歷歷如指諸掌。黃侯克中知府事，行鄕飮酒禮，聞公習於禮，邀致之以爲相。公設牌表位，終始禮無違者，黃公嗟歎賢之。藥圃鄭相國，素器公，惜其不見用。晚年，朝授濟用監參奉，方丁憂不就。尋以腦脂遮眼，杜門不出，十有七年，年七十九，以天啓甲子正月某甲卒。葬家東螺遷谷震向之原。 公配孺人河氏，系出晉陽，通政漣之女，忠臣緯地之後也。先公卒，葬家西幕谷乙向之原。…(중략)… 公姿相豐端，性質醇實。自少發言慮事，率多出人意表。旣而，與人爭論，自病其過强，極力矯揉，卒底和易。其立心制行，一皆求合乎道，曰：“人生世間，仰不愧，內不疚而已己，人之知不知，何與我哉？”嗚呼！公可謂能變化氣質，亦可謂能守死善道矣。惜乎！子孫連世夭促，遺文字散佚殆盡，只有詩文若干篇 藏于家，《永嘉志》八券·權氏族譜十五卷。…(이하 명문 생략)… 通德郞 行掌樂院主簿 李栽撰。

[龍彎先生文集，권2，附錄]

35. 김시온

김시온의 자는 이승, 호는 표은, 본관은 의성이다. 문충공 김성일의 종손자이다. 선조 무술년(1598)에 태어났다. 천거로 참봉에 제수되었다. 현종 기유년(1669)에 죽었다. 집의(執義)에 증직되었다.

병자호란을 겪은 뒤에는 몸을 깊숙이 감추어 세상에 나오지 않고 책 읽기를 30년 동안 하였으며, 우뚝한 대유(大儒)가 되었다. 임담(林墰)이 일찍이 영가부사(永嘉府使: 안동도호부사)가 된 적이 있었는데, 감탄하기를, "참으로 숨은 군자로다."라고 하고는, 조정으로 돌아가게 되자 공을 추천하여 참봉(參奉)에 제수되었으나 나아가지 않았다. 그 전후로 도백(道伯: 관찰사)이 더러는 학문과 행실로 더러는 기덕(耆德: 덕이 높은 노인)으로 천거하여 임금에게 아뢴 것이 한두 번이 아니었다.
일찍이 말하기를, "내가 죽거든 반드시 나의 묘에 '숭정처사지묘(崇禎處士之墓)'라고 써 주게."라고 한 적이 있었다. 안장하게 되자, 그 문인(門人)으로 박사(博士) 김학배(金學培)가 명정(銘旌)에 '숭정처사지구(崇禎處士之柩)'라고 썼다.【협주: 권해가 찬한 묘지명에 실려 있다.】

• 金是榲

金是榲，字以承，號瓢隱，義城人。文忠公誠一從孫。宣祖戊戌生。薦授參奉。顯宗己酉卒。贈執義。

丙子亂後，沈晦不出，讀書三十年，蔚爲大儒。林公墰[1]，嘗知永嘉府，

---

1 林公墰(임공담): 林墰(1596~1652). 본관은 羅州, 자는 載叔, 호는 淸癯. 증조부는 林鵬이며, 조부는 林復이다. 아버지는 관찰사 林㥠이며, 어머니 平澤林氏는 구성부사 林植의

嘆曰: "眞隱君子也." 還朝推薦, 除參奉, 不就。 前後道伯, 或以文行,
或以耆德, 薦聞非一再。

嘗曰: "吾死, 必書吾墓曰'崇禎處士之墓.'" 及葬, 門人金博士學培,
書銘旌曰: '崇禎處士之柩.'【權瑎撰墓誌】

보충
권해(權瑎, 1639~1704)가 찬한 묘지

묘지

못난 권해(權瑎)는 살던 마을에서 막 휴가를 보내고 있었는데, 김
학사(金學士: 풍산김씨 소생 金邦杰, 1623~1695)가 지나가다 들러 조용히
말하기를, "내가 일찍이 자네가 지은 글을 본 적이 있는데 자못 법도
가 있어 남의 묘에 명(銘)을 써서 후세에 전할 만하니 자네는 힘쓸지어
다."라고 하였다. 권해가 감히 할 수 없다고 사양하였다. 열흘이 지난
뒤에 학사 군이 또 와서 마침내 부탁하며 말하기를, "예전에 일찍이
미옹(眉翁) 허목(許穆)에게 명(銘)을 청하자, 선친(先親)의 묘도(墓道)에
명을 써 주었네. 깊고 어두운 곳의 비석을 돌아보니 아직 묘표가 없어
서 감히 자네에게 폐를 끼치려 하네."라고 하니, 권해는 이미 나를
알아 준 데에 대한 감사한 마음이 없지 않은데다 그 부지런하고 간절

딸이다. 부인 靑松沈氏는 沈光世의 딸이다. 1616년 생원시에 합격하고, 1635년 증광문과
에 급제하였다. 1636년 병자호란 때 사헌부지평으로 남한산성에 들어가 총융사의 종사관
이 되어 南格臺를 수비하였고, 화의가 성립된 뒤 賑恤御史로 호남지방에 내려갔다. 1639년
좌승지로 謝恩副使가 되어 청나라에 다녀왔고, 1644년 경상도관찰사로 서원이 사당화하
는 폐습을 상소하였다. 1646년 충청도관찰사로 柳濯의 모반사건을 처결하였다. 그 뒤
형조·예조·병조·이조의 참판과 대사간·도승지를 거쳐 이조판서가 되고, 1650년 다시
사은부사로 청나라에 다녀와서 知經筵事를 겸하였다. 1652년 청나라 사신의 伴送使로
다녀오다가 嘉山에서 죽었다.

한 마음을 어기기 어려워서 사양하지 않고 명(銘)에 따라 서술한다.

공의 휘는 시온, 자는 이승, 문소(聞詔: 의성) 김씨이다. 실로 경순왕 (敬順王)에서 비롯되었는데, 고려 태자첨사(太子詹事) 김용비(金龍庇)에 서부터 우리 조선 집현전수찬(集賢殿修撰) 김한계(金漢啓)에 이르기까 지 8대에 걸쳐 크게 현달한 명망이 있는 집안이다. 증조부 김진(金璡) 은 성균관 생원을 지냈고 이조판서에 증직되었다. 조부 김수일(金守一) 은 자여도찰방(自如道察訪)을 지냈다. 아버지 김철(金澈)은 성균관 진사 를 지냈고 큰아버지 사성(司成) 김극일(金克一)의 양자가 되었다. 어머 니 선산김씨(善山金氏)는 대사간 김취문(金就文)의 손녀, 찰방 김종무 (金宗武)의 딸이다. 만력(萬曆) 무술년(1598) 2월 12일에 공을 낳았다.

어려서부터 맑고 준수하며 총명하였다. 조금 자라서는 학업을 닦으 며 행실을 삼가니, 날로 명성이 대령(大嶺: 조령)의 남쪽에서 더해졌다. 일찍이 여러 차례 과거에 급제한 적이 있었으나 과거를 보기 위한 법식(法式)의 글에 구차히 얽매이지 않으면서 탄식하며 말하기를, "내 가 좋아하는 것을 버리고서 시대의 풍조만 뒤쫓아 곧장 얻는다 해도 내 마음에 맞지 않으니, 하물며 반드시 얻을 필요가 없음에랴."라고 하였다. 병자호란을 겪은 뒤로는 더욱 몸을 깊숙이 감추어 세상에 나오지 않고 책 읽기를 좋아하며 오롯이 앉아 이치를 탐구하였는데, 대체로 30년 동안 게으리하지 않았다. 그의 학문은 육경(六經)에 근본 하고 백가서(百家書)에도 두루 통달하였는데, 넓은 데서부터 간략한 데로 나아가고 마음으로 얻어 몸으로 체득하였으니 아름다움을 머금 고 열매를 쌓은 듯 문장의 형식과 내용이 완벽하여 우뚝한 대유(大儒) 가 되었다.

늘그막에는 도연(陶淵)에 집터를 잡아 살면서 자호(自號)로 도연거 사(陶淵居士)라 하였고, 그 마을의 이름이 대표리(大瓢里)였기 때문에 또한 표은(瓢隱)이라고도 하였다. 집 주변에는 폭포가 쏟아지는 맑은 못에 하얀 모래와 푸른 벼랑이 있어 경치가 뛰어났는데, 마음으로 즐거워하여 마침내 그 위에 대를 짓고서 소나무로 그늘진 곳에 날마다 거닐면서 시를 읊조리며 유유자적하였다. 만년에는 또 시를 지어 감사하는 것이나 음악을 연주하고 잔치는 여는 것을 멈추고 조용히 침묵하여 지내겠다면서 말하기를, "말을 많이 하게 되면 도(道)를 해치게 된다."라고 하였다.

배우려는 자들이 가르침을 청하면 또한 그 대의만을 들어서 그들로 하여금 스스로 터득하게 하였을 뿐, 문자로 서술하는 지엽적인 일에는 뜻을 둔 적이 없었다.

임담(林墰)이 일찍이 영가부사(永嘉府使: 안동도호부사)가 된 적이 있었는데, 마음속으로 공을 어질게 여겨 감탄하기를, "참으로 숨은 군자로다."라고 하고는, 조정으로 돌아가게 되자 공을 추천하여 광릉 참봉(光陵參奉)에 제수되었으나 나아가지 않았다. 그 전후로 도백(道伯: 관찰사)이 더러는 학문과 행실로 더러는 기덕(耆德: 덕이 높은 노인)으로 천거하여 임금에게 아뢴 것이 한두 번이 아니었으나 끝내 부르지 않았다.

현종(顯宗) 10년 기유년(1669) 공의 나이가 72세였을 때, 하루는 몸을 깨끗이 씻고 옷을 갈아입고는 친구며 제자들과 봉황산(鳳凰山) 아래에 모여 환담을 나누며 밤새도록 그칠 줄 몰랐는데, 다음날 아침에 홀연히 죽었으니 7월 13일 갑진일이었다. 사방의 선비들이 달려와 곡한 자가 100여 명이나 되었으며, 그해 9월 16일(병오)에 임하현(臨河縣) 동쪽 송석산(松石山) 우향(午向)의 언덕에 안장하였다.

안장하려고 하는데, 그 문인(門人)으로 승문원 박사(承文院博士) 김학배(金學培)가 말하기를, "선생이 일찍이 말하기를, '내가 죽거든 반

드시 나의 묘에 숭정처사지묘(崇禎處士之墓)라고 써 주게.'라고 한 적
이 있으니, 명정(銘旌)에 '숭정처사지구(崇禎處士之柩)'라고 써도 괜찮
겠습니까?"라고 하자, 모두가 "좋다."라고 하니, 마침내 그대로 썼다.

공의 첫째부인 풍산김씨(豊山金氏)는 지평(持平) 김봉조(金奉祖)의
딸로 부도(婦道)가 있었으며, 공보다 먼저 36년 전에 죽었다. …(중략)
… 둘째부인 영양남씨(英陽南氏)는 처사 남진유(南振維)의 딸이다. …
(중략) …

권해(權瑎)는 삼가 박사 김군이 편찬한 언행록을 살펴보건대, 대체
로 공의 덕행과 기량은 엄정하고 깊이가 있었으니 진태구(陳大丘: 東漢
의 太丘長 陳寔, 朱熹가 그 어짊을 極稱한 인물)와 같았으며, 학문은 순정하
고 충실하였으니 이연평(李延平: 송나라 李侗)과 가까웠으며, 예법(禮法)
을 신칙하여 상사(喪事)와 제사를 소홀히 하지 않았으니 속수(涑水:
사마광, 사소한 예절을 모은 涑水家儀를 지음)의 가풍과 흡사하였으며, 은
의(恩義)를 돈독히 하여 재산에 마음을 쓰지 않았으니 거의 설시중(薛
侍中: 후한의 시중 薛包, 형제들에게 좋은 것을 주고 자신은 아주 쓸모없는
것을 차지한 인물) 그 사람과 비슷했으며, 지조를 지켜 몸을 깨끗하게
하고 속세를 등지며 세속을 초월한 자신의 뜻을 마음대로 펼쳤으니
또한 단지 기영(箕穎: 요임금 때 箕山에 숨어 穎水에 귀를 씻은 은자 許由)의
부류일 뿐만이 아니었다. 또한 학사군(學士君: 김방걸)이 편안하고 고
요한 선비의 풍모를 보니 그것이 어디에서 비롯된 것인지 모를 수
있겠는가. …(이하 명문 생략) …

가선대부 행홍문관부제학 지제교겸경연참찬관
춘추관수찬관 예문관제학 권해 짓다

墓誌

不佞瑎, 方休沐巷居, 而金學士過訪, 從容語曰: "吾嘗見子所爲文, 頗有法度, 足以銘人墓垂後, 子其勉哉!" 瑎謝不敢。後旬日, 學士君又至, 遂見屬曰: "昔者, 嘗從許眉翁請銘, 銘之先人之墓道矣。顧幽昧之石, 迄無文也, 敢溷子。" 瑎旣不能無知己之感, 而重違其勤懇也, 乃不辭而叙次之。公諱是榲, 字以承, 聞韶之金。實祖敬順王, 自高麗太子詹事龍庇, 至我朝, 集賢殿修撰漢啓, 仍八世大顯爲名家。曾大父璉, 成均生員贈吏曹判書。大父守一, 自如道察訪。父澈, 成均進士, 出爲伯父司成克一之後。母善山金氏, 大司諫就文之孫, 察訪宗武之女。以萬曆戊戌二月十二日擧公。幼朗秀聰明。稍長, 修業飭行, 日有聲, 大嶺之南。嘗屢選公車, 而不屑屑爲程式之文, 乃歎曰: "舍吾好而逐時趣。卽得之不以適, 況不必得邪?" 至丙子亂後, 益沈晦不出, 好讀書。兀坐探賾, 蓋三十年而不懈。其學本之六經, 旁通百家, 自博而約, 心得而身體之, 含華蓄實, 蔚爲大儒。晚卜居陶淵, 自號陶淵居士, 以里名大瓢, 亦曰瓢隱。宅傍有瀑布澄潭白沙蒼崖之勝, 心樂之, 遂臺其上, 而蔭之以松, 日杖屨嘯咏以自適。末年, 又休詩謝簡牘樂燕, 居靜默。嘗曰: "多言害道。" 學者請業, 亦擧其大義, 令自得而已, 未嘗役志於文字之末也。林公㙐, 嘗知永嘉府, 心賢公, 嘖嘖以爲: "眞隱君子也。" 還朝推薦之, 授光陵參奉, 不就。前後道伯, 或以文行, 或以耆德, 薦聞非一再, 而卒不召。顯宗十年己酉, 公年七十二, 一日, 盥潔更衣, 與親舊門生, 會于鳳凰山下, 懽與語, 終夕無倦, 朝則翛然而化, 七月十三日甲辰也。四方之士, 犇哭者百餘人, 以九月丙午, 葬之臨河縣東松石山午向之原。將葬, 其門人承文博士金學培曰: "先生嘗有言: '吾死, 必書吾墓曰崇禎處士之墓。' 請銘旌曰崇禎處士之柩, 可乎?" 皆曰: "諾。" 遂用之。公初娶豐山金氏, 持平奉祖之女, 有婦道, 先公三十六年卒。…(중략)… 後娶英陽南氏, 處士振維之女。…(중략)… 瑎竊以博士金君所纂錄言行按之, 蓋公之德器凝遠, 類陳大丘, 學問醇實, 近李延平, 飭禮法, 謹喪祭, 似涑水家風, 篤恩義, 輕貲産, 殆薛侍中其人, 而其潔身遯世, 肆志物

表。又不但箕穎之流而已。且觀學士君恬靜儒雅，可不知其所自邪？…
（이하 명문 생략）… 嘉善大夫 行弘文館副提學 知製敎兼經筵參贊官春秋
館修撰官 藝文館提學 權瑎撰。

[瓢隱先生文集，권4，附錄]

36. 김휴

김휴의 자는 겸가, 호는 경와, 본관은 의성이다. 인조 정묘년(1627)
사마시에 합격하고, 천거로 참봉에 제수되었다. 무인년(1698)에 죽
었다.

정사년(1617) 적신(賊臣) 정조(鄭造)가 본도(本道: 경상도) 관찰사가
되어 순행하다가 예안(禮安)에 이르러 도산사(陶山寺)에 배알하고 그
의 이름을 도산서원 심원록(尋院錄)에 썼는데, 공이 이를 보고 화를
내며 말하기를, "흉적이 감히 유적(儒籍)을 더럽힌단 말인가?"라고 말
하고는 칼을 빼서 긁어 삭제해 버리려 하자, 사람들이 모두 위태롭다
고 여겨 만류했으나 듣지 않았다.

인조조(仁祖朝) 때 조정의 신하들에게 문학에 남다른 안목을 지녀
등용할 만한 자를 천거하도록 하였는데, 용주(龍洲) 조경(趙絅)이 응당
공을 천거하여 참봉에 제수되었다.

여헌(旅軒) 장현광(張顯光) 선생이 우리 동방에는 문헌이 적었기 때
문에 공에게 부탁하여 문헌을 모아 편집하도록 하였는데, 공은 샅샅
이 뒤지고 찾아서 널리 상고하느라 몇 년이 지나서야 책으로 만들었
는데, 세도(世道)의 치란(治亂), 풍속의 미추(美醜), 문장의 성쇠(盛衰),
인재(人才)의 사정(邪正: 그릇됨과 올바름)을 환하게 알 수 있도록 하였
으니 사실대로 기록한 것이라 일컬어진다.

일찍이 경암(敬庵) 노경임(盧景任)을 좇아《주역(周易)》을 배워서 상
사(象辭: 형상을 설명하는 글)의 은미하고 심오한 뜻을 깨달았고, 또한
여헌의 자설(字說)과 경암의 겸설(謙說)을 취하여 각기 잠(箴)으로 삼아
스스로 경계하였는데, 그것을《조문록(朝聞錄)》이라 이름하였다.【협주:

김성탁이 찬한 행장에 실려 있다.】

• 金烋

| 金烋, 字謙可, 號敬窩, 義城人。仁祖丁卯司馬, 薦授參奉。戊寅卒。

丁巳, 賊臣鄭造[1], 按本道, 巡到禮安[2], 謁陶山祠, 書其名於院錄, 公見而奮曰:“兇賊敢汚儒籍!”抽刀削去之, 衆皆危而止之, 不聽。

仁祖朝命朝臣, 薦文學可用者, 龍洲趙公絅[3], 以公應薦, 除參奉。

旅軒張先生, 以我東文獻寥寥, 屬公裒輯之, 公窮搜博考, 閱歲成帙, 世道治亂, 風俗美惡, 文章興替, 人物邪正, 焯焯可徵, 稱實錄矣。

嘗從盧景任[4]學《易》, 通象辭微奧之旨, 又取旅軒字說·敬庵謙說, 各

1　鄭造(정조, 1559~1623): 본관은 海州, 자는 始之. 증조부는 鄭彦懿이며, 조부는 승지 鄭暘이다. 아버지는 鄭文英이며, 어머니 南陽洪氏는 洪純의 딸이다. 부인 全義李氏는 별좌 李希昌의 딸이다. 1590년 생원진사 양시에 합격하고, 1605년 식년문과에 급제하였다. 李爾瞻의 주구가 되어 인목대비를 죽이려 하였으나 朴承宗의 방해로 실패하였다. 1617년 다시 폐모론을 제기하여 인목대비를 西宮에 유폐시키는 데 적극 가담하였고, 다음해 부제학·대성을 거쳐 1619년에는 대사간이 되었다. 1621년 형조참판을 지내고, 1622년 부제학·동지의금부사로 있다가 인조반정으로 정국이 역전되면서 원흉으로 지목되어 1623년 사형에 처해졌다. 동생인 의주부윤 鄭遵, 집의 鄭道, 대사간 鄭造도 함께 사형을 받거나 귀양갔다.

2　禮安(예안): 경상북도 안동시 예안면 일대.

3　趙公絅(조공경): 趙絅(1586~1669). 본관은 漢陽, 자는 日章, 호는 龍洲·柱峯. 증조부는 折衝將軍 趙壽崑이며, 조부는 공조좌랑 趙玹이다. 아버지는 奉事 趙翼男이며, 어머니 文化柳氏는 柳愷의 딸이다. 부인 安東金氏는 金璜의 딸이다. 尹根壽의 문인이다. 1612년 사마시에 합격했으나 광해군의 亂政으로 대과를 단념, 거창에 은거하였다. 1623년 인조반정 후 遺逸로 천거되어 고창 현감·경상도사에 계속하여 임명되었으나 모두 사양하다가 이듬해 형조좌랑·목천현감 등을 지냈다. 1626년 식년문과에 장원급제하였다. 1627년 정묘호란과 1636년 병자호란 때 척화를 주장하였다. 1643년 통신부사로 일본에 다녀왔다. 이조와 형조의 판서 등을 거쳐 1650년 청나라가 査問使의 척화신에 대한 처벌 요구로 영의정 李景奭과 함께 의주 白馬山城에 안치되었다가 이듬해 풀려나와, 1653년 회양부사를 지내고 포천에 은퇴하였다.

4　盧景任(노경임, 1569~1620): 본관은 安康, 자는 弘仲, 호는 敬菴. 증조부는 盧縮이며, 조부는 盧希軾이다. 아버지는 진사 盧守誠이며, 어머니 仁同張氏는 이조판서 張烈의 딸이다. 부인 豊山柳氏는 柳雲龍의 딸이다. 張顯光과 柳成龍의 문하에서 수학하였다. 1591년 별시문과에 급제하였다. 1592년 임진왜란이 일어나자 고향에 돌아와서 의병을 모집하여

爲箴以自警, 名之曰《朝聞錄》.【金聖鐸[5]撰行狀】

보충

김성탁(金聖鐸, 1684~1747)이 찬한 행장

경와 김공 행장

공의 휘는 휴(烋), 자는 겸가(謙可), 성씨는 김씨이다. 김씨는 본래
신라 왕의 후손인데, 왕자 김석(金錫)이 처음 의성군(義城君)으로 봉해
졌기 때문에 김씨가 의성을 본관으로 하는 자는 모두 김석을 시조로
한다. 그 뒤로 고려에 이르러서 김용비(金龍庇)라는 이가 태자첨사(太
子詹事)로서 의성에 습봉(襲封)되었는데, 지금 묘는 오토산(五土山)에
있고 진민사(鎭民祠)라는 사당이 있다. 첨사에서 13세를 지나 휘 김진
(金璡)에 와서는 자식들이 귀하게 되어 이조판서에 증직되었고 호는
청계(靑溪)이다. 이는 공의 고조부로 다섯 아들을 두었는데 모두 어질
었다. 그 둘째 휘 김수일(金守一)은 자여도찰방(自如道察訪)을 지냈고
호는 구봉(龜峯)인데 공의 증조부이다. 그 아들 휘 김용(金涌)은 병조참
의를 지냈고 선조(宣祖) 때 임진 원종공신(壬辰原從功臣)으로 책봉되어
이조참판에 증직되었으며, 호는 운천(雲川)인데 공의 조부이다. 아버

왜군에 대항하였다. 그 뒤 예조좌랑·江原道巡按御使가 되어 삼척부사 洪仁傑의 비행을
적발, 보고하였다. 體察使 李元翼의 종사관이 되어 三南地方을 순찰하기도 하였다. 영해부
사, 성주목사 등을 역임하였다.

5 金聖鐸(김성탁, 1684~1747): 본관은 義城, 자는 振伯, 호는 霽山. 증조부는 金是榲이며,
조부는 생원 金邦烈이다. 아버지는 金泰重이며, 어머니 順天金氏는 호군 金如萬의 딸이다.
부인 務安朴氏는 朴震相의 딸이다. 1728년 李麟佐의 난 때에는 의병을 일으키고, 倡義所
에서 討逆文을 각 지방의 儒門에 보내어 의병에 가담할 것을 적극 권하였다. 1735년
증광문과에 급제하였다. 사간원정언·홍문관수찬 등을 역임하였다. 1737년 李玄逸의 伸寃
疏를 올렸다가 왕의 노여움을 사서 旌義에 유배되었다. 그 뒤 광양으로 이배되어 배소에서
죽었다.

지 휘 김시정(金是楨)은 성균관 생원으로 호는 경재(敬齋)인데, 아름다운 자질과 훌륭한 행실이 있었으나 일찍 죽어 드러나지 않았다. 어머니 예안김씨(禮安金氏)는 이조참판 백암(柏巖) 휘 김륵(金玏)의 딸이다. 만력(萬曆) 정유년(1597) 모월 모일에 공을 낳았다.

타고난 자질이 매우 뛰어났고 정신이 광채가 빛났다. 어린 아이 때부터 이미 능히 문자를 알았으며, 입학할 때는 재주와 지혜가 남보다 뛰어났으니 책을 한번 보면 곧장 기억하였다. 글재주가 날로 발전하여 문장을 짓고 시를 지을 때면 붓을 잡자마자 즉시 지어내니, 운천공(雲川公: 조부 金涌)이 몹시 기특하게 여기며 재주를 아꼈다. 해월(海月) 황여일(黃汝一)은 공의 존고모부(尊姑母夫: 대고모부)이다. 당시에 문명을 떨쳤는데 일찍이 공에게 〈황하부(黃河賦)〉를 짓게 하자, 공이 즉시 100여 구를 지어 올리니 황공이 감탄해 마지않았다. 그리고 나서 도회(都會)의 백전(白戰: 글재주를 다투는 싸움)에 나아가 날이 저물기 전에 시(詩)와 부(賦) 두 편을 지어 올렸는데, 어구(語句)가 호방하고 장쾌하여 고관(考官: 시험관) 김중청(金中淸)이 무릎을 치며 뛰어난 인재라고 칭찬하였다. 마침내 장원으로 뽑히고 과거 시험장을 나오자, 만나보기를 청하여 그의 아들을 만나보았다. 이때 공은 바야흐로 15세였다. 이듬해 향시에 합격했지만 부친의 병환이 위독하여서 성시(省試: 복시)에 응시하지 못했으며, 얼마 되지 않아 부친상을 당해 상례(喪禮)대로 상을 치렀고, 을묘년(1615)에 복을 벗었다.

경암(敬庵) 노경임(盧景任)의 집안에 장가갔는데, 노공(盧公)이 애지중지하는 것이 남달랐다. 노공의 어머니가 일찍이 말하기를, "내 아들이 이러한 사위를 얻고부터는 기뻐서 밥먹고 자는 것도 잊겠구나."라고 한 적이 있었다. 이때부터 여헌(旅軒) 장현광(張顯光) 선생을 종유하였는데, 선생 또한 그 재주와 뜻을 아꼈으니 칭찬하면서 기대해 권면하도록 한 것이 모두 군자의 도(道)였다.

　이때 광해군의 정치가 어지러워지면서 여러 간신배들이 조정에 가
득하여 윤리와 기강이 끊어지고 사라지며 습속이 크게 무너졌는데,
공은 시국의 어려움을 목격하고 북받치는 의분을 견디지 못하여 시와
술로 마음을 달래면서 가끔씩은 술을 한껏 마시고 크게 취하면 자신
의 속마음을 풀어놓으니, 사람들이 혹 방달(放達: 말과 행동이 거리낌
없음)하다고 지목하여 돌아보지도 않았다. 그 후로 어떤 사람이 퍼뜨
리고자 말하기를, “성인(聖人)이 태백산(太白山) 아래에 나타나서 화를
주기도 하고 복을 주기도 하는 것이 술을 마시고 술을 마시지 않은
것으로 한다.”라고 하니, 원근에서 듣고 미혹됨이 심하여 어떤 자는
그의 가양주(家釀酒: 집에서 담근 술)를 땅에 쏟아 붓기도 하였다. 공은
이에 그의 당숙부 표은공(瓢隱公: 金是榲)에게 이르기를, “세상의 도가
쇠미해져서 요사한 말이 횡행하니, 청컨대 공과 함께 한번 술자리를
벌여 즐거운 시간을 보내고서 그 미혹된 말을 깨뜨리겠습니까?”라고
하고는 마침내 서로 마주하여 크게 마셨는데 6,7일이 지나고서야 파
하였다. 바름을 지켜 요사스런 말에 현혹되지 않은 것이 이와 같았으
나, 술을 마음껏 들이키고 자신을 풀어놓아 버린 것은 대개 또한 격동
된 바가 있어서였다고 한다. 그러나 만년에는 또한 술을 과감하게
절제하지 못했던 것을 후회하여 글을 지어서 자책하고 또한 편찬한
《조문록(朝聞錄)》에서도 위무공(衛武公)의 〈빈지초연(賓之初筵)〉 시를
수록하여 술을 경계하는 뜻을 보여 주었다.

　광해조 적신(賊臣) 정조(鄭造)는 이이첨(李爾瞻)의 도당이 되어 정사
년(1617)에 폐모론(廢母論)을 맨 먼저 주장한 자이다. 본도(本道: 경상
도) 관찰사가 되었을 때 순행하다가 예안(禮安)에 이르러 도산(陶山)
이황(李滉) 선생의 사당에 배알하고는 그의 이름을 도산서원 심원록

(尋院錄)에 쓰고 갔다. 공이 이를 보고 화를 내며 말하기를, "흉적이 감히 유적(儒籍)을 더럽힌 말인가?"라고 하며 곧장 칼을 빼서 긁어 삭제해 버리려 하자, 사람들이 모두 위태롭다고 여겨 만류했으나 공은 듣지 않았다. 정조가 뒤에 그것을 듣고 매우 분노하여 장차 해치려고 하였다. 때마침 인조반정이 일어나 정조가 죽음을 당했기 때문에 공은 화를 면할 수 있었다. 그리하여 사람들은 공을 위해 모두 기뻐하였고 더욱 더 그의 기개와 절조에 감복하였다. 상사(上舍) 최철(崔喆)이 선친의 벗으로 남쪽 고을의 호걸스런 선비였는데, 공의 그와 같은 처사(處事)를 듣고서 또한 글을 보내어 치하하였다고 한다.

정묘년(1627) 사마시에 합격하였다. 을해년(1635) 전시(殿試: 문무과의 제3차 시험)를 보아야 했는데, 이때 어머니가 병석에 누워 있어 공은 멀리 떠나고 싶지 않았다. 그러나 어머니가 억지로 가도록 명하니, 공이 마지못해 갔지만 과거 시험장에 들어가자마자 근심과 염려로 인해 마음이 어수선하여서 대책문(對策文)의 끝에 '근대(謹對)'라는 글자를 자신도 모르는 사이에 빠뜨렸다. 고관(考官: 시험관)들이 처음에는 크게 칭찬하고 대책문을 회람하면서 장원으로 뽑으려고 하였으나, 얼마 있다가 격식을 어긴 것이 있음을 알고는 모두 놀라 서글퍼하고 애석히 여겼지만 끝내 그것 때문에 낙방되었으니, 어찌 운명이 아니겠는가?

집으로 돌아와 오래지 않아서 어머니가 세상을 떠났는데, 공이 과도하게 슬퍼해 몸이 손상되었고 그로 인해 병이 나고 말았다. 정축년(1637) 가을, 공은 병든 지 3년이 되자 스스로 일어나지 못할 줄 알고서 병을 무릅쓰고 돌아가신 아버지와 어머니의 언행들을 가려 뽑느라 밤낮으로 쉬지 않았는데, 마침 장현광 선생의 부음소식이 또 이르자 공은 의지할 곳을 잃은 듯이 애통해하면서 자리를 만들어 곡하였으니, 병은 이로 말미암아 더욱 심해졌다. 그러한데도 공은 죽고 사는 것 때문에 그의 마음을 바꾸지 않아 서책 및 붓과 벼루를 곁에서 떼어 두지 않았다. 병이 조금이라도 차도를 보이면 경전의 뜻을 강론하였고, 생전에 지어 놓은 글들을 모아서 책으로 저술하는데 날마다 부지런하며 지칠 줄 몰랐다. 게다가 날마다 평생 동안 읽은 책들 및 어렸을 때에 익혔던 시가(詩歌)들을 외우자, 조섭하는 데에 해로울까 힘껏 말렸으나, 공이 말하기를, "내 스스로 이를 즐겨 해로운 줄 모른다."라고 하였다.

이때 주상이 조정의 신하들에게 각기 향사(鄕士: 고을 선비) 가운데 문학에 남다른 안목을 지녀 등용할 만한 자를 천거하도록 하였는데, 용주(龍洲) 조경(趙絅)이 응당 공을 천거하여 특별히 강릉참봉(康陵參奉)에 제수되었으나 병들어 걸을 수가 없었다.

무인년(1638) 8월 병환이 위급해졌는데 사람들에게 창문을 열도록 하여 가을빛이 산에 가득한 것을 보고는 한참 동안 감탄하다가 율시 1수를 읊조렸고, 이윽고 스스로 만사(輓詞)를 지어 말하기를, "배움은 어디에 뜻을 두었길래 끝내 이룬 것 없나. 예는 무엇을 실천하려 했길래 죽는 지경에 이르렀나. 위로는 네 부모를 저버렸고 아래로는 네 자신을 저버렸네. 너는 무슨 면목으로 저승에 가서 선인을 뵈올꼬.(學何有志, 而竟無成。禮何欲履, 而至滅性。上負爾親, 下負爾身。爾何顔面, 歸見先人。)"라고 하였다. 이튿날 마침내 죽었는데, 이날은 24일이었다. 향년 42세였다. 부고가 나가자 원근과 친소, 상하를 구분하지 않고 다 탄식하고 슬퍼하였다.

공은 어릴 적부터 의기가 드높아 뭇 아이들과 즐겨 놀려고 하지 않았다. 15세가 되었을 때 부친상을 당하였다. 상중(喪中)의 여가에 경서(經書)들을 읽으며 선인(先人)들의 훈계를 깊이 명심하고 개연히

고인(古人)의 학문에 뜻을 두었다. 운천공(雲川公: 조부 金涌)은 평소 공의 지조와 절개가 평범하지 않음을 알고 문예(文藝)에만 매달리게 할 수가 없어서 임종할 때에 《추서(鄒書: 맹자)》의 '선비는 빈궁해도 의를 잃지 않고, 영달해도 도를 떠나지 않는다.(窮不失義, 達不離道.)'라는 두 어구를 공 및 조카 표은공(瓢隱公: 金是榲)에게 주며 말하기를, "이는 나의 8자로 된 부적(八字符)이다."라고 하였다. 공은 그때에 비로소 군자가 입신하는 기본 방도를 알고 손으로 써서 벽에 걸어 두고는 아침저녁으로 보며 반성하였다.

또한 일찍이 경암(敬庵) 노경임(盧景任)을 좇아 《주역(周易)》을 배워서 상사(象辭: 형상을 설명하는 글)의 은미하고 심오한 뜻을 깨달았고, 장현광(張顯光) 선생을 사사하게 되어서는 들은 것이 더욱 넓어지고 깨달은 것이 더욱 풍부해졌다. 공의 처음 자(字)는 자미(子美)였는데, 선생이 자미라고 여겨 일컬은 것이기는 하나 그 아름다움을 아름답게 여기기만 하고 아름다움에 처하면서 아름다움을 더하는 뜻을 다하지 않을 수 있어 겸가(謙可)로 고치도록 하고는, 설(說)을 지어 힘쓰라며 말하기를, "이 한 겸(謙) 자에 스스로 허다한 길한 덕(德)의 근본이 있는 것이다."라고 하였다.

선생은 또 우리 동방에는 문헌이 적었기 때문에 공에게 부탁하여 문헌을 모아 편집하도록 하였다. 공은 비로소 샅샅이 뒤지고 찾아서 널리 상고하느라 몇 년이 지난 뒤에야 책으로 만들었는데, 세도(世道)의 치란(治亂), 풍속의 미추(美醜), 문장의 성쇠(盛衰), 인재(人才)의 현부(賢否)와 사정(邪正: 그릇됨과 올바름)을 환하게 알 수 있도록 하였으니 사실대로 기록한 것이라 일컬어진다.

공이 이미 뛰어난 재주를 자부하여 한창 젊어서는 기개가 호탕하여서 말을 내달리듯 문장을 지어 글솜씨를 다투며 스스로 기뻐하였으니, 법도에 급급해하지 않은 자처럼 그러하였다. 하지만 소중하게 여긴 것은 항상 학문에 있어서 오랫동안 깊이 몰두하고 뜻을 연구하여 학문을 하는 큰 요체를 알았으니, 근독(謹獨: 혼자일 때 삼가다)·불기(不欺: 자신을 속이지 말라)·천선(遷善: 옳은 길로 나아가라)·개과(改過: 잘못을 고쳐라) 등의 몇 마디 말에서 벗어나지 않았다. 병이 들어서도 모든 경전(經傳) 및 낙민(洛閩: 程朱學)의 여러 현자(賢者)들이 한 말을 취하며 여기에 언급한 것이 있으면 모아서 한 권으로 만들었고, 가세유훈(家世遺訓)·여헌(旅軒) 자설(字說)·경암(敬庵) 겸설(謙說)을 붙이면서 각각 그 아래에 경계하는 잠(箴)을 지어 스스로 경책(警責)하였는데, 이를 《조문록(朝聞錄)》이라 이름하였다. 이어 탄식하여 말하기를, "하늘이 나에게 몇 년 더 살 수 있게 한다면 이 일에 마음과 힘을 다해 노년(老年)에서라도 수습하여 조금이라도 그 뜻과 소원을 성취하고 싶다."라고 하였다. 아, 훗날 공의 뜻한 바와 배운 바를 알고자 하는 자는 이 조문록을 보면 또한 그 대략을 알 수 있을 것이다.

공은 일찍이 아버지를 여의어 항상 효도를 다하지 못한 통한을 품었고, 어머니를 20여 년 모시는 동안 정성과 효도를 다하며 온순한 모습에 즐거운 기색으로 어긴 적이 없었다. 이를 미루어서 집안과 향리에 나아가서도 한결같이 너그럽고 온화하게 대우하였으니, 비록 자제나 노복일지라도 또한 함부로 책망하거나 벌하지 않았다. 남에게 질병이나 근심이나 슬픈 일이 있는 것을 보면 교분이 두텁고 얇음에 따라 두루 구휼하며 안부를 묻고 물건을 선사하는 것을 마치 하지 못할까 염려하였다.

공은 평소 성품이 청렴하고 소박하여 그다지 생업에 마음을 두지 않았고, 게다가 이익되는 것을 보고 손에 넣고자 탐하는 것을 부끄러워하였으나, 또한 지나치게 게으르거나 나태한 적도 없었는데, 말하기를, "사람이 재물을 늘리는데 힘쓰면서 의롭지 못한 짓 하는 것을 꺼리지 아니하는 것은 참으로 옳지 못하나, 혹시라도 전혀 집안살림을 돌보지 않아 가산을 탕진해 수습할 수 없게 되어 손님 접대나 제사를 그냥 놔두고서 차리지 못한다면 또한 군자의 도리가 아니니, 오직 마땅히 자신이 가진 것만 잘 지키고 남에게 구하거나 취하려 하지 않은 것이 옳다."라고 하였다. 마을 사람이 좋은 밭을 가지고서 공에게 팔려고 하자, 공이 말하기를, "이 밭은 아무개의 밭과 서로 맞닿아 있어 그 사람이 반드시 사고 싶어 할 것이니 내가 취해서는 안 된다."라고 하며 마침내 물리쳤다.

만년에 아들 하나를 두어 몹시 사랑하였지만, 또한 비단옷을 입는 것을 허락하지 않으며 말하기를, "가난한 선비 집의 아이는 베옷을 입는 것이 본디 그 본분이다. 가볍고 따뜻하며 화려한 옷은 다만 그의 교만과 사치를 키울 뿐이고 병이 생길 것이다."라고 하였다.

공은 본래 속세를 벗어난 취향이 있어서 세속적인 명성이나 이끗이며 화려함에 하나도 그 마음을 얽매지 않았다. 진사시에 응시한 공생(貢生: 향시에 합격하여 도성으로 와서 진사시에 응시할 자격을 얻은 유생)으로 합격 발표가 미처 나기도 전에 관동(關東)으로 유람을 떠났는데, 반인(泮人)이 은패(恩牌: 합격 통지)를 받들어 유람 도중에까지 뒤따라가서 전하자, 공은 그것을 상자에 넣어 보관하고 마침내 금강산과 오대산 사이를 여행하며 실컷 경치를 감상하며 시를 읊조리다가 돌아왔지만, 사람들은 신은(新恩: 과거 급제자)의 여행인 줄 알지 못했다.

아! 세상 사람들은 이익을 좇고 영예를 탐하느라 작은 이득과 손실에 얽매여 기뻐하거나 슬퍼하는 자들이다. 그러나 공의 풍모를 들으면 어찌 부끄러움을 알지 못하겠는가? 비록 백 년이 지난 뒤라도 여전히 그의 시원스런 심회를 상상해 볼 수 있을 것이다.

　선성(宣城: 안동 예안)의 계상(溪上)은 바로 이 선생(李先生: 이황)의 고향이고 선공(先公: 金是楨)에게는 외가의 고을이었는데, 선공 때부터 이미 그곳으로 가서 살았다. 공에 이르러 계상 가에 정사(精舍)를 짓고 이름을 '한계당(寒溪堂)'이라 하고는, 또 '경와(敬窩)'라고도 부르며 자호(自號)로 삼았다. 한계당에는 사절(四絶)이 있었으니, 창포검(菖蒲劍), 연하침(煙霞枕), 매죽연(梅竹硯), 벽력금(霹靂琴)이다. 창포검은 혹 문장검(文章劍)이라고도 불리는데, 이는 청계공(靑溪公: 金璡)이 운천공(雲川公: 金涌)에게 전해 주었고, 운천공이 다시 경재(敬齋: 金是楨)에게 전하여 공에게 이르게 된 것이다. 지금까지도 집안의 유물로 전해진다고 한다.

　공이 바야흐로 병석에 있으면서 남겨 둔 〈기초당매(寄草堂梅)〉 시에 이르기를, "계당의 한 그루 매화에게 말을 부치노니, 맑고 수려함 잘 간직해 오는 봄 기다려라. 꽃이 필 때에 부디 주인 없음 슬퍼 말지니, 달빛 아래서 읊조리던 혼이 꼭 와 있을지라.(寄語溪堂一樹梅, 好藏淸艶待春回。開時且莫悲無主, 定有吟魂月下來。)"라고 하였는데, 학사(鶴沙) 김응조(金應祖)가 이를 듣고 탄식하며 말하기를, "이 벗의 정신이 이 시에 모두 담겨 있구나.(此友精神, 盡在此詩。)"라고 하였으며, 장사를 지낼 때 그를 애도하며 말하기를, "약봉이 우뚝 솟아 뛰어난 인재 낳았으니, 그 식견은 여덟 글자로 분명히 열었도다.(藥峯崇竦鍾英才, 見識分明八字開。)"라고 하였다. 학로(鶴老: 김응조) 같은 이는 공을 가장 깊이 아는 사람이라 할 수 있다. 공의 장례는 그가 별세한 해의 어느 달 어느 날에 치러졌으며, 그 묘소는 어느 산의 어느 방향에 있다. 부인 아무 관향 노씨(盧氏)는 바로 경암공(敬庵公) 노경임(盧景任)의 딸로 부덕을 지녔으며, 그에 관한 별도의 기록이 있다. …(중략)…

　공이 지은 시문(詩文) 몇 권 및 〈해동문헌록(海東文獻錄)〉·〈도동록

〈道東錄〉〉·〈조문록(朝聞錄)〉이 집에 보관되어 있었으나 모두 미처 탈고하지 못한 것이었고, 문헌록은 또 남의 집에서 불에 타 없어져 온전하게 보존하지 못하였으니, 애석한 일이다.

김성탁(金聖鐸)은 공의 족손(族孫)으로 공이 세상을 떠난 지 47년이 지나서 태어나 미처 그 얼굴을 직접 뵙고 본받으면서 그의 풍채를 우러러보지 못했지만, 일찍이 증조부 표은공(瓢隱公: 金是榲)이 공을 위해 지은 제문(祭文)을 읽고 그 대지(大旨)를 알았다. 그 제문에 씌어 있기를, "그대는 학문에 있어 기초가 이미 탄탄했고, 뜻을 세움에 있어서도 또한 확고하였도다. 의리에 대해서는 마치 자신이 좋아하고 바라는 것처럼 하였고, 재물과 이끗에 대해서는 마치 겁이 많은 사람처럼 하였다."라고 하였으며, 또한 씌어 있기를, "그대의 재능과 덕행은 한 시대의 종장(宗匠)과 거유(巨儒)가 될 수 있어서 나의 스승이었도다."라고 하였다.

무릇 나의 표은공은 현인(賢人)으로서 공과 지친(至親)이자 뜻을 같이하고 도를 같이하여 서로 갈고닦으며 서로 사귄 간절함과 서로 알고 지낸 깊이가 다른 사람에 비할 바가 아니었는데도 그 아름다움을 칭송한 바가 이와 같았으니, 어찌 반드시 그 시대에 산 뒤라야만 그 어짊을 알수 있겠는가. 그리하여 공을 더욱 지극히 상상하고 흠모하였지만, 한스럽게도 구천에서 공을 일으키어 세상의 쇠퇴하고 더러워진 것을 바로잡게 할 수 없었다.

이번에 김시원(金始元)이 고향에서 섬강(蟾江) 가로 찾아와 나를 만나 공의 유고(遺稿)를 보여주고 또 진사공(進士公: 김휴의 외아들 金學基)이 찬한 행록(行錄)을 건네며 말하기를, "선조가 세상을 떠난 지 지금 이미 백여 년이 지났으나, 집안이 여러 번 변고를 겪으면서 묘지(墓誌)와 비문(碑文)이 마침내 모두 사라지고 말았으니, 이는 못난 후손들이 크게 한탄하는 바입니다. 당대의 문필가에게 달려가 뵙고 한마디의 말을 청하여 새기고자 하나, 행장이 아니고서는 우선적으로 근거를 삼을 만한 것이 없으니 감히 청합니다."라고 하였다. 나는 덕을 기록하고 행적을 서술하는 것이 중대한 일이니, 어리석고 변변치 못한 사람이 감당할 수 있는 것이 아니라고 여겼다. 하물며 지금 나는 죄를 짊어지고서 귀양살이를 하여 세상의 죄인이 되었으니, 공의 업적을 널리 알리기는커녕 만에 하나도 보탬이 되지 않고 단지 누만 끼칠까 두려웠다. 이 때문에 굳게 사양하였으나, 김시원이 며칠을 머무는 동안 그의 뜻은 더욱 간절하였다. 고향으로 돌아간 뒤에도 이전의 청을 재삼 부탁하였고, 김복하(金福河) 및 그 아들 김상열(金相說) 또한 편지를 보내어 매우 간곡히 청하였으니, 또 이르기를, "이는 가문의 일이니, 공은 의리상 사양해서는 안 되고 또한 사양할 필요도 없소이다."라고 하였다. 나는 이에 깜짝 놀라면서 말하기를, "여러분은 어찌 내가 이 일을 맡기에 부족하다는 것을 알지 못하는 것입니까? 그러나 나에게 그것을 부탁하는 것은 그만한 이유가 있을 것입니다."라고 하였다.

　게다가 김성탁은 어려서부터 공의 유풍(遺風)을 알고 흠모하여 지금에까지 백발이 되도록 그 마음이 변하지 않았는데도, 공의 맑은 덕행과 훌륭한 명성이 오래도록 전해지지 않도록 한다면 또한 책임이 있게 되리니, 그것을 감히 끝내 사양할 수 있으랴. 그래서 내 분수에 넘치는 것임을 잊고 가전(家傳)을 가져다 위와 같이 서술하였으니, 입언군자(立言君子)의 채택을 기다린다.

　　　　　　　　　　　　　　　족손 김성탁 삼가 행장을 짓다

敬窩金公行狀

公諱烋, 字謙可, 姓金氏。金氏, 本羅王之後, 王子錫始封義城君, 故金氏之貫義城者, 皆祖焉。其後至高麗。有曰龍庇。以太子詹事, 襲封義城, 今有墓在五土山, 有祠曰鎭民祠。由詹事歷十世, 至諱璡, 用子貴贈吏曹判書, 號青溪。是爲公高祖, 有五子皆賢。仲諱守一, 自如道察訪, 號龜峯, 是爲曾祖。生諱涌, 兵曹參議, 以宣廟壬辰原從勳, 贈吏曹參判, 號雲川, 是爲祖。考諱是楨, 成均生員, 號敬齋, 有美質懿行, 早世不顯。妣禮安金氏, 吏曹參判柏巖諱玏之女。以萬曆丁酉某月某日生公。天資超邁, 神采映發。自孩提時, 已能解文字, 及入學, 才敏絶人, 於書一覽輒記。藻思日達, 屬文賦詩, 援筆立就, 雲川公大奇愛之。海月黃公汝一, 公之尊姑夫也。以文鳴一時, 嘗命公爲〈黃河賦〉, 公卽述百餘句以進, 黃公歎賞不已。旣而, 赴都會白戰, 日未昳, 具呈詩賦二篇, 句語豪壯, 考官金公中淸, 擊節稱奇才。遂擢爲魁, 旣出試圍, 爲請見, 仍見其子焉。是時, 公方十五歲矣。翌年, 中鄕解, 以先公疾篤, 不果赴省試, 未幾, 丁憂, 執喪如禮, 乙卯, 制除。委禽于敬庵盧公之門, 盧公愛重之異甚。盧公之母夫人嘗曰:"吾兒自得此壻, 喜而忘寢食。"云。自是從旅軒張先生遊, 先生亦愛其才志, 所稱說期勉者, 皆君子之道。時光海政亂, 群壬滿朝, 倫彝斁絶, 習俗大壞, 公目擊時艱, 慷慨悲憤不自勝, 以詩酒自娛, 往劇飮大醉, 暢其懷, 人或目之以放達而不顧也。其後, 有人唱言:"聖人出於太白山下, 能禍福飮酒不飮酒。"遠近聞而惑之甚, 或覆其家釀於地。公乃謂其堂叔父瓢隱公, 曰:"世道衰微, 妖說橫流, 請與公一置酒爲懽, 以破其惑可乎?"遂相對大酌, 至六七日乃罷。其守正不怵於邪如此, 而所以縱飮自放者, 盖亦有所激發云。然晚年, 亦悔其不能剛制, 旣作文以自責, 又於所編《朝聞錄》中, 載錄衛武公〈賓之初筵〉詩, 以示戒酒之意。光海朝賊臣鄭造, 爾瞻之黨, 而丁巳, 首發廢母論者也。按本道之日, 巡到禮安, 謁陶山李先生祠, 書其名院錄而去。公見而奮曰:"兇賊乃敢汙儒籍。"卽抽刀削去之, 衆皆危而止之, 公不聽。造後聞之, 大怒, 將中傷之。會仁廟反正, 造伏

誅, 故公免於禍。於是, 莫不爲公喜, 而愈益服其氣節。崔上舍喆公之
先友, 而南州豪傑之士也, 聞公此事, 亦以書賀之云。丁卯, 登司馬。乙
亥, 赴殿試, 時母夫人寢疾, 公不欲遠離。而夫人强命之, 公不得已行,
旣入試, 因憂慮心撓, 所對策末, 不覺闕'謹對'字。考官始大稱賞, 傳觀
欲置之魁, 旣而覺其有違式, 莫不愕然嗟惜, 然卒以此落第, 豈非命哉?
及還未久, 母夫人違世, 公哀毀過度, 因以成疾。丁丑秋, 公病已三歲
矣, 自知不起, 力疾撰次先考妣言行, 竟日夜不休, 而會張先生訃又至,
公痛失依歸。爲位哭至慟, 病由此益進。然公不以死生動其心, 書冊筆
硏, 不離於側。疾少間則講論經義, 纂述遺文, 日孜孜不知倦。又日誦
平生所讀書及幼時所習詩歌, 人以其妨於調養, 力止之, 公曰:"我自樂
此, 不爲害也。"是時, 上命朝臣, 各薦鄕士中有文學可用者, 龍洲趙公
絅, 以公應薦, 特除康陵參奉, 病不能行。戊寅八月, 疾革, 使人開牕,
見秋色滿山, 感歎良久, 吟成一律, 因自軔曰:"學何有志, 而竟無成。
禮何欲履, 而至滅性。上負爾親, 下負爾身。爾何顔面, 歸見先人。"翌
日, 遂卒, 是二十四日也。享年四十二。訃出。無遠近親疎上下, 咸爲
之嗟悼焉。公自幼少, 意氣激昂, 不肯隨羣兒遊嬉。及成童, 遭外艱。
以讀禮之暇, 披閱經籍, 潛心往訓, 慨然有志於古人之學。雲川公素知
公志節不凡, 不可局以文藝, 臨終, 以鄒書'窮不失義, 達不離道。'二
語。授公及從子瓢隱公, 曰:"此吾之八字符也。"公於是, 始知君子立身
之大方, 手書揭壁, 朝夕觀省。又嘗從盧敬庵受易, 通象辭微奧之旨,
而及其事張先生, 則所聞益廣, 而所得益富矣。公初字子美, 先生以爲
子美之稱, 惟美其美, 而不致其處美益美之義, 改命以謙可, 而作說以
勉之曰:"一謙字上, 有許多吉德基焉。"先生又以我東文獻寥寥, 屬公裒
輯之。公乃窮搜博攷, 閱屢歲而後成帙, 其於世道治亂, 風俗美惡, 文
章興替, 人物賢否邪正, 焯焯可徵, 稱實錄矣。公旣負超逸之才, 方年
少氣豪, 以馳騁詞藻自喜, 若不數數於規繩者然。所重常在於問學, 沈
潛玩索之久, 知爲學大要, 不出乎謹獨不欺遷善改過數語。當其被疾
也, 取凡經傳及洛閩諸賢之言, 有及於是者, 裒以爲一編, 附之以家世

遺訓·旅軒字說·敬庵謙說, 而各爲箴其下, 以自警責, 名之曰朝聞錄。
仍歎曰: "假我數年, 從事於斯, 可以收拾桑楡, 少償其志願矣." 嗚呼!
後之欲知公所志所學者, 觀此錄, 亦可以得其槩矣。公早孤, 常懷風樹
之痛, 事母夫人二十餘年, 竭其誠孝, 婉容愉色, 未嘗有拂。推而至於
宗黨鄕里, 一以寬和遇之, 雖子弟婢僕, 亦不輕施責罰。見人有疾病憂
戚, 隨其情誼厚薄, 周卹問遺, 如恐不及。公雅性淸素, 不甚留意生産,
尤以見利貪得爲恥。而亦未嘗過爲弛廢, 曰: "人之務貨殖, 不憚爲不義
者, 固不可, 其或全不顧家計, 而蕩敗無收拾, 使賓祭闕而不供, 亦非君
子之道, 惟當謹守己有, 而不求取於人, 可也." 里人有好田, 請賣於公,
公曰: "此與某人田相連, 彼必欲買, 吾不可取也." 遂卻之。晚有一子。
甚愛之。然亦不許其衣帛, 曰: "寒士家童子, 布素其分也。輕煖華美,
適足長其驕侈, 而生其疾也." 公素有塵外趣味, 於世俗聲利芬華, 不一
累其中。其應進士貢也, 榜未出而爲關東之遊, 泮人奉恩牌, 追及於中
路, 公篋藏之, 遂入金剛五臺間, 恣賞詠而歸, 人不知其爲新恩行也。
嗟呼! 世之趨利嗜榮, 拘拘焉以得失爲舒慘者, 聞公之風, 寧不知愧?
雖百載之後, 猶可想見其襟懷之飄灑矣。宣城之溪上, 卽李先生故里,
而於先公, 爲外鄕, 自先公時, 嘗往居焉。至公, 臨溪築精舍, 名曰寒溪
堂, 又曰敬窩, 而自號焉。堂有四絶, 曰菖蒲劍·烟霞枕·梅竹硯·霹靂
琴。劍或稱文章劍, 蓋靑溪公所授於雲川公, 而雲川公又傳之敬齋, 以
至公者也。至今, 以爲傳家舊物云。公方疾病, 有留寄草堂梅詩曰: "寄
語溪堂一樹梅, 好藏淸艶待春回。開時且莫悲無主, 定有吟魂月下來."
鶴沙金公應祖, "此友精神, 盡在此詩." 及葬, 輓之曰: "藥峯崇竦鍾英
才, 見識分明八字開." 若鶴老, 可謂知公之深者矣。公之葬, 以卒之年
某月某日, 而其原則某山某向也。配某貫盧氏, 卽敬庵公景任之女, 有
婦德, 別有錄。…(중략)… 公所著詩文若干卷及〈海東文獻錄〉·〈道東
錄〉·〈朝聞錄〉, 藏于家, 皆未及脫藁。文獻錄, 又見佚於人家灰燼中,
不得全, 惜哉! 聖鐸, 於公爲族孫, 而生於四十七年之後, 未及承其顔
範, 而望其風采, 然盖嘗讀曾王父瓢隱公祭公之文, 而得其大者。有曰:

"君之於學, 基脚已定, 立志亦固。於義理, 若嗜欲, 於財利, 如怯夫."
又有曰:"君之才德, 可以爲一世之宗工巨儒, 而我之所師也."夫以我瓢
隱公之賢, 而與公爲至親, 同志同道, 交相磨戛, 其相與之切, 相知之
深, 非他人比, 而其所以稱美者若此, 則何必身及其世, 然後知其爲賢
哉。於是, 想像欽慕於公益至, 而恨不得起公九原, 以激衰世之汙濁
也。迺者, 始元自鄕來, 訪余蟾江上, 爲示公遺稿, 已又以進士公所撰
行錄, 授之曰:"先祖之沒。今已百有餘歲, 家世多故, 幽誌顯刻, 迄皆
闕焉。此不肖等所大恨也。方欲走謁於當世秉筆者, 乞一言以銘之, 而
非狀, 莫之先以爲据, 敢以爲請."余以爲狀德述行, 重事也, 非愚陋所
敢當。矧今負罪流竄, 爲世僇人, 恐無補於闡揚之萬一, 而祇益累耳。
用是辭之固, 則始元留屢日, 其意益切。旣歸, 再三申其前請, 而福河
及其子相說, 亦皆以書請甚勤, 且曰:"此家門內事, 公義不可辭, 且不
必辭."余於是蹴然曰:"諸君, 豈不知余之不足相斯役耶? 然而屬之於
余者, 其有以也."且聖鐸自童幼, 知慕悅公遺風, 至今白首不衰, 而使
公淸德盛名, 久而不傳, 亦與有責焉, 其敢終辭? 乃忘其僭率, 而就家
傳, 叙次之如右, 以竢立言君子採擇焉。族孫聖鐸謹狀。

[霽山先生文集, 권16, 行狀]

37. 정칙

정칙의 자는 중칙, 호는 우천, 본관은 청주이다. 선조 신축년(1601)에 태어났다. 인조 정묘년(1627) 사마시에 합격하여 관직은 참봉을 지냈다. 현종 계묘년(1663)에 죽었다.

공은 어렸을 때 어떤 사람이 묻기를, "온공(溫公: 司馬光)의 격옹(擊甕: 친구가 놀다가 커다란 항아리에 빠져 죽을 뻔하자 돌로 항아리를 깨서 구한 일)과 노공(潞公: 文彦博)의 부구(浮毬: 친구들과 놀다가 공이 기둥 구멍에 빠지자 물로 채워 수면 위로 뜨게 하여 도로 찾은 일) 중에서 어느 것이 낫고 어느 것이 못한가?"라고 하자, 공이 대답하기를, "격옹(擊甕)은 정대한 것이고 부구(浮毬)는 지혜로운 것입니다."라고 하였다.

평생 동안 지은 글은 오로지 이치가 말보다 우선하는 것을 위주로 하여 문장의 구조와 규범에 조리가 있었다. 목재(木齋) 홍여하(洪汝河)는 공을 애도하는 만시(輓詩)에 이르기를, "사결(史潔: 태사공 司馬遷의 고결한 문장)을 핍진하게 따랐고, 교한(郊寒: 孟郊의 차가운 시)를 꾸짖고 천시하였네."라고 하였다. 시문 약간 권이 집에 소장되어 있다.

공은 《소미통감(少微通鑑: 송나라 江贄의 通鑑節要)》이 쓸 만한 것은 쓰고 삭제할 만한 것은 삭제하는 데에 법도가 없는 것을 병폐로 여겨 번거운 것은 삭제하고 빠진 것은 보충하여 후학들에게 도움을 줄 수 있게 하려 했으나 미처 책을 만들기도 전에 죽었다.

병자년(1636) 여름에 시국에 관한 일을 논하고 이름하기를 '죄언(罪言)'이라 하였는데, 대략 말하기를, "한번 동서로 분당된 뒤로부터 안색이나 표정이 서로 어그러져 반목하며 물과 불처럼 끓어올라서 밤낮으로 의논하는 것이 서로를 헐뜯고 배척하는 일이 아닌 것이 없으니,

어느 겨를에 나라의 근심과 백성의 질곡을 생각이나 했겠는가? 나라는 남북의 억센 나라 사이에 처해 있으면서도 오직 스스로 몸을 낮추고 남을 섬기는 것만 알 뿐이지 자강(自强)하여 적을 도모할 생각은 하지 않으니, 이진(二晉: 西晉·東晉)과 조송(趙宋: 송나라)이 멸망한 전철로 거울을 삼을 수 있을 것이다."라고 하였다. 그해 겨울에 과연 남한산성의 일이 있었다.【협주: 이재가 찬한 행장에 실려 있다.】

• 鄭侙

鄭侙, 字仲則, 號愚川, 淸州人。宣祖辛丑生。仁祖丁卯司馬, 官參奉。顯宗癸卯卒。

公齠齔時, 有人問: "溫公[1]擊甕[2], 潞公[3]浮毬[4], 孰優? 孰劣?" 公對曰: "擊甕正大, 浮毬智數."

公之所述作, 專以理勝辭爲主, 而井井有句法章規。木齋洪公, 挽公詩曰: "史潔追堪逼, 郊寒叱欲奴." 有詩文如干卷, 藏于家。

公病《少微通鑑[5]》之筆削無法, 欲刪煩補闕, 以惠來學, 未及成編而歿。

丙子夏, 論時事, 名之曰'罪言.'略曰: "一自東西分黨之後, 形色睽乖[6], 水火沸騰, 日夜所圖議者, 無非傾軋之事, 何暇念及於國憂民隱乎? 國家處南北倔强之間, 惟知屈己而事人, 不思自强而圖敵, 二晉[7]·

---

1 溫公(온공): 북송의 관료이자 문인인 司馬光의 별칭. 溫國公의 직위를 하사받았기 때문이다.
2 擊甕(격옹): 司馬光이 어렸을 때 물이 깊은 독에 빠진 아이를 구해 내기 위해 돌로 독을 깬 일화를 일컬음.
3 潞公(로공): 송나라 文彦博. 中同書 門下平章事로 潞國公에 봉해졌기 때문이다.
4 浮毬(부구): 문언박이 친구들과 놀다가 공이 기둥 구멍에 빠지자 물로 채워 수면 위로 뜨게 하여 도로 찾은 일.
5 少微通鑑(소미통감): 송나라 江贄의 通鑑節要. 資治通鑑을 요약한 책이다.
6 睽乖(규괴): 서로 어그러져 반목함.
7 二晉(이진): 西晉과 東晉을 통틀어 일컫는 말.

趙宋[8]覆轍[9]，可鑑矣." 是冬，果有南漢之事。【李栽撰行狀】

보충
이재(李栽, 1657~1730)가 찬한 행장

우천 정공 행장

공의 휘는 칙(侙), 자는 중칙, 성씨는 정씨(鄭氏)이다. 그의 조상은 청주(淸州) 사람이었는데, 상조(上祖: 시조) 정극경(鄭克卿)이 고려에서 중랑장(中郞將)을 지냈다. 이때부터 명망 있는 벼슬아치와 큰 인물들이 역사책에 계속 족적을 이었으니, 대장군 정의(鄭顗)는 정충민절(旌忠愍節: 송나라 정강의 변 때 순절한 威愍公 鄭驤)을 고종조(高宗朝)에서 드러냈으며, 광정대부(匡靖大夫) 도첨의찬성사(都僉議贊成事) 연영전 대사학(延英殿大司學) 시호(諡號) 장경공(章敬公) 휘 정해(鄭瑎)는 문장과 공훈으로 충렬왕 때에 이름이 났으며, 그 아들 중대광(重大匡) 청하군(淸河君) 휘 정책(鄭㥽)이다. 그 아들 금자광록(金紫光祿) 상주국(上柱國) 서원백(西原伯) 시호 문극(文克) 호 설헌(雪軒) 휘 정오(鄭䫨)인데, 아우 설곡 선생(雪谷先生) 정포(鄭誧)와 함께 다 문집이 세상에 전한다. 정오의 아들인 소부정윤(小府正尹) 휘 정침(鄭賝)이 고려 말에 처음 영가현(永嘉縣) 치소(治所) 북쪽에 거주하였는데, 영가는 실제로 문극공(文克公: 鄭䫨)의 외가 문열공(文烈公) 김방경(金方慶)의 거주지이었다. 자손들이 마침내 영가의 사람이 되었다.

증조부 휘 정언보(鄭彦輔)는 진사를 지냈다. 조부 휘 정두(鄭枓)는

---

8 趙宋(조송): 송나라를 일컫는 말. 趙匡胤이 세운 왕조였기 때문이다.
9 覆轍(복철): 앞 수레가 넘어지면 뒷 수레는 이것을 보고 경계하는 것이니 잘못을 되풀이하지 않음.

사섬시 첨정(司贍寺僉正)을 지냈고 가선대부(嘉善大夫) 한성우윤(漢城右尹)에 증직되었다. 아버지 휘 정사신(鄭士信)은 문과중시에 급제하여 장례원 판결사(掌隸院判決事)를 지냈고 가선대부 예조참판에 증직되었다. 어머니 영천이씨(永川李氏)는 관찰사 이광준(李光俊)의 딸이다. 만력(萬曆) 신축년(1601) 5월 3일에 공을 낳았다.

어려서 총명한 데다 단정하고 준수하여 몸가짐이 어른스러우니, 참판공(參判公: 부친 정사신)이 몹시 기특하게 여겼다. 어려서부터 이미 경전과 역사서의 중요한 뜻으로 사람들이 수용하기에 절실한 것을 들어서 일러 주자, 공은 모두 깊이 알아내고 깨우쳤다. 어떤 사람이 온공(溫公: 司馬光)의 격옹(擊甕: 친구가 놀다가 커다란 항아리에 빠져 죽을 뻔하자 돌로 항아리를 깨서 구한 일)과 노공(潞公: 文彦博)의 부구(浮毬: 친구들과 놀다가 공이 기둥 구멍에 빠지자 물로 채워 수면 위로 뜨게 하여 도로 찾은 일) 중에서 어느 것이 낫고 어느 것이 못한가와 같은 풀기 어려운 문제를 공에게 물어 시험하자, 공이 문제를 내자마자 바로 응대하기를, "격옹(擊甕)은 정대한 것이고 부구(浮毬)는 지혜로운 것입니다."라고 하니, 사람들은 이미 식견이 예사롭지 않음을 알았다.

10여 세 때 능히 근체시(近體詩)를 지으면 번번이 사람들을 놀라게 하였다. 차츰 성장하면서 그의 형 만지당(晚志堂) 정억(鄭億)과 함께 선조의 미덕을 계승하여 나란히 아름다웠다. 형제가 똑같이 아름다웠는데, 당시의 동류 중에 그 누구도 앞서는 자가 없었다. 무릇 이름난 사대부들이 나이와 지위며 선후배의 서열을 떠나 사귀기를 원하였다.

기미년(1619)에 정월 참판공의 상을 당했는데, 나이가 겨우 약관이었음에도 상(喪)을 상례(喪禮)에 맞게 치렀다. 부친상을 마친 이듬해에 또 만지공(晚志堂: 형 정억)의 상을 만났다. 공은 외로운 신세로서 대대로 가문의 명성을 계승하지 못할까 두려워하였지만, 광해군의 정사

(政事)가 어지러워지자 작별 인사를 하고서 과장(科場)을 떠나 더욱 글을 읽고 문장을 연마하였다. 계해년(1623) 개옥(改玉: 반정)이 되자, 세상에 나와 과거에 응시하여 정묘년(1627) 성균관에 들어가 공부하였다. 이로부터 초시(初試)에 합격한 것이 15번이고 괴과(魁科: 문과의 甲科)에 뽑힌 것이 2번이나 끝내 급제하지 못했다. 무인년(1638)에 천거를 받아서 장릉 참봉(章陵參奉)에 제수되었으나 사은하고 곧바로 돌아왔다. 이때 시를 지은 것이 있으니, "군신의 의리가 중하여 비록 폐하기 어려우나, 물새와 맺은 은거의 맹약이 깊어 끝까지 지키려네. (君臣義重雖難廢, 魚鳥盟深庶有終)"라고 하였다. 곧바로 집 옆의 남계(南溪) 가에 작은 정자를 짓고서 남간(南澗)이라 편액을 달아 한결같은 마음으로 학업에 매진하는 곳으로 삼았다. 또 일찍이 그 가운데 작은 방 하나를 '소와(笑窩: 웃으며 지내는 작은 집)'라고 하였는데, 나의 선대부(先大夫: 李栽의 조부 李時明) 판서공이 증직되자 글을 지어서 그 사실을 기록하였다.

공은 본디 아름다운 산수를 좋아하여 수석(水石)이 맑고 그윽한 곳을 만나면 번번이 술을 마시면서 시를 읊조리며 유유자적하였다. 선배들이 향기를 남기어 후대에 전파한 곳에서는 더욱 연연해하며 망설이다가 곧바로 떠나오질 못했다. 만년에 이르러서도 뜻을 이루지 못하고 불우하게 지내다가 구성산(龜城山) 남쪽에 있는 우천(愚川)이란 곳이 궁벽지면서도 편안하여 집을 짓고 살았으니, 〈우천은자전(愚川隱者傳)〉을 지어 은거할 뜻을 보이고 이로 인하여 자호(自號)를 '우천'이라 하고는 기꺼운 마음으로 글을 짓고 글씨를 쓰면서 스스로를 즐겼다. 학사(鶴沙) 김응조(金應祖)를 종유하여 서로 가장 깊은 지우(知友)가 되었는데, 일찍이 자명(自銘)을 지어 그 뜻을 나타내며 말하기를, "뜻은 높아서 세상과 맞는 일이 적었고, 재능은 부족하나 과도히 평가를 받았네. 네가 스스로 세상 떠난 것이어늘, 세상이 너를 버린 것이 아니라네. 저 우천에서 즐길 것이니, 마침내 내 있을 곳 얻었네. 맑은 물가에 서서 푸른 산 바라보며, 밝은 달 맑은 바람 대하여 읊조리네. 농사 짓고 낚시하며 가난을 잊노라니, 글 읽고 쓰면서 빈궁을 즐기게 되네. 속세를 벗어나 욕됨에서 멀어지나니, 호연한 기상으로 오래도록 살지어다.(志亢寡合, 才疎過許。汝自絶世, 世非棄汝。樂彼愚川, 爰得我所。臨淸對碧, 詠月吟風。耕釣忘貧, 文墨娛窮。超塵遠辱, 浩然長終.)"라고 하였다.

계묘년(1663) 11월 21일 병으로 누웠다가 죽었으니 향년 63세였다. 죽기 2년 전, 공이 우천에 있었을 때 꿈속에서 어떤 사람이 스스로를 '홍 선인(洪仙人)'이라 칭하며 찾아와 절하고 말하기를, "내년이면 그대는 이리로 들어오게 될 것이다."라고 하였다. 공이 깨어나 그 꿈을 점쳐 보고, 이에 시를 지어 이를 기록하였다. 여러 장로들이 그 시를 차운(次韻)하였다. 그 후 지금에 이르러 그 말이 과연 증험되었다. 아, 이것이 어찌 예언이란 말인가! 이듬해 모월 모일에 안동부 서쪽 어연동(魚淵洞) 병좌(丙坐)의 언덕에 안장하였다. 공의 첫째부인 상당한씨(上黨韓氏)는 좌참찬 청주부원군으로 영의정에 증직된 한준(韓準)의 손녀이자 현감 한여형(韓汝泂)의 딸이고, 둘째부인 고령박씨(高靈朴氏)는 수운판관(水運判官) 박려(朴欐)의 손녀이자 부호군 박성범(朴成范)의 딸인데, 모두 자녀가 없어서 당숙 정준(鄭儁)의 아들 정기조(鄭基祚)를 양자로 들였다. …(중략)…

공(公)은 이미 어린 나이에 아버지를 여의었고, 어머니는 성품이 엄격하고 법도가 있었지만 좌우에서 뜻을 받들며 조금도 실망시키거나 어머니의 뜻을 거스른 적이 없었고, 죽을 쑤거나 맛있는 음식을 올리는 것도 다 알맞게 하였다. 상(喪)을 치르는 중에 이미 쇠약해졌지만 그래도 상례(喪禮)를 지키며 변함이 없었다. 특히 조상을 기리는 일에 더욱 삼갔으니, 매번 조상에게 제사를 지내야 할 때면 비바람이나 혹한이며 무더위에 구애받지 않고 친히 행하는 것이 정성스러웠다.

온 집안의 자제(子弟)들에게 귀감이 되었다. 형의 두 아들은 일찍 아버지를 여의고 의지할 곳이 없었으나, 공이 그들을 바르게 가르치고 양육하는데 법도가 있었으며, 또한 그들의 가정을 잘 돌보아 몰락하지 않게 하였다. 안팎의 친인척들 사이에 경조사(慶弔事)나 급한 일이 있으면 반드시 함께 기쁨과 슬픔을 나누었다. 간혹 가난하여 스스로 의식주를 해결하지 못하는 사람이 있으면 자신의 것을 나누어 도왔는데, 친소(親疎)를 따져서 후하거나 박하지 않았다. 일찍이 말하기를, "장공예(張公藝: 唐나라 壽張 사람)가 '인(忍)'이라는 글자를 백 번이나 썼다고 하니, 어려운 일이라고 할 수 있겠으나 또한 미처 최선이라고 하기에는 이르다. 마음속에서 일어난 후에 그것을 억제하기보다는 차라리 그것이 싹트기 전에 막는 것이 낫지 않겠는가?"라고 하였다. 지금까지도 정씨(鄭氏) 집안이 대대로 돈독하고 화목함을 자랑하는 것은 모두 공의 다스림 덕분이다.

일찍이 부끄럽게도 세상 사람들은 거짓을 빌려 참을 현혹하는 것을 배웠지만, 공은 평소 스스로 처신할 때면 그다지 얽매이지 않아 마치 천진함에 내맡긴 사람과 같았다. 그러나 스스로를 다스리는 방도에 있어서는 또한 그대로 지나친 적이 없었다. 일찍이 스스로를 경계하기 위해 '오잠(五箴)'을 지은 적이 있으니, 바로 '색(色)을 경계할 것, 말을 경계할 것, 함부로 교제하지 않을 것, 사치를 부리지 않을 것, 이름을 탐하지 않을 것'이다.

또 일찍이 말하기를, "세상 사람들은 과거장에서 붙느냐 떨어지느냐가 가문 흥망의 관건으로 여겨서 목숨을 걸고 구한다. 그러나 이는 천명(天命)이 있는 것이니 요행으로 이룰 수 있는 것이 아니다. 다만 옛 책을 부지런히 읽어 문종(文種: 학문을 좋아하는 사람)이 끊어지지 않게 하는 것이야말로 우리의 분수 안에서 할 수 있는 일이다.”라고 한 적이 있었다. 방 한 칸을 정갈하게 청소하여 티끌 하나 없이 말끔하였는데, 서책과 기물들은 모두 정돈되어 일정한 자리에 놓여 있었다. 날마다 그 안에서 지내며 책이라면 읽지 않은 것이 없었고, 만년에 이르러서는 《논어》를 지극히 좋아하였으며, 특히 낙건(洛建: 정자와 주자)의 책들을 즐겨서 깊이 몰두하고 탐구하여 스스로 터득한 것이 많았다. 경서(經書)에 대한 언해(諺解)가 본래의 뜻을 많이 잃은 것을 병폐로 여기고 매번 읽을 때마다 그 해석을 분별없이 맹목적으로 따르지 않았으니, 고금의 사변(事變)과 인물의 행적이며 문장의 의미와 핵심에 대해 빠짐없이 간략히 기록하고 논변하여 자신의 의견을 덧붙였다. 후배들이나 제자들이 간혹 의문 나는 것을 질의하러 찾아오면 곧바로 주해(註解)를 꿰뚫고 마치 자신의 말을 외우는 듯하여 듣는 이들로 하여금 배부르게 먹은 듯한 충만함을 느끼게 하였다.

글을 짓는 데 있어서는 경학(經學)을 바탕으로 근본을 세우고 자서(子書)와 사서(史書)를 참고하여 그 지취를 넓혔기 때문에 평생 동안 지은 글은 오로지 이치가 말보다 우선하는 것을 위주로 하여 문장의 구조와 규범에 조리가 있었으니, 세속적인 화려함을 기교적으로 꾸며 생활하는 자들과 비교하여 견줄 수가 없었다. 시(詩) 또한 원만하고 힘차니 세속적이고 진부한 말이 없었는데, 논하는 자들이 한유(韓愈)와 두보(杜甫)의 문체를 많이 닮았다고 하였다.

그의 초서(草書)와 예서(隸書) 또한 정교하고 법도가 있었으며 마음 내키는 대로 흘려 쓴 적이 없었는데, 손수 ‘명도 선생이 글자를 쓸 때 매우 공경스러웠다.(明道作字甚敬)’라는 말을 써서 자신을 돌아보고 반성하였다.

공이 문예(文藝)에 있어서는 하늘로부터 타고났다. 졸재(拙齋) 류원지(柳元之)는 일찍이 《소미통감(少微通鑑: 송나라 江贄의 通鑑節要)》이 쓸 만한 것은 쓰고 삭제할 만한 것은 삭제하는 데에 법도가 없다고 여겨서 공에게 번거로운 것은 삭제하고 빠진 것은 보충하여 후학들에게 도움을 줄 수 있도록 해주기를 청하였다. 공은 겸손하여 저술(著述)로 자처하지 않으려고 했으나 강청(强請)을 받고서야 비로소 붓을 잡았지만 미처 책을 만들기도 전에 죽어 식자(識者)들이 한스럽게 여겼는데, 구재(鳩齋) 김계광(金啓光)은 사람들에게 말하기를, "우리 남쪽 지방의 문장이 이제 끊어졌구나."라고 한 적이 있고, 목재(木齋) 홍여하(洪汝河)는 공을 애도하는 만시(輓詩)에 이르기를, "사결(史潔: 태사공 司馬遷의 고결한 문장)을 핍진하게 따랐고, 교한(郊寒: 孟郊의 차가운 시)을 꾸짖고 천시하였네."라고 하였으니, 당대에 추앙받은 바가 이와 같았다. 지금 시문과 잡저(雜著)며 각종 문체 약간 권이 집에 소장되어 있다.

공(公)은 선을 좋아하고 악을 미워하는 것이 천성에서 나왔으니, 다른 사람에게 옳지 못한 점이 있는 것을 보면 마치 자신을 더럽힐 것처럼 여길 뿐만이 아니었고, 한 가지 장점이라도 취할 만한 것이 있으면 곧바로 기뻐하고 널리 알리려고 하면서 오직 사람들이 알지 못할까 두려워하였다. 더욱이 어질고 덕망 있는 이를 높이 받들면서 숨은 공덕을 드러내어 밝히는 것을 힘썼으니, 분지(賁趾: 南致利)·수암(修巖: 柳袗) 두 어진 이를 제향(祭享)하도록 한 일은 모두 공이 앞장서서 발의한 것이었다.

때때로 시국을 걱정하고 풍속을 안타까워하는 것이 있으면 감개가 북받쳤다. 일찍이 숭정(崇禎) 병자년(1636) 여름에 붓을 들어 시국에 관한 일을 논하고 이름하기를 '죄언(罪言)'이라 하였는데, 대략 이르기를, "오늘날 조정에서 민생의 곤궁함, 군정(軍政)의 해이함, 인근 적국의 침범, 나라 형편의 위급함 등 모두 돌아보고 생각해 볼 겨를이 없는 것은 어찌 죄다 지혜가 부족하고 식견이 모자라서 그런 것이겠는가? 한번 동서로 분당된 뒤로부터 안색이나 표정이 서로 어그러져 반목하며 물과 불처럼 끓어올라서 밤낮으로 의논하는 것이 서로를 헐뜯고 배척하는 일이 아닌 것이 없으니, 어느 겨를에 나라의 근심과 백성의 질곡을 생각이나 했겠는가? 지금 변방의 방비는 허술해 이변이 끊이지 않고 있으니, 이는 단지 군신(君臣) 상하가 밤낮으로 걱정하며 힘써야 할 때이거늘 하찮은 승부가 국사(國事)와 무슨 관계이어서 임금이 준 밥과 옷을 먹고 입으면서도 오직 사사로움을 좇아 자신의 마음에 채우는 것을 일삼는단 말인가? 나라는 남북의 억센 나라 사이에 처해 있으면서도 오직 스스로 몸을 낮추고 남을 섬기는 것만 알 뿐이지 자강(自强)하여 남을 도모할 생각은 하지 않으니, 이진(二晉: 西晉·東晉)과 조송(趙宋: 송나라)이 멸망한 전철로 거울을 삼을 수 있을 것이다."라고 하였다. 그해 겨울 과연 종국(宗國: 자신의 조국)에 비상한 변란이 일어났으니, 군자들은 그의 말이 마치 촛불로 비추고 거북으로 점친 것 같았다고 생각하였다.

공이 또 일찍이 말하기를, "옛 사람들이 이른바 '사사로움을 극복한다(克私)'라고 한 것은 물욕(物欲)으로 가려진 것을 제거하여 천리의 올바름에 합치되는 것일 따름이었다. 오늘날의 사람들이 이른바 '사사로움이 없다(無私)'라고 한 것은 그와 다르거늘, 법을 받들어 공익을 위해 행한다고 스스로 일컬으면서도 차마 할 수 없는 처지에서 억지로 차마 하니 참으로 이것은 사사롭고 부정한 소인배의 짓이다."라고 한 적이 있다. 또 말하기를, "예로부터 군자는 대개 소인배들에게 해를 입는 것이 많았다. 비록 소인배들의 모함과 날조가 극에 달했다 해도 또한 반드시 군자에게 이를 초래한 원인이 있지 않았다고 할 수는 없다. 만약 앞날의 기미를 밝게 알아서 몸을 거두어 물러난다면 소인배들이 어찌 그를 해칠 수 있겠는가?"라고 하였다.

또 말하기를, "배우는 자는 함부로 높고 먼 이치를 이야기하지 않으니, 먼저 절실하고 가까운 곳에서부터 공부하면 자연히 스승을 얻어 그 방향을 그르치지 않을 것이다."라고 하였다. 또 말하기를, "학문과 문장은 크고 작음에 비록 차이가 있더라도 반드시 스스로 깨닫는 바가 있어야 한다. 이 두 개는 모두 진실되게 쌓아온 노력에서 비롯되는 것이지, 사람이 억지로나 거짓으로 할 수 있는 것이 아니다. 후세에 옛 사람의 일을 논하는 자들은 이 몇 마디 말을 보면 그 식견이 미치는 바를 알 수 있을 것이고, 또한 그가 세상에 대해 뜻이 없지 않았음을 충분히 알 수 있을 것이다."라고 하였다.

대개 공은 문헌(文獻)의 집안에서 태어나고 뛰어난 재능과 영민한 자질을 지닌데다 오랫동안 갈고 닦으며 학문에 흠뻑 젖었으니, 참으로 이미 보통사람보다 뛰어난 것이 있었다. 그의 운명과 때가 어긋나서 세상이 자신을 알아주지 않으니 물러나 분전(墳典: 三墳五典, 古書) 속에서 뜻을 펼쳤다. 견문(見聞)이 날이 갈수록 더욱 넓어지고 축적한 것이 더욱 풍부해져 문장으로 펼쳐서 논의한 것은 대체로 법도에 맞고 고상하며 조리가 있어 세상의 교화에 영향을 미치니 쓸모없는 헛된 말이 되지 않았다. 비록 그가 평소 수양을 쌓은 것이 묻혀서 조금도 세상에 베풀어지지 못하였으니 한스럽게 여길 만하다. 그러나 만약 공으로 하여금 벼슬길에 나아가게 했다가 혹여 도중에 꺾여 스스로 한계를 지었다면, 세상에 전하여 후대에 알려진 것이 과연 완전하고 순수하여 흠잡을 데 없이 오늘날 이루어진 바와 같을 수 있을지는

알 수 없을 것이다. 창려(昌黎: 한유) 선생이 이른바 '저것과 이것을
비교하면 무엇이 득이고 무엇이 실이 되었을까?'라고 한 것이 이것을
이르는 것이리라.

이재(李栽) 나는 늦게 바닷가에서 태어나 비록 미처 직접 공의 모습
을 보지는 못했으나 남긴 정연한 의론은 접하였다. 그러나 생각해
보건대, 예전에 돌아가신 조부가 공과 함께 한 세상을 살면서 문장으
로 서로 견주었고 선태조(先太宰: 이조판서 李玄逸)도 또 일찍이 존재(存
齋: 李徽逸) 숙부를 따라 공의 댁으로 가서 뵙고는 공의 말씀과 뜻을
익히 들었는데, 그 후로 한가한 때면 매번 공의 넓은 식견과 해박한
학문을 칭송하며 후학들을 위해 힘써 부지런히 이야기해 주었다. 때
문에 불초고(不肖孤: 어버이가 죽은 뒤 졸곡까지 상제가 자기를 일컫는 말)가
공의 풍모를 가장 상세히 들을 수 있어서 마음으로 흠모하였다.

선친이 만년에 귀향하여 금수(錦水)의 남쪽에 우거하였는데, 공의
손자 정창흥(鄭昌興)과 그의 동생 정후흥(鄭後興)이 가첩(家牒) 및 유고
(遺稿)를 가지고 와서 공의 행장을 써 주기를 청하고 또 그 글들을
교정해 주기를 바라니, 선친이 마음속으로 허락하였으나 미처 붓을
잡기도 전에 복이 없어 세상을 떠났다. 그로부터 13년 후에 두 사람이
선친에게 청한 적이 있었던 까닭으로 이재(李栽) 나에게 찾아와 말하
기를, "우리들은 불행히도 우리 조부의 행장에 선공(先公: 李玄逸)의
한마디 말을 얻지 못했는데, 이제야 세월이 흘러 시대도 변하고 선조
의 덕행도 점점 멀어져 가니 다시 누구라야 징험하고 믿을 수 있는
자이겠는가? 오직 그대만이 가정에서 이를 전수받았으니, 나의 조부
에 관한 일을 능히 말하여 우리를 위해 선조의 뜻을 이어서 행장을
완성해 주기 바랍니다."라고 하였다. 이재(李栽) 나는 북받쳐서 한참
동안 눈물을 흘리며 사양하였으나 허락을 받지 못하여 지난날 정분을

돌아보아 생각하니 또한 차마 끝끝내 사양하지 못하였다. 더구나 공의 완전한 원고를 얻어 읽을 수 있어 다행으로 여겼기 때문에 삼가 받아들여 행장을 완성하였다. 자료를 참고하여 차례대로 서술한 것이 위와 같으니, 입언군자(立言君子)들이 이를 취사선택할 수 있기를 바랄 뿐이다.

삼가 행장을 짓다.

愚川鄭公行狀

公諱伋, 字仲則, 姓鄭氏。其先淸州人, 上祖克卿, 仕高麗爲中郎將。自是名公巨人, 繼跡史牒, 大將軍頭, 以旌忠愍節, 顯高宗朝, 匡靖大夫都僉議贊成事延英殿大司學諡章敬公諱瑎, 以文章勳業, 名忠烈時, 是生重大匡淸河君諱愃。是生金紫光祿上柱國西原伯諡文克號雪軒諱頠, 與弟雪谷先生誧, 俱有文集行于世。其子小府正尹諱䢞, 當麗季始居于永嘉治北, 永實文克公外家金文烈公方慶之居也。子孫遂爲永嘉人。曾祖諱彦輔進士。祖諱枓司瞻寺僉正, 贈嘉善大夫漢城右尹。考諱士信, 文科重試, 掌隷院判決事, 贈嘉善大夫禮曹參判。娶永川李氏, 觀察使光俊女。以萬曆辛丑五月三日生公。幼聰明端秀, 儀觀夙成, 參判公奇愛之。自齠齔時, 已提經史要義, 切於人受用者以詔之, 公皆領略通曉。嘗有人以溫公擊甕・潞公浮毬, 孰優孰劣, 發難以試公, 公應聲答曰: "擊甕正大, 浮毬智數。" 人已知其識度非常矣。十餘歲, 能賦近體詩, 輒驚人。少長, 與其兄晩志堂㦷, 趾美聯芳。伯仲齊徽, 一時輩流, 皆莫之先。諸名士大夫, 折年位輩行, 願與之交。己未正月, 丁參判公憂, 年才弱冠, 持喪以禮。旣喪畢之明年, 又遭晩志公喪。公自以孤身, 懼不克世其家, 而當光海政亂, 謝去場屋, 益讀書爲文章。癸亥改玉, 始出而應擧, 丁卯陞上庠。自是占發解者十五, 而擢魁者再, 竟不第。戊寅, 用薦者, 授章陵參奉, 謝恩卽還。有詩云: "君臣義重雖難

廢, 魚鳥盟深庶有終." 直宅畔南溪上築小亭, 扁以南澗, 以爲藏修之
所. 又嘗署其一小室曰笑窩, 我先大父贈判書公, 爲文以記其事. 公雅
好佳山水, 遇水石稍淸幽處, 輒觴詠以自適. 其於先輩留芬播馥之地,
尤眷戀遲徊, 不能遽去也. 逮其晚暮, 斥落不偶, 以龜城之南, 有地名
愚川, 境僻以寬, 爲築室以居之, 作愚川隱者傳以見志, 因自號愚川, 樂
以文墨自娛. 從鶴沙金先生遊, 相與爲最深, 嘗自銘以道其志曰: "志亢
寡合, 才疎過許. 汝自絶世, 世非棄汝. 樂彼愚川, 爰得我所. 臨淸對
碧, 詠月吟風. 耕釣忘貧, 文墨娛窮. 超塵遠辱, 浩然長終. 癸卯十一
月二十一日, 寢疾卒, 春秋六十三. 前是二年, 公在愚川, 夢有人自稱
洪仙人者, 揖而言曰: "來年, 子當入來矣." 公覺而診其夢, 因作詩以識
之. 諸長老多次其韻. 至是, 其言果驗. 嗚呼! 豈其讖耶? 明年某月日,
葬府西魚淵洞丙坐之原. 公前娶上黨韓氏, 左參贊淸州府院君贈領議
政準之孫, 縣監汝洞之女, 繼娶高靈朴氏, 水運判官櫙之孫, 副護軍成
范之女, 俱無子女, 以從祖兄儁之子基祚後. …(중략)… 公旣孤, 母夫人
性嚴有法度, 而左右承將, 未嘗少失意爲忤, 治饍具纚, 咸適其宜. 及
居憂, 已向衰, 猶守制不變. 尤謹於追遠, 每遇先代祭享, 不拘風雨寒
暑, 其親也慤. 以表率一家子弟. 兄子二人, 早失怙靡依, 公敎養有方,
旣又爲之經紀其家, 俾不至陵替. 內外親黨, 有吉凶緩急, 必與之同其
憂樂. 或有貧不能自衣食, 捐其有以周之, 不擇親疎爲薄厚. 嘗曰: "張
公藝書百忍字, 可謂難矣, 亦未爲至也. 與其作於心而制之, 孰若及其
未萌而制之乎?" 至今, 鄭氏世世, 以敦睦稱者, 皆公爲政之餘也. 嘗恥
世學駕僞眩眞, 平居自處, 不甚拘束, 有若任眞者. 然其於自治之方,
亦未嘗放過. 嘗著五箴以自警, 戒色也·戒言也·不妄交也·不肆侈也·
不干名也. 嘗曰: "世之人, 以科場得失, 爲關門戶興替, 舍命以求之.
然是有命焉, 不可幸而致也. 只當勤讀古書, 使文種不絶, 是吾人分內
事也." 靜掃一室, 瀟灑絶塵, 書冊器用, 皆整頓有常處. 日處其中, 於
書無所不讀, 而晚年篤好論語, 尤喜洛建諸書, 沈潛玩繹, 多所自得.
嘗病經書諺解多失本旨, 每讀之不苟從其訓, 其於古今事變, 人物出

處, 與夫文義肯綮處, 靡不箚錄論辨, 以備一家言. 後生子弟, 或有來質疑者, 輒貫穿箋註, 如誦其言, 聞者充然如飮滿腹. 及其爲文, 本經術以立其根, 參子史以博其趣, 故平生所述作, 專以理勝辭爲主, 而井井有句法章規, 非世之工締巧繪以爲生活者, 所可侔擬也. 詩亦圓轉遒逸, 無世俗塵腐語, 論者以爲得韓·杜家法爲多云. 其草隷亦精絶有法度, 未嘗放意潦草, 手書明道作字甚敬語, 以自觀省. 公之於文藝, 蓋天得也. 拙齋柳公元之, 嘗以少微通鑑筆削無法, 請公刪煩補闕, 以惠來學. 公謙抑不欲以著述自居, 見强始屬筆, 未及成編而歿, 識者以爲恨, 鳩齋金公啓光, 嘗語人, 曰: “吾南文章絶矣.” 木齋洪公汝河, 輓公詩曰: “史潔追堪逼. 郊寒叱欲奴.” 其爲一世所推重如此. 今有詩文雜著各體如干卷, 藏于家. 公好善疾惡, 出於天性, 見人有不是處, 不翅若浼己, 或有一長可取, 則輒喜而揚之, 惟恐人之不知. 尤以尙賢德闡幽潛爲務, 賁趾·修巖兩賢者尸祝之擧, 皆公所倡議也. 有時傷時憫俗, 感慨激昂. 嘗於崇禎丙子夏, 奮筆論時事, 名之曰‘罪言’, 其略曰: “今日, 朝廷之上, 民生之困苦, 戎務之弛廢, 隣敵之侵陵, 國勢之危亡, 皆不暇顧念者, 豈盡智不足見不逮而然耶? 一自東西分黨之後, 形色睽乖, 水火沸騰, 日夜所圖議者, 無非相傾軋之事, 則何暇念及於國憂民隱乎? 方今邊備虜疎, 變異層疊, 此政君臣上下夙夜憂勞之秋, 區區勝負, 何與國事. 而食君衣君, 惟以徇私快意爲事乎? 國家處南北屈强之間, 惟知屈己而事人, 不思自强而圖人, 二晉趙宋覆轍, 可鑑矣.” 是冬, 果有宗國非常之變, 君子以爲其言若燭照龜卜云. 公又嘗言: “古之所謂克私者, 只是去物欲之蔽, 合天理之正而已. 今之所謂無私者, 異於是, 自謂奉法行公, 而堅忍於不可忍, 眞是私邪小人之歸也.” 又曰: “自古君子, 率多爲小人所賊害. 雖其構捏罔極, 亦未必非君子有以致之. 如其明炳幾先, 奉身而去, 則小人焉得而禍之哉?” 又曰: “學者不妄談高遠, 先從切近處下工夫, 則自可得師而不迷其方.” 又曰: “學問·文章, 大小雖殊, 要必有自得處. 斯二者, 皆由眞積所致, 不容人强作僞爲也. 後之尙論者, 觀此數語, 可以見其識之所至, 亦足以知其不能無意

於世也." 蓋公生文獻之家, 挺穎敏之資, 磨礱沈灌之久, 固已有出於人
者。及其命與時乖, 世莫我知, 則退而肆志於墳典之間。聞見日益博,
蓄積日益富, 發之爲文章議論者, 率皆典雅條暢, 動關世敎, 不爲無益
之空言。雖其藏器沈淪, 不獲少施於世, 爲若可恨。然如使公早馳名
塗, 或中沮自畫, 則未知其傳世行後, 果能完粹無可指議, 如今日所成
就否也。昌黎氏所謂'以彼以此, 孰得孰失'者, 其此之謂乎。栽也, 晚生
海濱, 雖未及親見儀刑, 而接緖論之餘。然念昔先大父, 與公幷世, 以
文章相上下, 及我先太宰, 又嘗從存齋叔父, 拜公于其第, 款聞公言論
風旨, 後來居間, 每稱其閎覽洽聞, 亹亹爲後生言之。以故不肖孤, 與
聞公之風爲最詳, 而心竊慕之。先人晚歲, 歸寓錦水之陽, 則公之孫昌
興甫與其弟後興, 奉其家牒及遺卷, 請狀公之行, 又要考訂其文, 先人
蓋心許之, 未及屬筆而無祿卽世。其後十三年, 兩君以所嘗請于先人
者, 來屬栽, 曰:"吾等不幸, 狀吾祖而不得先公一言, 迺今世代推遷, 先
德寢遠, 更誰與可徵信者。惟吾子得之家庭, 庶幾能言吾祖事, 其爲我
續成先志。" 栽感涕良久, 辭不獲命。則顧念先誼。亦有不忍終辭者。又
以得公之全稿而讀之爲幸, 謹受而卒業。因參攷而敍次之如右, 庶立言
君子有所採擇云爾。謹狀。

[密菴先生文集, 권21, 行狀]

찾아보기

영인자료

嶺南人物考 二

서울대학교 규장각한국학연구원 소장

여기서부터는 影印本을 인쇄한 부분으로 맨 뒷 페이지부터 보십시오.

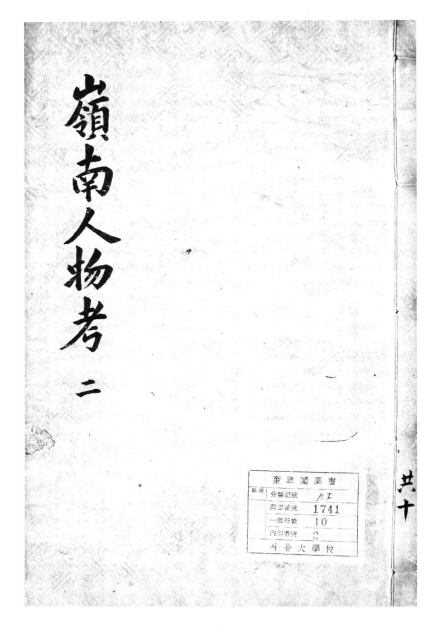

張興孝　權紀　金是榲　金烋

鄭伐

安東二

柳成龍　文忠公

柳成龍字而見號西厓豊山人監司仲郢子　中宗

壬寅生　明宗甲子司馬兩試丙寅文科歷翰林三

司湖堂吏郎舍人直提學吏曹叅議副提學大司成

大司憲監司吏曹判書大提學　宣祖庚寅右議政

錄光國勳封豊原府院君兼吏曹判書兼大提學兼

兵曹判書壬辰陞領議政三為都體察使錄扈聖

勳廉謹吏丁未卒享安東屏山書院

公勝冠入冠岳山廢庵中淨掃蓬一日有僧乘

夜遍前日獨栖空山不畏盜乎公徐曰人固不可

一

測安知汝之非盜耶讀書自若僧拜曰貧道聞公

志確故來相試耳他日必為大人矣

謁退溪先生于陶山先生一見異之曰此子天府

生也

宣祖已巳以書狀官赴 京師序班引僧道二流

立之前公曰道釋縱有官不可立於冠帶之前

鴻臚官即却之後列時太學生聚觀者數百人公

問本朝名儒相顧言王陽明陳白沙二人公曰

白沙見道不明陽明主禪學不如薛文清之正學

有一人前曰士失趨向久矣公能正之吾道之幸

矣及還李先生以書賀之

李相公浚慶臨卒上疏言朝廷朋黨事為他日難

救之患應教李珥上疏以為媢嫉 上方柄用珥

時議多趨之者議追奪官爵公不可曰大臣臨死

進言不可則辨之而已請罪則傷朝廷待大臣之

體議遂止

丁丑 仁聖大妃登遐公以應教與同僚 啓曰

明宗於 仁宗繼統之序有父子之道焉 上當

從嫡孫父沒為祖母持重服之禮也力論之卒從

其議

壬午 詔使至 特拜公都承旨詔使見公在

上前禮儀甚嚴為之稱歎 上賜錦袍

甲申陞拜禮曹判書公力辭 上賜手札曰古人

於其臣有臣之者有友之者有師之者予以朋友

待卿於是申孝悌禮讓頒鄉約於八方

上命擇駙馬無避李姓公引劉聰唐昭宗事言其

非禮事遂寢

徐益上疏言鄭汝立與李珥書曰三人雖竄巨奸

尚在巨奸盖指柳成龍也 上下御札曰觀其人

與之語不覺心服何物膽大者敢為此言也

初汝立盜名搢紳間士類多與之交遊公惡其浮
誕踵門而不見已丑冬汝立謀逆事發獄事蔓延
公姓名八於白惟讓與汝立書中公上疏自劾
批肯曰卿之心事可質白日
辛卯為左議政時黃允吉等回自日本倭首書有
曰一起直入大明國公曰當即具奏　大明領議
政李山海欲遲遲之公曰今不以聞倭若實有犯順
之謀而由他國聞之釁我必深且於義不可時福
建人有被虜在倭中者已報倭情琉球亦遣使上
聞而我使未至中國果起我貳於倭及我使至
一

帝大悅賜賚甚厚

時 上命備局各薦將帥才公薦懷李舜臣二

人皆在下僚不甚知名舜臣以井邑縣監擢拜全

羅左水使

壬辰四月倭大舉入冦公熟兵曹判書以李鎰爲

巡邊使成應吉趙儆爲左右防禦使分三路以禦

倭又以申砬爲巡邊使爲李鎰繼援公爲體察使

檢督諸將

及鎰砬敗報至 大駕西幸 命公守京城都承

旨李恒福曰西幸盡塞則大國之境柳成龍明敏

錬達善於辭令酬酢應變非此人不可請命從行
上從之 上至臨津召諸大臣同舟顧謂公曰幸
而國家中興當賴卿耳
次東坡驛召見大臣 上拊心曰事已至此予將
何往李恒福曰且至義州勢窮力屈可赴愬於
帝公不可曰車駕離東土一步朝鮮非我有也恒
福猶力辨之公勵聲曰東北兵馬尚全湖南義兵
當起何遽論此事恒福始悟黙然公退而語李誠
中曰為我語李承旨何言之易也裂裳裹足縱死
道路特婦寺之忠人心一散難可復合

至開城李山海罷相公為領議政尋又罷至平壤

論竄山海以公罪均將並論之李恒福語洪麟祥

曰此百代之聖也公苟不盡力於此者吾自此絕

矢麟祥曰亦吾意也遂大言之其議乃止叙復府

院君

時賊已薄平壤羣臣皆請出避公曰前阻大江人

心不散莫如堅守左相尹斗壽亦爭之城中已擾

亂奉 廟社主先出城中人皆發憤罵曰寧相竊

厚祿誤國敗事又魚肉我百姓爭執挺刃縱擊之

朝臣皆失色公諭父老曰汝等死守不去固忠矣

不可驚動 宮門不戰者罪當無赦亂者即棄兵

叩謝李鰲城歎曰東坡崇事時柳相國責我我當

時不覺至此然後乃知先見

車駕將出議者多言北行便公固爭曰畫行本欲

賴大國以圖恢復今旣請救而深入北關於義固

不可且北行之後為賊所阻勢窮地盡將北走胡

乎

　上遂幸寧邊

時中國疑我與倭連謀遼東移咨有詰責語公上

疏言我有七失以招人疑請令該司明白自陳

七月副摠兵祖承訓以五千兵来援公力疾自請

出治兵食發三縣粟穀千又南方漕粟至不旬日

館穀供具悉辦時公至所串驛村落一空搜得穀

人面諭之出一冊錄其姓名曰後當以此論賞不

錄者有誅俄而請錄者相續乃令各邑例置考功

冊於是民勸趨之

十二月提督李如松以精兵四萬至安州公以平

壤地圖指示形勢提督大悅曰賊在吾目中矣正

月提督兵克平壤行長義智玄蘇夜遁去先是我

國被虜者受賊辱賄探報戎事殆無遺公得首謀

者按問其黨數十輩皆斬之以故提督兵大至而

賊不知也

時公令海西諸將邀賊歸路憚其後賊衆飢困
不能行諸將皆不出惟李時言踵其後亦兵少不
敢逼賊已過矣

提督進兵至坡州聞副摠兵查大受追賊至碧蹄
敗還提督卽還開城公爭之不能得獨留開城尋
聞提督將還平壤且令我兵在臨津南者皆渡江
拒守公遣從事見提督言不可退者五提督黙然
諸將士言食盡請於師提督怒名公及戶曹判書
李誠中右監司李廷馨跪之庭下而戮之公權謝

一

而已曰慷慨泣下提督有悔色陽怒其諸將曰不

滅賊不還

公令全羅道巡察使攫懷巡邊使李賞援坡州山

城以遏賊令防禦使高彥伯李時言助防將鄭希

賢朴名賢及諸義兵令左右守要害出浸擊賊合

勢

又移書遊擊王必迪曰賊方擾險未易攻大兵進

至坡州躡其後選南兵精勇從江華出漢南乘賊

不意擊破忠州以上諸屯則尚州以下之賊必畏

風逃迤城中賊歸路阻絕必走龍津曰以大兵襲

16

之可一舉而殲矣必迪大悦提督北將忌南兵有

功沮其謀使不得動

賊自知勢弱請和提督將許之公言義不可許不

如擊之提督佯應曰善實無鬬心遣遊擊陳弘謨

入賊中令公入參旗牌公不聽提督聞之大怒曰

旗牌 天子之命也何以不參當行法撤兵公與

元帥金命元往謝曰非不敬旗牌其側又有牌文

禁我殺倭心痛恨之不敢為拜提督有慙色曰此

宋侍郎為之我實不知云毅曰遣遊擊戚金錢世

禎来言許和便公軔不可既去移書曰賊誘我求

和者三小邦危忌而終不許者不過為天下大義

寧死不辱耳今使忌讐釋怨與賊俱生無寧擊賊

而死於軍法

四月賊潛師夜遁公隨提督入都城請忌發兵蹕

之提督曰漢江無船不可渡先是公令李蘋等進

收船至是已艤八十船待之矣提督不得已遣營

將李如栢率兵萬餘追之至江上若渡兵者兵半

渡稱疾還

賊擾蔚山東萊金海熊川巨濟連陣十六屯皆依

山等城為久留計劉綎等環四面相距未幾劉綎

以大兵歸公屢啓言王師不可恃也請治兵

敎鍊以爲自強之計且賊之所恃惟鳥銃耳我國

亦日夜訓習則賊之長技我亦有之云且選丁

壯遣浙江驍將駱尚志所令傳習火炮狼筅鎗釰

諸技身至嶺南治兵事

九月召至行在十月從上還京京城殘破

百司依於墻壁加之以飢饉盜賊多起人心危懼

公白上置訓鍊都監發萬餘粟募健兒數千敎

鳥銃刀鎗之技置把摠哨官以領之分番宿衛

行幸以此扈衛人心乃定

大明以我衰弱有分割議給事中魏學曾上本言
之兵部尚書石星持不可行人司憲奉勅宣諭
且令觀戒國事其勅書曰朕待屬國恩義止此王
其自治之朕不為王再謀也公時為首相上召
見曰久知有此恨不早避也明日見行人當言傳
位事卿之才以予之故不得有為良恨公對曰勅
書令勉勵之耳 上何為遽出此言臣冒居三公
位使國事至此臣罪萬死明日事大不可敢以死
請明日 上見行人言病不任國事欲傳位世子
行人曰傳位事自有唐廟宗故事 王䚡有是心

當具本上請遣一行人也何敢主張又曰柳成龍
忠硬仁義篤信東征將吏無不悅者王得賢相云
時戚遊擊在京日夕在行人而甚親密是夜要見
公屏左右書六七事問之其一云　國王傳位當
早公愕然起立書之曰公讀天下書知古今事愽
矣小邦危急至此而又於君臣父子之間不能善
其道者從二國之禍也遊擊曰是是即以其紙焚
燭火明朝公率百官呈文行人力陳　上無失德
事夜遊擊又語公曰行人意大冚矣及行人見
上禮貌益恭及歸又移咨勉餉殊甚又以劄付付

公有曰再造山河云初經略宋應昌以劄付授接
伴使尹根壽曰歸與國相公扼之曰經略公言國
事當移咨於 上令無咨而有劄付其所言非國
相所宜慶者也
十二月湖西賊宋儒真傳撥劫略而北人情涵涵
上命公入宿禁中公辭曰如此令人心益驚 上
曰卿不念武元衡事乎一夕甚寒 上令內豎爇
公深夜明燈閱書還報 上命煖酒以賜之賦飮
見擒公治獄平累代以來訊杖漸大公白 上一
從大明律尺寸人無濫死者

甲午上劄言固本節用積儲錬兵累千言且請計
田量入凡貢物方物皆計物豆價令有司買供以
其餘補軍食或別有調度貢物方物量宜裁減取
此補彼皆以為便而為浮議所沮不果行
中朝以為賊久不退天下兵力不可窮同賊請欵
許之令解兵便宋應昌被劾去顧養謙来代至遼
東遣蒸將胡澤以劄付責謝我以屈已自強且令
我為倭請封廷議持不決澤督報甚恩時公病肺
痿不視事逾月乃上劄曰替倭請封固不可從亦
當具陳賊狀以聽大國慮分澤求見奏草必欲言

請封事公拒之不得草曰震之以威以創其頑廢
之以詐以彈其禍莫非帝王御夷之大權惟　聖
朝所擇耳澤以欵字易計字而去
冬進軍國機務十事一斤堰二長短三束伍四約
束五重壕六設柵七守灘八守城九迭射十統論
形勢也
乙未儒生羅德潤等上疏言己丑冤獄事公請大
釋囚籍如鄭介清柳夢井李黃鍾者今宜伸雪
上從之
丙申　帝遣李宗誠楊方亨封秀吉爲王而沈惟

敬素與倭往來彌縫至是亦從之令戎遣重臣偕
往朝廷不知所慶公同賊及復多變遊擊自知其
事不了欲自免而歸咎於戎未可知也不可自戎
決定先以書責之得其報便 上從之惟敬督之
不已令其接伴使黃慎遣行及李宗誠自倭逃歸
都下洶洶不定數日間去者太半朝臣亦有潛出
家人者公令張榜曉諭以鎮之
一日 上令羣臣聽政於東宮盖有讒言也公率
百官爭之伏閤逾月 上乃許
楊方亨沈惟敬四自倭秀吉受封不謝行長清正

復屯兵如前惟敕已復命得罪而 中朝復大出
兵討倭統制使李舜臣連破賊賊患之乃縱間誘
我曰清正方渡海以舟師邀之可擒矣舜臣知其
詐不聽忠清兵使元均忌舜臣功以為逗撓舜臣
不得已出兵清正已下海矣舜臣公所捄誚公
者右以舜臣為言 上怒置法而以元均代之公
力爭以為均必敗果大敗均走死
公自受任以來 上傾心用之娟嫉者日夜毀短
之令 上心不快於公也 上令公出師禦倭于
畿湖之境公受 命卽行或曰方賊患都城騷動

26

而其出師先以家屬自随人心大潰云　上大怒

大司憲李憲國歷舉公及諸大官家屬所在然後

上意乃觧時賊勢甚愚召公以所領京畿黄海平

安咸鏡四道兵入衛至者數萬　上出江上壁見

軍容甚肅大悦

初経理揚鎬帥大軍南下公先出嶺南調兵食経

理既至公上謁経理已信讒不見有不悦状公念

大事不濟具　啓経理所為不相能請代　上不

許尋召還後経理還京公與李公恒福議事有譯

来請為介欲交懽諸將公正色曰非公事無私交

李公退語人曰士臨利害當如此

戊戌主事丁應泰劾奏經理二十罪經理兄歸

上追思稷山之戰欲遣大臣下誣 上意盖在公

而以內外多事持之卒遣左議政李元翼至則應

泰又誣論我與倭通要犯遼東反受兵云由是

上憤憤不快言避位事不臨朝數日公率百官爭

之持平李甫瞻首劾公當下誣事不請燕行以感

怒 上心而執柄者又陰令其客數輩上疏斥之

以為士論仁弘素深怒於公其客文弘道為正言

誣誣萬狀專以王和為言公連上劄引咎自劾兄

罷相尋又削奪官爵右議政李恒福上劄曰前臣

奉使南方見賊勢盛強我財匱民散無一可恃守

國禦冦戰守和三者而已今既不能戰又不能守

下此則聽其求和而已臣嘗與相臣某言此事以

此罪成龍則次莩鋤削當及臣身仍謝病左議政

李元翼還自京師上疏曰柳成龍守正不撓憂國

不私家其心可悲此人斥去而謂之親厚而斥之

謂之異議而斥之士類斥去無遺非國家之福也

遂稱疾己亥六月 命還職牒三司復論之 上

曰以主和二字執言至此柳成龍於秦檜是說足

以服人心乎蓋其心悶 宗社之將亡 天朝既

然此皆右相之罪人也且排衆論夜半遣使之說

今許和故權就其事其時既不靡然到今爭自眩

左不足道其時廣収廷議以定日記在政院可考

也

壬寅領議政李恒福首錄公廩謹吏曰此老不可

以一善名但欲洗郿塢之誣耳

丁未病革草遺疏言君道八事夜誦洪範翌月北

向正坐而逝士大夫相率為位而哭之市民奔走

聚哭爭致賻曰微公吾屬已無類矣及葵會者四

百餘人

公身都將相受　命傾覆之際盡忠竭力終使王

業再安生民父子兄弟相保至今安慶樂業其誰

之力也　許穆撰　遺事

嘗言聖賢之學以思為本非思則口耳耳又曰古

人之所謂知者真知也故曰朝聞道夕死可矣援

拾前人論性論理自以為知而略無干涉於身心

者皆德之棄也

公於書無所不讀讀亦不過數遍而終身不忘學

者質問輒應口成誦文章只取理達信筆寫出而

一

明白典雅左長於辭命屢遭喪亂焦心竭慮勤懇

於章劄之間以圖興復者比之興元之陸贄云

所居山水絶勝屋西有蒼壁臨江直立自號曰西

厓平生以仕宦奪志爲恨名其堂曰遠志

庚戌夏大臣議以公配享 宣祖廟庭睿朝以契

遇未終不許

詩文失於兵火今有文集二十卷慎終錄喪禮考

證永慕錄懲毖錄雲巖雜記藏於家 鄭經世撰謚狀

癸巳正月 天兵攻抜平壤將進迫京城提督督

造浮橋於臨津時日暖氷澌水在氷上江面甚濶

乃令絢葛爲巨索其長約過江面得十五條又於

南北底鑿地立兩柱相對偃一木置柱內以巨

索平鋪過江而兩端結柱內橫木爲經江面兕澗

索腰半沉令千餘人各持短杠三四尺以一頭橫

穿索內囬轉戮周彼此相撐起於是沉於水者始

起而木杠相比如獺跨江穹窿儼然成一橋矣然

後雜鋪細柳杻木蘆葦於其上加以土諸軍見之

甚喜先輸火砲軍器悉從此濟後見治平要覽周

人排齊兵時橫索於江編葦爲橋正是此法集本

南致利

南致利字義仲彌賁趾寧海人　中宗癸卯生　宣
祖庚辰卒享安東魯林書院

早孤能辨志勵業不待教督甫踰冠慨然登退溪
李先生之門得先生獎許先生歿而猶感奮不懈
所居無以庇風雨妻子씀寒餓閒者皆動色而君
斷不以為意惟閉門讀誦而已或愍慰之輒曰人
惟畏死故百事不得做吾輩固當以死自守自成
龍撰
墓表

35

琴亂先

琴亂先字而述奉化人 中宗甲辰生 宣祖戊辰

入仕癸巳錄功至訓鍊院正 仁祖丙寅卒

公始仕爲醫書習讀官不以官甲職事修擧洪公

曇長銓曹授一郡丞不報辭歸權公轍貽書數起

之不應

壬辰亂安集使金公功辟爲義將公蒐軍兵收糧

械爲攻守具與義將任公屹金公涌往來規畫

癸巳在都元帥權公慄幕下用東萊人宋男生計

約以徑襲東萊與別將權應鈝防禦使金應瑞分

軍進薄將近賊應鈇應瑞謂曰諺云見獐者負網

公可先登公曰已與人約死不可負也公國之重

任不可冒危某請獨往遂前進一齊陷入火箭俱

發燒賊四十餘幕爭相蹂踐無一脫者賊大陣不

遠首尾相接公提孤軍數百出賊不意攻陷一陣

賊大驚擾不敢動人以是戰為奪賊之魄事聞錄

功二等

乙未除副鍊院正柳領相成龍鄭右相琢吏判李

公恒福兵判李公德馨爭相邀致與議方略未幾

辭歸諸公惜其去令本曹擢用挽止甚勤而公不

顧以大夫人年老遂絕仕進意色養二十餘年
常修日記年事豐歉水旱疾疫及朝家之大政令
平生之所閱歷無不纖悉俻載六十年事瞭如目

見撰行狀
　李光庭

金誠一 文忠公

金誠一字士純號鶴峯義城人　中宗乙巳生　明
宗甲子司馬　宣祖戊辰文科歷翰林三司吏郎舍
人大司成副提學癸巳以慶尚右監司卒于晉州
累　贈至吏曹判書　肅宗巳未賜謚享安東臨川
書院

公從伯兄克一洪原任所一日城中失火人皆奔
救官衙公獨背負書箱手奉　殿牌避火別處
公弱冠與弟復一徒步謁退溪先生問人心道心
之分璿璣玉衡之制退與弟反復研究手自作圖

41

先生乘夜步出瞷之喜其誠篤

公欲停舉業稟于先生先生曰有父兄在何敢輒

循己意但内外輕重之分不可以不明須記得簡

中自有超然處肯學兒書一例忕之句爲處心第

一義可耳

壬戌　文定王后用妖僧普雨之說奉遷　禧陵

移卜　靖陵尹元衡當國主張舉朝廪然公慨然

具疏以爲有大不可者五神道尚靜無端遷動一

也爲　慈殿他日同穴之計而使久遠配葬之

也爲　元妃遂爲孤魂二也　新陵風土形勢正犯絶地

萬不及前三也補塞空缺大興土後民不堪苦傷
先王愛民之心四也　嗣王幼冲政由　宮闈以
一妖鬃之邪說率爾誤國家大事五也弊氣抗直
無所回避竟以父兄力止而不果上
壬申公以奉教上疏請封植　魯陵復六臣官爵
並及君德時弊累千言
公為正言時金戩為司諫曾於　蓬中心鄙其為
人及是獨　啓直斥金公應南貽書謂曰直節壁
立千仞三十年来所未有者
公以正言八　侍經筵　上從容問曰予可方前

代何主有對曰堯舜之君也公曰可以為堯舜可

以為桀紂 上曰堯舜桀紂若是其班乎公對曰

殿下天資高明為堯舜不難但有自聖拒諫之病

拒諫非桀紂之所以亡乎 上動色改坐莛中震

慄柳成龍進曰二人之言皆是也堯舜之對引君

之辭也桀紂之喻儆戒之言也 上為之改容賜

酒而罷

丁丑公以書狀官赴 京時 宗系惡名兩誣

天朝雖許改纂而會典尚襲舊謬公與一行多方

陳籲禮部尚書馬公使郎中沈玄華改撰他日所

頒會典此時所正而光國錄勳公獨漏焉

公風儀峻潔直聲振朝諸譯相戒曰寧空手而歸

慎毋得罪於書狀官

河原君理以 王室懿親淫酒縱恣公為掌令捕

繋家奴重刑嚴鞫聞者股慄

上問邇臣曰近來廉耻日喪何為其然耶公對曰

有為大臣而亦受人賄贈廉耻之喪固也時盧相

守慎同對避席伏曰誠一言是也臣之族人為此

方邊將寄以貂裘臣受而遺母矣 上曰臺諫直

言大臣引過兩得之矣

45

公以巡撫使往咸鏡道道内貪倅聞公之来或有
解綬徑去者
牧羅州見社稷位牌慢藏乃築壇建祠吏民始知
社稷之重在官四年火起燒燼公具報而見罷盖
事出奸訟人皆憤惋而竟置不問
己丑朝廷議遣使日本公充副使庚寅春與上使
黃允吉書狀官許筬辭 朝既及大洋颶風大作
舟中人號哭篙工亦頓足公獨端坐吟詩
至一岐島平義智乘轎歷階而陞公惡其無禮不
欲與之爲禮上使不聽公即起出義智悝聞譯官

陳世雲以疾作告之公對倭使杖世雲義智慚悔

斬舁轎者而來謝屏騶從步入門形容倭僂

七月到引接寺有倭致禮饋而書中有使臣來朝

之語既覺而問之則已分饋從者矣公卽令照數

市貿以還之倭謝其迷固改書請留

自入倭境上使書狀喜秉倭轎公必具冠帶以行

及入都士女傾城來觀皆跪膝又手於公之馬前

義智請陳伶樂公以未及傳 命却之

與書狀論見關白之禮書狀欲拜於庭下公曰關

白僞皇之大臣也不可庭見使玄蘇告于關白定

爲楹外之拜
義智使人來曰明日關白請天宮使臣可來觀也
公以 王命未傳辭謝之倭僧來言觀光之請實
出關白意在誇耀若不順從歸期未可知一行憂
懼書狀促駕入都因關白停行而退三往而後得
見公移書責之
時關白返國已久尚不受命訛言胥動有倭來言
曰何不交懽關白之左右以圖之耶今民部卿法
印山口殿玄亮乃左右用事者也適又爲主客若
行禮於彼使事可易完上使書狀深然之公不可

曰賓主之間雖有禮幣行之有時不可苟也何可

媚寵失身而辱 命乎

秀吉受 命四日使人言曰書契行將修送使臣

可往待界濱一行皆以脫身爲幸聞言卽發公爭

論方勤而行邁已遠不得已隨出

留界濱半月而書契始至彛憸悖慢公移書玄蘇

以責之玄蘇許改闇下方物領納六字其餘悖辭

不許改公復移書略曰撰書者必意雖未易窺然

其措辭斷事自成一叚機軸何可誣也先則曰一

超直入 大明國易吾朝風俗於四百餘州施帝

都政化於億萬斯年是貴國欲取 大明而施日

本政化之謂也後則曰貴國先驅而入朝有遠慮

無近虞云云是貴國以我朝今日之遣使為有

遠慮之謂也又曰遠方後進輩者不可作許容也

是貴國先朝者許容後至者有戮之謂也又曰予

入大明之日將士卒謹軍營則彌可修隣盟也

是貴國欲令諸國悉索敝賦從征之謂也上窺

大國訹賀隣邦陵侮恐動之言政如臨陣數敵之

檄文豈曰玉帛相交之書乎願尊師善達于關白

改撰書契以附使臣玄蘇答書以公言為是而入

朝犯 大明等語終始固諱詭辯以對公再為書
以答之期於必改而後已上使書狀恐激變生事
以為玄蘇之答如是不必強辯公與上使往復辯
難殆數千言又移書平行長盛陳我國事大之義
而一行沮抑使不得傳致
有僧宗陳示 大明一統志其所載本國沿革多
無稽公乃擧國中禮俗各註其下為朝鮮國風俗
考異一冊以與之
辛卯二月還到釜山 行槖蕭然只有石菖蒲楼橺
木數盆而已

51

公為副提學時八　對歷陳崔處士永慶横被誣

同之狀明日　命復授永慶職牒與情快之

上眷益重朝野想望公知無不言屢上劄子極言

生民怨苦戚里懿親之横恣不避忌諱同僚或退

避權貴深嫉之曰金某在朝吾輩安歸

壬辰　特除公為慶尚右兵使公承　命直行到

漢江題詩曰仗鉞登南路孤臣一死輕至丹月驛

聞賊艘散海無程疾行至宜寧聞賊闌到江右庵

下壯士怨遇賊欲迤路而進詭言前津無船又囑

公仲子㴐令其同彜公親驗知其誣命㴐及軍官

並斬之因諸將之交諫而止

前兵使曹大坤退遁三十里兵散將遁見公交印

便欲辭去公責以分義其禍稗自兵營来曰兵營

已陷公知其瞞語即斬以徇

翌曉探報賊鋒已至五里內俄而遇賊將士失睆

公令諸軍母敢動使所選數十人突擊之皆相顧

不敢先公命斬不即上馬者數十八一時突進趕

逐數里賊伏四起涵戰一塲軍校李崇仁射倒渠

魁諸賊遂奔卒不滿千而遇賊挫銳軍心稍振

時京城大震　上下教曰金誠一嘗大言倭必不

来使遙情解弛致此賊竄予將鞫之令禁府拿来

金吾即路塞中滯公即發從間道意趨軍皆鳥散

左議政柳成龍及臺諫力陳公之本意 上不聽

後問曰金誠一狀啓有一死報國之語誠一果能

予柳成龍崔滉對曰誠一所見雖或有敢其平生

方寸只是愛君憂國其一死報國臣等亦知之矣

王世子亦極諫 上乃霽怒命宣傳官往宥之且

授招諭使公到稷山聞 命南還

五月到咸陽前縣令趙宗道前直長李魯不期而

會遂留幕下立草招諭文布告一道見者無不泣

下一道風動如旱得雨又令趙李通諭列邑以道
中名逕之人分為各邑召募使時金沔起兵於居
昌鄭仁弘起兵於陜川其他團結鄕兵者亦多而
官軍義兵掣肘無紀公定金鄭為義兵大將使之
統率又於空縣空鎮擇人為假守假將於是官有
守郡有主遠近相應公私相濟
時監司金睟令捕郭再祐再祐將棄軍入頭流山
公見金睟保其無他且移書再祐獎勵推許再祐
以公書掛之旗竿通示鄕里人始信再祐之義監
司守令不敢沮撓軍勢復振

55

時諸官長要避賊禍皆廢衣冠滾於賊流公屢入

賊藪一無變眠麾下皆紅衣羽笠鼓吹而行所過

無不聳觀

公與郭再祐同至晉州以前牧使吳澐為召募官

得兵數千以助再祐晉州判官金時敏亦自竄伏

中聞公至而出聚軍得數千分隊守城公曰晉州

湖南之保障無晉則無湖無湖則國無可恃飭令

誓死不出

公巡軍至愁離院聞開寧金山知禮之賊將踰牛

峴金汸方留陣嶺上勢不能獨制公曰不可以不

赴遂至居昌則山陰安陰咸陽兵一時皆會公在

後督戰軍皆殊死賊竟不得踰嶺

公遣李瀞往咸安聚兵旬月得千餘人時郡守柳

崇仁再棄城坐律以白衣守晉州城門公發令使

崇仁還郡聽瀞指揮以拒居昌鎮海茶原之賊其

後崇仁屢立奇功陞為兵使死於晉州之戰

時嶺路中分江左郡邑空虛賊無所忌各稱監司

守宰往行擄掠公歎曰左界內地已矣陜江三邑

其可棄乎乃於靈山昌寧各定將領使各戰守玄

風則士族竄伏吏民為賊胝役公痛之草檄文以

諭之使前郡守嚴弘為別將郭趙為召募官飭令出沒曉諭又使遍諭被陷之邑隨邑異辭於是附賊者悔懼爭先應募

公使各邑各置善惡籍討賊者錄于善籍附賊者錄于惡籍以示勸戒附賊之民爭持賊級願贖前罪

賊覘知晉州無備大舉來寇彌漫於固城泗川之間公馳至丹城悉發咸陽山陰丹城兵以赴之勒昆陽郡守李光岳及崔堈李達分為左右翼郭再祐先已入城賊至矗石楼前只隔一水公繼至督

戰賊潛師夜遁死傷甚衆遂復泗川鎮海固城

公令郭再佑進討玄風昌寧靈山之賊金鄭兩將

及草溪義兵將全致遠李大期亦各出兵擊逐各

處屯聚之賊茂溪以下至于鼎巖賊不得闌入江

左右自是得通

初金睟移關列邑分軍命將義兵潰裂群情愈拂

郭再佑采衆怒欲移檄戮罷而徃斬之睟陳兵自

衞又以叛賊論 啓事將叵測公憂甚復移帖再

祐戒以分義諭以禍福再祐感悟謝曰吾亦粗聞

逆順之理何敢執一己之見而違閤下之教乎即

馳救晉州公又力解於晬使之釋憾又恐　朝廷

偏聽金晬之　啓不察再祐之心加以悖逆之罪

備陳再祐忠義之跡勳勞之實及與晬相失之故

馳狀以　聞晬　啓繞徹　朝廷方議處置及見

公　啓群疑頓釋遂以無事

永川進士鄭世雅等六十餘人書陳左郡義兵無

所稟命願奉節制公溫聲慰諭令權應銖為義兵

大將旁近義將皆受指揮應銖感激益自奮勵與

河陽義將甲海等領四邑兵掩擊永川之賊盡殲

之

行朝拜公為左道觀察使公既拜 命條陳右道

日下機宜而 啓聞將向江左右道之人如魚失

水上書請留而不得則陜川等六邑居昌等四邑

之士裹足西奔達于 行在各跪陳願留之意

上即命授右方伯

九月公到左界民皆歡欣守令之逃竄者相謂曰

吾等將不保首領或欲變形為僧

及聞還授右伯疾行渡江駐軍山陰義兵之入山

者還守舊所守令之未補者随才填充布置用捨

大愜衆望

公聞昌原之賊連釜山金海眾且數萬知已向晉

州移帖於牧使金時敏勉以報國分付義將及守

令各守要害賊攻圍七晝夜死傷相枕藉狼狽遁

迄公得晉州牒書獎時敏之功即日馳 啓墜焉

兵使

初公令郭再祐領兵留陣于宜咸之境再祐不聽

公令拿綁八庭將以軍律罪之因幕賓之諫而止

或謂再祐曰何不若昔日之倔強耶再祐笑曰非

此人何能制我之命戒亦安肯受制耶

李澥見戰骨成堆請令收瘞時夜將羊即令行関

曰善言不可留宿

公自奉 命以来夙宵憂勞心熱懊煩乃於癸巳

四月内傷挾癘氣得病十日卒於晉州公舘救活

流民扶攜顚仆踊哭不成聲分散四去曰天胡漠

漠奪我父母公亡兩月而城陷江右屠勦保障爲

賊藪識者言天若緩公一死事宣至此

倭冠之入海州也見芙蓉堂有公題詩他額盡撤

而獨留之焚滅之禍獨不及芙蓉堂 鄭逑撰 行狀

公初到晉州空城寥寥絶無人影趙公宗道李公

魯握手謂曰事已至此不如赴水死公笑曰徒死

何為如其不幸從巡杲未晚遂作一詩曰矗石樓
中三壯士一盃笑指長江水長江之水流淊淊波
不渴兮魂不死三士即公與趙李二人也 龍蛇日記
退溪嘗推述道學淵源作屏銘手自淨寫以與之

鄭士誠

鄭士誠字子明號芝軒西原人 仁宗乙巳生 宣
祖戊辰進士丁亥薦遺逸除 寢郎官至縣監丁未
卒享安東鶴巖里社

年十七謁李先生于陶山仍請業先生曰敬是八
道之門必以誠然後不至於間斷仍命名與字手
書以贈之

壬辰島夷陷萊釜東都朝夕且危公時任 集慶
殿參奉僚官洪汝栗欲埋實 御容公毅然曰此
臣子所不忍爲不如陪向 京城若有擅動之罪

吾請自當遂間關顛頓過鄉家不入行到堤川間

大駕西狩道路不通即馳報湖西伯還向嶺南權

奉于陶山書齋本道監司韓孝純来到奉審　啓

達于　行朝後與汝栗陸六品職

丁酉凌冠存動忘憂郭公再祐八火旺山城倡義

討賊公往赴有應募同卷錄

退溪老先生嘗手書箴銘以畀之曰儒家意味自

別工文藝非儒也取科第非儒也公奉而周旋罔

敢失墜與鶴峰西厓爲同門友傾心相與

疾革顧諸子曰吾於李先生有生三之恩吾雖死

先生忌日不設筆不與宴樂以副余景慕之誠也

仍口誦先生所與箴銘一過盖佩服師訓以終其

身　李象靖
　撰行狀

柳宗介

柳宗介字季裕豊山人 宣祖乙酉文科官正字壬
辰戰歿 贈叅議施閭享奉化文溪祠
公居憂時值壬辰亂與金正言中清倡義兵誓衆
約法醮賊奪幟退奔遇伏兵血戰死之 贈秩施
閭鄉人祭於社葵于奉化地無後嗣封域崩矣朴
知縣泰廸慨然慕其義捐俸竪碣 撰誌 權斗經

洪廸

洪廸字太古號荷衣南陽人 贈領議政耻齋仁祐
子 明宗巳酉生 宣祖庚午司馬壬申文科末分
舘準圈玉堂 賜暇湖堂除弘文正字歷修撰舍人
辛卯卒

自幼少時以禮法律身言行舉止不徇流俗恬靜
自守不喜交遊 一室琴書終日嘯詠都無一點塵
土之氣人望之若神仙中人

丁丑夫人憂與伯氏唐興公廬于墓側朝夕饋奠
必親自供具不委諸奴僕服既闋強而做舉業臨

塢作一絕有曰三載墳庵悔昔慈只將存省慕前

賢如今一念名塢上空對春山獨憮然

庚午夏往學於退溪蘇齋兩先生獨憮然

先生道義之交也兩先生極加稱獎以為應吉不

亡應吉卽耻齋先生字也

是時搢紳之間論議攜貳鮮兄同異之私而公獨

介然不偏公聽並觀不失是非之正

鄭汝立竊名士林中虛譽方盛公嘗惡其為人詭

誕不與之接逮獄起滿朝搢紳多被連累之禍而

於公則不及焉盖可見獨行不汚為世表著也

時禮俗不修壻至婦家三日乃行同牢宴公嘗再

娶議於女氏奠鴈乃行就食之禮一時從之遂爲

成俗

公傅於經術尤善於論思稱學士全才時三司論

劾李珥朴淳朋黨偏私　上怒諸言事者皆斥去

公出長淵縣監

平生好賢樂善其學自事親敬長推至於忠君善

俗用力於彝倫日用之則而不失聖人之精徵亦

可見君子之實踐

一

為詩氣格奇麗有荷衣詩什二百二十筆法慕鍾
王悅好懷素書楊蓬萊稱其才當世罕比云 許穆撰墓碣

柳復起

柳復起宇聖瑞諱岐峯全州人集賢提學義孫五代

孫 明宗乙卯生官禮賓寺正光海丁巳卒享安東

岐陽里社

起可與論心

早從舅氏金鶴峯先生學鄭寒岡先生每曰柳復

壬辰冠難與金公垓裵公龍吉共倡義旅及金公

歿于難林中軍情危懼公益自奮勵與同事諸

人盟于八公山期以共死一方恃而無恐兵荒之

餘饑殍載路公設釜路傷日作糜粥賑活甚多後

墓表　正源撰

金得研

金得研字汝精號葛峯光州人惟一齋彥璣子明
宗乙卯生 宣祖癸卯司馬兩試 仁宗丁丑卒
壬辰亂公與士友倡義公常管粮糒時楊經理鎬
贈公詩有曰朱程之學其從事張懋德贈公序曰
葛峯寶勝君子也觀其晉接威儀大節作止語默
巨細咸宜非遊聖之門者不能也 李光庭 行狀

襄龍吉

襄龍吉字明瑞號琴易堂興海人觀察使三益子

明宗丙辰生 宣祖乙酉進士拜洗馬壬寅文科歷

翰林至都事光海己酉卒

幼有逸才一覽綱目全帙即成誦善屬文聲譽籍

籍

壬辰之亂八路分潰公慨然倡起義旅與金公堉

合兵為副將士氣大振

在翰苑將講孝經跋文乃權陽村近所撰公進曰

權近不知忠於君安知孝經之義 上為之停講

鄭仁弘跋南冥集誣龜巖以及於退溪先生公作

辨說攻之甚力

嘗考朱子語類以為間喪成服有先後則其除服

亦嘗有先後西厓柳先生答書曰近來士友中未

見有此等文字

性至孝六歲時見母夫人著匜頭而泣曰恐母老

故也監司公卒於海西營本道賻贈甚多公以為

因喪致富只益不孝辭不受

寒岡鄭先生晚年語及於公深歎今世難得愽雅

如公者金應祖撰行狀

李亨男

李亨男字嘉仲孫松溪真寶人　明宗丙辰生　宣
祖戊子司馬兩試官叅奉　仁祖丁卯卒
壬辰之亂八路搶攘公慨然痛惋告母夫人以許
身殉國乃與一鄉之諸名勝約會臨河縣盟于衆
曰吾僑不死豈可與犬羊共戴一天遂糾合隊伍
遠近響應聲勢大振倭奴聞風不敢犯境柳西厓
嶺中只有安東稍安云者此也
丁酉楊經理鎬與薛都司虎臣分閫南征駐兵安
東其從事張懋德陳天寵朱孔儒等見公擧止都

雅深加敬愛間與并轡訪公廬臨別有贈遺公皆

辭之張陳諸公尤奇之至謂之良朋契友

光海昏德北人擅國倫斁斁絕政令乖乳公遂杜

門歛跡不復嬰情於世事

、金涌

金涌字道源號雲川義城人察訪守一子 明宗丁
巳生 宣祖庚寅文科歷翰林三司吏即至牧使光
海庚中卒享安東黙溪書院
必讀書修行以寸學著名登第八翰苑冬在直發
疫甚重無生氣 上令中官踵問之且 諭曰雉
病厚賦者不殀疾果瘳
壬辰歸家未返淒寇急 上西幸賊連陷三京道
不通公募鄉兵拒守至明年秋始得達 行在所
復為翰林稱良史

83

戊戌賊留屯海上聲言再舉而 帝又發南北官

兵十餘萬征倭左相李公元翼為諸道都體察使

使公為從事每與計事稱強佐方大兵至而兵食

甚急公以校理又出為督運御史

柳西厓成龍以上相受命危亂之際以死自任而

上亦倚任之甚重小人乘瑕隙日夜沮毀百計令

柳公去位而在朝良善一斤去公

憾怒 上心柳公去位而在朝良善一斤去公

亦被斥不容於朝

平生寡言笑儀狀秀雅口不言人臧否朝廷得失

樂觀書不以事物經心戒子孫常言讀聖賢無

實踐無益吾少年志學中間枉了半生年老雖欲
悔過亦莫追吾平生服膺窮不失義達不離道〇八
言亦勉之 許穆撰碣

癸丑以編修官與修 宣廟實錄公謂提調奇自
獻曰夫纂修要當以實不可奸爲如西厓相公德
望勳業表著一世而今見史評誣以成過欲使不
得爲完人此豈史筆之取信於後世者也 遺事

鄭士信

鄭士信字叔孚號梅窓清州人縣監士誠孽 明宗

戊午生 宣祖壬午文科戊申重試歷三司庚寅以

正 璿系告 廟大祝錄光國原從官至判決事光

海已未卒 贈禮曹參判

公登第時栗谷李公為主司擢公賦曰此人詞藻

求之當世無與此倫

放榜還鄉也栢潭先生謂公曰時議欲薦君翰林

須暫留也公以遲徊干進為恥不聽而歸先生深

歎之

河源君乗夜抵端門徒從過盛公時在兵曹即令

閉門不納君怒甚呵叱良久不得入與日面懇請

罪直即 上喜其守法不之問

每八侍經筵 上數以名物字義之隱僻者下試

之諸講官鮮能詳悉公從容剖析以對皆有引據

進講之際縱橫論説敷行推明辭氣朗暢聲音雅

亮 上教左右曰年少鄉儒何其議博至此首相

李公山海退自 經席歎曰真勸講才也

為正言舉劾無所避時令中外舉學行之士以布

衣得除拜者八九人皆知冐偽而莫敢言公獨

啓其冗濫汰去過半論者快之

壬辰倭冠猝發 大駕出城公飄泊關東自謂以

臺侍落屑非常帙比召募士兵捕斬游賊監司姜

公紳 啓聞首級請除守襄陽

擢重試時西坰柳公根以文衡主試以公之作為

第一同席議不合竟以李爾瞻為壯元甫瞻道遇

公曰令公何不為壯元公素輕其為人笑曰我無

燈燭又無集句人何敢望壯元爾瞻慭憤色變而

去自是詆毀公不遺餘力

庚戌以賀至使赴 京以爲我國陪臣行禮 天

庭不以朝服而獨以玄衳儀章班駮將陳疏請革
沿襲之陋獨進禮部呈文論辯往復甚堅禮部是
其言而以輕改為難事雖未諧時議趣之 鄭徐撰
行狀

柳復立

柳復立字君瑞全州人副提學潤德孫 明宗戊午
生官宗簿寺主簿 宣祖癸巳殉節
壬辰倭冠大至朝野竄伏公慨然有憂國之志撫
劔歎曰身為世祿之臣義當死難乃托其家屬
扵本生兄復起遂卽從征扵晉州金鶴峯右監司
營叅謀畫策屢告大捷
癸巳鶴峯卒于軍公與金千鎰高從厚同心戮力
誓以死守枝梧數月矣六月城卒陷公鋒莫爭公
張空拳冒白刃赴敵而死事遺

金漢

金漢字活源號愛景堂義城人文忠公誠一子　明

宗戊午生官洗馬

公十三謁退陶李先生先生曰此兒器量沉重必

成君子手書九容思無邪毋自欺以賜之

公少業程文歎曰豈可勞心役志以希難必之事

遂輟焉

文忠公卒于晉州權厝于智異山公廬守之賊衆

突至公蒲伏號泣于墳側賊惻然捨去

丁酉　除洗馬超謝旋還漢陰白沙五峯諸公移

93

書勉出公謝不應

光海朝李爾瞻擅權自恣長子是樞為嶺儒倡將

抗疏請討白公公曰吾先子事有可言者未嘗為

禍福動汝往哉

仁祖改玉公歎曰今日之事實與唐虞王庶幾改

之是臣民日夜之望宣意復見伊霍之舉歟或曰

廢主自絕公何至此公曰子以為吾君不能乎廢

食愀然

丁卯清兵至　大駕播遷鄉人謀舉義公老不能

任金革悲憤慷慨出粟百斛以助送子是樞赴陣

鄉人推爲義兵將　撰李玄逸碑

鄭寒岡蒞本府引諸生作而揖曰禮之不講久矣

顧因公得見鄕飮酒禮公設壇行之斬斬中禮寒

岡歎其嫻雅曰家學儘不誣矣　鄭述所錄

嘗造寒岡之門請執弟子禮寒岡讓不居待以賓

禮公出寒岡謂顯光曰金某吾之畏友也　張顯光所錄

金允安

金允安字而靜號東籬順天人 明宗壬戌生 宣
祖戊子司馬兩試光海壬子文科官府使庚申卒
壬辰南冠之難從義兵大将金公垓掌符移記檄
宣祖甲辰中外諸生累疏請五賢從祀文廟 上
諸文書應機敏給率中事宜
不時從又䟽文元公於乙巳無所匡正 批斥之
嶺中士通共上疏公為其首手草疏條舉當時事
申卞之 上賢其為明儒先道德下 批諭之又
命庭試公擢第一 上欲賜箓有持不可者不果

然聲名聞一世朝中學士寄詩稱歎西厓柳先生

以公能感動 天聽亦與書賀

為大丘府使政務寬大不曲意於朝貴有邑民尙

仁弘勢漁食閭里吏憚莫敢問公按治之不饒

桐溪鄭先生蘊竄濟州人皆懼幷禍無敢往候者

公贈詩問之桐溪歎曰獨能為人所不能為㯓愈碣

權益昌

權益昌字茂卿號湖陽清州人 明宗壬戌生 仁

祖乙酉辛

月川趙先生聞公講說謂人曰權某盡誦易註훗

通百家真可畏也

公自知沉濫爲無益取小學近思錄心經太極圖

說庸學或問朱書節要循環讀之讀必成誦盖如

是者五六十年嘗自言曰吾少極昏鈍一字之解

如鑿山通路而銖累寸積以至於此 李時明撰行狀

李光後

李光後字丕顯號梅軒隴西人兵曹判書自商曾孫

明宗甲子生 仁祖癸未卒享慈仁尚德祠

壬辰島夷之變聞忌憂郭公倡義討賊意欲挺身

赴之而以親老為難母夫人裝而送之曰國事至

此何顧老母

丁丑聞講和報北向痛哭每當 國忌夙起齋戒

焚香瞻拜朝夕輟魚肉 撰行狀 李元祿

權杠

權杠字公擧䢒方潭安東人 明宗丁卯生官洗馬

仁祖丙寅卒 贈持平旌閭

公喪母眠闋赴科及騎馬出回顧門閭念母夫人

嘗倚門送行掩淚以迯不復迹公車

祖母宋夫人方病思食西瓜不時不得進公之父

剖導公後不食公亦終身不忍食

以遺逸授洗馬地主躬自勸駕知其不可强歎息

而去

公當 宣廟陟遐終三年食素居外 蔡濟恭撰墓誌

權希仁

權希仁字 安東人武科郡守 宣祖癸巳戰死

兒時以神勇稱跣跬嬉戲閭里呼之以將軍旣長

西厓柳文忠公知其賢具弓矢勸使就武登科家

貧無以仕巀巀不得志

壬辰蠻酋犯順 乘輿播越八路蹂躪將軍西向

痛哭與妻子訣仗劒赴晉州軍時金公沔爲節度

使嘉其忠勇聞于 行朝使檄守沃川郡備八筥

峴將軍以孤軍與賊相持多設方略出奇擊衆凡

八閱月首馘上幕府者不可數

癸巳七月天久雨將軍偵知賊藥丸皆濕不可用

夜率麾下將士數百人馳赴堯山縣賊營天欲明

賊不意我軍猝至驚呌未及陣將軍手持三稜鐵

鞭重數十斤挺身怒馬首先擊賊士卒賈勇無不

一當百殺賊殆盡戲其首平素吉并獲銀鞍寶刀

及輜重無數人補中興後戰功將軍為最

十月賊砲忽起於郡南山林藪間守堞士有中丸

者將軍堅守不與交鋒已而賊大至圍城數匝蟻

附上九石如兩將軍令老弱伏選精兵閉門出戰

用鞭如神左右揮擊疾如風火賊披靡莫敢嬰其

鋒又潛遣奇兵出賊後焚其營數賊遂潰走追及
文丹坪斬復甚衆自相踐踏死者滿野賊遠遁將
軍鳴皷解甲而還忽有創倭伏草間九中將軍左
肘將軍墜馬復上者三乃返衛命禆將整旗皷下
庭四拜誦出師未捷身先死之句淚下如雨遂辛
于軍西厓柳文忠公牽百官呈天使陳情殉節臣
十七人將軍與宋公象賢金公千鎰趙重峯憲高
霽峯敬命皆與焉
翌年返葬于故土峨嵋山下塚草盡枯者四載至
丁酉賊退後草復靑　金叙九　撰傳

107

權泰一

權泰一字守之號藏谷安東人　宣祖巳巳生辛卯
司馬巳亥文科歷翰林說書注書三司吏郞承旨大
司諫觀察使至參判　仁祖辛未卒
甫齔自循矩度嶷若成人就學具栢潭先生問辨
超悟鶴峯金先生一見器公遂以女女焉
光海政亂公徘徊田里無仕宦意奸臣謀行大事
忌士論異巳者許實同浴而掩其口如鄭公曄李
公曄光曁公諸名勝退去者曰令所在勤駕人情
惴惴皆以為禍將隨至公毋動上疏以母病為辭

109

仍陳親君子遠小人審用捨慎賞罰等八條奸黨

憲旦欲齒之終不能有加也

乞養為全州府尹逢佳節奉板輿慶壽營聞牧守

以下畢賀衣冠之盛歎十年中罕覿中席見有隱

色叩之曰吾之所以為吾親者可笑白屋之下必

有不得其生聽管絃對酒食自然與感甫閒者改

容公圖壽其傳即丹青而詩歌之盡一時鴻筆見

者嘖嘖豔言

丁卯西膚簿甃　上幸江都　命起復聽調公以

為得罪禮教無益國家不赴

以黃都督接伴赴椵島繞抵岸虜騎奄至漢人
覘我為導公見都督言之頓釋自是意甚相得每
見必祥宿德遇本　國諱辰適都督開宴請公公
引諭經義辭不赴都督心敬之待以殊禮
與人言不露圭角而中實耿介至取捨是非之際
確然有守當甫瞻盜隶趁殰者如市迫欲致公為
客托盃酒固要竟不顧
居官切不厭煩斤斤奉三尺間取師所授鶩學以
身體驗几可以自娛俠者不用也
嘗曰士先立大志不為外累撓泪常令意思激仰

在雲霄之上可也一日所為必書于籍朝夕省察
以自飭其操履篤實如此 金尚憲撰碣

李大任

李大任字　　弼竹溪

公當壬辰之亂時年十九齔有先見智慮預占時

象之不寧以謹烽守城之策繕甲峙糧之意累陳

於地主先為陰雨之備俄而敵報蒼黃三道並驅

一辈初程即在本縣鎗砲掀天舳艫蔽海迨此之

時雖絶人之智猝難為措手之地惟公少不持攝

疾呼曰吾鄉所重即　聖廟也余以世世儒家隨

行於章甫之列粗解君臣父子之道者同非先

聖之教則斯文之有變吾當死生以之安可怖刃

113

而奔衛之少緩乎家人踴哭挽之引刀斷袂急赴

校宮五聖八賢位板肯負襟抱權安于龍巖之中

迨其亂靖之後位板之粉面如新題字之點畫一

無剝落七年干戈之餘千里灰燼之中能使酻虜

不敢逞兇於先聖之位故邑人爲之謠曰昔之

龍窟後之聖穴萬古青山人與石屹

公手持長綱畫地自誓曰吾輩雖非食祿之人旣

在臣民之伍則當今敵勢鴟張愚裹刜激矢不興

同戴今日之訐國存則吾存國亡則吾亡惟彼山

谷之間朝寠暮匿之狀吾不忍爲也若使島夷一

向倡儽則決不可與之俱生遂以勵氣奮聲遠近

聞者咸曰義士也

天將之駐師慶州也公以一介年少任其三軍之

餉而不絕糧道使大軍得飽竟却賊偵當時士卒

之稱譽天將之獎慰作一美談尙今為故老之流

傳矣丁酉之歲南虜再舉公奮戈而倡曰壬癸之

亂吾以未死為恥彼虜復熾政吾效死之秋也今

行不可緩矣即赴火旺山城與郭忘憂及諸義士

誓死固守事載龍蛇倡義錄

李昌後

李昌後守丕承孫竹軒隴西人兵曹判書自商曾孫

宣祖丙子生 仁祖戊子卒享慈仁尚德祠

年十七未冠值倭亂與兄梅軒從忌憂郭公倡義

終始八年冒刃昌津抱薪火旺

公丁母憂泣血三年鄉里感悅欲以孝聞于官公

聞而止之曰人子本分何敢報官

知縣任公善伯未上官先赴公家拜以弟子禮曰

愧非子游而得見遷臺也考課輒最則曰非我也

二君之化也盖指公伯仲也 崔慶湜撰行狀

柳袽

柳袽字吉甫豊山人文忠公成龍子　宣祖戊寅生

官寮訪乙巳卒

公穎悟絶人於書無不通九經典之微辭奧旨在

几人研究歲月而不能曉者公一見輒解無所滯

礙少時従天文生論曆法一聞即布算不差其人

驚曰真異才也

尤邃性理之學眼膺先儒之箴訓心解力行日進

不懈嘗書獨行不愧影獨寢不愧衾兩句於壁上

以自警　洪汝河撰墓誌

119

洪成海

洪成海字通甫號梧村南陽人官縣監　宣祖戊寅

生　仁祖丙戌卒

壬辰賊猝至公時年十五携二弟避入山中二弟

左少挾書冊筆墨而随遇白石輒書字以故迫於

賊賊見而異之仍俘而去公獨匿免不勝悲憤忘

寢食四五年募得郷兵七百遮截賊鋒捍禦甚力

一郷居民安堵如故

丙子亂公輸軍糧三百石於江都未至聞講和痛

哭而還

柳袗

柳袗字季華號修巖豊山人文忠公成龍子　宣祖

壬午生光海庚戌司馬魁丙辰拜洗馬歷五邑薦授

持平　仁祖乙亥辛享安東屏山祠　贈叅判

公十一歲遭倭亂文忠公庵　駕丙西公從妹婿

避竄嶺東或過賊能以計自全時又相勢發慮懸

合機冝一行賴之

亂定文忠公謝事家居公得聞為學之要文忠公

嘗曰如爾箕質恨未及退陶之門公書靜坐終日

易操存一刻難十字扵座隅以自勉

123

光海壬子海西獄起公被誣逮加以縲紲公步履

言貌如平日暫至先廟哭聲金吾郎令與家人訣

公不從就理五朔始得出

丙辰拜洗馬不赴時有一人方柄用與公有舊請

見公拒而不納

癸亥更化公起拜奉化縣監自是凡有除 命輒

行曰世臣之義不敢效山野偃蹇

在奉化按行田畝第其上下而無遺漏田增而賦

省戶口倍增 上賜表裏諭書曰凡除獎瘼若嗜

慾之難制

公為刑曹正郎時有寃獄累年不決公悉得其情
白于判書李曙曙驚歎曰微公幾誤此獄獄因呼
曰先爺按某獄伸其枉公又如此仍感泣告者乃
逺
公為持平時姜慶士鶴年為掌令上疏言事語犯
忌諱朝議大激請置重典公慨然啓略曰臣不
識鶴年為何狀今以疏語觀之率意放言殊欠委
曲伯夷嚴延年事无有所不當引者恭惟 聖上
撥亂反正彝倫復明武王霍光所遭各異而妄發
至此物議之峻斥冝也然原其本心宣有他荗謂

之沽名市直猶恐非其本情況無君不道人臣之

極罪以此加之不已過乎云云仍乞解歸其後大

臣有上劄極論鶴年罪當戮並攻先生以為黨與

曰感主勢日孤 上曰予不欲以言語間安發發

士卿少弭怨嫉可也盖 上有所感悟扵公言而

然云後諫院拈出辜意二字請推治會公歿而止

焉

公扵諸廢革恩愛廉間當析産公謂國典分數非

同氣之道使之均占自取荒頓老廢者故終身窮

約

公嘗一應擧嚴校理惺慕公名擢置魁公懇赴省

試而主司揉名見録遂不赴　洪汝河撰行狀

公在李敬亭民寏之座客有詆斥厓老語極醜悖

公不為之辨徐起而出客知為公出而謝之公曰

何謝為使大人有罪非子弟所可掩無罪雖百車

何損　權萬撰行狀

柳義男

柳義男字宜彦號芝谷豐山人 宣祖癸未生光海

朝司馬官參奉 孝宗乙未卒

母夫人年高寢疾甚苦咳略滯喉不能嚥公以竹管

吮以出之如是者有年病革晝夜扶持嘗糞審差

劇

公之祖將仕公豐于財公早孤不能管田庄之在

豐鄉者爲戚屬所據他人亦冒占母夫人苦於貧

欲令公推勘公不可曰彼若無辨以還則善矣不

爾則必將就訟得不補此力辨之

鄭判書世規曾守是府知公最深後薦于
聖世逸民 柳元之 撰行狀

金是權

金是權字子中義城人文忠公誠一孫 宣祖癸未

生 仁祖庚午文科官佐郎

公八歲母夫人患毒疔日夜痛苦公亦不絶痛聲

公之父洗馬公曰汝則何痛對曰母氏不堪痛兒

之痛聲自出又安有痛處

十一歲文忠公訃至洗馬公奔喪公哀弼随之至

五十里

變初高大諫敬命托妻子於洗馬公洗馬公奔喪

時托公以顧恤公待之如家人及聞大諫殉節措

辦成眼人謂鶴爺有孫

丁卯與同鄉三人處泮宮清兵有警 大駕播遷

公與三人從間道歸一人病足一人欲前向公曰

當死生一之豈忍棄去其人慚謝負病反同歸

公後又在泮宮南原人梁熙之遘癘公躬自救護

遂得全活 據金是住行狀

、金是樞

金是樞字子瞻號端谷義城人文忠公誠一孫　宣

祖　生　仁祖戊寅拜內侍教官

公幼時圭角不拘文忠公曰此兒必不與世俯仰

六歲賜以刀曰汝知贈刀之意乎須以此斬斷義

利以別取捨也

當赴塲屋有一試官見公以爲類文忠公招問所

居公曰擧子所居非主司所當問非擧子所敢對

遂出考官相顧曰眞先生子弟也

癸亥改玉設道科薦紳大夫咸曰必選金某乃爲

一

得人公聞之不入圍考官搜試券不得

光海朝嶺儒請討李甫瞻公為疏首到京聞甫瞻

設機以待諸儒多欲散歸公慨然曰義死不足畏

偉生非所榮連上四疏終得溫諭

戊寅 除內侍教官時喪亂未久百事解弛公慨

然上疏其一恢公道振紀綱拔賢才勵軍政其一

請等聞慶御留山城 權愈撰
                  行狀

南碟

南碟字卓夫羅由由軒英陽人 宣祖壬辰生 仁
祖甲子司馬庚午筮仕至縣監 顯宗辛亥辛 贈
叅判

公六歲與群兒戲一兒溺坎水他兒皆驚散公唯
長竿挼之坎中使拚援而出
丙子冬 大駕入南漢公以司饔奉事扈 駕入
城日記城中事甚悉及還都移拜 宗廟直長改
木主奉安後辭歸時朝廷為庵從而設科公不赴
未幾除別提亦不就絕意仕進作蚕農要語以見

志

公年旣耄不能起居值家忌令子孫背負伏于祠

庭以俟祭畢而退

鄭判書世規爲東銓時建白曰南某庵 駕南漢

可謂勳舊之臣而且有學行 殿下若用此等人

則可做唐虞之治即出擬望而語人曰吾每擬如

此之人廊報 國恩南天漢撰行狀

柳元慶

柳元慶字　豊山人號聾漢　宣祖丁酉生

公年幾二十爲後於人母夫人性嚴少慈公婉容
承順曲盡其方得親之喜侍疾憂形于色藥餌必
躬在外得甘旨輒以奉養至老不少變事兄如事
父愛弟如愛身一家之內怡然其樂藹然其和雖
家庭教訓之有自蓋由天姿豈弟不待勉強而然
也

及丙子春虜兵大擧南漢圍解西望痛哭曰環東
土億萬臣庶苟能一心討賊豈使君父至此遂募

137

聚家僮百餘人有報國死敵之志而亦莫之及焉

自是不求聞知於世等小庵於青溪之上扁以睡

隱曰自號聾漢嘗自書壁上曰生為大明人死作

大明鬼醉而睡醒而聾耳無聞目無睹

公少多病執喪以禮遂至沉頓竟不起_{撰誌鄭栻}

138

南海準

南海準字孝哉號新村英陽人判決事世佑曾孫

宣祖戊戌生 顯宗丁未卒

嘗學扵李蔣蔣廢主近婞臣㳉之兄也及㳉罷用

其兄弟諸子皆得顯仕公恥之遂絶去

生而頴悟潔身修行篤好秦漢古文故其文有氣

力多古法有所撰四禮質疑四卷撰碣_{許穆}

張興孝

張興孝字行原號敬堂仁同人繇官享安東鏡光祠
少事鶴峯金公知內外之分又事西厓柳公益聞
成己之要又從寒岡旅軒二公遊潛精力行德進
業廣著一元消長畵埤署陰陽之化窮逐窈賔之
際旅軒以發前人之所未發深加奬詡 文集序 檀愈琪

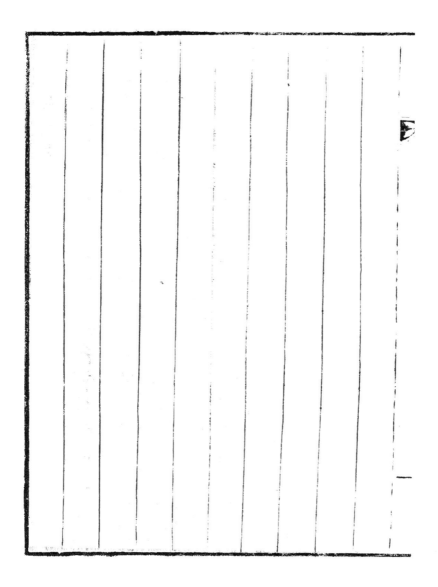

權紀

權紀字士立號龍巒安東人官參奉
遊金鶴峰柳西厓兩先生之門以柳先生命撰永
嘉誌八卷一邑山川人物故事歷歷如指掌
黃公克中知府事行鄉飲酒禮邀公以為相折旋
升降終始無遺禮藥圃鄭相公常器重之薦為參
奉 李栽換碼

金是榲

金是榲字以承號瓢隱義城人文忠公誠一從孫

宣祖戊戌生薦授叅奉 顯宗巳酉卒 贈執義

丙子亂後沱晦不出讀書三十年蔚爲大儒林公

壇嘗知永嘉府嘆曰真隱君子也還朝推薦除叅

奉不就前後道伯或以文行或以耆德薦聞非一

承

嘗曰吾死必書吾墓曰崇禎慶士之墓及羨門人

金博士學培書銘旌曰崇禎慶士之柩 權瑋撰 墓誌

金休

金休字謙可號敬窩義城人 仁祖丁卯司馬薦授

叅奉戊寅卒

丁巳賊臣鄭造按本道迄到禮安謁陶山祠書其

名於院錄公見而奮曰亮賊敢污儒籍抽刀削去

之衆皆危而止之不聽

仁祖朝 命朝臣薦文學可用者龍洲趙公絅以

公應薦 除叅奉

旅軒張先生以我東文獻寥寥屬公裒輯之公窮

搜博考閱歲戌愾世道治亂風俗美惡文章興替

人物邪正焯焯可徵稱實錄矣

嘗從盧景任學易通象辭微奧之旨又取旅軒字

說敬庵謙說各爲箴以自警名之曰朝聞錄鐸撝_{金聖鐸}

鄭伐

鄭伐字仲則號愚川清州人　宣祖辛丑生　仁祖

丁卯司馬官叅奉　顯宗癸卯卒

公齠齔時有人問溫公擊甕潑公浮毬孰優孰劣

公對曰擊甕正大浮毬智數

公之所述作專以理勝辭爲主而井井有句法章

規木齋洪公挽公詩曰史潔追堪逼郊寒叱欲奴

有詩文如千卷藏于家

公病少微通鑑之筆削無法欲刪煩補闕以惠來

學未及成編而歿

丙子夏論時事名之曰罪言略曰一自東西分黨
之後形色睽乖水火沸騰日夜所圖議者無非傾
軋之事何暇念及於國憂民隱乎國家處南北偪
強之間惟知屈己而事人不思自強而圖敵二晉
趙宋覆轍可鑑矣是冬果有南漢之事　李載撰
行狀

영인자료

嶺南人物考 二

서울대학교 규장각한국학연구원 소장

여기서부터 영인본을 인쇄한 부분입니다. 이 부분부터 보시기 바랍니다.

역주자 **신해진**(申海鎭)

경북 의성 출생
고려대학교 국어국문학과 및 동대학원 석·박사과정 졸업(문학박사)
전남대학교 제23회 용봉학술상(2019); 제25회·제26회 용봉학술특별상(2021·2022);
제28회 용봉학술대상(2024)
제6회 대한민국 선비대상(영주시, 2024)
현재 전남대학교 석좌교수 겸 명예교수

저역서 『서류 송사형 우화소설』(보고사, 2008), 『권칙과 한문소설』(보고사, 2009), 『소대
　　　성전』(지식을만드는지식, 2009), 『증보 해동이적』(공역, 경인문화사, 2011), 『떠난
　　　사람에 대한 그리움의 미학, 애제문』(보고사, 2012), 『요해단충록(1)~(8)』(보고
　　　사, 2019~2020), 『검간일기』(보고사, 2021), 『검간일기 자료집성』(보고사, 2021)
　　　외 다수

영남인물고 嶺南人物考 2
－안동

2025년 2월 25일 초판 1쇄 펴냄

편수자 정악전
역주자 신해진
펴낸이 김흥국
펴낸곳 보고사

책임편집 이경민
표지디자인 김규범

등록 1990년 12월 13일 제6-0429호
주소 경기도 파주시 회동길 337-15 보고사
전화 031-955-9797(대표)
팩스 02-922-6990
메일 bogosabooks@naver.com
http://www.bogosabooks.co.kr

ISBN 979-11-6587-818-4 94910
　　　 979-11-6587-789-7 (세트)
ⓒ 신해진, 2025

정가 33,000원